정보를 알아야 미래가 보인다

황의철 저

인생이 마라톤? 100m 뛰니까 길이 갈렸다.

어느 나라, 어느 사회에서나 교육수준이 높을수록, 명문대 출신일수록 소득이 높다. 또 책임 있는 위치에서 일한다. 통계청에 따르면 학력별 소득현황을 바탕으로 분석한 결과 2010년 1분기 기준으로 대졸자의 근로소득은 각각 전문대졸의 1.3배, 고졸의 1.7배, 중졸의 2.1배, 초졸의 2.9배에 이르렀다.

각국의 대학 진학률을 보면 미국 60%, 일본 47%, 프랑스 41%, 독일 35%, 우리나라 84%로 OECD 국가 중에 단연 1위, 그런데 2010년 국세청 통계자료를 보면 우리나라 대학졸업자 44만 명 중 51%만 취업하였고, 이 중 37%는 비정규직이며 정규직 중 21%가 월 소득이 150만원 미만이라고 한다.

오늘의 지식이 내일은 쓰레기가 되는 혁명적 속도의 시대에 와 왔다. 지식 정보 유통기간의 단축, 지식 재활용의 붕괴 시대 조류에 성장하는 미래·위기 닥칠 미래를 위하여 IP세대 여러분의 상상력을 세계화하고 재미와 열정(Interest & Passion)으로 미래를 준비합시다.

미래를 예측할 수 없는 시대에 살고 있으나 도전하여 만들 수는 있습니다. 도전을 준비하고 있거나 이미 도전을 하고 있는 여러분들의 미래에 행운을 기원합니다.

여러분은 분명 한국을 세계 정상에 올려놓을 소중한 희망의 꽃입니다.

인생이 마라톤? 100m 뛰니까 길이 갈렸다. (출처 : dongA.com. 2010.8.)

정보화 사회란 정보가 사회의 중심이 되는 사회로서 컴퓨터 기술과 정보통신기술을 활용하여 가치 있는 정보를 창출하고 보다 유익하고 윤택한 생활을 영위하는 사회를 말한다. 정치, 경제 사회 문화 등 사회 모든 분야에서 물질이나 다른 어떤 자원보다 정보의 가치가 높이 평가된다.

앨빈 토플러(Alvin Toffler)는 그의 저서 『제3의 물결』에서 정보화 물결의 중요성을 강조한 바 있다. 그는 사회 발전의 성패가 컴퓨터와 통신 기술을 결합한 정보화 기술에 달려있다고 역설하기도 하였다.

1980년부터 1990년대에는 서비스에 대한 기본적인 욕구 충족 단계로, 커뮤니케이션 도구인 전화, 휴대폰, 인터넷 등의 보급이 확산되었다. 정보통신 기술 및 서비스를 활용하여 기업 간 다양한 제휴가 용이해지며, 새로운 아이디어 유입이 활발해지는 시기이었다.

2000년대는 서비스 고도화/융합화의 단계로, 정보통신(IT; Information Technology) 기술이 전자영역 이외의 기술들과 접목되면서 사람과 유사한 사고 능력을 보유해가는 단계로 발전해 나갈 것이다. 소비자들은 빠르고, 신뢰성이 높으며, 다양한 기능들이 통합된 IT 서비스를 지속적으로 요구할 것으로 파악된다.

2009년 아이폰의 등장 이후에는 서비스 지능화, 개인화의 단계로, 국내의 미디어 시장은 급격한 변화를 보이고 있다. 스마트폰, 스마트 TV, 태블릿 PC 등 미디어의 스마트화는 이종 미디어가 스마트 디바이스를 통해 융·복합한다. 정보, 콘텐츠, 솔루션 등의 개방과 네트워크, 다양한 콘텐츠의 공유와 전송, 오디언스의 실시간 접속과 참여를 통하여 “언제, 어디서나, 어느 기기로나, 미디어에 구애받지 않고 경제적이며 편리한 커뮤니케이션을 수행”하는 단계로 발전할 것이다.

미래를 만드는 전략도 시대의 흐름에 맞게 변화해야 한다. 과거 산업사회에 뒤졌던 우리가 IT의 전략적 가치에 대한 선견지명으로 정보사회 IT 강국으로 선진국 대열에 진입하였듯, 현재 다가오고 있는 스마트 시대의 패러다임을 조망하고 스마트 시대에 걸 맞는 새로운 전략이 우리에게 필요한 시점이다.

우리는 일상생활에서 정보화 사회의 도래를 알려주는 생소한 용어들을 수없이 접하고 있는데, 제4의 물결 우주개발, 생명공학, 전파식별(RFID; Radio Frequency IDentification), 유비쿼터스(Ubiquitous), 피싱(phishing), 전자식 종이, PDA, 스마트폰, 소셜 네트워크 서비스(SNS), 트위터(twitter) 임베디드 시스템(embedded system), 인공지능, 전문가 시스템, 인터넷 TV(IPTV), 블루투스(Bluetooth), 분산 서비스 거부(DDoS), DMB(Digital Multimedia Broadcasting), IPv6, 로봇기술, 스마트폰, 클라우드 등이 그것이다. 이러한 정보화 사회는 정보기술을 어떻게 활용하느냐에 따라 컴퓨터피아(computerpia)도 디스토피아(distopia)도 될 수 있는 것이다.

정보화의 진전에 따라 초고속 정보통신망 구축사업은 정보기술 혁명의 인프라 구축 사업으로써 정보처리 시간을 단축, 필요한 정보가 적절한 형태로 가공되어 어떤 종류의 정보(multimedia service)던지, 언제(any time), 어디서나(any place), 실시간(real time)으로 값싸게 누구에게나(any one) 제공될 수 있도록 하는데 목표가 있다.

우리는 신기술의 세계에 살고 있다. 매일 새로운 기술이 탄생하며 모든 기업에게 영향을 미치고 있다. 스마트폰이 등장한 이후 휴대전화·PC·TV·냉장고 등 가전기기까지 새로운 모습으로 바뀌고 있다. 그 핵심은 '기능이 갈수록 늘어난다'는 점과 '서로 닮아간다'는 점이다.

정보화 사회의 발전과 함께 개인정보 수집·이용의 필요성이 높아짐에 따라 과도한 개인정보 수집 및 오·남용으로 인해 국민들의 프라이버시 침해의 위험성 또한 크게 높아지고 있다. 실제로도 인터넷상에 다량의 개인정보가 유출되거나 노출되고 있으며, 행정서비스 제공을 위해 수집한 개인정보를 단순한 호기심이나 지인의 요청으로 조회하고 이를 타인에게 유출하는 개인정보 침해 행위가 빈번히 발생하고 있는 실정이다.

이 책은 일반 교양과정에서 대학생으로서 갖추어야 할 정보통신 분야의 전반적인 흐름과 상식을 갖도록 설명하였다. 현장감 있는 그림과 신기술은 원리와 응용 예를 들었다. 특히 사이버강의 교재로도 사용하도록 축약된 강의 구성과 보충 설명을 하였다.

사람들은 끝없이 새로운 뉴스와 정보를 갈망하고 있고, 지금 이 순간에도 인터넷상에는 없어지거나 새롭게 생성하는 정보로 넘쳐날 것이다. 변화의 소용돌이에서 낙오하지 않고 주도권을 갖기 위하여 '미래의 변화를 예측하고, 미래를 대처하기 위한 준비를 시작합시다. 끝으로 이 책의 출판을 위하여 적극적으로 지원하여 주신 기한재 김형근 사장님과 출판사의 모든 분께 깊은 감사를 드립니다.

저자.

CHAPTER 04 정보저장과 검색

CHAPTER 05 입력과 출력

CHAPTER 06 컴퓨터 네트워크

CHAPTER 07 인터넷 정보 활용

CHAPTER 08 컴퓨터와 정보기술사회

CHAPTER 09 정보초고속도로의 여행

CHAPTER 10 현재와 미래의 신기술

C.H.A.P.T.E.R 01

정보화 사회의 변화

- 정보화 시대에 컴퓨터는 어떠한 역할을 하며, 활용 분야를 알아본다.
- 산업사회, 정보화 사회 및 스마트 사회의 차이점을 알아본다.
- 스마트 시대의 패러다임 변화 전망과 ICT 전략에 대하여 알아본다.
- 유·무선 통신 가입자 현황에 대하여 학습한다.
- 컴퓨터 시스템의 기본적 구성요소와 처리능력, 용도 등을 이해한다.
- 방송통신 서비스 발전 방향에 대하여 알아본다.
- 미래학자들이 바라보는 미래사회에 대하여 이해한다.
- 국내 슈퍼컴퓨터의 현황, 응용분야에 대하여 이해한다.

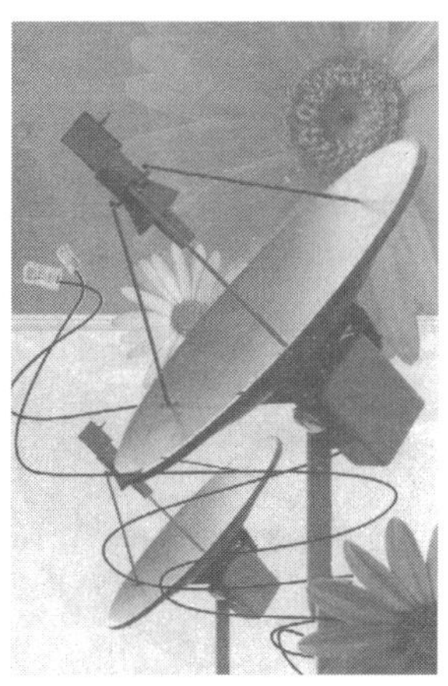

슈퍼컴퓨터가 아닌 슈퍼맨이 필요한 시대입니다 !

컴퓨터란 무엇인가?

- 컴퓨터란 명령 집합, 즉 프로그램에 따라 작업이나 계산을 수행하는 기계이다. 1940년대에 소개된 최초의 완전한 전자 컴퓨터는 작동하는 데만도 여러 팀의 인력이 필요한 방대한 시스템이었다. 그러한 초창기 시스템에 비하면 오늘날의 컴퓨터는 속도가 수천 배 빨라졌을 뿐 아니라 책상이나 무릎, 심지어는 주머니에 들어갈 정도로 크기가 작아졌다.
- 컴퓨터는 하드웨어와 소프트웨어의 상호작용을 통해 작동한다. 하드웨어의 가장 중요한 부분은 컴퓨터 안에 있는 CPU(중앙 처리 장치), 즉 마이크로프로세서라고 하는 작은 직사각형 칩으로, 명령을 해석하고 계산을 수행하는 컴퓨터의 "두뇌" 부분이다. 모니터, 키보드, 마우스, 프린터 및 기타 구성요소는 주로 하드웨어 장치라고 한다.
- 소프트웨어는 수행할 작업을 하드웨어에 알리는 명령, 즉 프로그램이다. 컴퓨터에서 공문서나 서류, 편지를 작성할 때 사용할 수 있는 워드 프로세서 프로그램은 소프트웨어의 한 종류이다. 운영 체제(OS)는 컴퓨터와 컴퓨터에 연결되어 있는 장치를 관리하는 소프트웨어로서, 잘 알려진 운영 체제 두 가지는 Windows와 Mac OS(운영 체제)가 있다.

컴퓨터의 종류 및 활용

- 컴퓨터의 크기와 기능은 매우 다양하다. 매우 복잡한 계산을 수행하는 수천 개의 마이크로프로세서가 연결된 초대형 컴퓨터인 슈퍼컴퓨터부터 자동차, TV, 스테레오 시스템, 계산기 및 가전제품에 내장된 소형 컴퓨터에 이르기까지 다양한 규모의 컴퓨터가 있다.
- 개인용 컴퓨터, 즉 PC는 개인이 혼자서 사용할 수 있도록 설계된 컴퓨터이며, 데스크톱, 랩톱, PDA(개인휴대단말기), Tablet PC 등이 있다.
- 직장에서는 많은 사람들이 기록을 보관하고, 데이터를 분석하고, 조사를 수행하고, 프로젝트를 관리하는 데 컴퓨터를 사용한다. 집에서는 정보를 찾고, 사진과 음악을 저장하고, 금융 정보를 관리하고, 게임을 하고, 전 세계 모든 사람과 인터넷을 통하여 의사소통과 방대한 자료를 검색하는 데 컴퓨터를 사용한다.

버스 안, 지하철 안, 카페 안, 신호등을 건너면서 … 어딜가나 자신의 스마트폰으로 무언가를 보며, 들으며, 손가락을 움직이며, 굉장히 바쁘게 돌아가고 있으나 실속이 없는 듯(?)한 세대 ! 실속 있게 살아가는 소수의 사람들도 있지만!

스마트폰에 매여 사는 시대가 아닌가 모두 생각하며 살자!

조그마한 화면으로 드라마, 영화, 전자책까지 보는 사람들을 보면 대단하다.

미용실에서는 스마트폰으로 자신의 얼굴형에 맞는 헤어 스타일을 고를 수 있고, 백화점의 선글라스 판매장 앞에서도 브랜드들을 체크하여 가격 조회를 즉시 해보는 젊은이, 영화촬영 현장에서도 스마트폰으로 촬영하는 사례가 늘고 있다. 출판업계에서도 인간의 오감을 만족시키는 전자잡지를 발행하고 있고, 병원에서는 환자의 병명, 입원날짜, 수술날짜 등 환자이력카드가 저장되어 있는 전자인식태그(RFID) 사용이나 QR코드를 촬영하여 의료진이나 병에 대한 정보를 쉽게 얻을 수 있는 시대에 와 있다.

스마트폰이 우리들의 삶의 패턴과 그 속의 가치관까지 변화시키고 있다. 사람과의 소통의 장이 축소되어 가고 있으며, 잘못된 정보가 빠르게 확산되기도 하고 스마트 기술이 생활 곳곳에 깊숙이 파고 들고 있다.

스마트폰의 경험을 컴퓨터에서도

퍼스널컴퓨터(PC)의 시대가 저물고 있다. 대신 스마트폰과 태블릿PC가 그 자리를 잠식해가고 있다. 편리한 응용프로그램(앱)과 터치 화면에 익숙해진 사용자들도 이제 컴퓨터에서 스마트폰과 같은 경험을 요구하고 있다. 최근 전 세계 IT 업체들이 앞 다퉈 스마트폰과 컴퓨터의 운영체제(OS)를 통합하려고 하는 것도 바로 이 때문이다.

지금까지 스마트폰과 컴퓨터는 각각 별도의 OS와 응용프로그램을 사용하여 컴퓨터 프로그램을 스마트폰에서 쓰려면 일일이 변환작업을 하였다. 최근 정보통신업계는 개발비용과 시간을 단축하고 사용자 편의를 위해 각 기기의 운영체제를 통합하려고 시도하고 있다.

- 애플은 최근 스마트폰과 태블릿PC의 기능을 대거 적용한 컴퓨터용 OS '마운틴 라이언(Mountain Lion)'을 공개했다. 아이폰과 아이패드는 iOS라는 운

맥 컴퓨터와 아이폰

영체제를 함께 써왔기 때문에 맥 컴퓨터에서도 아이폰·아이패드와 메시지·사진·동영상·메모·일정 등을 자유롭게 주고받을 수 있게 됐다.

- 구글도 우선 스마트폰과 태블릿PC에서 공통으로 쓸 수 있는 최신 안드로이드 OS '아이스크림 샌드위치'를 내놓았다. IT 전문가들은 곧 출시될 안드로이드 '젤리빈(Jelly Bean)' 버전에서 크롬과 안드로이드 OS의 본격적인 통합이 이루어질 것으로 보고 있다.
- 마이크로소프트(MS)가 발표한 '윈도8'도 컴퓨터와 모바일 기기의 경계를 허무는 통합 OS다. 모바일 기기 시장에서 애플과 구글에 참패한 MS는 윈도8을 통해 새로운 도약의 발판을 마련할 계획이다(http://biz.chosun.com/, 2012.2.23.). OS 통합이 진행되면서 컴퓨터에도 스마트폰과 태블릿PC에서 쓰던 앱스토어(응용프로그램 장터)가 등장했다.
- 구글은 PC에서 사용할 수 있는 온라인 응용프로그램 장터인 '웹스토어'를 운영한다. 이곳에서 '앵그리버드'와 같은 게임 프로그램 등 다양한 앱을 컴퓨터에 내려 받아 사용할 수 있다. 웹스토어에 들어가면 마치 스마트폰의 첫 화면처럼 컴퓨터에 설치돼 있는 프로그램 목록이 차례로 뜬다.
- 스마트폰과 태블릿PC에서 쓰는 터치 조작방식도 컴퓨터에 구현된다. MS의 윈도8이 탑재된 컴퓨터는 키보드 입력과 터치 기능 모두 사용이 가능하다. 화면만 보면 무의식중에 손가락으로 넘겨보고 확대해보는 사용자들의 습관이 이젠 컴퓨터 모니터에서도 가능해지는 것이다.

- 디지털 수업 늘어나는 교실 환경

노트 필기법도 달라진다?

학창 시절 시험 기간이 되면 공부 잘하는 친구들의 공책을 빌리기 위한 쟁탈전이 벌어졌다. 한눈에 쏙 들어오는 노트 필기는 성적과 직결되는 필수 아이템. 시대가 달라져 학교에서 PDP TV, 파워포인트, 프로젝터에 이어 디지털 교과서 등 다양한 미디어가 수업에 활용되면서 종이에 연필로 쓰던 노트 필기법도 달라지고 있다.

태블릿 PC에 그림그리기·글씨 메모

복잡한 그림이나 도표 등은 스마트폰으로 사진을 찍기도 한다(미즈내일, 2012.7).

1.1 정보화 사회

정보화 사회란 정보통신 기술의 혁신에 따라 새롭게 등장한 사회를 말한다. 앨빈 토플러는 그의 유명한 저서 '제3의 물결'에서 정보화 사회를 정보나 지식 등에 기초하여 움직이는 사회라 하였다. 그는 인간 역사의 변천을 다음과 같이 설명하고 있다.

1) 제1의 물결 : 1만년 전 농업 혁명과 함께 나타난 사회
2) 제2의 물결 : 18세기경 시작된 산업혁명과 함께 출현한 산업문명의 사회
3) 제3의 물결 : 정보와 지식 등에 기초하여 범세계적으로 일어나고 있는 정보화 사회

정보화 사회의 특징

- '정보의 폭발(information explosion)'이라 할 수 있다.
- 산업 구조의 변화 : 산업 활동 중 정보와 관련된 활동이 가장 큰 비중을 차지할 것이다.

- 국가 권력을 시민사회에 분산시켜 민주주의 발달을 가져올 것이라는 견해가 있다.
- 개인의 기호에 따라 문화를 선택적으로 향유하는 문화향유 양식이 변화할 것이다.

  - 빅데이터(big data)는 기존 데이터베이스 소프트웨어로는 수집, 저장, 관리, 분석하기 어려운 방대한 규모의 데이터로, 최근 민간은 물론 정부 및 공공부문에서고 관심이 확대되고 있다. 빅데이터는 인터넷 상의 소셜미디어, 멀티미디어 등을 통해 생성되고 제공되는 데이터 뿐 아니라 사무실이나 소매점 및 각종 센서 등을 통해서도 생성되고 축적된 데이터를 포함한다.
  - 이처럼 데이터량이 급증하면서 만들어진 빅데이터는 민간 부문 뿐 아니라 정부공공부문에서의 활용을 통해 새로운 부가가치를 창출할 것으로 기대된다.
  - IDC(2011)에 따르면 세계 디지털 데이터량은 2011년 1.8제타바이트에서 2020년 35제타바이트로 19배 이상 증가할 것으로 예상된다.
  - 국내 디지털 데이터량은 2006년 2.9엑사바이트에서 연평균 약 57% 증가하여 2011년 27엑사바이트에 달한 것으로 예상된다. 2011년 기준 국내 디지털 데이터량은 국회도서관 장서 465만 권(2012년 6월 기준)이 가진 데이터량의 약 60만 배 수준이다.
  - McKinsey Global Institute(2011)에 따르면, 빅데이터 활용을 통해 민간부문은 물론 정부부문에서도 대규모 부가가치의 창출이 가능할 것으로 기대된다.
  - 공공부문의 경우, 미국의 헬스케어부문은 빅데이터의 활용으로만 3,000억 달러 규모의 가치창출이 가능할 전망이며, EU의 공공부문에서는 연간 2,500억 유로 규모의 가치창출이 가능할 것으로 예상된다.
  - 한편, 민간부문에서는 개인의 위치정보데이터를 활용함으로써 연간 6,000억 달러의 소비자 잉여가 기대될 뿐 아니라, 소매업 영업이익이 60% 정도 개선될 것으로 전망된다.

빅데이터는 미국에서만 14~19만 명의 분석가와 150만 명의 관리자 수요를 창출할 것으로 기대된다(K모바일 현대경제연구원, 2012.8.9.).

참고 **EMC(Electro Magnetic Compatibility)**

EMC란 전자환경 문제에서의 전자기적 양립성 또는 전자적 적합성을 말한다.
전자기로 인한 전자파장애 등 전자환경 문제에는 많은 문제들이 있으며 무선통신에서의 채널 간 상호 간섭 문제, 주파수 스펙트럼 효용문제, 방송 전파의 고스트(ghost)문제, 로봇 시스템 등 컴퓨터 응용기기의 오동작 및 안전성 문제, 정보통신 네트워크의 신뢰성 문제 등이 있으며 나아가 인체 등 생물 생태계에 대한 전자에너지의 영향이 보다 중요한 EMC의 문제로 되어 있다.
이러한 전파방해를 미연에 방지하기 위하여 세계 각국은 무선국 허가 시 불필요한 출력발생을 제한하고 있고, 전기 전자기기 및 ISM(산업/과학/의료)기기 등의 방해파 허용 기준을 준수하게 하고 있다. EMC는 전자기 환경 양립성이라고도 말할 수 있으며 EMI(Electromagnetic Interference)와 EMS(Electromagnetic Suseptibility)로 이루어진다.

정보화 사회라는 용어는 1960년대 중반에 일본의 사회학자들에 의해 처음 사용되었고, 비슷한 시기에 미국에서는 후기 산업사회라는 개념이 등장하였다.

【산업사회와 정보화 사회의 비교】

구 분	산업사회	정보화 사회
발생요인	기계, 전기, 화학기술 혁신	전자, 정보 기술 혁신
생산	양 중시, 규격화된 대량생산, 대량소비	질 중시, 다품종 소량 생산
노동	장시간, 노동, 숙련 노동, 육체노동자 중심	과학적 지식, 지식 노동자 중심
경제활동	실제공간(토지, 건물, 공간)	가상공간(통신네트워크), 재택근무, 원격교육·의료·금융
생활문화	규격화된 생활, 획일화된 문화, 물리적 생활수준 향상 추구	탈 규격화, 탈 획일화, 다양화, 정신적 욕구의 충족 추구
주도산업	철강, 자동차, 석유화학 등 하드산업	소프트웨어, 유통, 미디어, 레저 등, 소프트산업

그 후 1970년대 초부터 컴퓨터 및 정보통신기술의 대중화에 따른 사회적 변화가 가시화되면서 정보화 사회라는 말은 친숙한 용어가 되었다.

정보화 사회에서 정보기술과 인터넷이 사회를 움직이는 원동력이 되고 있으며, 변화의 속도도 매우 빨라지고 있다. 산업사회가 고도화되는 데는 200년이 걸렸으며 정보화 사회는 30~40년의 시간동안 급격한 변화를 이루어내고 있다.

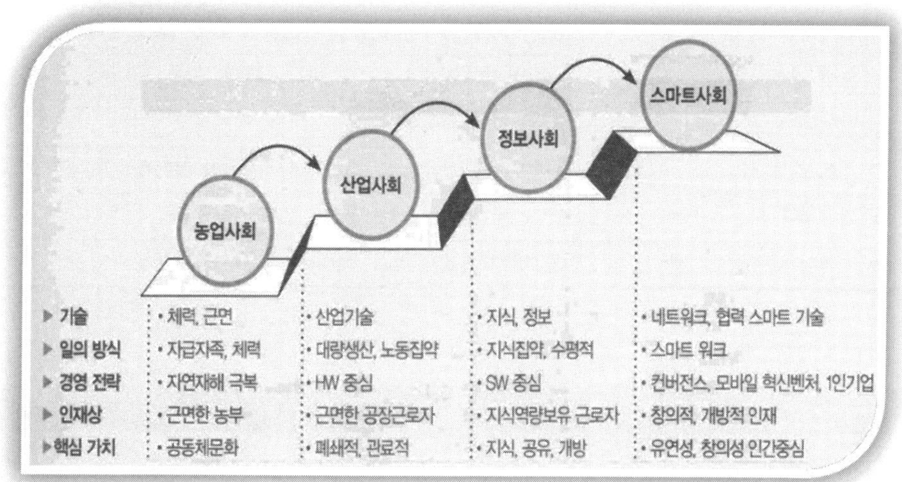

Contactjournal 2010.11

사회 패러다임의 변화

가트너(Garter) 선정 10대 전략기술

가트너는 2011년 10월 16일 '심포지엄/IT엑스포 2011'에서 2012년 10대 전략기술을 발표하였다. 스마트폰·태블릿PC와 인간 기반 신기술이 상위에 랭크되었으며, 데이터양 증가·고도화된 분석 요구 증가에 따른 분석 관련 기술도 전략 기술로 선정되었다. 이 밖에도 에너지 효율 관련 컴퓨팅 기술도 전략기술로 선정되었다(2011 SW 산업연간 보고서).

【Garter 선정 10대 전략 기술】 (출처 : Garter) 재구성

No	2010년	2011년	2012년
1	클라우드 컴퓨팅	클라우드 컴퓨팅	미디어 태블릿
2	진화된 분석	모바일 애플리케이션과 미디어 태블릿	모바일 중심 애플리케이션 및 인터페이스
3	클라이언트 컴퓨팅	차세대 애널리틱	맥락·소셜 사용자 경험
4	그린 IT	소셜 애널리틱	사물 기반 인터넷
5	데이터센터 혁신	소셜 커뮤니케이션과 협업	앱 스토어·마켓플레이스
6	소셜 컴퓨팅	동영상(비디오)	차세대 분석
7	보안·동작 모니터링	상황인지 컴퓨팅	빅 데이터
8	플래시 메모리	유비쿼터스 컴퓨팅	인메모리 컴퓨팅
9	가용성을 위한 가상화	스토리지 클래스 메모리	저 전력 서버
10	모바일 애플리케이션	패브릭 기반 인프라와 컴퓨터	클라우드 컴퓨팅

이제 세상은 '넷세대' 중심으로 돈다

디지털 환경서 성장한 N세대
정보공유-변혁의 시대 이끌어
기성세대는 포용-외면 기로에

집에 돌아오자마자 TV와 컴퓨터를 함께 켠다. 굳이 보지 않더라도 TV를 켜놓은 채 컴퓨터로는 음악파일을 재생하고 온라인 메신저 프로그램에 접속한다. 인터넷 창을 띄우고 이웃 블로거들의 소식을 확인한다. 휴대전화는 늘 곁에 두고 수시로 문자 메시지를 보낸다. 만약 이 행동을 한꺼번에 다루는데 익숙하다면 당신은 '넷세대'일 가능성이 높다. 이런 행동을 바꿔 말하면 바로 '멀티태스킹', 디지털 기술을 한꺼번에 다루는 데 익숙한 넷세대의 특성을 보여준다.

저자(돈 탭스콧)는 '위키노믹스' 'N세대의 무서운 아이들' 등의 저서를 낸 미디어 전문가다. 넷세대를 베이비 붐 세대의 자녀 세대, 즉 1977년 1월~1997년 12월에 태어난 세대로 규정하고 전 세계 12개국 1만여명을 조사해 이들의 일상과 특성, 미래를 책 속에 담았다. 책 제목 '디지털 네이티브'는 넷세대가 바로 디지털 세계에서 나고 자란 디지털 '원주민'이라는 뜻을 담고 있다. "컴퓨터만 하느

이제 세상은 '넷세대'중심으로 돈다

라 사교성이 없다", "부모에게만 의지하는 응석받이다", "이기적이다"… 모두 넷세대에 대한 비판이다. 저자는 이런 비판을 '넷세대 공포증'이라고 표현한다. 새로운 것에 대한 불안과 두려움 때문에 넷세대의 특성을 직시하지 않고 무조건적으로 비판한다는 뜻이다. 2004년 1월 미국 하버드대에 다니는 마크 주커버그는 로마예술사 수업에 제대로 참석하지도 못한 채 중간고사 기간을 맞았다. 고민하던 그는 수업자료를 올린 웹 사이트를 만들고 다른 학생들의 도움을 청했다. 학생들은 각자 보충설명을 올렸고, 결과적으로 모든 학생이 좋은 점수로 시험을 통과했다. 주커버그는 바로 온라인 소셜 네트워킹 서비스 '페이스북'의 공동 창업자이다. 저자는 이 사례를 통해 정보 공유와 협업에 익숙한 넷세대의 특성을 발견한다. 넷세대는 흔히 생각하는 것과 달리 이기적이거나 폐쇄적이지 않다는 것이다. 겉으로 볼 때는 혼자 방에서 컴퓨터를 하는 것처럼 보이지만 실제로는 휴대전화와 블로그 등을 통해 누군가와 늘 연결돼있다. 그럼 인터넷에 의존하는 넷세대의 지식수준은 어떠할까. 저자는 1978년 이후 이들의 지능지수 평균이 꾸준히 상승했다는 조사결과를 제시한다. 그런데도 넷세대가 집중력이 부족해 보이는 이유로는 이들이 기존세대와는 완전히 다른 디지털 환경에서 자랐다는 점을 든다. 베이비붐 세대는 정보를 최대한 많이 모으는 일이 우선이었다. 하지만 넷세대는 넘치는 정보 중 필요한 정보만 골라내야 한다. 순차적으로 일을 처리하기보다는 다양한 정보를 한꺼번에 훑는 능력이 필요하다는 것이다. 어떤 이들은 넷세대가 부모에게서 빨리 독립하지 않는다는 점을 들어 이들이 자립심이 부족하다고 비판한다. 하지만 저자는 어린 시절부터 넷세대가 온라인에서 부모의 영향권 밖에 있었다는 점을 들어 이를 반박한다. 집 안에서 인터넷을 가장 잘 다루는 건 부모가 아니라 자녀들이었다. 부모와 함께 있어도 넷세대는 언제나 친구를 만나고 대화할 수 있다. 온라인상의 자유가 있는 한 이들이 굳이 집을 떠날 필요를 느끼지 않는다는 뜻이다. 넷세대에도 그늘은 있다. 특히 온라인을 통한 사교에 익숙한 이들은 개인정보를 공개하는 일에 아무 거리낌이 없다. 이런 태도는 개방성을 뜻하기도 하지만 사생활 정보를 쉽게 유출한다는 뜻이기도 하다. 저자는 기업의 채용 담당자나 마케팅 담당자들이 이런 사생활 정보를 이용하고 있으며 이것이 넷세대 개개인에게 부메랑으로 돌아올 수 있다고 경고한다. 넷세대가 중요한 또 다른 이유는 베이비붐 세대가 그랬던 것처럼 그 인구 규모가 기존 세대를 압도하고 있다는 데 있다. 이들의 존재가 단순히 현상이 아니라 현실이라는 뜻이다. 사례가 미국 등 서구국가에 집중된 탓에 내용 중 일부는 한국의 현실에 맞지 않는 부분도 있다. 하지만 책 말미에서 저자가 기성세대에 던지는 질문은 한국에서도 유효하다. "넷세대는 우리가 사는 세상을 바꿔놓을 것이다. 이제 나이든 세대에 남겨진 커다란 문제는 그 힘을 기꺼이 나눌 것인지 아니면 새로운 세대가 우리에게서 그 힘을 빼앗아갈 때까지 교묘히 시간이나 벌 것인지 하는 것이다"(동아일보, 2009.10.24, A16).

방송통신 서비스의 발전

과학 기술적 혁명은 우리들의 삶의 방식을 바꿔 놓고 있다. 우리들이 살고 일하고 즐기는 방식, 이러한 혁명의 근간이 컴퓨터는 우리들이 통신을 하고 일하고 배우는 방식을 변화시키고 있다. 폭발적인 과학 기술적 진보는 이러한 변화를 가속하고 있다.

- 2013년 어느 날 아침 출근길 지하철 안에서 휴대전화를 꺼내든다. 집에서 초고화질(UD; Ultra High Definition) TV로 보던 드라마 결말이 궁금했기 때문이다. 화면에선 TV를 보다 끄고 나온 다음 장면이 바로 이어졌다.
  드라마를 보다가 주인공이 사용하는 노트북 PC가 마음에 들어 관련 정보를 검색한 뒤 곧바로 구입했다.
- '정보고속도로'로 불리는 초광대역 융합망(UBcN; Ultra Broadband convert-gence Network)이 성공적으로 구축되면 이처럼 언제 어디서나 양방향 맞춤형 서비스가 가능해진다.

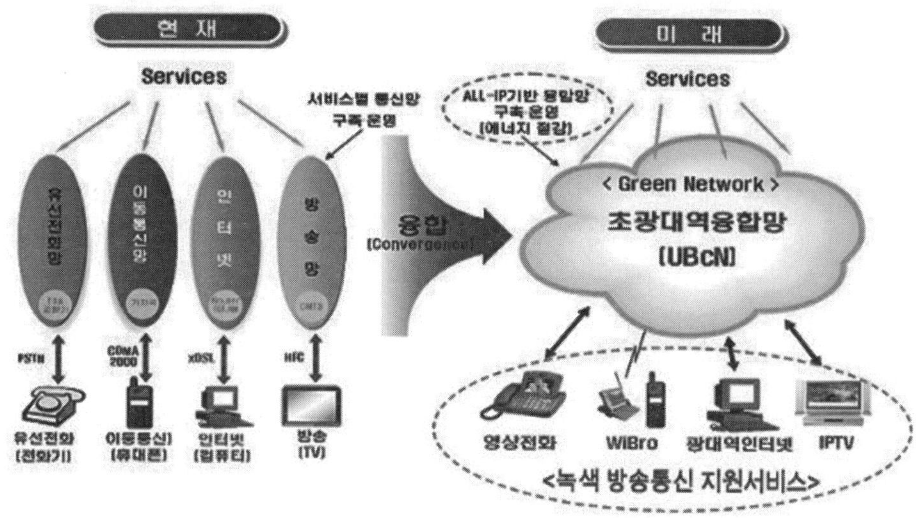

초광대역 융합망(UBcN)과 녹색 방송 통신 서비스

IPTV/디지털케이블 TV 기반 민원행정, 의료, 교육 등 원격기반의 다양한 부가서비스 모델을 발굴·보급하여 에너지 절약형 생활 문화가 확산되도록 추진할 것이다. 이메일, 핸드폰 등 방송통신 인프라를 통한 전자청구 및 전자납부로 비용절감과 탄소 배출 감축을 추진한다(방송통신위원회 전파연구소, 2009.11., vol18).

종이청구서 발행을 50% 수준으로 줄일 경우, 연간 930억원, 3만톤의 CO_2 배출 절감 가능하며, 주파수 이용 효율화, 탄소저감형 이동통신, 그린 RF 시스템, WiBro 기반 그린 에너지 관리 등 저탄소 배출에 기여할 수 있는 방송통신 기술개발을 추진할 것이다. 데이터 센터 등 방송통신 요소별 에너지 소비량 및 CO_2 배출량 산출방법 표준 개발 및 방송통신 활용에 따른 에너지 절감량을 평가할 수 있는 표준을 개발할 것이다.

초광대역융합망의 고도화를 통하여 '녹색 정보 고속도로'를 구축하고 기가인터넷, 와이브로 등을 이용하여 경제·산업 분야에서 Speed, Smart, Share가 가속화되도록 추진하게 될 것이다.

Strategy Analytics발표에 의하면 한국은 초고속인터넷 가구 보급률 95%(2009.6.)로 세계 1위를 차지하였으며, 미국은 60%이다. 초고속 인터넷 가입자 수는 17,967,756명이다(출처 : 방송통신위원회, 2012.5).

우리의 스마트 라이프

아침 7시 스마트폰의 모닝콜에 맞춰 음악소리에 선잠을 깬다. 오늘의 날씨는 스마트폰의 '날씨 앱'을 통해 날씨를 확인한다. 예전에는 TV를 켜서 뉴스를 본다거나 조간신문을 읽었으나 식탁에 앉아 식사를 하면서 신문이나 TV뉴스보다는 스마트폰을 통해 전해지는 오늘의 핫 뉴스를 확인한다. 엄마는 인터넷과 연결된 냉장고에서 음식을 확인하신다. 오늘은 동생의 생일이다. 동생이 좋아하는 스파게티를 만들려고 하는데 스파게티 재료가 없다. 냉장고에 있는 주문하기 버튼을 누르거나 스마트폰으로 재료를 주문한다. 신선한 재료는 오늘 저녁 준비 전까지는 집으로 도착될 것이다.

학교로 향하는 지하철에 타자마자 저마다 스마트폰을 꺼내 정신없이 손가락을 움직여댄다. 예전에는 신문이나 책이나 잠을 청할 시간에 오늘 수업할 내용을 훑어본다. 가방 안의 무거운 책들이 스마트폰 안에 모두 들어와 있다. 스마트폰으로 필기도 할 수 있고, 복잡한 그림, 도표 및 강의 내용도 사진 찍기로 대신한다. 또 스마트폰을 이용하여 오늘 발표할 내용을 팀원들과 메신저로 토론한다. 1시간여의 학교 이동시간에 스마트폰을 통하여 수업일정 및 하루 일정을 미리 준비하고 있다. 스마트폰과의 활용도에 따라 라이프 스타일의 변화가 클 것이다.

21세기를 주도할 스마트 라이프

스마트폰으로 인해 3R 시대를 경험하고 있다. 3R 시대는 실시간(Real time)으로 무한한 정보와 인적 네트워크에 접근(Rearch)해 시·공간적 한계를 넘어선 실제감(Reality)을 체험하는 때를 의미한다. 스마트폰은 사용자의 패턴에 맞는 애플리케이션을 다운로드 받아 사용하므로 나만의 '맞춤화' 휴대폰 사용이 가능하다. 휴대전화기능, mp3플레이어, 노트북, 인터넷 검색, 이메일, 금융, 엔터테인먼트 등이 결합하여 통합된 하나의 기기로 되었으며, 여기에 자신만의 맞춤화된 애플리케이션을 통하여 하나의 완성된 이동형 컴퓨터가 스마트폰이다.

【스마트폰으로 인한 미래】 (출처 : 스마트빅뱅, 매일경제신문사, 2010.10.25.)

라이프 스타일의 변화	신시장·비즈니스 출현	기업 간 경쟁구도 변화
신세대 모바일족 증가	모바일 애플리케이션 시장	통신업 패러다임 변화
모바일 오피스 구현	타 산업 연계 비즈니스	새로운 경쟁 전개
사회 소통 획기적 개선	모바일 트래픽 관리업	앱 개발 회사 각광

Smart Work의 확산으로 업무 효율성 증대

스마트워크는 사무실이 아닌 가정이나 스마트 워킹 센터에서 업무를 해결하는 시스템이다. 그날 일을 다 처리하지 않으면 야근이나 주말에도 출근해서 처리했지만 스마트폰의 확산으로 시간과 장소를 구애받지 않고 근무할 수 있어 업무 효율이 최소 10% 이상 증가됐다.

【스마트폰으로 증대된 사회적 효과】 (출처 : 스마트빅뱅, 매일경제신문사, 2010.10.25.)

구 분	증대된 사회적 효과
생산성 향상	영국 BT 스마트워크 이후 생산성 20% 향상
일자리 창출	일본 U헬스 도입 이후 일자리 450만개 창출 네덜란드 전국 스마트워크센터 운영 후 고용률 20% 상승
저탄소 녹색성장	프랑스 스마트워크 이후 출산률 1.56명→1.96명
저출산 고령화 대책	사무직 860만 명 주 1회 원격근무 시 탄소 111만 톤 감소

스마트폰으로 편리해진 세상

대형 할인 매장에서 보내온 스마트폰내의 광고 쿠폰을 보고 매장에 가서 관심 제품을 스마트폰에 내장된 카메라를 비추자 다른 브랜드와의 가격비교, 구매후기, 할인내용 등이 상세히 표시된다.

약속장소로 가기 위해 스마트폰의 네비게이션 애플리케이션을 작동시키면 대중교통수단과 택시를 이용하면 교통요금이 얼마가 나올 것인지, 도착시간과 이동거리까지 확인할 수 있다.

우리가 많이 사용하고 종종 잃어버리기도 하는 USB도 인터넷상의 서버를 통해 데이터의 저장과 검색할 수 있는 클라우드 컴퓨팅(Cloud Computing)의 사용이 일반화될 것이다. 스마트폰으로 PC와 인터넷 공간에 존재하는 정보를 쉽게 연동할 수 있으며 모바일기기의 장점인 이동성이 클라우드 컴퓨팅의 편리성과 경제성을 높이고 있다.

스마트폰으로 사고 없는 건강한 세상

스마트폰을 이용한 원격제어 시스템을 통하여 사람이 운전하지 않아도 되는 날이 머지않아 올 것이다. 자동차로 이동 시에도 업무를 보며 이동할 수 있으므로 업무효율성이나 시간을 절약할 수 있을 것이다.

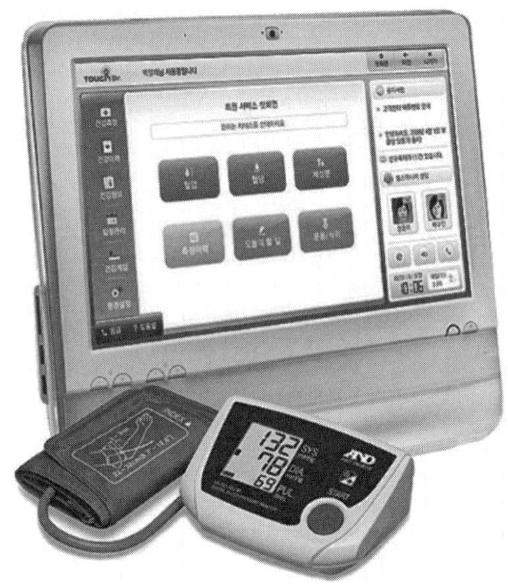

U-헬스 케어 서비스

또한 U-헬스 케어 서비스의 보편화는 육체적인 건강뿐만 아니라 정신적인 건강측면에서도 효과가 크다. 우리사회는 점점 소핵가족화 시대로 접어들고 있으며 이로 인해 가족 간의 거리는 더 멀어질 수밖에 없다. 고령화가 가속화되어가고 있으며 사회와 격리되면서 오는 단절감이나 감정을 교류할 수 있는 가족과 친구간의 거리감으로 정신적인 무력감, 외로움으로 점점 심각해지고 있다.

참고 U-헬스 케어 서비스

옷을 입는 컴퓨터인 '웨어러블 컴퓨터(Wearable Computer)'를 통해 보호자 없이 집에 거주하는 노인이나 만성질환자의 건강상태를 관찰하고 응급상황이 발생하면 의료진이 바로 투입될 수 있는 서비스이다. 웨어러블 컴퓨터는 내장된 센서가 환자의 생체신호를 감지하고 이를 기간망을 통해 원격 전달하는 방식으로 자가진단 서비스, 원격모니터링 서비스, 응급 서비스, 상담관리, 의료진 관리 등의 서비스를 언제, 어디서나 누구나 할 수 있는 유비쿼터스 환경으로 받을 수 있는 기능을 갖고 있다.

스마트 폰 속에 감추어진 역기능

- 중독 - 하루 종일 스마트폰의 사용으로 눈이 피로하고 다른 일에는 집중할 수 없다. 스마트폰은 자신이 원하는 애플리케이션으로 다운 받고 사용하는

자신만의 맞춤형으로 시간과 장소에 구애받지 않고 인터넷을 사용할 수 있기 때문에 컴퓨터를 통해 인터넷을 할 때보다 더 심한 중독현상이 나타날 수 있다. 또 스마트폰의 사용자의 증가와 함께 SNS(Social Network Service) 이용자 역시 증가했다.

스마트폰의 실시간 소셜네트워킹

SNS는 웹상에서 이용자들이 인적 네트워크를 형성할 수 있게 해주는 서비스를 의미하며 트위터, 페이스북 등이 대표적이다. 스마트폰을 이용하면 상대방과의 커뮤니케이션이 실시간으로 이뤄지고, 즉각적인 상호작용이 되기 때문에 더욱 그 매력에서 빠져나오기 어렵다.

- 끊임없는 보안문제

컴퓨터를 켜면 작업 표시줄에 나타나는 바이러스 경보 및 백신 업데이트를 볼 수 있다. 인터넷 검색을 하다보면 나도 모르는 사이에 바이러스에 감염되며 나의 개인정보가 인터넷에 유출된다. GPS를 이용한 위치추적기능이나 SNS를 통하여 나의 위치가 모두에게 공개될 수 있다.

- 정보의 격차

수많은 정보가 스마트폰을 통해 실시간으로 전송되고 있다. 태풍과 천재지변 등의 재난경보나 뉴스들을 실시간으로 접하고 대처할 수 있을 것이다. 지식기반사회에서 스마트폰을 통한 소통과 소비자의 소비패턴에 맞는 합리적인 소비, 다양한 애플리케이션을 통한 정치, 경제, 사회, 문화 등의 정보가 인생의 삶의 지혜를 더 풍요롭게 해주는 핵심요소가 될 것이다.

인간의 일생을 80년으로 생각할 때 13년 3개월 동안 미디어를 이용하며 산다고 한다. 스마트폰의 등장과 더불어 미디어의 사용시간이 5~7년 동안 늘어날 것으로 예상된다. 이미 우리 생활에 밀접하게 들어와 있는 스마트폰을 어떻게 이용할 것인가에 따라 삶의 '스마트'한 정도가 결정될 것이다.

스마트폰의 긍정적인 영향으로는 1) 스마트폰과 시간의 효용성, 2) 공간의 제약을 없애준 똑똑한 친구, 3) 스마트폰을 이용한 실시간 소셜 네트워킹, 4) 정보의 보고 등이 있다, 한편 스마트폰의 부정적인 영향으로는 1) 줄어드는 Face to Face 커뮤니케이션, 2) 사생활 침해 등을 둘 수 있다.

사용하기에 따라 다른 양날의 칼인 스마트폰에 의해 우리의 생활이 좀 더 편리하고 빠르고 효용성 있게 변화하였다는 것에는 의심의 여지가 없다. 하지만 변화의 속도가 날로 빠르게 성장하는 신기술을 절제된 사용과 인간미 넘치는 대면 소통 및 사생활 침해에 노출되지 않는 의식이 병행될 때 우리의 삶의 질을 한층 높이는 신기술이 될 것이다(엔터테인먼트 산업론 칼럼 재구성).

2025년의 어느 날

- 음파비누의 미세진동
- 취향과 날씨에 맞는 의상 준비
- 주문한 아침식사
- 연락사항 및 주요뉴스
- 가상 시뮬레이션에 의한 체험·암벽타기
- 체조직 공학·인조 신체
- 극 초음속기
- 원룸식 주거 유닛
- 전기 택시
- 식용식물의 제조 연구·사하라 녹지화 계획
- 디지털로 제작한 SF물·영화감상
- 가상공간상의 파티하우스
- 출산율 저조·인공자궁 개발

2050년 주방과 샤워실 (출처 : 유비파크)

데이터(Data), 정보(Information)

1) 데이터와 정보의 차이

데이터(data, datum의 복수형)는 정보가 얻어질 수 있는 원재료를 말한다. 정보(Information)는 수집되고 처리되어 의미 있는 형태가 된 데이터이다. 다시 말하면 정보란 축적된 사실에 우리가 부여하는 의미인 것이다. 데이터는 우리 주변 어디에든지 있다. 정보화 사회에서 우리는 막대한 양의 자료를 만들어 내고 있다.

2) 데이터와 정보 및 정보시스템

데이터 자원의 입력 ⇨ 데이터 처리 ⇨ 정보제품의 출력

데이터와 정보의 개념상 차이 비교

구 분	데이터	정 보
처리·요약 여부	가공·여과 요약되지 않음	가공·여과·요약됨
의미성	사용자에게 의미가 없음	사용자에게 의미가 있음
지식증가 여부	사용자의 지식증가에 미기여	사용자의 지식증가에 기여
예	가공되지 않은 것 (DB에 축적되어 있는 것)	가공된 것 (회계정보, 마케팅정보, 재무정보 등)

1.2 스마트 시대의 패러다임의 변화

디지털에서 스마트로

네그레폰테는 1995년 발간된 그의 저서에서 디지털 삶을 개인화된 삶으로 정의했다. 그는 '아톰이 지배하던 산업 시대에는 대량생산이 일어나지만, 비트가 주도하는 정보시대에는 작은 인구 집단을 대상으로 한 생산이 일어날 것이며, 그 이후에 오는 탈 정보화 시대의 생산은 단 한 사람을 향한다'고 했다.

스마트 시대는 한마디로 말하면 개인화의 시대이다. 개인화된 맞춤 애플리케이션들을 모아 스마트폰을 장식하여 쓰고 있지 않은가, 기술이 인간을 자유롭게 만들기 시작한 시대가 디지털 시대였다면, 자유로워진 인간이 저마다의 방식으로 기술을 쓰는 시대가 바로 스마트 시대다.

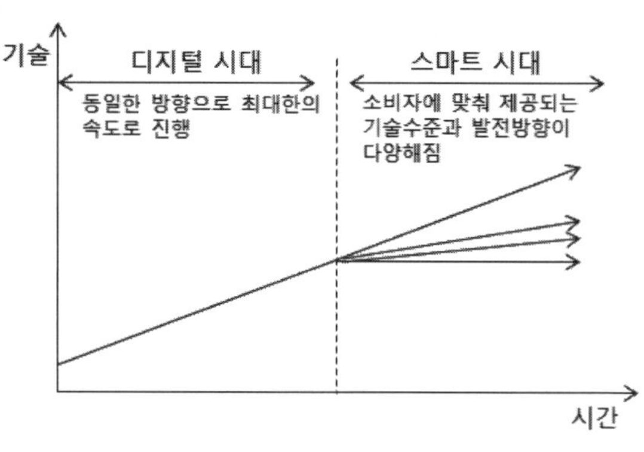

디지털 시대와 스마트 시대

스마트는 똑똑하다는 의미이지만, 똑똑한지의 여부를 판단하는 것은 소비자 개개인이다. 기능이 많고 성능이 좋아서 똑똑한 것이 아니라 사용자 각자가 쓰기에 안성맞춤이어야 똑똑하다.

스마트를 이야기 하면서 나오는 미래사회의 이미지는 대단히 기술적이다. 증강현실 서비스를 통해 가는 곳마다 정보가 제공되고, 눈 돌리는 곳마다 소비자 개개인에 맞춤화된 광고가 뜬다. 그러나 혹시라도 이러한 것들을 불편하다고 느끼는 소비자가 있다면 그 소비자에게 이 서비스는 스마트한 것이 아니다.

진정한 스마트함은 이 기술에 소비자가 편안함을 느끼는지, 그렇지 않은지까지 아는 것이다(2020 새로운 미래가 온다. LG경제 연구원, 2011).

스마트기기의 진화

최근 모바일 환경이 발전하고 휴대폰뿐 아니라 스마트폰과 MID(Mobile Internet Device)라 불리는 다양한 인터넷 디바이스들이 출현하고 성장하는 상황에서 점점 중요해지는 모바일 사용자 인터페이스(UI; User Interface) 분야가 생겼다. UI는 사용자가 편하게 사용할 수 있도록 인터페이스를 제공하는 것이 더 중요하다. 보통 모바일 UX(User experience) 안에 UI가 포함되기도 한다.

스마트폰은 내가 직접 디자인한다(선 없는 사회, 박현길, 청년정신, 2010).

'인터페이스'에서 '경험'이라는 좀 더 확장된 개념으로 옮겨가면서 나온 용어로 심리학적 관점에서 2가지로 나눌 수 있다.

인지적 사용자 경험(cognitive UX)은 인간의 인지적 특성이 고려되고 반영된 UX로 인간의 사고, 이해, 기억, 지각, 추론, 문제해결 능력을 고려하고 그것을 제품의 기능과 디자인에 최대한 반영함으로써 사용자가 최적의 인지적 경험을 하도록 디자인하는 것이라 할 수 있다.

감성적 사용자 경험(emotional UX)은 심리적 측면뿐만 아니라 즐거움과 재미를 느끼고 이전과는 다른 새로운 경험을 하는 것, 그리고 그러한 경험을 할 수 있도록 제품을 만들고 서비스를 제공하는 것이다.

스마트폰은 최근에는 컴퓨터보다 더 뛰어난 기능도 일부 갖춘 '만능 기계'로 진화했다. 가장 큰 특징이 바로 휴대성과 카메라, 마이크, 스피커 등의 존재다. 어디든 들고 다니는 이동성 있는 컴퓨터라는 스마트폰은 소리를 녹음하고 영상을 녹화하며 실시간으로 현장 데이터를 수집할 수 있기 때문이다. 스마트폰의 카메라로 QR코드 같은 전자코드를 촬영해 사물의 정보를 바로 검색해 보는 기능 등이 스마트폰이 컴퓨터보다 더 우월한 대표적인 기능이다. 이 외에도 켜고 끄는데 오랜 시간이 걸리는 노트북 컴퓨터와는 달리 어디에서도 쉽게 켜고 끌 수 있는 스마트폰은 휴대용 녹음기 기능은 물론이고 간이 화상회의까지 언제 어디서도 가능하게 도와준다. 특히 전문가가 촬영한 영상 못지 않은 동영상 촬영 기능을 갖춘 스마트폰이 나오면서 영화감독이 스마트폰으로만 영화를 찍을 수도 있게 됐다. 최근 등장한 스마트폰은 3차원(3D) 입체영화를 "5000만 원 장비 수준으로 찍어준다"는 극찬을 영화감독으로부터 받을 정도로 기술이 발전하고 있다.

최근에는 스마트폰을 넘어 태블릿PC도 관심을 모은다. 특히 전자책을 읽는다거나 영화를 감상하는 등 다양한 디지털 콘텐츠를 즐기기에 태블릿PC는 최상의 기기로 손꼽힌다.

이 같은 기기들이 발전하면서 콘텐츠산업도 새로운 발전의 계기를 맞았다. 미국 아마존닷컴의 성공에 힘입어 세계적인 출판사들이 기존 종이책을 전자책으로 발간하기 시작했다. 영화사들도 아이패드, 갤럭시탭 등 태블릿PC를 위한 전용 콘텐츠 또는 대여 시스템을 구축하고 있다.

게임산업도 새로운 가능성을 보기 시작했다. 인터넷으로 연결돼 있을 때 어디서나 접속할 수 있는 스마트 기기들이 등장하면서 컴퓨터 앞에서 오랜 시간을 투자해야 하는 기존의 온라인게임 외에도 잠깐 때마다 스마트폰이나 태블릿PC로 접속해 즐길 수 있는 게임이 인기를 모으는 것이다(dongA.com, 2011.9.20.).

스마트폰 바코드 결재

점심식사를 마친 뒤 스마트폰에 '바통'이란 앱(응용프로그램)을 내려 받았다. 사용하는 통신사와 휴대전화 번호, 비밀번호를 입력하고 '인증번호 요청' 버튼을 눌렀다. 그러자 6자리 숫자로 된 인증번호가 문자메시지로 전달됐다. 이 번호를 누르자 화면에 바코드가 나타났다. 계산대 앞에서 바코드를 보여주며 "이걸로 계산할게요"라고 말했다. 지갑도, 현금도, 신용카드도 필요 없었다. 처음 써보는 결제방식에 직원들이 다소 낯설어했지만 편리했다.

휴대폰결제 전문기업 다날은 스마트폰에서 바코드를 만들어 간편히 결제하는 '바통' 서비스와 관련한 특허를 취득했다(파이낸셜 뉴스, 2012.1.30.).

이 앱이 사용되는 곳은 패밀리 레스토랑 베니건스에서 사용 가능하다. 이번 특허로 등록한 기술은 '통합 바코드를 이용해 결제정보를 처리하는 시스템 및 모바일기기의 제어방법'에 대한 것이다.

반면 바코드 결제에는 별도의 단말기가 필요 없다. 대부분의 매장에서 갖고 있는 바코드 스캐너를 이용해 스마트폰 화면에 나타나는 바코드만 읽으면 되기 때문이다. 바코드 스캐너는 동네 소매점도 갖추고 있다. 소비자는 스마트폰에 앱을 내려받아 결제할 일이 생길 때마다 바코드만 보여주면 된다. 그러면 각 매장은 이 바코드를 읽어 사용자를 확인한다. 이후 과정은 다날이나 모빌리언스 같은 결제 대행업체와 통신사의 몫이다. 이들은 약간의 수수료를 받고 소비자의 통신요금에서 이런 이용요금을 받아 가맹점에 나눠준다.

스마트폰 바코드 결재 (출처 : 동어일보, 2011.7.19.)

스타벅스가 파는 선불카드를 스마트폰으로 옮긴 것이다. 사용자가 바코드를 보여주면 선불카드에 충전된 금액에서 돈이 빠져나간다. 스타벅스가 바코드 방식을 택한 것은 비용 부담 없이 쉽게 쓸 수 있었기 때문이다. 올해 들어 구글과 마스터카드, 씨티은행이 손잡고 근거리무선통신(NFC)이라는 새로운 기술을 적용한 모바일 지갑 '구글 월릿'을 선보였지만 스타벅스 측은 "구글이 만든 NFC 기술이 바코드 결제보다 최신 기술이지만 NFC 기능이 있는 스마트폰이 보급되려면 3년은 걸릴 것"이라며 바코드 결제를 택했다.

바코드 결제에도 한계는 있다. 휴대전화 소액결제는 한도가 정해져 있기 때문이다. 휴대전화 소액결제 수수료는 품목에 따라 신용카드보다 쌀 때가 많고 신용카드가 없는 고객도 확보할 수 있다는 게 장점이다.

스마트시대의 패러다임 변화 전망

우리가 살고 있는 세상은 진화와 퇴보, 성장과 노쇠를 거듭하면서 쉼 없이 발전해간다.

- 현대사회는 인터넷과 글로벌화 등으로 상호의존성과 복잡성이 커짐에 따라 불확실성이 매우 높고 기술변화도 과거 어느 때보다 빠른 상황이다. 사회적 변화를 빠르고 적절하게 예측하여 범국가적인 차원에서 준비하는 것이 지속성장의 필요충분조건이 되고 있다.
- 선진국을 중심으로 미래 연구가 활발하게 이뤄지고 있으며, 사회적 요구와 필요에 따라 지향점 및 방법이 계속 변화하고 있다.
- 미래에는 정보사회의 본격화(connected)로 시간·공간·지식·관계가 확장(enhanced)되면서, 새로운 가능성이 형성되고 핵심가치가 변화할 것이다.
- 정보통신기술(ICT; Information Communication Technology)은 바이오·나노기술 등과 융합·지속 진화하여 미래에 당면할 이슈의 해결수단 및 새로운 미

ICT의 발달
시간의 확장
공간의 확장
지식의 확장
관계의 확장

미래사회의 모습	
새로운 가능성의 확장	가상현실, 인공지능 프로슈머, 바이오 경제
주요가치의 변화	드림소사이어티 하이컨셉/하이터치

래의 변화를 주도하는 사회 인프라가 될 것이다.

- ICT는 미래 사회 진화의 동력이자 근간이므로, ICT의 발전과 연계한 미래 전략 마련이 필요하다(스마트시대의 패러다임 변화전망과 ICT전략, 한국정보화진흥원, 2010.12).

미래학자들이 전망하는 미래사회

미래사회는 현재의 정보사회가 심화·고도화되면서 핵심가치가 진화할 것이다.

【미래학자들이 바라보는 미래사회】 (출처 : 한국정보화진흥원, 2010.12, p24)

미래모습	주요 전망
'가상현실 사회' (Cyber Now) 제롬글렌 (유엔미래포럼회장)	• 2025년에는 '사이버 나우'가 상용 • 모든 사람이 '사이버 나우'라 불리는 특수 콘택트렌즈와 특수 의복을 통해 24시간 사이버 세상과 연결 ※사이버 나우 : 24시간 실시간으로 인터넷에 연결된다는 의미
'인공지능 사회' 윌리엄 하랄 (조지워싱턴대 교수)	• 2030년이 되면 로봇과 인간이 공존하는 시대가 도래하고 '인공지능'을 통한 3차원 세계로 나아갈 것 • 앞으로는 가치, 목표, 지각이 중요한 '영감(靈感)의 시대가 될 것이며 알고 있는 것을 바탕으로 내리는 선택이 핵심 경쟁력이 될 것
'드림소사이어티' (꿈과 감성의 사회) 롤프 옌센 (드림컴퍼니 대표)	• 이성·과학·논리가 지배하는 시기에서 탈피하여 상상력과 감성이 더 중요한 '드림소사이어티(Dream Society)로 진입 • 기업은 상품과 서비스에 감성적 가치를 덧붙여야 함
'하이컨셉/하이터치' 다니엘 핑크 (미래학자)	• 논리적·선형적 능력이 중시되는 정보화시대에서 창의성·감성·직관이 중시되는 '개념의 시대'로 이동 • 예술적·감성적 아름다움을 창조하는 하이컨셉, 공감을 이끌어내는 능력인 하이터치 능력을 갖춘 인재가 필요
'프로슈머 경제' 앨빈 토플러 (미래학자)	• 제3의 물결(정보사회)이 심화되면서 부(富)의 기반인 시간/공간/지식에 큰 변화가 옴에 따라, 이 기반을 선도하는 사람이나 기업이 미래의 부를 지배할 것 • 이러한 변화를 잘 반영한 프로슈머(Prosumer)가 향후 경제 체제를 더욱 혁신적으로 바꾸고 폭발적 부를 창조할 것
'바이오 경제' 데이비스/데이빗슨	• 1950년대 이후의 정보경제에 이어 2020년대부터는 지능 컴퓨터, 유전공학, 극소화 기술에 기반한 '바이오경제'로 진화 • 바이오 경제는 단순히 생명공학에 기초한 경제라기보다는 정보기술과 바이오 관련기술이 융합되어 창조되는 경제

유무선 가입자 통계 현황

1) 유선 통신서비스 가입자 현황

구 분	2012.5월말
시내전화서비스	18,496,534
초고속인터넷서비스	17,967,756

2) 시내 전화

구 분	2012.5월말
KT	15,453,375
SK브로드밴드	2,589,370
LGU+	453,789
합 계	18,496,534

5) 제공서비스(기술방식)별 이동통신 가입자 수

구 분		2012. 5월말
SKT 26,648,481	CDMA	5,961,020
	WCDMA	17,740,974
	LTE	2,908,964
	WiBro	60,106
KT 17,370,942	CDMA	19,926
	WCDMA	15,536,426
	LTE	926,605
	WiBro	877,763
LGU+ 9,677,392	CDMA	7,506,773
	LTE	2,268,464
합 계		53,807,021

(출처 : 방송통신위원회)
유·무선 가입자 통계 현황(2012.5)재 구성

3) 초고속 인터넷

구 분	2012.5월말
KT	7,944,832
SK브로드밴드	3,181,672
SKT(재판매)	1,099,674
LG U+	2,755,435
종합 유선	2,857,414
기 타	128,729
합 계	17,967,756

4) 무선 통신서비스 가입자 현황

구 분		2012.5월말
이동통신 서비스	이동전화	52,869,152
	휴대 인터넷	937,869
무선호출서비스		18,242
주파수공용통신서비스		386,207
무선데이터통신서비스		54,017
위성휴대통신서비스		17,059
합 계		54,282,546

6) 스마트폰 가입자 수

구 분	2012.5월말
SKT	13,403,894
KT	8,971,000
LGU+	5,183,455
합 계	27,558,349

7) 무선인터넷 가입자현황

구 분	2012.5월말
SKT	19,830,542
K T	16,445,358
LGU플러스	5,971,600
합 계	42,247,500

1. 3 컴퓨터의 필수 요소

컴퓨터의 기본 구성요소

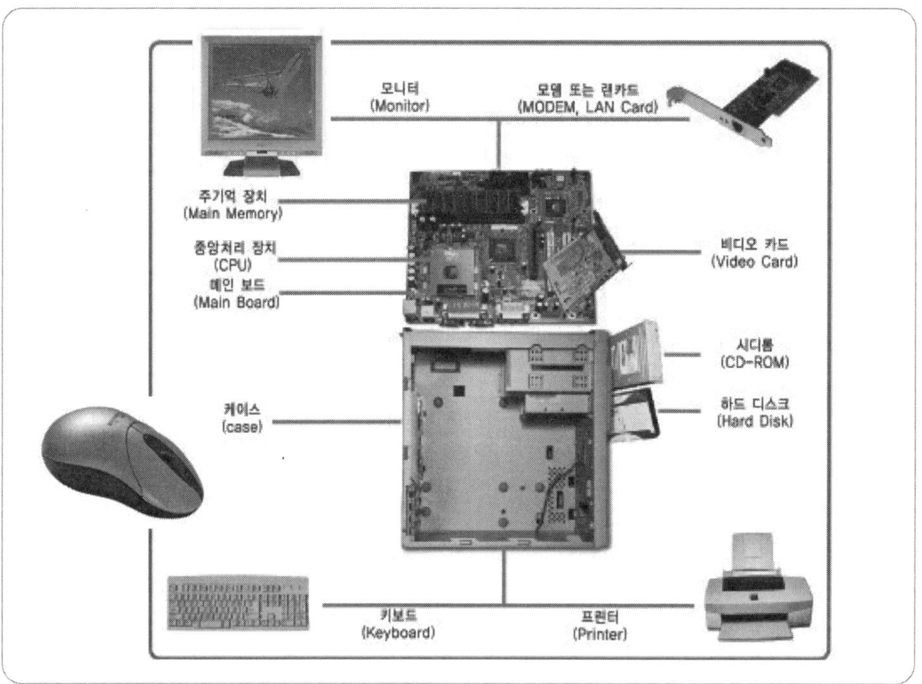

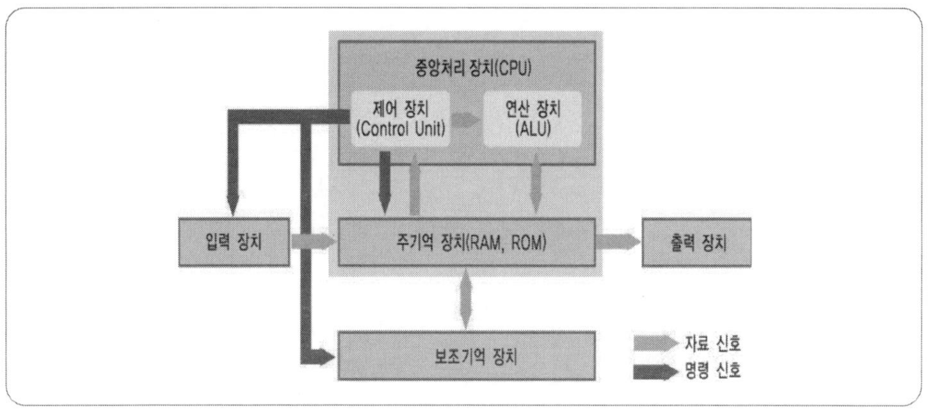

컴퓨터 시스템의 4가지 기본요소

PC가 어떻게 구성되어 있는지, 어떠한 부품들로 이루어져 있는지 기본적으로 PC가 동작되려면 메인보드(main board), CPU, 램(RAM), 그래픽카드, 전원장치, 키보드, 마우스, 모니터만 있으면 사용할 수 있다.

팬티엄(pentium)-4 기준으로 각 장치들을 설명한다.

①번은 PCI 슬롯이 장착 되는 곳으로, PCI 장치는 쉽게 말해 랜카드(LAN card)나 사운드카드(sound card), TV 수신카드 등이 장착되는 곳이다.

②번은 PC의 핵인 CPU가 장착되는 곳으로, 네모난 곳에 CPU를 꽂고 검정 테두리에 CPU 쿨러(cooler)를 장착하게 된다.

③번은 메모리가 장착되는 곳으로 RAM 슬롯이다.

그밖에 프린터 케이블, USB 포트, 키보드, 마우스 단자가 오른쪽 윗부분에 장착된다.

참고 **프로그램 가능 통신 접속 장치(PCI; peripheral component interconnect)**

개인용 컴퓨터(PC)의 중앙 처리 장치(CPU)와 주변 장치를 연결하는 ISA나 EISA, VESA의 후속으로 개발된 로컬 버스 규격. PCI 버스 또는 PCI 로컬 버스로 널리 알려져 있으며, 이 규격의 PCI 슬롯이 대부분의 펜티엄 PC에 장착되어 있다. PCI 버스는 주소를 전달하는 신호와 데이터를 전달하는 신호를 시분할 다중화(TDM)하여 전송하기 때문에 신호선의 수가 적고, 32비트 또는 64비트 버스로서 접속 가능한 장치의 수는 10개가 권장되고 있다.

펜티엄4 CPU

CPU의 열을 식혀주는 쿨러(cooler)

CPU를 장착한 후 위에 장착이 되며, 열전도율이 좋은 방열판이 CPU와 접촉하게 된다. 그 위에서 바람으로 방열판을 식혀주는 기능을 한다.

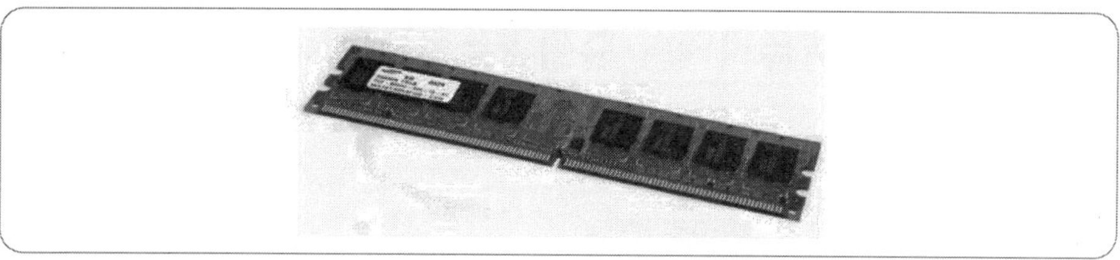

메모리(RAM)

다음은 모니터로 화면을 내보내는 VGA(그래픽)카드이다. 원으로 선택된 부분은 일반 아날로그 출력단자이며 바로 옆에 동그란 것은 TV와 직접 연결 가능한 S-비디오단자이다. 그 옆은 디지털 출력단자이다.

VGA(그래픽)카드

인터넷을 사용하기 위한 랜카드(10/100M)로서, 메인보드 ①번 위치의 PCI 슬롯에 장착되며 인터넷 사용 시 필수인 장치이다.

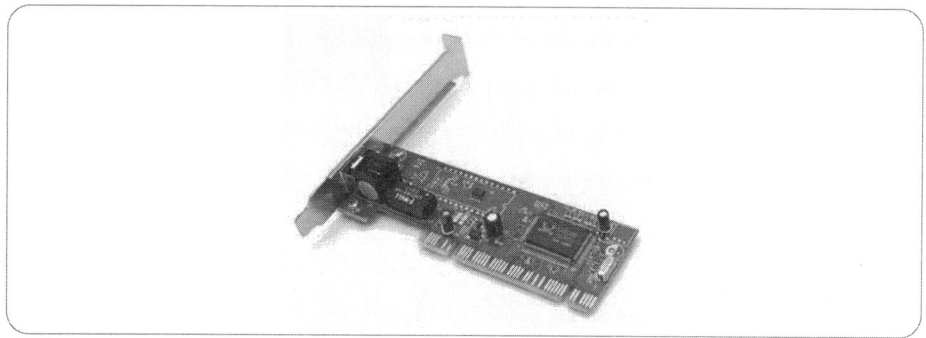

랜카드(10/100M)

1. 4 개인용 컴퓨터에서 슈퍼컴퓨터까지

슈퍼컴퓨터

슈퍼컴퓨터(supercomputer)는 주로 과학기술연산에 사용되는 초고속 컴퓨터이다. 이 개념은 절대적 기준이 아닌 상대적인 것으로 당대 최상급 처리 능력(특히 연산 속도)을 보유한 고성능 컴퓨터를 가리키는 말이며, 간혹 단순히 HPC (High-Performance Computer)라고 부르기도 한다.

최초의 슈퍼컴퓨터는 1964년 미국 CDC의 세이무어 크레이(Seymour Cray)가 설계한 CDC 6600이며, 슈퍼컴퓨터가 대중적으로 알려진 것은 1985년 미국 크레이(Cray Research, Inc.)에서 발표한 Cray-2가 시초이다.

전 세계 슈퍼컴퓨터의 통계는 TOP500 Supercomputer Sites가 주요한 참고자료이다. 이곳은 미국의 맨하임 대학교와 테네시 대학교가 공동으로 운영하며, 린팩(linpack) 성능 비교 테스트를 통해 매년 두 차례 전 세계 슈퍼컴퓨터의 순위를 매긴다.

세계 슈퍼컴퓨터 경쟁에서 우리나라 순위가 2011년 20위권에서 2012년 50위권으로 대폭 하락했다. 슈퍼컴퓨터 성능은 한 나라의 IT 과학기술 역량을 가늠할 척도라는 점에서 슈퍼컴에 대한 투자확대가 요구되고 있다.

2012년 6월 독일 함부르크에서 열린 세계 슈퍼컴 컨퍼런스에서 발표된 상위 500대 슈퍼컴 리스트에 따르면, 미국 에너지부 산하 핵 안보국 로렌스 리버모어 국립연구소의 '세쿼이아'(sequoia)가 세계 최고 슈퍼컴으로 선정됐다. 이 시스템은 IBM의 블루진/Q시스템을 기반으로 2011년 개발된 것이다.

【TOP 10 Sites for June 2012】 (출처 : http://top500.org/lists/2012/06)

순위	Site	Computer
1	DOE/NNSA/LLNL **미국**	**Sequoia**-BlueGene/Q,Power BQC 16C 1.6GHz, Custom IBM
2	계산과학을 위한 RIKEN 발전 연구소(AICS) **일본**	**K computer**, SPARC64 Vlllfx 2.0GHz, Tdfu interconnect Fujitsu
3	DOE/SC/아르곤 국립연구소 **미국**	**Mira**-BlueGene/Q,Power BQC 16C 1.6GHz, Custom IBM
4	라이프니츠 Rechenzentrum **독일**	**SuperMUC**-iDataPlex DX360M4, Xeon E5-2680 8C 2.7GHz, infiniband FDR IBM
5	텐진의 국가 슈퍼컴퓨팅 센터 **중국**	**Tianhe-1A**-NUDT YH MPP, Xeon X5670 6C 2.93GHz, NVIDIA 2050 NUDT
6	DOE/SC/오크 리치 국립연구소 **미국**	**Jaguar**-Cray XK6, Opteron 6274 16C 2.2GHz, Cray Gemini interconnect, NVIDIA 2090 Cray Inc.
7	CINECA **이탈리아**	**Fermi**-BlueGene/Q, Power BQC 16C 1.6GHz, Custom IBM
8	Forschungszentrum Juelich(FZJ) **독일**	**JuQUEEN**-BlueGene/Q,Power BQC 16C 1.6GHz, Custom IBM
9	CEA/TGCC-GENCI **프랑스**	**Curie thin nodes**-Bullx B510, Xeon E5-2680 8C 2.7GHz, Infiniband QDR Bull
10	Shenzhen의 국가 슈퍼컴퓨팅 센터(NSCS) **중국**	**Nebulae**-Dawning TC3600 Blade System, Xeon X5650 6C 2.66GHz, Infiniband QDR, NVIDIA 2050 Dawning

IBM 슈퍼컴퓨터로 '세쿼이아(sequoia)', 세계1위 컴퓨터 페타플롭스급(초당 16.32페타플롭(PFlops))의 성능으로 1초에 1경 6320조번의 연산
(출처 : http://top500.org/lists/2012/06)

세쿼이아는 초당 16.32 페타플롭(PFlps)의 성능으로 1초에 1경 6320조번의 연산이 가능한 것인데 67억 인구가 320년간 계산기를 두드려야 가능할 일을 단 한 시간에 처리하는 가공할 성능이다.

지난해 6월과 11월 슈퍼컴 순위 1위를 차지한 일본 리켄 연구소의 K컴퓨터는 2위로 밀려났고 3위는 미국 아르고네 국립연구소의 미라가 차지했다. K컴퓨터는 일본 후지쯔, 미라는 IBM 블루진 기반이다.

10위권에는 독일과 이태리, 프랑스, 중국이 슈퍼컴이 포진해있는데 특히 중국의 경우 톈진 국립 슈퍼컴퓨팅센터의 티엔허(천하)-1A가 5위를 차지했다. 앞서 중국은 지난 2010년 11월 잠시 1위와 3위에 오르기도 하는 등 슈퍼컴 투자에 열을 올리고 있다.

세계 각국이 이처럼 치열한 슈퍼컴 경쟁을 벌이는 와중에 우리순위는 지속적인 하락세라는 점. 2011년 20위권이던 기상청 슈퍼컴 3호기 해담과 해온이 각각 55위와 56위로 밀렸다. 지난해 30위권에 포진했던 KSITI 슈퍼컴 4호기는 64위를 기록했다.

Haedam - Cray XE6 12-core 2.1 GHz

Manufacturer:	Cray Inc.
Cores:	45120
Power:	1711.60 kW
Memory:	
Interconnect:	Custom
Operating System:	Linux

Configurations

List	Rank	System	Vendor	Total Cores	Rmax (TFlops)	Rpeak (TFlops)	Power (kW)
06/2012	55	Cray XE6 12-core 2.1 GHz	Cray Inc.	45120	316.4	379.0	1711.60
11/2011	32	Cray XE6 12-core 2.1 GHz	Cray Inc.	45120	316.4	379.0	1711.60
06/2011	20	Cray XE6 12-core 2.1 GHz	Cray Inc.	45120	316.4	379.0	1711.60
11/2010	19	Cray XE6 12-core 2.1 GHz	Cray Inc.	45120	316.4	379.0	1711.60

국내 기상청 슈퍼컴 3호기 해담(Haedam) (출처 : http://top500.org/lists/2012/06)

슈퍼컴퓨터의 대표적인 응용

- 슈퍼컴퓨터는 각각 다른 속도와 기상 예측, 고도에서의 비행기 주변의 기류를 모의실험 할 수 있다.
- 차량 충돌에 얼마나 견딜 수 있을지 등을 측정한다.
- 기상학자는 슈퍼·컴퓨터를 이용해 돌풍의 구조를 연구한다.
- 헐리우드 영화제작소는 첨단 그래픽 기술을 이용해 TV광고나 쥬라기 공원과 같은 영화의 특수효과를 만든다.
- 슈퍼컴퓨터는 석유 탐사 작업 중 모은 엄청난 양의 지진자료를 분류하고 분석한다. 슈퍼컴퓨터를 이용해서 핵무기폭발의 결과도 연구한다.
- 스마트폰 테스트를 할 때 실제로 떨어뜨려 보면서 강도를 측정했지만, 충격에 대한 손상 정도를 시뮬레이션하여 결과에 따라 두께를 얼마로 할지, 부품은 어떤 소재가 적당한지 등을 결정한다.
- 전화, 비행기 경로 측정 등도 슈퍼컴퓨터의 영역이다.

1. 5 컴퓨터의 발전과 활용

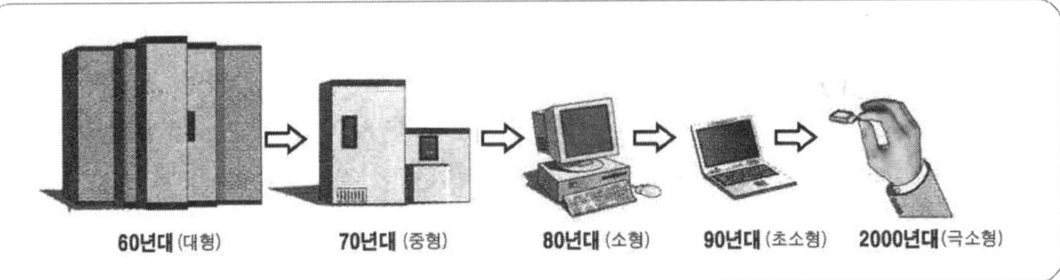

컴퓨터의 발달과 소형화 추세

1) 컴퓨터의 기능

- 입력 기능
- 제어 기능
- 기억 기능
- 연산 기능
- 출력 기능

정보처리와 저장

2) 컴퓨터의 장점

- 고속
- 정확성
- 일관성
- 신뢰성
- 대량저장능력

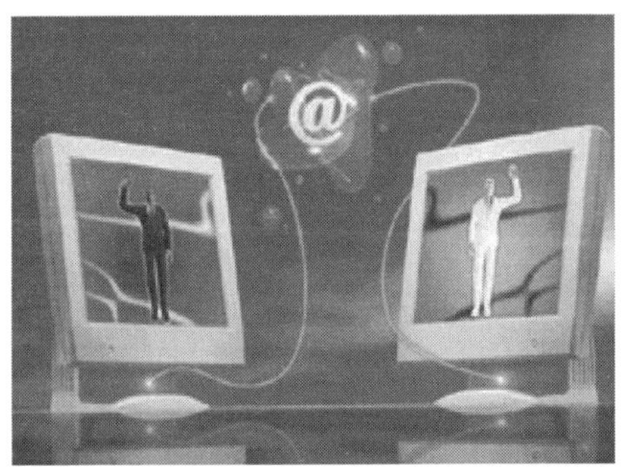

정보의 이동과 통신

1.6 컴퓨터를 어떻게 사용할 것인가?

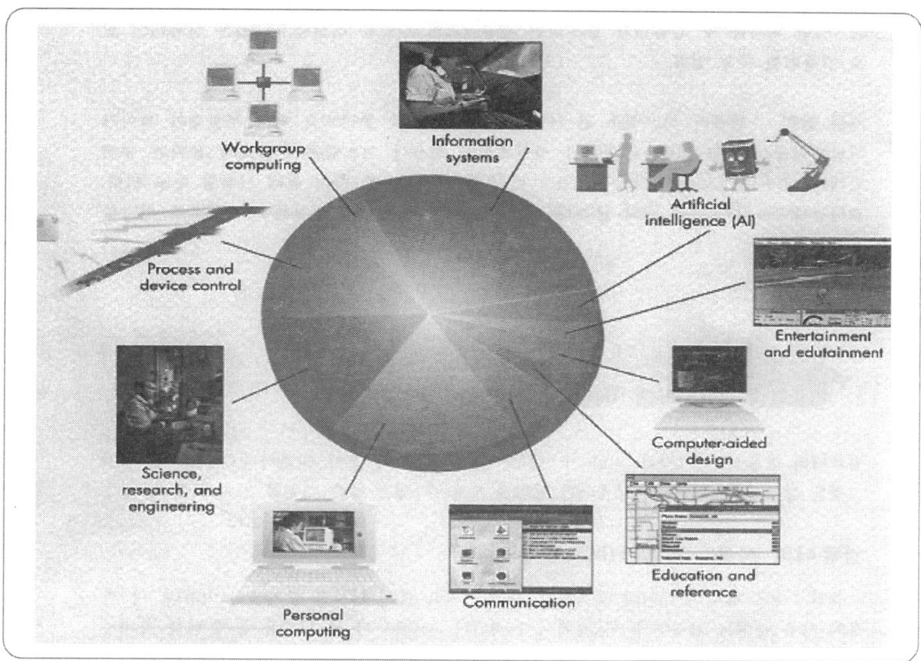

컴퓨터를 이용하는 분야

- 사무 및 업무용
  - OA(Office Automation) 단계
  - DPS(Data Processing System)
  - MIS(Management Information System)
  - Management Science

- 정보 및 통신용
  - PC 통신, Internet
  - VOD(Video on Demand)

- 과학 및 기술용
  - VR(Virtual Reality)
  - AI(Artificial Intelligence)
  - IR(Information Retrieval)

- 가정 및 개인용
  - HA(Home Automation)
  - Entertainment
  - Game

- 인공지능
  - 로보틱스(Robotics)
  - 영상인식시스템
  - 전문가시스템(Expert system)
  - 신경망(Neural Network)
  - 퍼지 이론(Fuzzy Theory)
  - 가상현실(Virtual Reality, VR)
- 교육 및 학습용
  - CAI(Computer Aided Instruction)
  - CAL(Computer Aided Learning)
  - CAE(Computer Aided Education)
  - LOD(Lecture on Demand)

컴퓨터 그래픽 관련 알고리즘은 연산 자체가 까다롭기 보다는 단순한 반복의 연산인 경우가 많다. 3D 가속기능이 있는 그래픽 카드의 칩셋의 구조는 수백 개의 ALU(Arithmetic Logic Unit)가 들어있어 동시에 계산 작업이 가능하다. 그림에서 왼쪽이 일반적인 CPU라면 오른쪽은 GPU의 구조이다.

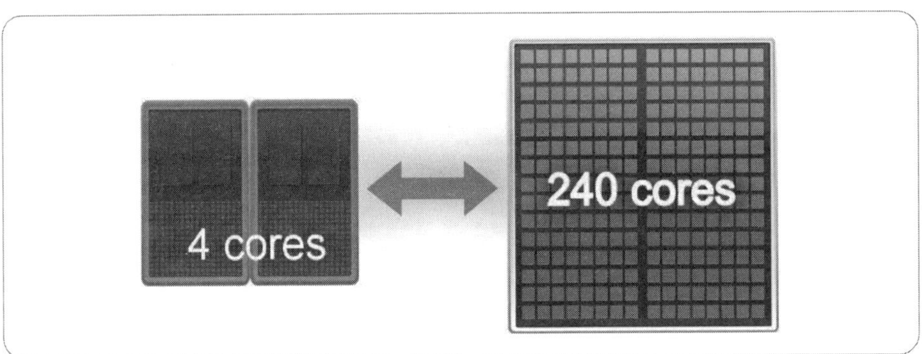

CPU & GPU (출처 : Nvidia)

참고 그래픽 처리 장치(GPU: Graphic Processing Unit)

GPU는 단일 칩으로 구성된 프로세서로서, 본래 3차원 애플리케이션을 위해 사용되었는데, 광원 효과와 객체의 변형 등 매번 다시 그려지는 3차원 장면을 만들어 준다. 이런 것들은 수학적 계산이 집약되어 있는 작업으로서, 만약 GPU가 없다면 CPU에 많은 부담을 줄 수 있는 작업들이다. GPU는 이런 부담으로부터 CPU를 해방시키고, CPU의 사이클들을 다른 작업을 위해 사용될 수 있게 한다.

GPU를 처음 개발한 회사는 NVIDIA인데, 이 회사의 GeForce 256 GPU는 초당 수십억 번의 계산을 수행할 수 있으며, 초당 최소 1000만 개의 다각형을 처리할 수 있고, 2200만 개가 넘는 트랜지스터로 구성되어 있어서, 고작 900만 개로 이루어진 펜티엄 III와 비교된다(출처 : http://www.terms.co.kr).

제4의 물결은 우주로부터

‘제3의 물결’에서 인류가 정보화 사회로 갈 것을 예견한 앨빈 토플러가 이제는 ‘제4의 물결’이 대두될 것을 예견하고, 그 핵심기술로 우주개발과 생명공학을 들고 있다. 우주개발기술은 정보통신기술과 밀접하게 연관돼 굳이 ‘제4의 물결’이라고 할 필요도 없을 것 같다.

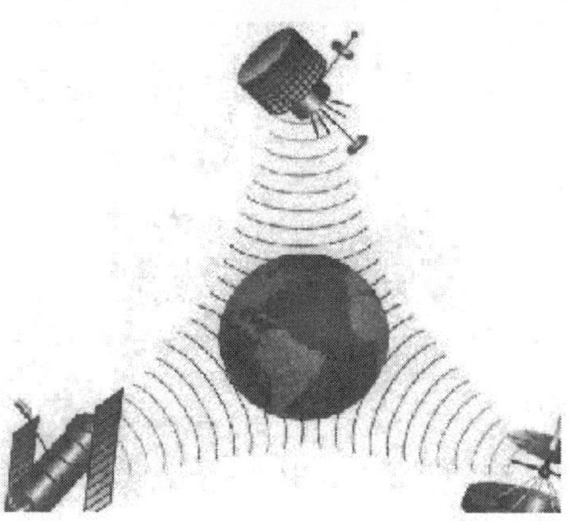
2015년까지 세계 우주개발 10위권 진입목표

통신·방송·관측용 위성 개발과 이를 올려주는 로켓, 우주왕복선 등의 우주 발사체 개발이 우주개발의 핵심 내용이다.

우주개발이 정보통신시대에서 요구하는 위성통신, 위성방송, 위성인터넷, 위성제조 등 위성산업으로의 성장가능성과 동시에 위성 개발과 로켓 자력발사가 갖는 국력 상징으로서의 의미가 크기 때문이다.

첫 정지궤도 복합위성 ‘천리안’의 성공적 발사

지상으로부터 고도 3만 5,786km를 도는 인공위성의 궤도는 매우 독특하다. 이곳에서는 인공위성이 지구를 1회전하는 궤도주기가 지구의 자전시간과 교묘하게 같다. 인공위성이 지구의 중력에 의해 추락하지 않으려면 빠른 속도로 끊임없이 궤도를 돌아야 하는데, 지구와 멀어지면 그만큼 중력도 약해지므로 속도가 조금씩 느려져도 되기 때문이다. 위성의 궤도주기가 점점 느려져 지구의 움직임과 동일하게 비행할 수 있는 높이가 바로 고도 3만 5,786km인 정지궤도(지구동기궤도)이다.

지구의 어느 한 상공에서 인공위성을 24시간 고정시킬 수 있다면 경제적 효율성도 매우 높아진다. 지속적이고 고정된 역할이 필요한 통신이나 방송, 기상위성을 위해서는 더 없이 좋은 궤도인 것이다. 그래서 우주개발초기부터 이 궤도에 관심이 모아졌지만 이 궤도에의 접근이 쉬운 것은 아니다.

수백 km를 도는 저궤도 위성은 발사 후 곧바로 궤도에 진입하지만 고도가 매우 높은 정지궤도에까지 위성이 도달하기 위해서는 2주 정도의 긴 시간이 소요된다. 정지궤도 위성은 발사체에 의해 천이궤도라 불리는 정지궤도에 이르는 긴 타원궤도에 먼저 투입되고, 이후에 원형에 가까운 정지궤도로 들어간다.

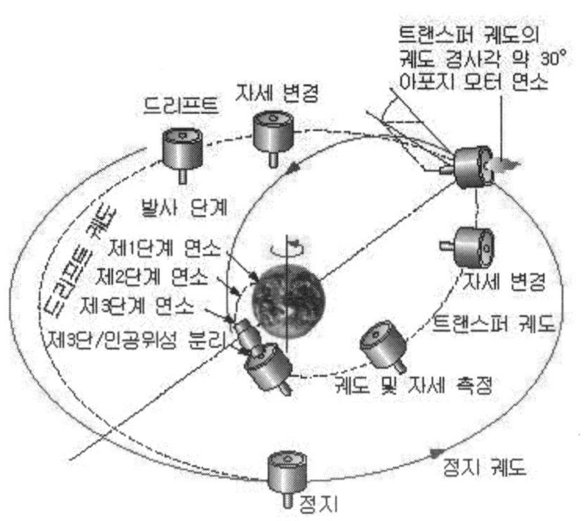

위성이 정지 궤도상에 진입하는 과정

2010년 6월 27일 성공적으로 발사된 천리안의 경우 아리안-5ECA의 2단 엔진에 의해 천이궤도에 투입됐다. 아리안-5ECA는 분사속도가 가장 빠른 액체수소-액체산소를 추진제로 사용하는 최고 성능의 극저온엔진을 사용해 발사체만으로도 천이궤도 투입에 필요한 충분한 속도를 낼 수 있다.

이번에 발사된 천리안 위성은 복합위성으로 용도로는, ① 통신 서비스 제공이고, ② 태양관측 서비스가 가능하다. ③ 한반도 주변의 기상관측이 가능하다. 이런 것을 복합위성이라고 하는데 이러한 통신, 해양, 기상의 복합 서비스를 제공하는 위성이다(출처 : 자유아시아방송, 2010.7.1.).

위성의 수명에도 차이가 난다. 통신 위성의 경우 12~15년 정도로 매우 긴 편이지만, 기상위성의 경우 관측을 위한 구동장치들이 마모되기 때문이 보통 5~7년으로 통신위성의 절반 정도이다.

3D의 마법, 세상을 바꾼다

3D는 TV 화면이나 그림처럼 평면적인 2차원 영상과 달리 실제 사물과 같이 입체감과 부피를 느낄 수 있는 영상 기법을 말한다.

인터넷 영상회의 시스템에 3D 기술을 결합한 이 차세대 서비스는 지구 반대편에 있는 사람의 모습도 바로 눈앞에 있는 것처럼 실물과 똑같은 크기로 입체감 있게 구현한다.

3D 입체 기술이 비즈니스와 만나 새로운 세상을 열어가고 있다. 각종 온라인 사업과 의료 원격진료 등 다양한 분야와 적극 결합하고 있다.

원격 영상회의 관련 업계는 현재 인터넷과 TV 화면을 통해 2D 수준의 서비스만을 제공하고 있다. 그러나 앞으로 3D 기술을 접목해 글로벌 비즈니스 및 커뮤니케이션의 질을 혁신적으로 향상시킬 수 있을 것으로 기대하고 있다.

신세계백화점은 매장에서 직접 옷을 입어보지 않아도 자신의 신체 사이즈와 같은 3D 아바타(가상 인물)에게 옷을 입혀 본 뒤 구매할 수 있는 '3D 가상 피팅 서비스'를 시작했다.

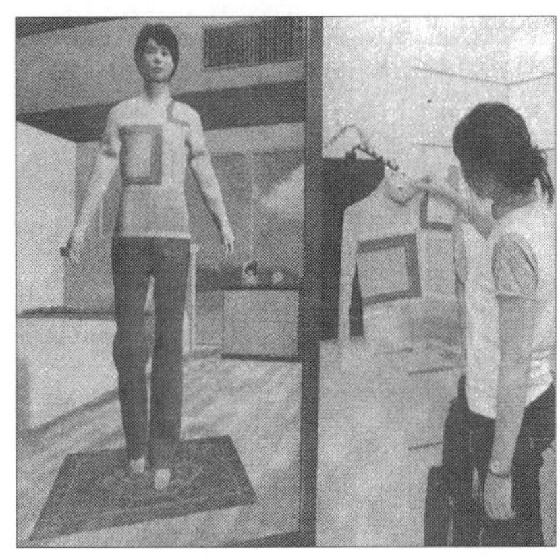

신세계백화점이 운영하는 3D 가상 피팅 서비스
(출처 : 신세계백화점)

미래 유망사업인 의료에서도 3D 기술은 유용하게 쓰인다. 대표적인 예가 치과에서 임플란트 시술 시 활용하는 3D 영상화 소프트웨어가 있다.

3D 산업 시장 규모가 점점 커지고 있다. 세계 3D 시장 규모는 2010년 946억 달러에서 2012년 3,873억 달러로 4배 정도 증가했다. 2014년에는 5천 억 달러가 넘을 것으로 전망되고 있다(its TV, 2012.7.9.).

3D 활용 분야 무궁무진

3D 그래픽기술은 그 응용분야가 무한하고 현재 많은 분야에서 활용되고 있다. 3D 그래픽의 세계는 거리, 방향, 높이 등이 존재하는 현실감 있는 세계이기 때문에 3D 기술은 현실을 모사하는데 많이 이용되어 왔고 수많은 분야에 적용되어 왔다. 가장 흔하게 적용되는 3D 페인팅분야의 렌더링과 CAD 분야를 비롯하여 3D 애니메이션, 가상현실, 3D 디지털 만화영화, 멀티미디어 콘텐츠, 실시간 3D게임, 영화, 3D입체영상, 척추 수술이나 심장 운동 연구, 골 밀도 측정 등 의료분야, 군사훈련 시뮬레이터, 엔터테인먼트 분야 등 쓰이지 않는 곳이 없을 정도이다.

【비즈니스와 3D 기술접목 사례】

분야	사례
인터넷 원격영상 커뮤니케이션	•시스코 시스템스, 인터넷 통한 원격영상회의 시스템에 3D 홀로그램 기술 접목 •전 세계 어디에 있든 눈앞에서 커뮤니케이션 하는 듯한 생생함 제공
온라인 유통	•신세계백화점, 3D 아바타에 옷 입혀보고 구매하는 '3D 가상 피팅 서비스' 도입
의료, 시술·의학 연구	•치과 임프란트 시술 시 환자 치아 구조 3D 영상화 •척추 수술, 심장운동 연구, 골 밀도 측정 등에도 활용
영화 상영장비 및 게임 단말기	•케이디씨정보통신, 3D 모니터 및 입체영사기 제작 •3D 모니터 적용한 차세대 게임 단말기 속속 출시
휴대전화 등 전자기기	•삼성전자, LG전자 등 3D 카메라 및 전용화면 적용한 휴대전화 출시 •3D 전용 TV, 모니터 등 차세대 디스플레이 개발

3D와 4D의 차이점

- 3D를 계획하고 제작한 영화의 경우 한 장면을 두 대의 카메라가 나누어 영상을 찍게 된다. 이때 두 대의 카메라의 거리는 약 6.5cm인데 이 거리는 사람의 두 눈의 거리라고 한다. 사람의 두 눈이 보는 것처럼 카메라가 화면을 찍게 되는 것이다. 그렇게 두 대의 카메라로 찍은 영상은 극장에서 두 대의 영사기를 사용하여 상영하게 된다. 그럼 관객들은 안경을 통하여 각각의 눈은 각각의 영사기에서 나오는 화면만을 보게 함으로써 일반적으로 사람이 물체를 볼 때 느끼는 것처럼 두 눈이 각각의 화면을 인식하고 이를 입체적으로 조합하여 마치 입체로 보고 있는 듯한 느낌을 갖게 되는 것이다.
- 4D란 3D(영상과 입체 음향 시스템)로 구현된 입체영상에 다양한 효과를 결합시켜 관객이 온몸으로 즐길 수 있게 하는 체험영상이다.
  특수 장비와 의자 등이 설비되어 영화에서 나오는 장면에 따라 의자가 움직이거나 진동이 발생한다. 또한 바람, 습기, 냄새 등을 실제 오감으로 느낄 수 있다. 4D 영화란 3D 영화에 오락적인 시스템과 함께 신체적 효과를 추가한 것을 의미한다. 4D 영화의 효과로는 비, 바람, 섬광, 떨림 등을 표현한다.

  예 '아바타', '잃어버린 세계를 찾아서', '몬스터 VS 에이리언', '아이스 에이지 3', '해운대', '좋은 놈, 나쁜 놈, 이상한 놈', '블러디 발렌타인', '공룡시대'(출처 : http://dynamick.tistory.com)

♣ 다음 문제의 정답을 표시하시오. *연습문제 I*

1. Windows에서 텍스트 문서에 사용되는 일반적인 코드방식은?
   ① ASCII ② BCD
   ③ EBCDIC ④ Bar Code

2. 스마트 사회의 특성이 아닌 것은?
   ① 모바일 혁신벤처 ② 지식집약, 수평적
   ③ 네트워크, 협력기술 ④ 창의적, 개방적 인재

3. 컴퓨터의 기억용량 단위를 작은 것에서 큰 순서로 바르게 나열한 것은?
   ① KB-MB-GB-TB-PB ② KB-MB-TB-GB-PB
   ③ KB-MB-PB-TB-GB ④ KB-MB-GB-PB-TB

4. 정보단위의 개념이 작은 단위에서 큰 단위로 바르게 나열한 것은?
   ① File → Record → Field → Word ② Record → Field → Word → File
   ③ Word → Field → Record → File ④ Character → Record → Field → File

5. 다음 중 국내에서 판매되는 주요 스마트폰의 제품에 따른 운영체제의 설명 중 옳지 않은 것은?
   ① 아이폰 - 아이폰 OS ② 안드로-1 - 안드로이드
   ③ 갤럭시 - 안드로이드 ④ 시리우스 - 심비안

6. 고도에서의 비행기 주변의 기류를 모의실험하며, 기상예측과 핵무기폭발의 결과를 연구하는 컴퓨터는?
   ① 랩톱컴퓨터 ② 파워스테이션
   ③ 슈퍼컴퓨터 ④ 워크스테이션

7. 3D 활용 분야가 아닌 것은?
   ① 의료, 시술·의학 연구온라인 ② 온라인유통
   ③ 인터넷 원격영상 커뮤니케이션 ④ Bar Code

연습문제 Ⅱ

♣ 다음 문제를 설명하시오.

1. VDT(Video Display Terminal) 증후군

2. 스마트폰 운영체제(OS)의 종류

3. 스마트폰으로 인한 라이프 스타일(life style)의 변화

4. 30GB의 용량을 갖는 하드디스크에는 500MB 크기의 파일을 대략 몇 개 정도 저장할 수 있는가?

5. 중앙처리장치의 성능을 나타내는 단위〈MIPS, FLOPS, 클럭 속도(Hz)〉

6. 스풀(SPOOL) 기능

7. 슈퍼컴퓨터의 대표적인 응용분야

8. 침입방지 시스템(IPS)

9. 스마트폰의 순기능과 역기능

10. 3D와 4D의 차이점

11. 미래학자들이 보는 미래모습과 주요전망(3가지 이상)

12. 국내에서 판매되는 주요 스마트폰의 제품명에 따른 제조사와 운영체제(OS)이다. 빈칸을 채우시오.

제품명	아이폰	뮤직익스프레스	안드로-1	갤럭시	시리우스	HD2
제조사	애플		LG전자	삼성전자		
운영체제		심미안			안드로이드	윈도모바일

C.H.A.P.T.E.R 02

컴퓨터의 동작 원리

- 컴퓨터 시스템에서 정보가 어떻게 저장되는지를 알아본다.
- 컴퓨터 시스템의 구성요소에 대한 각각의 기능을 알아본다.
- 중앙처리장치의 구성요소들의 동작과 주변장치와의 관계를 이해한다.
- 비트, 바이트, 문자, 암호화 시스템에 대해서 알아본다.
- 숫자와 문자로 된 데이터를 컴퓨터 내부의 언어로 번역하는 원리를 이해한다.
- 데이터의 병목현상에 대하여 알아본다.
- 워드 사이즈, 속도, 메모리 용량에 따라 프로세서들을 구분해 본다.
- 듀얼코어와 쿼드코어의 차이점에 대하여 학습한다.

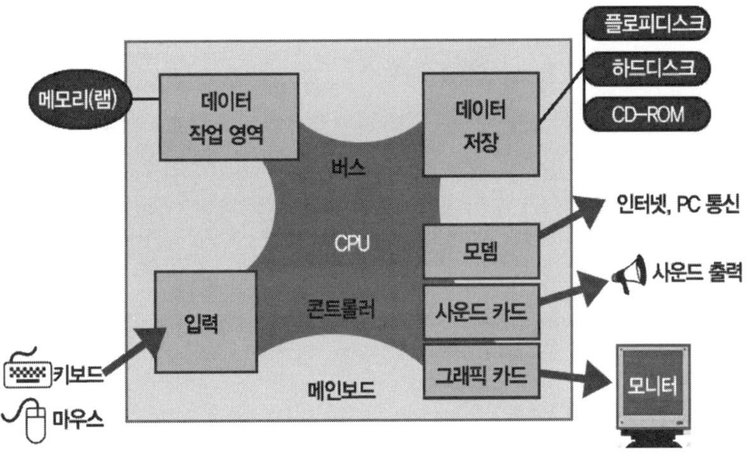

컴퓨터의 내부 구조

컴퓨터 구조의 정의

컴퓨터 구조[-構造 computer architecture]

일반적으로 소프트웨어에 대한 또는 소프트웨어에서 본 하드웨어의 논리 규격 'architecture'라는 용어를 최초로 사용한 것은 IBM/7030이며 이때의 정의는 '사용자가 요구하는 것을 컴퓨터가 잘 받아들이도록 하기 위한 설계 기술'이었다.

컴퓨터 구조[-構造 computer structure]

주어진 정보 데이터를 처리하기 위해 크게 입력 장치, 기억 장치, 연산 장치, 제어 장치, 출력 장치 등 5가지 장치로 이루어진 컴퓨터의 구조이다. 여기서 기억 장치와 연산 장치 제어 장치를 묶어 중앙 처리 장치(CPU)라고 한다.

2.1 자료의 저장

컴퓨터란?

컴퓨터란 사용자가 원하는 자료 또는 정보에 대해 일련의 계획된 조작 처리를 수행함으로써 사용자가 원하는 결과를 얻기 위한 전자식기계 조직체를 말한다.

- 오락기의 기능
- 학교의 기능
- 캔버스의 역할
- 화상전화기
- CD 플레이어 기능
- 사무실의 자료실 역할
- 세계에서 가장 큰 시장
- 인쇄소
- 계산
- 가족의 사진첩
- 기상센터 기능
- 투자 전략
- 의료 진단
- 텔레비전
- 달력
- 녹음기 가정의 서재
- 의료장비

CD의 디지털화

CD를 제작하기 위해 아날로그 신호는 디지털로 바꿔 녹음된다.

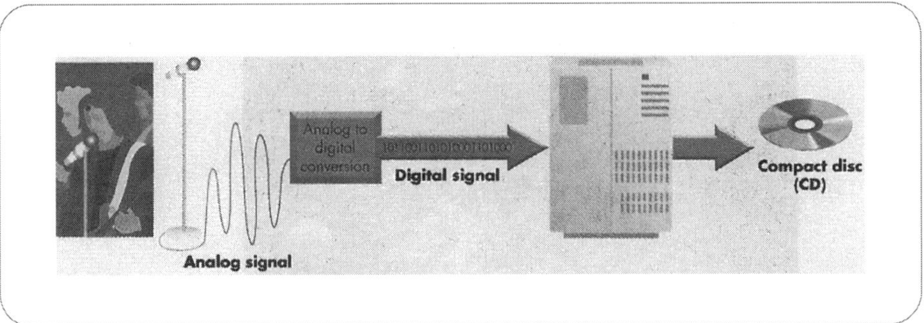

모뎀(MODEM)

MOdulator/DEModulator의 약어로서 디지털 신호를 아날로그 신호로 변환 후 다시 아날로그 신호를 디지털 신호로 변환시켜 주는 변복조 장치이다.

* 처리 속도 단위 → bps(bit per second)

  예 28,800 bps → 1 초당 28,800 bit를 전송
  컴퓨터 모뎀 --- ☎ --- 모뎀 컴퓨터
  디지털 아날로그 ---- 아날로그 디지털

아날로그 신호와 디지털 신호

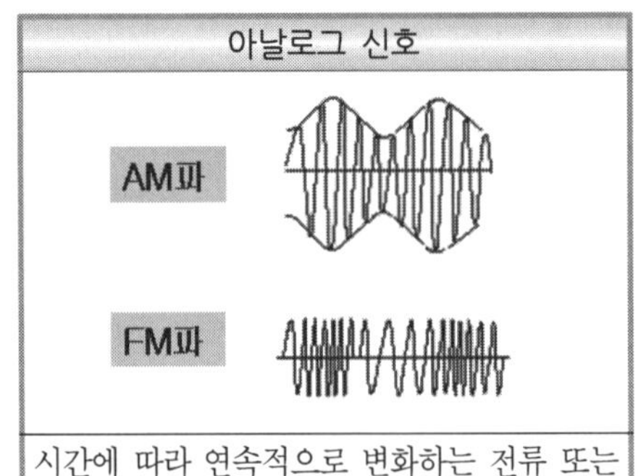

시간에 따라 연속적으로 변화하는 전류 또는 전압을 다루는 회로이다.

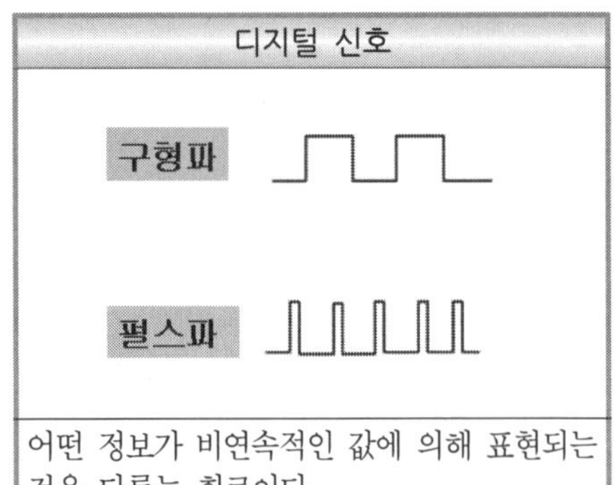

어떤 정보가 비연속적인 값에 의해 표현되는 것을 다루는 회로이다.

아날로그와 디지털의 만남

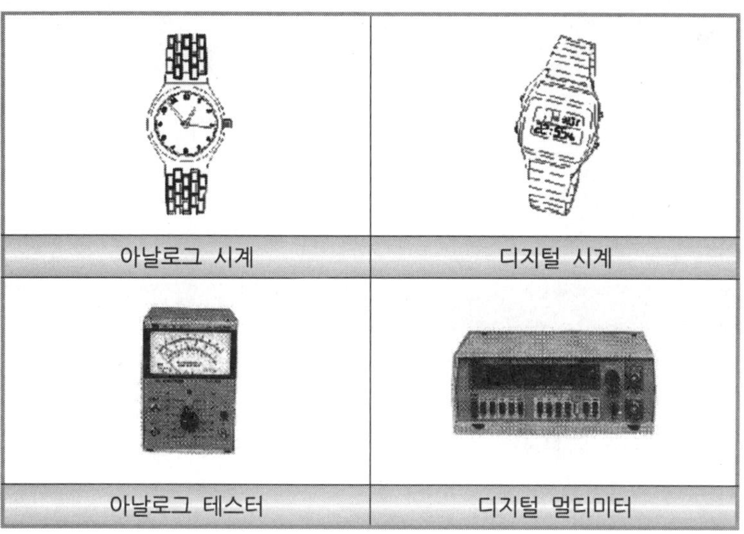

아날로그 시계 | 디지털 시계

아날로그 테스터 | 디지털 멀티미터

2진수 : ON과 OFF

종류 \ 상태	1 (High)	0 (Low)
스위치	ON	OFF
전 압	있다(5V)	없다(0V)
다이오드	+ 닫은상태	– 개방상태
파 형	1	0
램 프	: ON	: OFF

파형 파일의 녹음

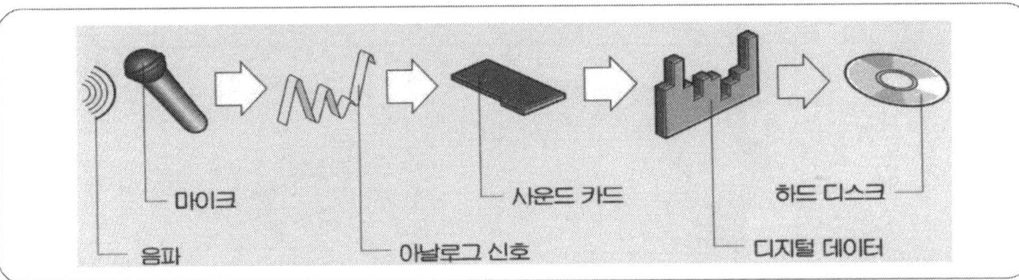

소리 재생

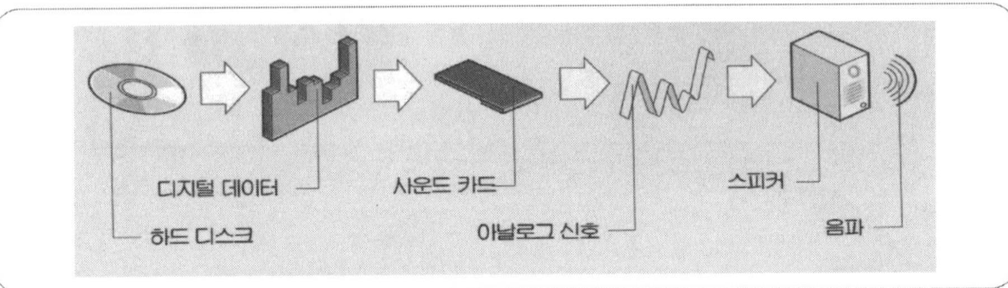

CD-ROM 디스크

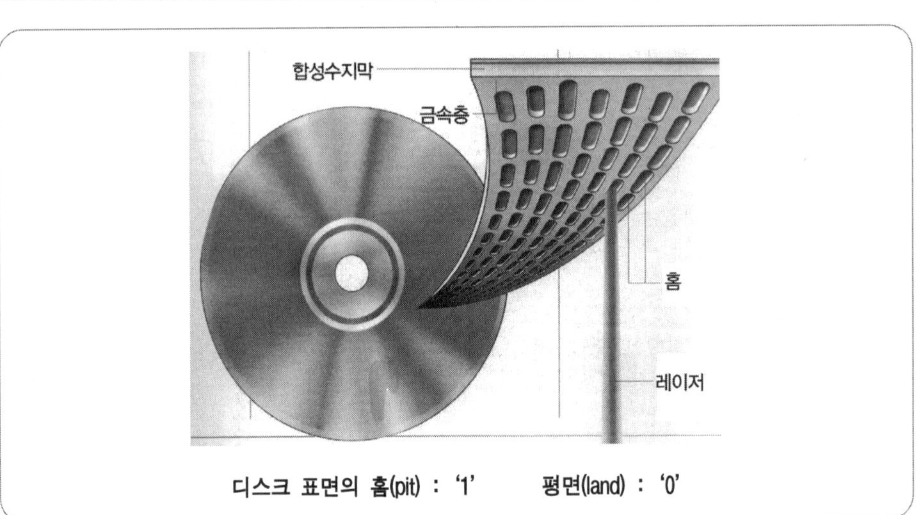

디스크 표면의 홈(pit) : '1'　　평면(land) : '0'

칼라코드표

f5f5f5	cccccc	999999	666666	333333	000000
ffffff	ffccff	ff99ff	ff66ff	ff33ff	ff00ff
ffffcc	ffcccc	ff99cc	ff66cc	ff33cc	ff00cc
ffff99	ffcc99	ff9999	ff6699	ff3399	ff0099
ffff66	ffcc66	ff9966	ff6666	ff3366	ff0066
ffff33	ffcc33	ff9933	ff6633	ff3333	ff0033
ffff00	ffcc00	ff9900	ff6600	ff3300	ff0000
ccffff	ccccff	cc99ff	cc66ff	cc33ff	cc00ff
ccffcc	cccccc	cc99cc	cc66cc	cc33cc	cc00cc
ccff99	cccc99	cc9999	cc6699	cc3399	cc0099
ccff66	cccc66	cc9966	cc6666	cc3366	cc0066
ccff33	cccc33	cc9933	cc6633	cc3333	cc0033
ccff00	cccc00	cc9900	cc6600	cc3300	cc0000
99ffff	99ccff	9999ff	9966ff	9933ff	9900ff

ASCII Code란?

10진수	8진수	16진수	문자	Name(Meaning)
0	000	00		NUL(used for padding)
1	001	01	^A	SOH(start of header)
2	002	02	^B	STX(start of text)
3	003	03	^C	ETX(end of text)
4	004	04	^D	EOT(end of transmission)
5	005	05	^E	ENG(enquiry)
6	006	06	^F	ACK(acknowledge)

A : 2진수(100 0001)

65	101	41	A	uppercase(capital) A
66	102	42	B	uppercase(capital) B
67	103	43	C	uppercase(capital) C
68	104	44	D	uppercase(capital) D
69	105	45	E	uppercase(capital) E

컴퓨터에서의 데이터 저장 장치

RAM(random-access memory)

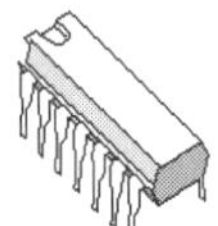

256 DDR RAM

512 DDR RAM

DDR SDRAM(Double Data Rate Synchronous Dynamic RandomAccess Memory)

▸ SD(Synchronous Dynamic) - RAM보다 데이터 처리속도가 2배 더 빠른 DDR(Double Data Rate) SD RAM을 주기억장치로 채택하고 있다.

중앙처리장치와 주기억장치

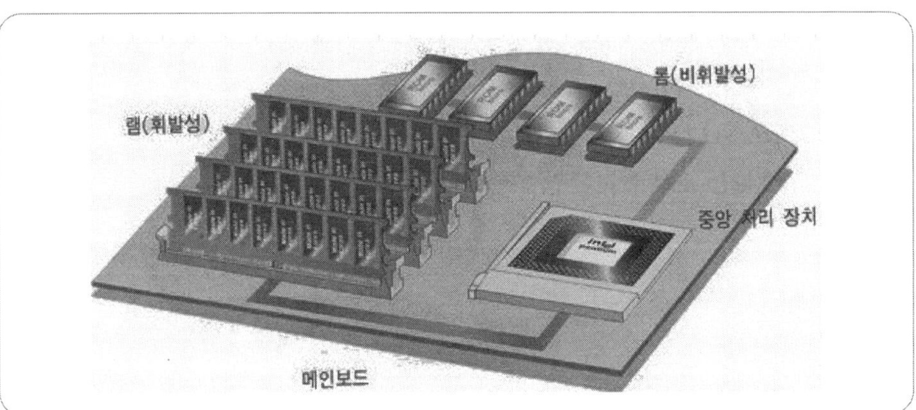

2.2 컴퓨터의 문자 코드

ASCII/ANSI

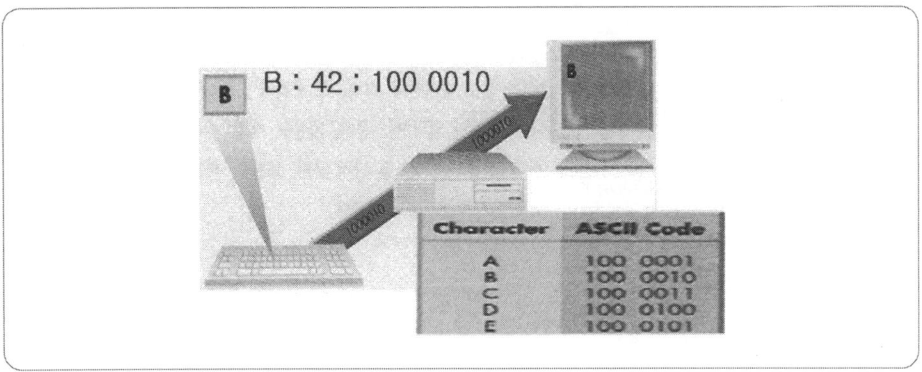

ASCII(American Standard Code for Information Interchange)/
ANSI(American National Standards Institute)

그림은 코드번역으로, 자판기의 B를 치면 그에 해당하는 코드가 CPU에 들어가며 CPU는 다시 그것을 해석해서 B라는 문자를 모니터에 나타낸다.

Unicode/유니코드

- Unicode는 세계 각국의 언어를 통일된 방법으로 표현할 수 있게 제안된 국제적인 코드 규약의 이름이다.
- 8비트 문자코드인 아스키(ASCII) 코드를 16비트로 확장하여 전 세계의 모든 문자를 표현하는 표준코드이다.
- 8비트로 표현할 수 있는 256자는 영어나 라틴권 등에서는 문제가 없으나, 한국, 일본, 중국, 아랍 등의 다양한 문자들을 표현하는 데는 한계가 있다. 또한 각 나라마다 같은 코드 값에 다른 글자를 쓰는 방식으로는 국제간의 원활한 자료 교환이 불가능하기 때문에 코드를 16비트 체제로 확장해서 65,536자의 영역 안에 전 세계의 모든 글자를 표시하는 표준안이다.
- 11,172자의 한글을 연속된 공간에 가나다라 순서로 '가'에서 'ㅎ'까지를 코드화하는 방식이 유니코드 기술 위원회(UTC)에서 채택한 유니코드 2.0 규격이다.

저장 용량 단위

저장단위 B(Byte), KB(Kilobyte), MB(Megabyte), GB(Gigabyte)		
기초단위	일반단위	컴퓨터단위
1bit	1000byte=1KB	2 의 10 승=1024byte=1KB
8bit=1Byte	1000KB=1MB	2 의 20 승=1024KB=1MB
2byte=1Word	1000MB=1GB	2 의 30 승=1024MB=1GB

2의 16승 = 65536, 2의 24승 = 1670만

2.3 메모리 종류와 CPU 버스

Memory의 종류

반도체 메모리의 기본적인 형태는 RAM과 ROM으로, RAM(Random Access Memory)은 읽고 쓰는 기능을 모두 갖고 있어 RWM(Random Write Memory)라고도 한다. ROM(Read Only Memory)은 읽기 전용메모리로 비휘발성 메모리이다.

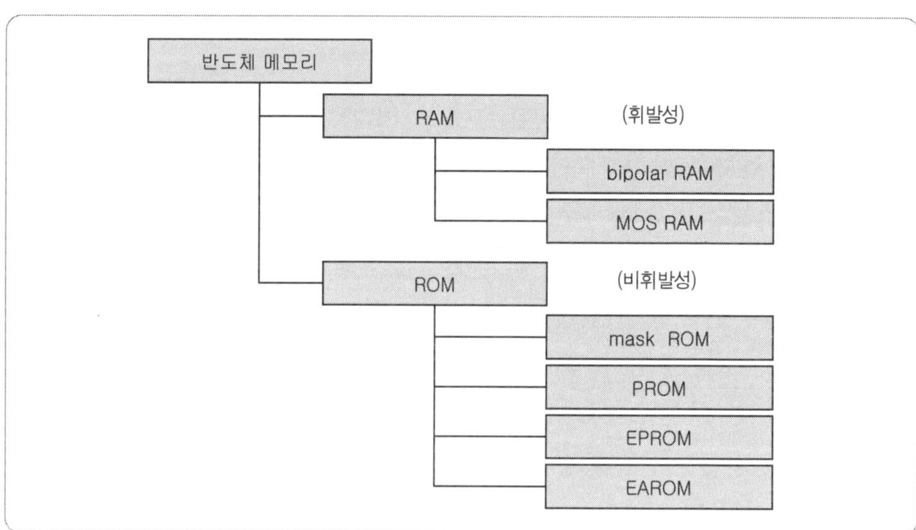

RAM의 종류

SRAM(Static RAM)의 최대 장점은 재충전이 필요 없어 속도가 빠르고 소비전력이 적어 소 용량의 메모리를 구성할 때 사용하나, 집적도가 낮고 가격이 고가이다. DRAM(Dynamic RAM)은 대용량화와 낮은 단가로 멀티미디어, 휴대용 컴퓨터 등의 주기억장치에 사용된다.

SRAM과 DRAM의 특성 비교

RAM 분류	동작속도	용량	소비전력	사용의 간편성
SRAM	고속	소	저	간편
DRAM	저속	대	소	복잡

SRAM의 용량별 응용분야

용량	구성	분 류	응용 분야
64K	8K×8 16K×4 64K×1	대용량/저소비전력형 초고속형 초고속형	• POS, PC, 전자수첩, 반도체 디스크, 카드 • EWS(공학용 워크스테이션)/PC용 캐시메모리, LBP • 수퍼컴퓨터용 메인 메모리
256K	32K×8 32K×8 64K×4 256K×1	대용량/저소비전력형 초고속형 초고속형 초고속형	• POS, PC, 전자수첩, 반도체 디스크, 카드 • EWS/PC용 캐시메모리, LBP • 수퍼컴퓨터용 메인메모리, EWS/PC용 캐시메모리, LBP • 수퍼컴퓨터용 메인 메모리
1M	128K×8 128K×8 256K×4 1M×1	대용량/저소비전력형 초고속형 초고속형 초고속형	• POS, PC, 전자수첩, 반도체 디스크, 카드 • EWS/PC용 캐시메모리, LBP • 수퍼컴퓨터용 메인 메모리 • 수퍼컴퓨터용 메인 메모리
4M	512K×8	대용량/저소비전력형 의사 SRAM	• POS, PC, 전자수첩, 반도체 디스크, 카드 • 랩탑/노트북용 메인메모리

ROM 배열

16×8 비트 ROM 배열

주소선(address)이 4개이고, 데이터선은 8개로서 16바이트를 저장할 수 있다.

ROM의 데이터 출력선은 메모리의 확장을 위해서 동일한 공통 데이터 버스에 여러 개의 ROM칩이 접속되도록 3-상태(Tri-state)로 되어 있다.

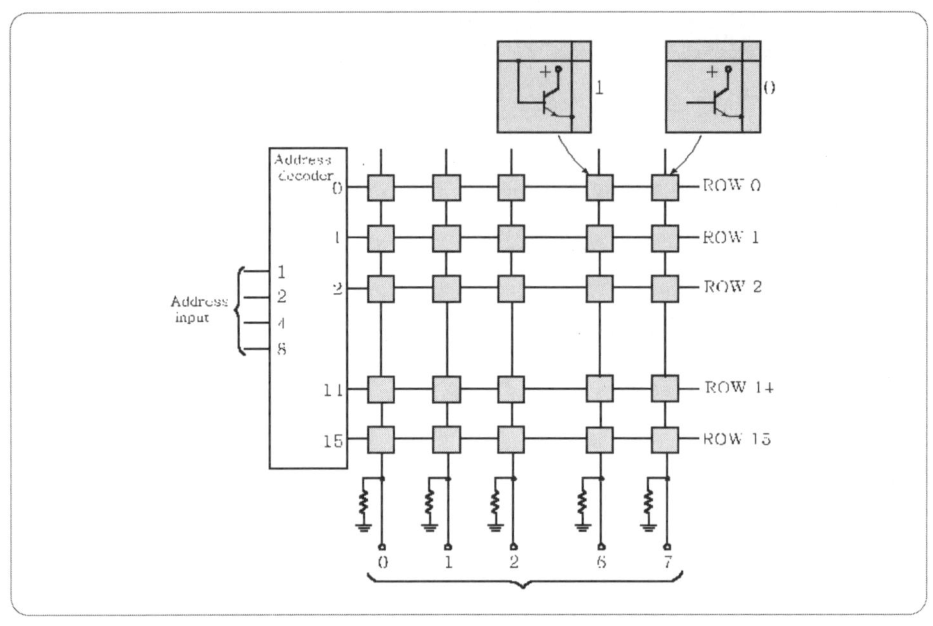

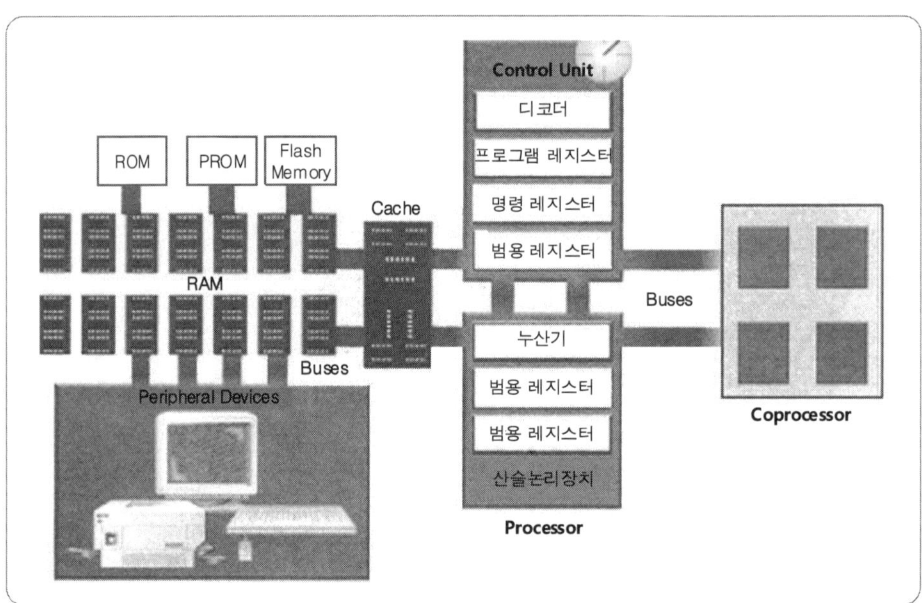

위 그림은 컴퓨터 시스템 간의 상호 역할을 보여주고 있으며, 컴퓨터가 자료를 처리하는 동안 명령어와 데이터가 여러 종류의 메모리와 제어장치, 논리연산장치, 주변장치들을 버스라는 회로를 타고 오고 간다.

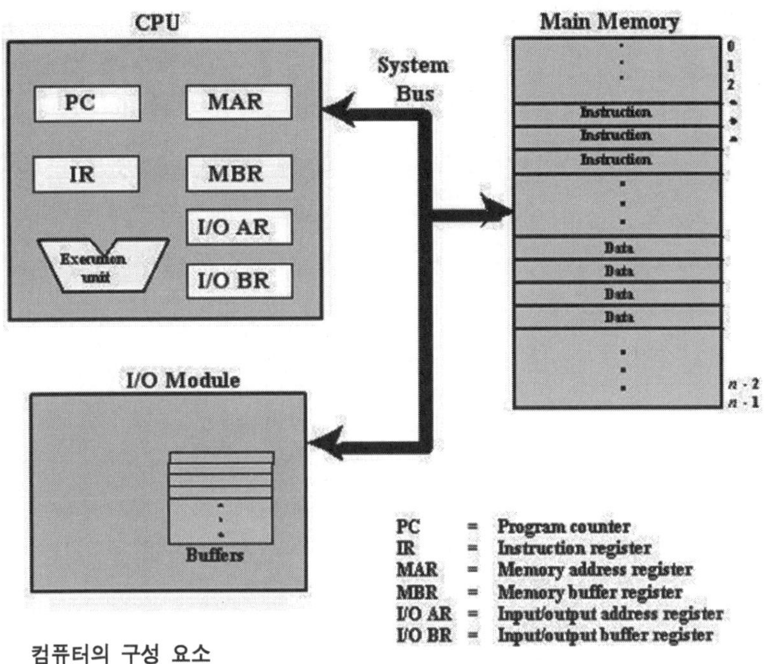

컴퓨터의 구성 요소

캐시(CACHE) 메모리

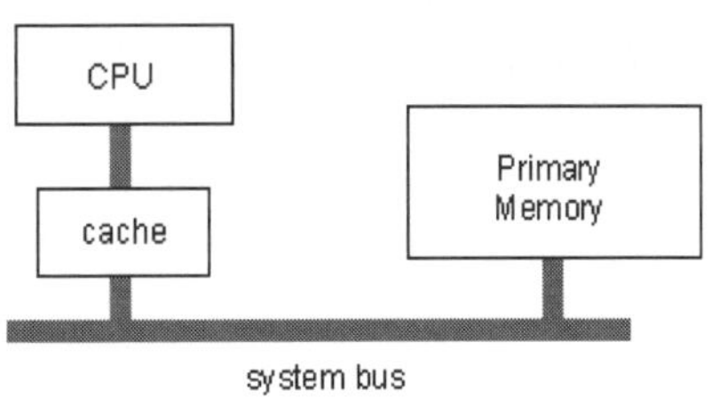

- 이상적 : 모든 RAM을 고속 메모리로 사용
- 작은 용량의 고속 RAM
- CPU와 주기억장치 사이에 위치하며 가까운 장래에 수행할 명령어와 필요한 데이터를 미리 주기억장치에서 읽어서 캐시에 저장
- 캐시는 명령어나 데이터를 저장
- 만일 CPU가 캐시로부터만 패치(fetch)한다면, 시스템 버스의 사용이 없으므로 다른 장치들이 시스템 버스 사용 가능
  - fetch하는데 보다 적은 시간 소비로 CPU의 보다 빠른 실행
  - 고속 메모리는 고가 : 캐시의 용량을 제한하며 하드웨어 제어가 필수적

- CPU의 성능은 L2 캐시 용량, L2 캐시와 CPU 간의 처리속도, 시스템 버스클럭, 제조공정 수치 등으로 알 수 있다. L2 캐시는 2차 캐시를 말하는 것으로 CPU의 작업속도를 좀 더 빠르게 하기위해 CPU가 자주 처리하는 명령어나 데이터를 보관해 두었다가 CPU가 요구할 때 전달한다.<내부클럭(BSB)>
- CPU는 메모리로부터 데이터를 가져와 처리하기 때문에 CPU와 메모리 사이의 데이터 교환 속도인 시스템 버스 클럭이 빠를수록 좋은 CPU이다. CPU와 메모리 사이의 데이터 교환 버스를 FSB라고 한다.<외부클럭(FSB)>

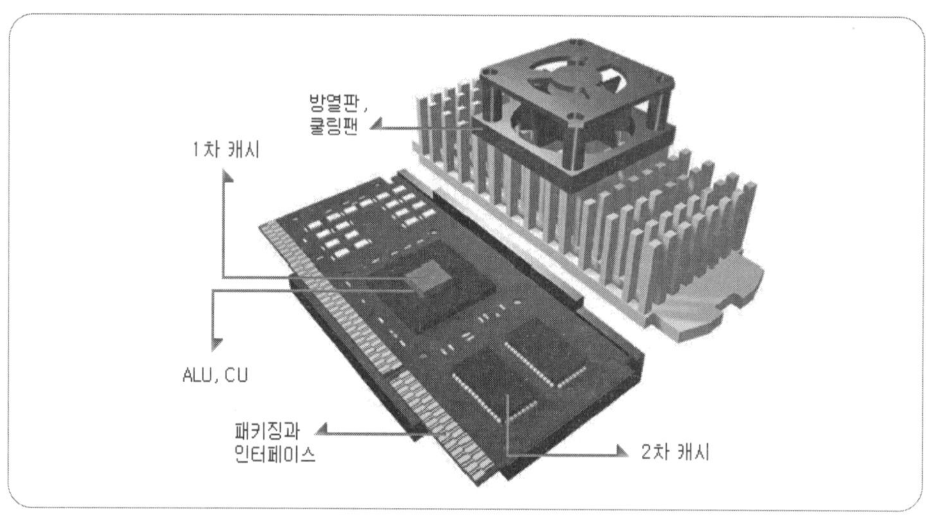

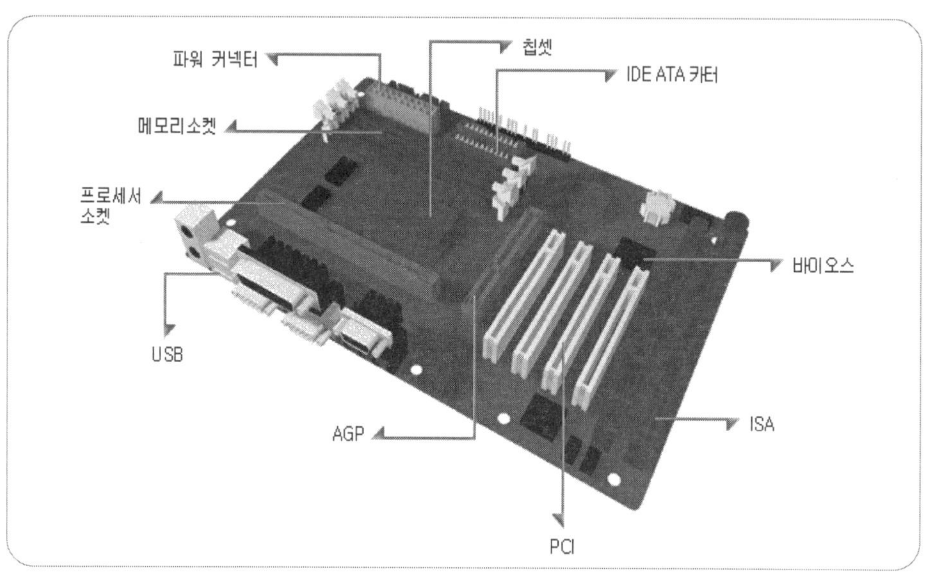

Coprocessor

코 프로세서는 CPU의 명령에 따라 동작하는데 주 프로세서가 명령을 수행하다가 코 프로세서가 해야 할 작업을 만나게 되면 코 프로세서가 다른 작업을 수행하고 있지 않다면 해당 명령어를 전송하고 다른 작업을 수행중이라면 대기하게 된다. 그 후에 코 프로세서는 수행 명령을 점검하고 동시에 주 프로세서는 수행 명령을 점검하고 동시에 주 프로세서는 메모리에 있는 필요한 변수의 어드레스를 계산하여 코 프로세서로 넘겨주고 자신은 다음 명령어를 가져오게 된다.

BUS

컴퓨터에서는 데이터를 적절히 전송하기 위해 여러 가지 방식의 버스 시스템이 사용된다. 컴퓨터의 내부에서는 보이지 않는 다양한 신호들이 끊임없이 이동하게 되는데, 이러한 신호는 공통된 통신 채널(Communication Channel)을 통해 이루어지고, 이때 각종 신호들을 운반하는 채널을 '버스'라고 한다.

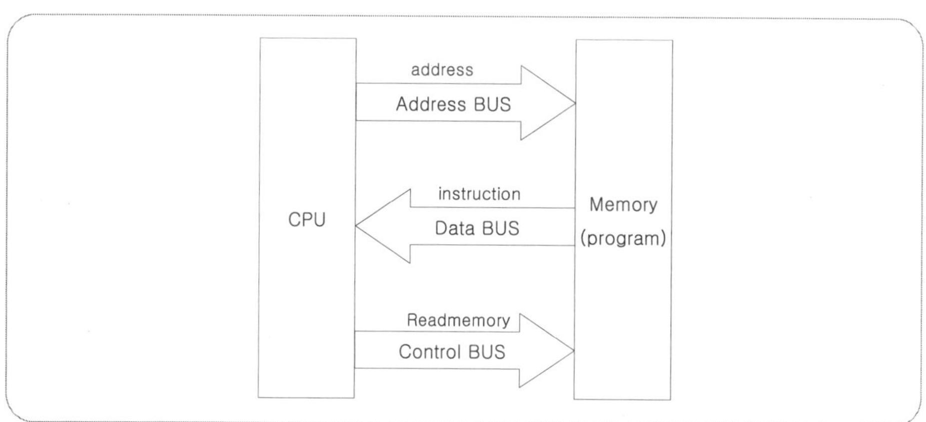

CPU(Central Processing Unit)의 어드레스 버스, 데이터 버스 및 제어 버스의 역할에 대하여 알아본다.

1) 주소 버스(address bus)

프로세서가 접근할 수 있는 주기억장치의 주소공간을 결정하며 데이터 버스의 크기는 동시에 전송될 데이터의 양을 결정하게 된다. 주소 버스의 크기가 20bit

라면 주소공간의 크기는 1Mb, 24bit라면 16Mb, 80486과 80586의 경우 32bit로 4Gb가 되며 펜티엄 II 프로세서의 경우 64Gb까지의 주소공간을 갖고 있어 주소 버스의 크기는 최소 36bit는 되어야 한다. 주소 버스는 데이터를 전송할 메모리의 위치(주소)를 지정한다.

2) 데이터 버스(data bus)

데이터 버스의 경우 일반적으로 단어의 크기나 레지스터의 크기와 관련성을 갖는데 초기에는 8bit, 16bit를 사용하다가 80386과 80486 프로세서에서는 32bit, 80586에서는 64bit의 크기가 사용되고 있다. 데이터 버스는 전송되는 데이터를 가지고 있으며, 양방향으로 전송 가능하다. 즉, CPU로 읽어 들이거나 CPU에서 쓰는 것이 가능하다.

3) 제어 버스(control bus)

제어신호가 다니는 통로이고 주소버스는 주소를 전달할 수 있는 통로이며 데이터버스는 데이터가 전송되는 통로이다. 제어 버스는 시스템 전체에 타이밍 신호와 제어 신호를 전달하는 여러 선들을 가지고 있다.

Simple CPU

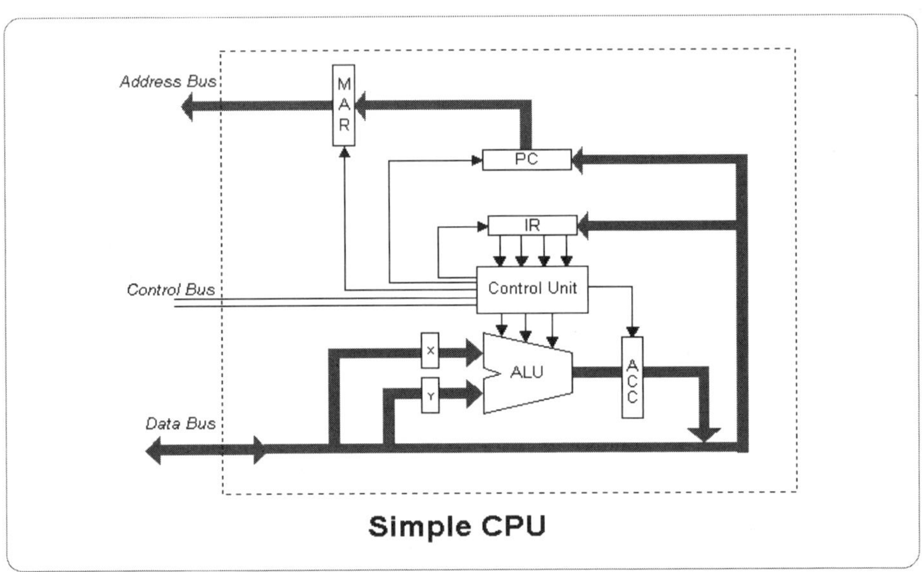

Simple CPU

레지스터 분류(저장된 정보 변경 여부에 따라)

- 데이터 레지스터 : 함수연산에 필요한 데이터를 기억시키는 레지스터
- 주소 레지스터 : 주소를 저장하고 유효주소 계산에 필요한 주소의 일부를 기억시키는데 사용
- 프로그램 카운터(PC) : 프로그램 수행을 제어(순서)
- 명령레지스터 : 현재 수행하고 있는 명령어를 저장
- 프로그램 상태 레지스터 : 사용자 레벨의 프로그램의 조건 코드 비트를 저장하는 데 사용된다. 예를 들면 조건 코드의 각 비트는 프로세서의 연산 결과나 비교 동작의 결과를 저장하기 위한 사용자 모드 레지스터로 조건 분기 여부를 결정하기 위해 사용한다.
- 메모리 주소 레지스터(MAR) : 메모리에 접속하려는 곳의 주소 저장
- 메모리 버퍼 레지스터(MBR) : 메모리에서 정보를 읽을 때 또는 정보를 기억시킬 때 사용하는 레지스터

기계적인 사이클

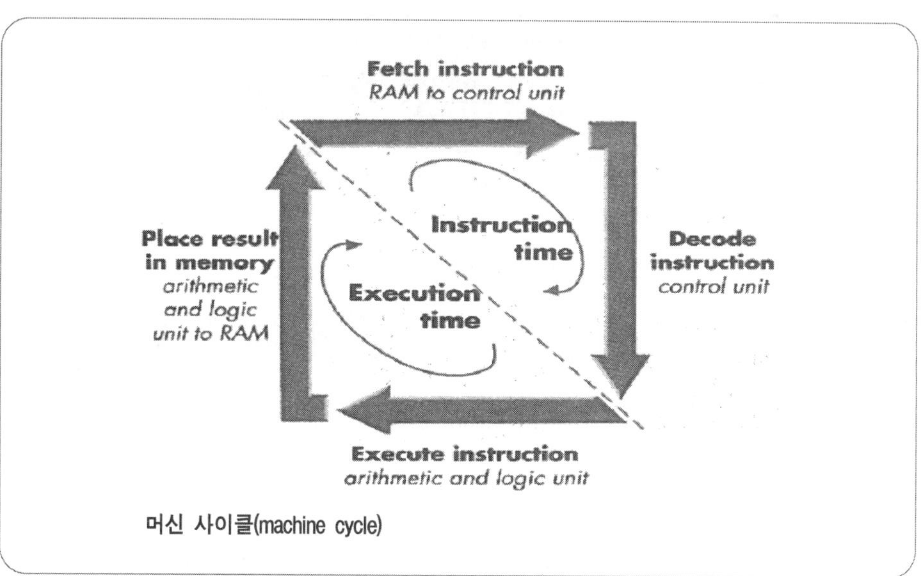

머신 사이클(machine cycle)

1) 명령처리 단계(Instruction time)

- 명령을 불러온다(다음 실행될 기계어 명령이 RAM이나 캐시메모리에서 제어장치의 명령 레지스터로 옮긴다.).
- 명령을 해독한다(명령이 해독되고 해석된다.).

2) 실행 단계(Execution time)

- 명령을 실행한다(필요한 모든 프로세서 자원<주로 산술과 논리장치>을 이용해서 명령을 실행한다.).
- 결과를 메모리에 옮긴다(결과는 적절한 메모리 위치나 누산기로 옮겨진다.).

폰 노이만(John von Neumann) Machine

폰 노이만은 프로그램 내장 방식을 발표하였으며, 이를 구체화하여 폰 노이만 기계를 고안하고, 그 후에 펜실베니아 대학과 협력하여 ENIAC을 기초로 해서 프로그램 내장 방식을 채택한 EDVAC을 완성하였다. 순차적으로 작업이 수행되는 컴퓨터를 흔히 '폰노이만 기계(von Neumann machines)'라고도 한다.

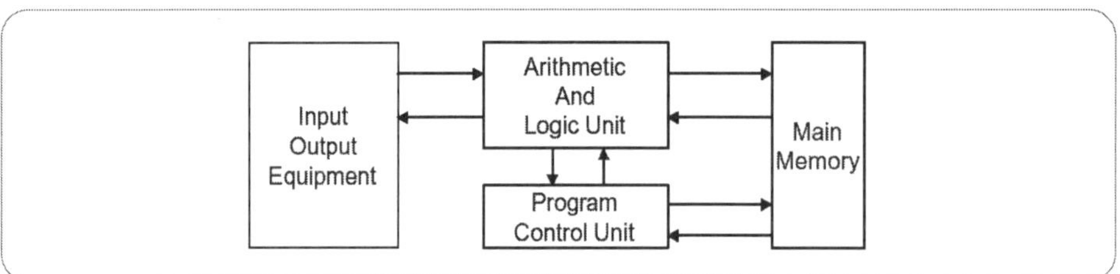

프로세서 디자인

1) CISC(Complex Instruction Set Computer)

CPU의 동작을 지시할 때 한 번에 여러 가지 일을 하도록 지시할 수 있는 명령어 체계를 갖는다. CPU안의 내부 명령어가 100개 이상을 사용하는 프로세서를 CISC라고 한다. 내부 명령어가 많기 때문에 기능마다 하나의 명령어를 주기 때문에 좋을 것 같이 보이지만 실제로 프로그래밍을 하기 어렵고 많은 명령어로 수행 시간이 길어질 경우가 많다.

CISC는 인텔 'i80486', '펜티엄' 등의 MPU에 널리 채용되고 있는 CPU이다.

CISC는 하나의 명령으로 복잡한 처리가 가능하지만 회로설계가 복잡해지는 경향이 있다.

2) RISC(Reduced Instruction Set Computer)

CPU의 동작을 지시할 때 한 번에 하나의 일만을 하도록 지시할 수 있는 명령어 체계를 갖는다. CPU안의 내부 명령어를 최소로 줄여서 수행 시간을 단축하는 것으로 단순화한 명령어를 조합해서 다른 필요한 명령어를 만드는 형태이다. 일반적으로 CISC보다 50%에서 75% 정도 더 빠르고 워크스테이션과 같은 중형 컴퓨터에 사용되는 CPU에 사용되고 있다. 모토롤라사의 R4000은 RISC 명령어 체계를 가지고 있다.

【CISC와 RISC의 장·단점】

구 분	CISC	RISC
명령어의 종류	많음	적음
프로그래밍	쉬움	어려움
처리속도	느림	빠름
레지스터 수	적음	많음
전력소모	많음	적음

병렬처리(Parallel processing)

- 기존의 단일 순차처리 컴퓨터로는 해결이 불가능하였거나 많은 시간이 소요되었던 문제를 보다 빨리 효과적으로 해결하기 위해선 많은 처리기(프로세서)를 연결하여 고속으로 주어진 문제를 해결할 수 있는 병렬처리 컴퓨터 시스템이 등장하게 되었다.
- 병렬처리용 계산기기에 관한 논의는 1920년대에 시작되었던 것으로, 현대 과학과 더불어 수많은 발전을 거듭하여 오늘날은 C++와 같은 객체 지향 프로그래밍 언어로 작성된 순차 코드를 병렬처리 컴퓨터에 적합한 병렬코드로 손쉽게 변환시켜주는 컴파일러까지 등장하였다.

- 병렬처리 컴퓨터란?(http://www.terms.co.kr/)
  컴퓨터에서 병렬처리란 프로그램 명령어를 여러 프로세서에 분산시켜 동시에 수행함으로써 빠른 시간 내에 원하는 답을 구하는 작업을 일컫는다. 초기의 컴퓨터에서는 한 번에 오직 하나의 프로그램만 수행되었다. 예를 들어 계산 수행에 1시간 걸리는 프로그램과, 테이프에서 데이터 읽기에 1시간 걸리는 프로그램이 있다면, 이 두 프로그램을 수행 시키는 데는 총 2시간이 소요되었다. 초기의 병렬처리는 이 두 프로그램이 섞여서(interleaved) 수행되도록 하는 방법이었다. 즉, 한 프로그램이 입출력을 시작하여 끝나기를 기다리는 동안, 다른 계산 수행을 하는 프로그램이 실행될 수 있도록 하여 1시간 조금 더 걸리는 시간에 작업을 마치는 방법이었다.

- 다음 단계의 병렬처리는 멀티프로그래밍이었다. 멀티프로그래밍 시스템에서는 여러 사용자가 수행시킨 여러 프로그램이 있을 때 한 프로그램이 프로세서를 짧은 시간 동안 차지하여 작업을 수행시키고, 운영체계가 그 다음 프로그램이 수행되도록 하는 방식으로 작업을 하였다. 사용자에게는 모든 프로그램이 동시에 수행되는 것처럼 보인다. 이 시스템이 처음 봉착한 문제는 여러 프로그램이 한 자원을 집중적으로 사용할 때 효율적으로 해결해주지 못해서 나타나는 데드록(deadlock, 교착상태) 현상이었다.
  교착상태는 동일한 자원을 공유하고 있는 두 개의 컴퓨터 프로그램들이 상대방이 자원에 접근하는 것을 사실상 서로 방해함으로써, 두 프로그램 모두 기능이 중지되는 결과를 낳는 상황을 말한다.

- 벡터프로세싱은 한 번에 한 개 이상의 일을 수행하려는 또 다른 시도였다. 이런 시스템에서는 한 개의 명령어로 두 어레이의 데이터를 더하거나 뺄 수 있는 기능이 추가되었다. 이런 기능은 벡터나 매트릭스 계산이 빈번히 나타나는 많은 엔지니어링 프로그램에서 매우 유용하게 이용되었다. 하지만 이런 계산을 많이 필요로 하지 않는 프로그램에서는 큰 효용이 없었다.

- 그 다음에 개발된 병렬처리의 기법은 멀티프로세싱이었다. 이 시스템에서는 두 개 이상의 프로세서가 한 프로그램을 같이 수행하여 작업을 마쳤다. 초기단계에서는 주종(master/slave) 관계의 구조였다. 한 프로세서(master)가 시스템의 모든 작업을 관장하도록 설계되었고, 다른 프로세서(slave)는 주 프로세서가 부여한 일만을 수행하였다. 이런 구조로 설계된 것은 그 당시에는 여러 프로세서가 협동하여 시스템 자원을 사용하는 것에 대한 기술이 부족

했었기 때문이다. 이러한 문제를 해결하면서 나온 것이 SMP이다. SMP에서는 각 프로세서가 동등하게 시스템 작업의 흐름을 제어하는 기능이 있다.

> 참고 **SMP(Symmetric multiprocessing, 대칭형 다중처리)**
>
> SMP는 운영체계와 메모리를 공유하는 여러 프로세서가 프로그램을 수행하는 것을 말한다. SMP에서는 프로세서가 메모리와 입출력 버스 및 데이터 path를 공유하며, 또한 하나의 운영체계가 모든 프로세서를 관리한다. 보통 2개부터 32개의 프로세서로 이루어지며, 어떤 시스템은 64개까지 프로세서를 공유한다.

- 교착상태에 대한 아래에 간단한 예제가 있다.
  - 프로그램 1이 자원 A를 요청하여, 그것을 할당받았다.
  - 프로그램 2가 자원 B를 요청하여, 그것을 할당받았다.

  프로그램 1이 자원 B를 추가로 요청하였으나, 자원 B가 다른 프로그램에 의해 사용 중이므로, 사용 가능한 상태가 될 때까지 대기 열에서 기다리고 있다. 프로그램 2가 자원 A를 추가로 요청하였으나, 자원 A가 다른 프로그램에 의해 사용 중이므로, 사용 가능한 상태가 될 때까지 대기 열에서 기다리고 있다.
- 이제 두 프로그램 모두는 서로 상대방이 자원을 내놓을 때까지 작업을 멈추고 기다리게 된다. 운영체계는 무슨 일이 일어나는지 알 수 없다. 이 상황에서, 단 하나의 대안은 두 프로그램 중의 하나를 강제로 종료시키는 것이다. 교착상태를 처리하는 방법은 운영체계와 데이터베이스 구조의 개발에 많은 영향력을 가졌다. 교착상태를 만드는 것을 피하기 위하여 데이터가 구조화되고, 자원 할당을 요청하는 순서가 생겼다.

플린(Flynn)의 컴퓨터 시스템 분류

프로세서들이 처리하는 명령어들과 데이터들의 흐름의 수에 따라 분류하면 다음과 같다.

(1) SISD(Single Instruction Stream Single Data Stream)

- 제어 장치와 프로세서를 각각 하나씩 갖는 구조로, 한 번에 한 개씩의 명령어와 데이터를 처리하는 단일 프로세서 시스템이다.

- 명령어가 순서대로 실행되지만 실행 과정은 여러 개의 단계들로 나누어 중첩시켜 실행 속도를 높이도록 파이프라이닝(pipelining)으로 되어 있는 것이 보통이다.

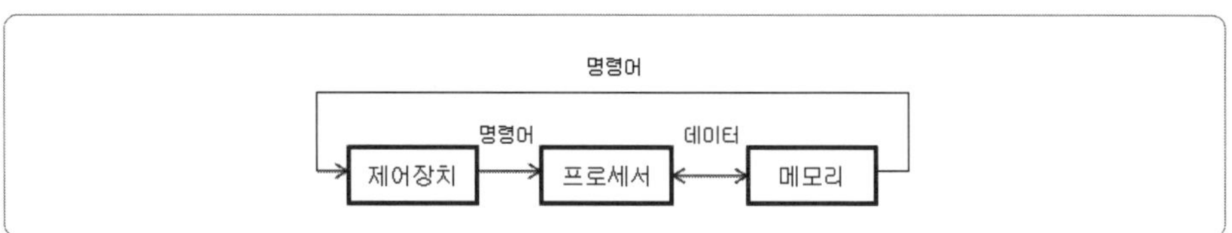

SISD(Single Instruction Stream Single Data Stream)

(2) SIMD(Single Instruction Stream Multiple Data Stream)

- 배열 프로세서와 파이프라인이 이 분류에 속하며, 여러 개의 프로세서들로 구성되고, 프로세서들의 동작은 모두 하나의 제어장치에 의해 제어된다.
- 모든 프로세서들은 제어장치로부터 동일한 명령어를 받지만 명령어 실행 과정에서 서로 다른 데이터들을 사용한다.
- 모든 프로세서들이 기억 장치를 공유하는 경우도 있고, 각 프로세서가 기억장치 모듈을 따로 가지는 분산 기억 장치 구조도 있다.

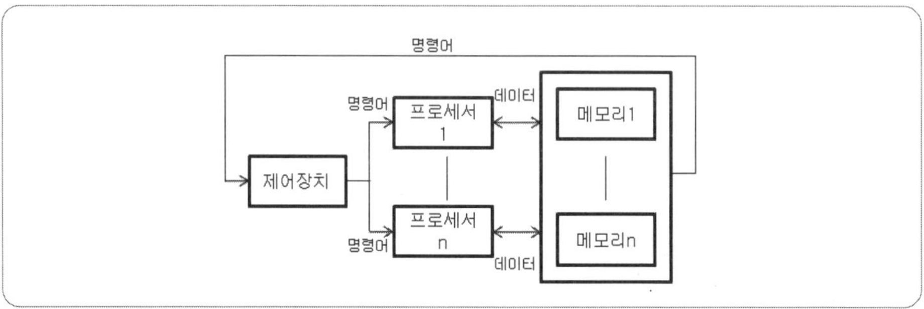

SIMD(Single Instruction stream Multiple Data stream)

(3) MISD(Multiple Instruction Stream Single Data Stream)

- 여러 개의 제어 장치와 프로세서를 갖는 구조로, 각 프로세서들은 서로 다른 명령어들을 실행하지만 처리하는 데이터는 하나의 스트림이다.
- 하나의 데이터에 대해 여러 명령어를 수행하는 구조이다.

- 프로세서들이 파이프라인으로 연결되어서 한 프로세서가 처리한 결과를 다음 프로세서로 보내는 방식이다.
- 복잡한 데이터 처리 과정을 갖는 특수한 경우에만 사용되고 일반 용도의 컴퓨터 구조로는 사용되지 않는다.

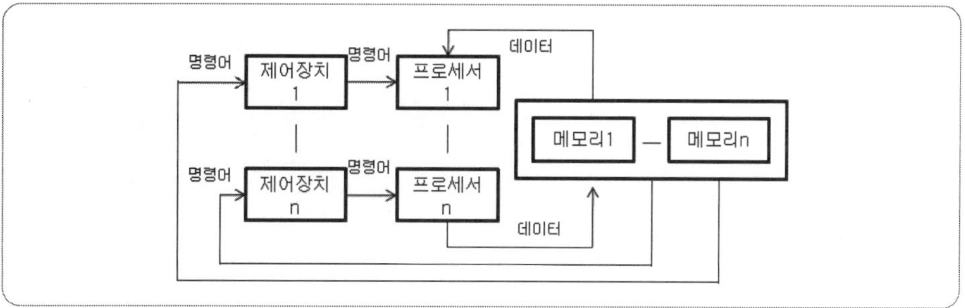

MISD(Multiple Instruction Stream Single Data Stream)

(4) MIMD(Multiple Instruction Stream Multiple Data Stream)

- 대부분의 다중 프로세서 시스템과 다중 컴퓨터 시스템이 이 분류에 속한다.
- 여러 개의 프로세서들이 서로 다른 명령어와 데이터를 처리한다.
- 밀결합 시스템(tightly coupled system) 프로세서들 간의 상호 작용 정도에 따라 그 정도가 높은 구조 밀결합 시스템의 전형적인 구조는 모든 프로세서가 기억장치를 공유하는 공유기억장치(shared memory)구조이다.
- 소결합 시스템(loosely coupled system) 프로세서들 간의 상호 작용 정도가 낮은 구조 각 프로세서가 자신의 지역 메모리(local memory)를 가진 독립적인 컴퓨터 모듈로 구성한다.

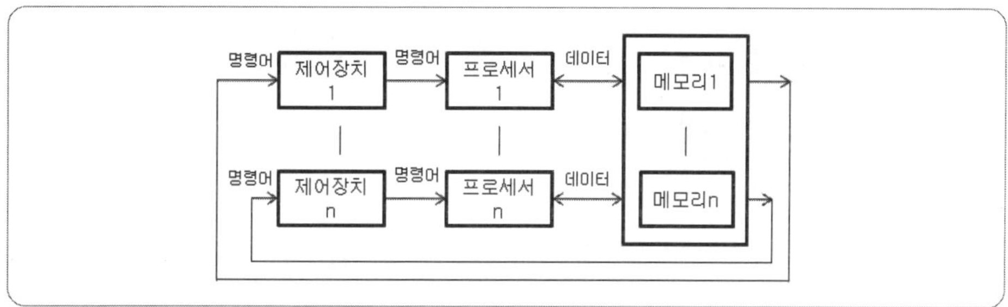

MIMD(Multiple Instruction Stream Multiple Data Stream)

2.4 프로세서의 속도와 특성

워드 사이즈(Word Size) : 16-, 32-, 64- 차선 비트 도로

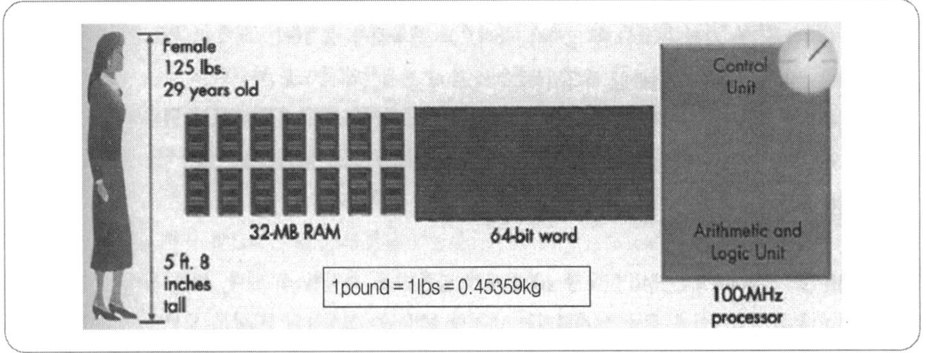

사람을 묘사할 때는 키, 나이, 몸무게 등을 통해 하듯이 컴퓨터는 자료처리 단위 용량, 처리속도, RAM 용량 등으로 구분된다.

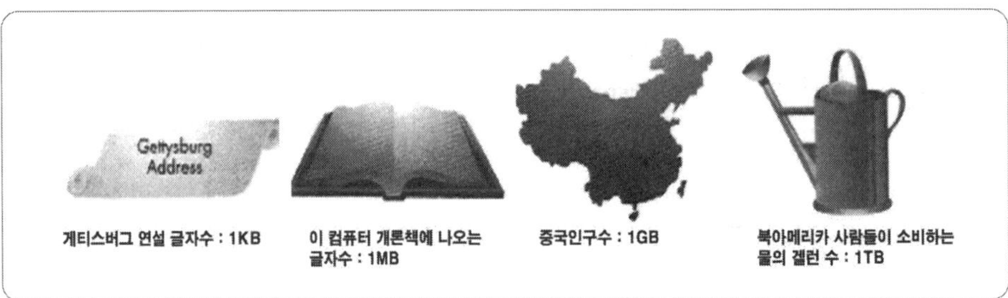

프로세서 스피드

- MIPS(Million Instruction Per Second) : 초당 100만 개의 명령
- BIPS(Billion Instruction Per Second) : 초당 10억 개의 명령
- FLOPS(FLoating Operation Per Second) : 초당 부동소수점 연산의 수행 횟수

CPU 내의 트랜지스터 개수

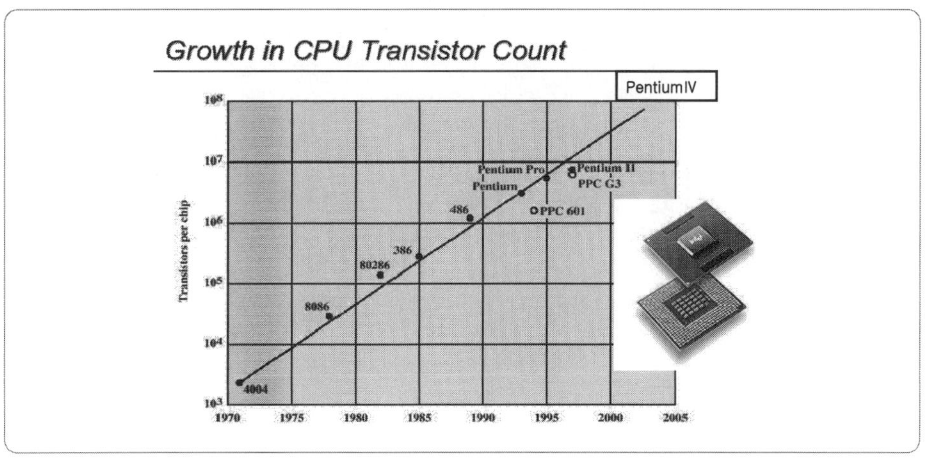

2.5 컴퓨터 내부 구성 및 버스 종류

컴퓨터 내·외부 인터페이스

① 전원공급장치
② 중앙처리장치
③ RAM
④ 메인보드
⑤ 그래픽카드
⑥ 확장 슬롯
⑦ 수은전지
⑧ 하드디스크
⑨ CD 드라이버
⑩ 주변장치 데이터제어
⑪ 하드디스크 연결 제어
⑫ 보조 스트리지 컨트롤러
⑬ 노스브릿지
⑭ 보조전원 단자
⑮ 열배출 환풍기
⑯ 주 전원 단자
⑰ PCI 익스프레스
⑱ 입·출력 단자

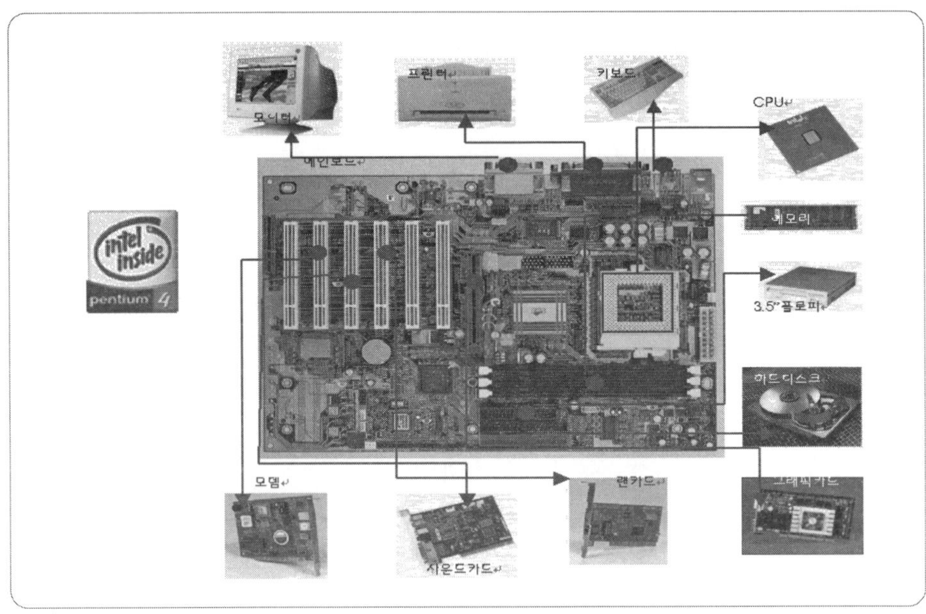

Pentium4 메인 보드

제품 상세 사양	
메인 칩셋	i845PE
사용가능한 CPU	478 펜티엄 4
내부버스 FSB	400?533MHz
최대 클럭수	3.06GHz(하이퍼스레딩 지원)
메모리 종류	DDR333/266
최대메모리	2GB
메모리 슬롯	DIMM X 3개
AGP 슬롯	1개
보드 타입	ATX
PCI 슬롯	6개
내장 사운드	AC'97 사운드코덱
E-IDE 타입	울트라 ATA 100 (시리얼ATA는 옵션)
USB 포트	2개*2개(확장)

Intel® Pentium® processor

AMD CPU

제품명	Athlon XP 2200+ (Thoroughbred core)
제조사	AMD
인터페이스	소켓 A
제조공정	0.13㎛
L1 캐쉬	128KB
L2 캐쉬	256KB
FSB	266MHz(133MHz DDR)
동작 클럭	1.8GHz
SIMD	3DNow! Professional(SSE) MMX
작동전압	1.65v

직렬(Serial)과 병렬(Parallel) 데이터 전송

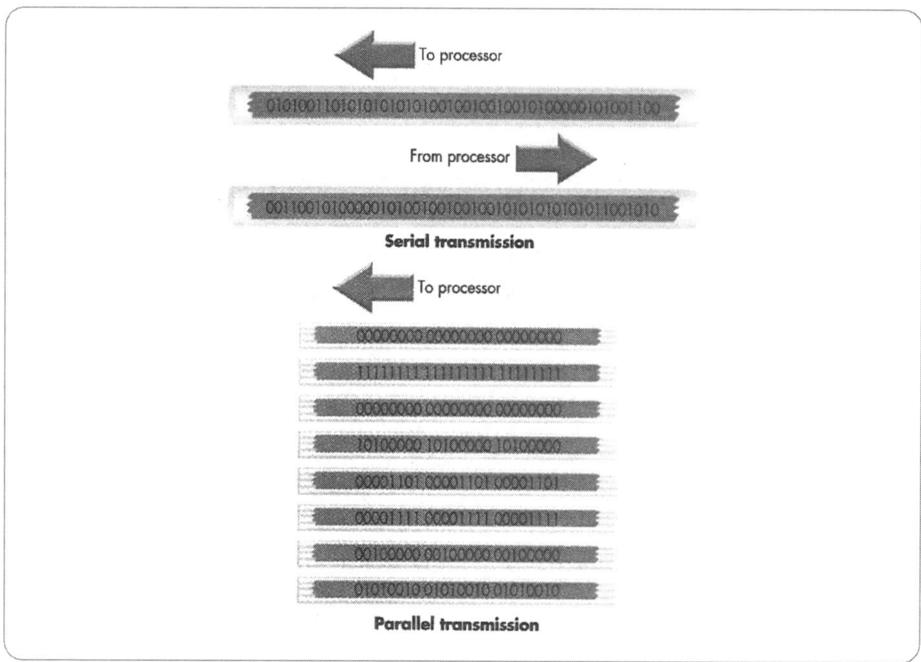

【프린터-데이터 전송속도 비교(최대)】

구 분	전송속도	전송방식
PC	57.3kbps	직렬데이터
MAC.(RS422)	24kbps	직렬데이터
MAC.(Apple talk)	240kbps 360kbps	직렬데이터 병렬데이터
USB	12Mbps	
이더넷	100kbps	

※이 속도는 이상적인 조건을 전제로 한 것으로, 데이터 전송은 네트워크 트래픽, 공유 장치, 케이블 등 여러 요인의 영향을 받는다.

(자료 : http://h50279.www5.hp.com)

메인 보드(main board)

컴퓨터를 구성하는 여러 가지 종류의 보드 중에서 가장 중요하고 중심이 되는 보드(주기판)란 의미로 붙인 이름이며, 각종 부품을 조립하여 하나의 완성된 제품을 이룬 상태를 의미한다. 메인보드(main-board)를 마더보드(mother-board) 또는 시스템 보드(system-board)라고도 부른다.

SCSI(small computer system interface) BUS

스카시는 개별적인 인터페이스를 통합하여 컴퓨터 간의 서로 다른 주변기기 인터페이스를 하나를 묶는 호환성의 유지라는 측면에서 필요성이 대두되어 ANSI에 의하여 표준화되었다. 컴퓨터에서 주변기기를 접속하기 위한 직렬 표준 인터페이스로 입출력 버스를 접속하는데 필요한 기계적, 전기적인 요구사항과 모든 주변기기 장치를 중심으로 명령어 집합에 대한 규격을 말한다.

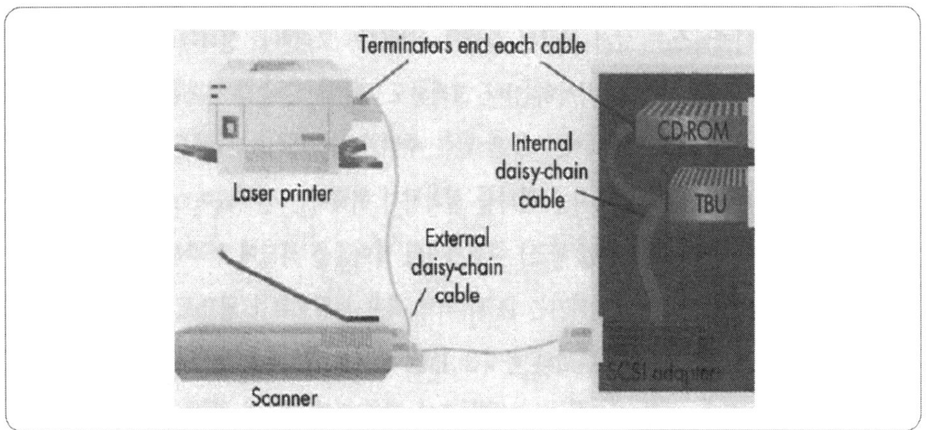

그림은 SCSI버스로, 2개의 확장슬롯으로 프린터와 스캐너를 데이지 체인을 통해 연결하였다. CD-ROM과 TBU(테이프 백업장치)도 내부에 연결되어 있다.

확장 BUS

확장 버스는 PC의 주 회로기판 위의 확장 슬롯(Expansion slot)을 통해 다른 장치와 연결됩니다. 그리고 확장 슬롯에 꽂아 사용하는 소형 회로 기판을 확장 카드(Expansion cars) 또는 어댑터(Adapter)라고 부른다.

BUS의 종류

- ISA(Industry Standard Architecture) BUS
  - 16비트 컴퓨터(80286)를 위한 버스 방식으로, 전송속도는 4MB/초이다.

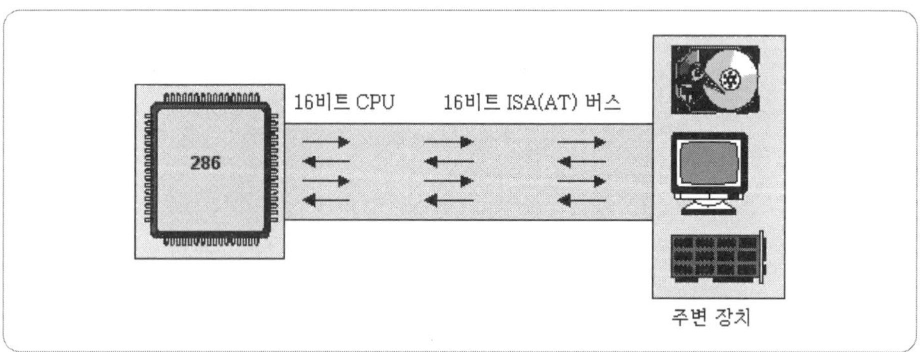

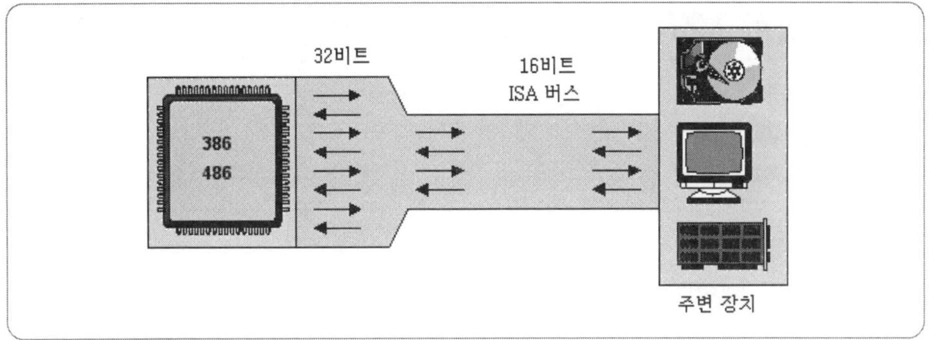

• LOCAL(VESA/PCI) BUS

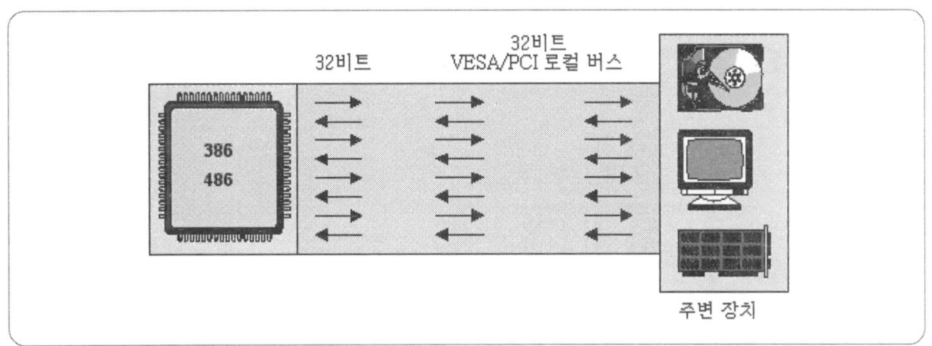

• PCI(Peripheral Component Interconnect)는 고속운영을 위해 마이크로프로세서와 가깝게 위치해 있는 확장 슬롯들에 부착된 장치들 간의 상호접속 시스템이다. PCI를 사용하면 컴퓨터는 새로운 PCI 카드들과, 현재 가장 일반적인 확장카드의 종류인 ISA 확장카드를 함께 지원할 수 있다.

• 인텔에 의해 설계된 초기의 PCI는 VESA 로컬버스와 비슷했지만, PCI 2.0부터는 더 이상 로컬버스가 아니며, 마이크로프로세서 디자인과는 독립적으로 설계되었다. PCI는 20~33MHz 범위의 마이크로프로세서 클록 속도에 동기화되도록 설계되었다.

• ESA Local Bus(Video Electronics Standards Association Local Bus)
VESA(베사) 로컬 버스는 컴퓨터와 확장 슬롯 간의 표준 인터페이스로서, 마이크로프로세서와 확장 카드에 의해 제어되는 장치들 간에 더 빠른 데이터 흐름을 제공한다. 로컬 버스는 거의 마이크로프로세서 수준의 속도에서 데이터가 흐르는 물리적인 경로로서 전체 시스템의 성능을 높인다.

2.6 멀티코어(Multi-Core) 프로세서

멀티 코어(multi-core) CPU는 두 개 이상의 독립 코어를 단일 집적 회로로 이루어진 하나의 패키지로 통합한 것이다. 칩 레벨 멀티프로세서(CMP)라고도 한다.

듀얼 코어(dual-core) 프로세서는 두 개의 코어를 포함하고 있으며, 쿼드 코어(quad-core)는 네 개의 코어를 포함하고 있다.

멀티 코어 마이크로프로세서는 멀티프로세서 기능을 단일 물리 패키지에 추가하였다. 하나의 다이에 모든 코어를 가진 프로세서를 모노리식 프로세서라고 부른다. 멀티코어 장치 안의 코어는 하나로 연결된 캐시를 최고 수준의 장치 캐시 수준에서 공유할 수 있으며(이를테면 인텔 코어 2의 2차 캐시), 두 개의 캐시(이를테면 AMD 듀얼 코어 프로세서)를 가지는 경우도 있다.

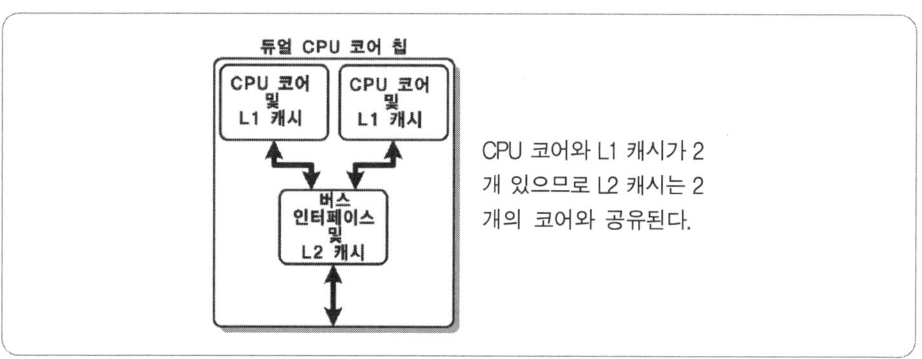

싱글 다이(臺) 및 멀티코어의 개념도

각 코어는 슈퍼스칼라 실행, 파이프라인 처리, 멀티스레딩과 같은 최적화를 독립적으로 수행한다. 코어의 개수에 따라, 그 개수만큼의 스레드를 동시에 처리할 때 효율적으로 동작한다. 상업적으로 가장 중요한 멀티 코어 프로세서들은 컴퓨터(주로 인텔, AMD)와 게임기(플레이스테이션 3의 셀 프로세서)에서 사용된다. 이 기술은 네트워크 프로세서, 디지털 신호 처리장치, 그래픽 처리 장치와 같은 임베디드 프로세서 등의 다른 기술 분야에도 널리 쓰인다.

인텔코어2 E6600 : 듀얼 코어

인텔 2.66GHz~3.6GHz

듀얼 코어 CPU는 다중 스레드 응용 프로그램과 잘 동작한다(특히 사진과 영상 편집, 랜더링, 영상과 데이터 압축 등). 대부분의 게임을 포함한 일반 스레드 응용 프로그램들은 동등 클럭의 싱글 코어 CPU를 넘어서 듀얼 코어 CPU의 두 번째 코어로 부터의 이득을 얻지 못한다. 그럼에도 불구하고 듀얼 코어 CPU는 각 프로그램 프로세스가 다른 코어에서 실행할 수 있기 때문에 눈에 띄는 렉(lack)이 없는 게임 클라이언트와 서버 프로세스를 실현하기 좋다. 그뿐 아니라 다중 스레드 게임은 듀얼 코어 CPU의 이점을 활용할 수 있다.

2008년 기준으로 수많은 비즈니스와 게임 응용 프로그램은 다중 코어에 최적화되어 있다. 멀티태스킹 환경에서 바이러스 검사 소프트웨어가 다른 프로그램의 백그라운드에서 실행중이거나 CPU에 부담을 많이 주는 여러 개의 응용 프로그램이 동시에 실행될 경우 펜티엄 D 프로세서의 각 코어는 다른 프로그램을 다룰 수 있어서 싱글 코어의 펜티엄 4 이상의 성능을 낼 수 있다.

- 스레드(thread)는 어떠한 프로그램 내에서, 특히 프로세스 내에서 실행되는 흐름의 단위를 말한다. 일반적으로 한 프로그램은 하나의 스레드를 가지고 있지만, 프로그램 환경에 따라 둘 이상의 스레드를 동시에 실행할 수 있다. 이러한 실행 방식을 멀티스레드(multithread)라고 한다.
- 멀티 코어 CPU의 코어는 CPU 다이 위에 구성된 CPU 회로의 핵심 부분에서 캐시 메모리를 제외하는 반도체 회로 부분이다. 그러나 공유가 아닌 코어 전용의 캐시 메모리는 코어에 포함된 것이 많다. 대부분 CPU 다이는 코어, 캐시 메모리 등의 접속부로 구성된다.

  개인용 컴퓨터는 소비 전력, 발열, 소음이 높아지는 제약, 클럭 주파수가 높아지지만 그에 따른 효과는 크지 않는 이유 등에 따라 멀티 코어 기술을 사용하게 된다. 멀티 코어는 소비 전력과 발열을 낮추는 것을 목적으로 코어마다 동작 전압이나 클럭 속도를 임의로 제어하며 휴지(idle) 상태를 포함한 동작 상태를 제어하는 제품도 있다.

듀얼코어와 쿼드코어의 차이점

CPU의 동작을 나타내는 대표적인 단위는 클럭(clock)이다. 클럭 속도를 높이기 위해서는 CPU에 좀 더 높은 전압을 공급해야 하고, CPU 내부를 구성하는 '트랜지스터'라는 부품을 좀 더 작게 만들어, 최대한 작은 공간에 많은 트랜지스터를 많이 집적시켜야 한다.

듀어코어와 쿼드코어 (출처 : http://it.donga.com/plan/39)

그러나 클럭이 높아지면 그만큼 발열도 심해지고 이 때문에 PC에 안전성에 문제가 발생할 수 있다. 그래서 최근의 CPU 제조사들은 CPU 내부에 있는 코어(Core)의 수를 늘려 성능을 높이는 이른바 멀티코어(multi-core) 기술을 도입하기 시작했다. 즉, 1개의 CPU가 2개 이상의 두뇌를 가진 셈이다. 2개의 코어를 가진 듀얼코어(Dual Core), 4개의 코어를 가진 쿼드코어(Quad Core), 6개의 코어를 가진 헥사코어(Hexa Core), 8개의 코어를 가진 옥타코어(Octa)가 있다.

LGA 775규격 제품의 3.16GHz 클럭의 듀얼코어 CPU인 '코드2 듀오 E8500'과 2.4GHz 클럭의 쿼드 코어 CPU인 '코드2 쿼드 듀오 Q6600'의 두 제품을 테스트한 결과 클럭이 낮은 쿼드 코어는 멀티미디어나 동시 작업에 우수한 성능을 발휘하는 반면, 높은 클럭의 듀얼코어는 게임이나 단일 작업에서 더 나은 성능을 나타냈다. 즉, 동영상 인코딩이나 그래픽 작업을 주로 하는 전문가에게는 쿼드 코어가 적합하고, 게임이나 사무작업을 주로 하는 일반 사용자에게는 듀얼 코어가 좀 더 적합한 선택이 될 수 있다(http://it.donga.com/plan/39).

	인텔코어2 듀오 E8500	인텔코어2 쿼드 Q6600
제품명		
코드명	울프데일	켄츠필드
소켓형태	LGA 775	LGA 775
코어 수	2개	4개
클럭	3.16GHz	2.4GHz
L2 캐시	6MB	4MB × 2

인텔코어2 듀오와 인텔코어2 쿼드

연습문제 I

♣ 다음 문제의 정답을 표시하시오.

1. 중앙처리장치 내의 기억장치가 아닌 것은?
   ① PC(Program Counter) ② IR(Instruction Register)
   ③ AC(Accumulator) ④ 스풀 큐(Spool Queue)

2. 다음 중 다중 프로그래밍 시스템 내에서 서로 다른 프로세스가 일어날 수 없는 사건을 무한정 기다리고 있는 상태를 무엇이라 하는가?
   ① 실행 상태 ② 교착 상태 ③ 가베지 수집 ④ 대기 상태

3. 한 번에 한 비트씩 전송하거나 수신하는 방식으로 마우스 또는 모뎀을 연결하는 포트는?
   ① 직렬 포트 ② 병렬 포트 ③ LPT 포트 ④ PS/2 포트

4. 다음 중 오늘날 컴퓨터의 기본 원리인 프로그램 내장방식에 대한 설명으로 옳지 않은 것은?
   ① 기억장치에 계산의 순서를 미리 저장한다.
   ② 프로그램은 실행 전 주기억장치에 저장된다.
   ③ 명령처리는 프로그램 계수기(Program Counter)에 의해 순차적으로 이루어진다.
   ④ 1671년 라이프니츠에 의해 이론이 정립되었다.

5. PC에서 메인보드를 구성하는 요소로서 데이터의 송·수신과 관련된 제어를 담당하는 것으로 CPU, 기억장치, 시스템 버스 간의 데이터 흐름을 제어하는 것은?
   ① 바이오스 ② 모듈 램 ③ 칩셋 ④ 연결 포트

6. 어떠한 프로그램 내의 특히 프로세스 내에서 실행되는 흐름의 단위는 무엇인가?
   ① 듀얼코어(dual core) ② 스레드(thread)
   ③ 대역폭(band width) ④ 클럭 주파수(clock frequency)

7. 쿼드코어(Quad Core)에 대한 설명이 아닌 것은?
   ① 4개의 코어로 구성
   ② 전문가 작업자에게 적합
   ③ 동영상 인코딩이나 그래픽 작업에 적합
   ④ 클럭(Clock)이 낮은 쿼드코어는 단일 작업에 우수

♣ 다음 문제를 설명하시오.

연습문제 II

1. 중앙처리장치의 구성요소
2. 중앙처리장치 내의 기억장치 종류
3. 중앙처리장치와 주기억장치 사이의 속도 차를 해결하기 위한 기억장치
4. 디지털카메라, MP3 Player 등 디지털기기에 사용되는 저장장치
5. USB(Universal Serial Bus)
6. Windows에서 컴퓨터에 설치된 각종 소프트웨어나 하드웨어에 대한 설정 정보 등을 저장하는 장소
7. 기존 CD와 같은 크기로 최대 17GB의 용량을 가지며 영상물저장에 적합한 정보 매체
8. 산술 및 논리연산의 결과를 일시적으로 기억하는 레지스터
9. 데이터의 직렬전송과 병렬전송의 장·단점
10. CISC와 RISC 장·단점
11. 컴퓨터 주변기기간의 데이터 전송을 위한 버스의 종류
12. SCSI(Small Computer System Interface)
13. 단일 코어(Core)보다는 멀티 코어(Multi-Core)를 사용하는 이유
14. 코어(Core)의 클럭 주파수가 높일 때의 장·단점
15. 듀얼코어와 쿼드코어의 특성

C.H.A.P.T.E.R 03

소프트웨어의 이해

- 일반적인 시스템 소프트웨어 개념을 이해한다.
- 운영체제의 목적과 목표를 이해한다.
- 프로그래밍 언어 컴파일러의 기능을 설명한다.
- 세대별로 프로그래밍 언어를 분류한다.
- 비주얼 계열의 프로그래밍 언어와 자연언어의 기능을 설명한다.
- 플랫폼을 구성하는 요소들이 무엇인지를 설명한다.
- 스마트폰 앱이 기존 데스크톱 소프트웨어와의 차이점을 이해한다.

3.1 소프트웨어란 무엇인가?

자동차를 움직이기 위해서는 운전 기술을 가진 사람이 있어야 한다. 마찬가지로, 컴퓨터를 사용하는 데 있어서도 하드웨어를 지시하고 통제하여 결과를 얻도록 하는 명령들의 집합인 프로그램이 필요한데, 이것을 소프트웨어라고 한다.

소프트웨어와 하드웨어의 관계

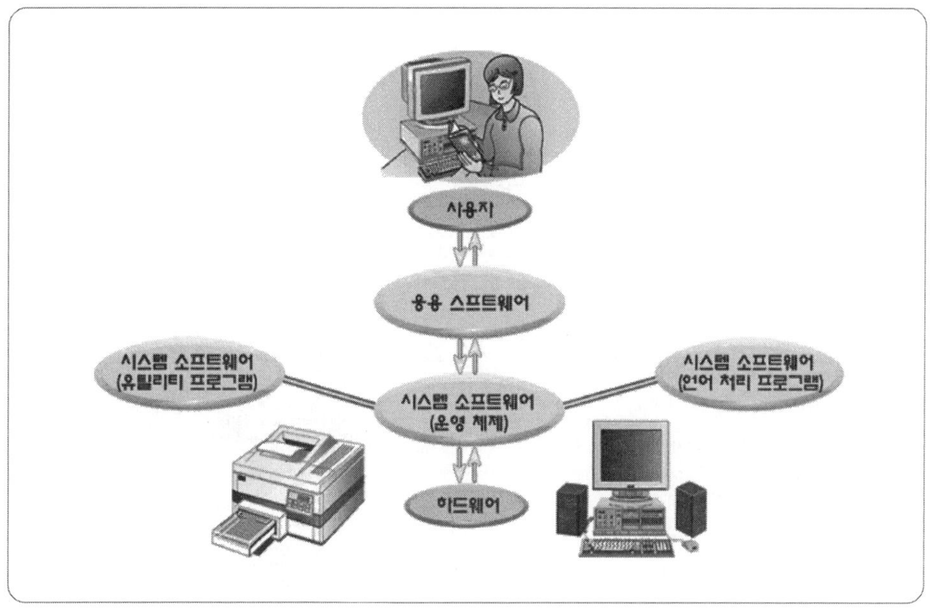

- **하드웨어**(Hardware)란 컴퓨터를 구성하는 모든 장치를 말한다. 시각적으로 그 존재를 확인할 수 있고 저울이나 자등을 이용하여 무게를 측정하거나 길이를 확인할 수 있는 모든 구성 품들을 컴퓨터에서는 하드웨어로 구분하고 있다. 시각적으로 보이는 키보드, 본체, 모니터 등과 본체 내부 전자 기판과 여러 가지 칩(Chip) 모두를 포함한다.
- **소프트웨어**(Software)는 컴퓨터 시스템의 운영을 제어하고 관리하는 시스템 소프트웨어와 사용자가 필요한 일을 수행할 수 있도록 만든 응용 소프트웨어로 나눌 수 있다.

- 시스템 소프트웨어(System Software)는 컴퓨터를 효율적으로 운영할 수 있도록 하는 기능을 가진 프로그램으로 운영체제, 데이터베이스 관리 시스템, 통신제어시스템 등이 포함된다.
- 응용 소프트웨어(Application Software)는 특정한 응용분야를 위해 개발된 프로그램으로 워드프로세서, 데이터베이스, 스프레드시트, 프레젠테이션, 그래픽 소프트웨어 등이 있다.

소프트웨어의 분류

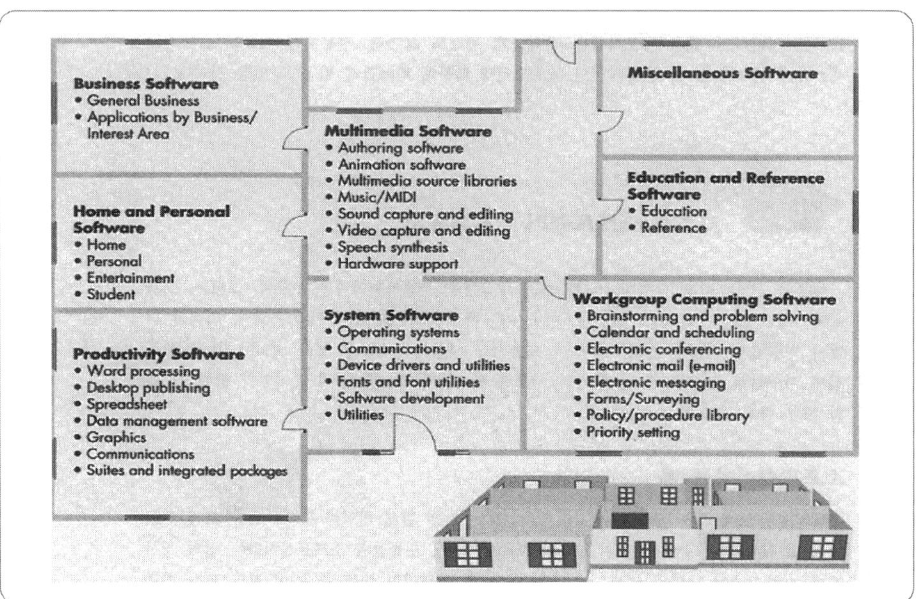

소프트웨어 분류를 도식화한 것으로 각 방은 8개의 주요 영역으로 각각의 기능을 나타낸다.

3.2 시스템 소프트웨어

운영체제, GUI와 응용 소프트웨어의 관계

운영체제는 컴퓨터 내의 모든 소프트웨어를 관리한다. 이 운영체제와 인간의 상호작용은 GUI를 통해 이루어진다. 스프레드시트, 전문가 시스템과 같은 응용 소프트웨어를 이용해서 사용자들은 각자의 문제를 해결한다.

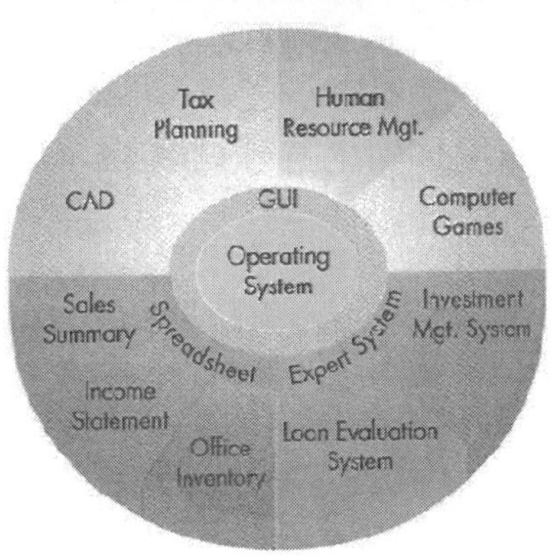

운영체제(OS)

운영체제(OS)(H/W 운영 · 관리)

PC의 정상 작동과 효율적인 사용을 위한 프로그램

- ROM속의 BIOS 프로그램에 의한 작동
- 모든 장치의 효율적 관리와 사용자들이 보다 편리하게 이용하도록 도와주는 프로그램
- 컴퓨터 시스템의 성능을 최대한 발휘시키기 위해서 H/W와 S/W의 자원을 효율적으로 운영 관리하는 프로그램으로 PC가 작동될 수 있도록 해준다.

(1) 개인용 PC : Windows XP, Windows Vista, Linux,

- DOS(Disk Operating System) : Disk 운영체제(PC 작동)-(MS-DOS)
- Windows(XP, Vista) : DOS 명령어 입력의 불편함 제거, 사용 편리, 그림(Icon) 위주의 화면 이용, 필요 메뉴 선택

(2) 워크스테이션/중대형 PC

네트워크 관리용 - Win NT, UNIX, Zenix 원시 프로그램(사용자 작성)

시스템 소프트웨어

1) 언어 번역 프로그램

- 원시 프로그램(사용자 작성) : 기계어로 번역하여 실행하는 역할을 하는 프로그램

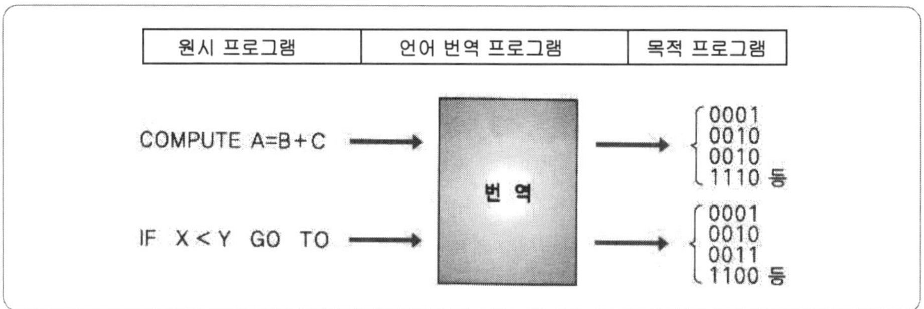

(1) Interpreter 언어

BASIC(GW/Q-BASIC), Ada, School, Lisp 등

- 명령문 단위로 번역하여 즉시 실행
- 융통성이 많아 교육이나 오락, 모의실험 등과 관련된 프로그램 언어가 많음

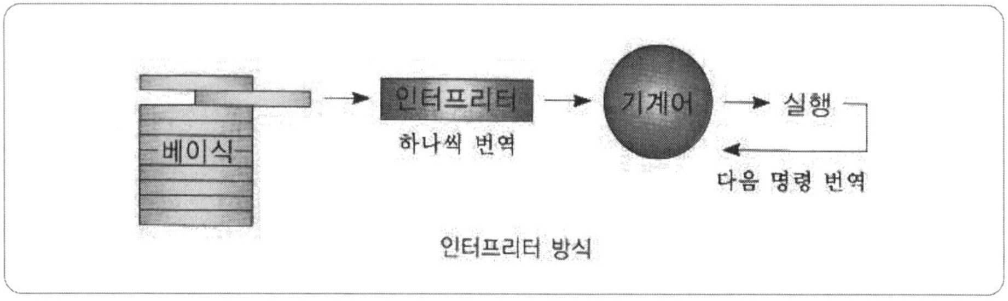

인터프리터 방식

(2) Compiler 언어

과학 기술용(FORTRAN, C), 교육용(PASCAL), 업무처리용(COBOL, RPG)

- 원시 프로그램 전체를 번역한 다음에 실행하는 방식
  : 효율성을 강조한 언어 - 일반 자료 처리 업무에 이용
- 최근 객체 지향 언어(VISUAL-BASIC, VISUAL-C++)
  : 홈페이지 작성을 위한 하이퍼링크 언어(HTML, XML JAVA)도 사용

2) WINS용 언어 프로그램

쉬운 프로그램 작성, 음성/영상 처리 용이, 다른 프로그램과의 연관성

- Visual BASIC/Visual C++/Visual C# - 객체 지향 언어
- HTML/JAVA - 홈페이지 작성을 위한 하이퍼링크 언어

마이크로소프트사의 모든 제품(http://www.microsoft.com)

응용 소프트웨어

사용자가 목적에 맞게 사용하는 프로그램으로, 시스템 소프트웨어의 도움으로 사용자의 일을 보다 쉽게 처리할 수 있도록 한다.

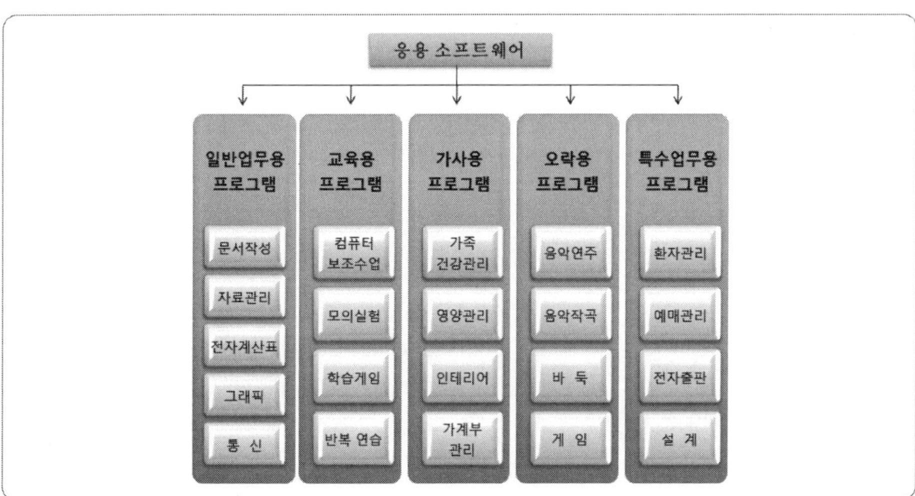

3.3 운영체제

운영체제의 정의 및 목적

1) 운영체제의 정의

- 하드웨어와 응용 프로그램 그리고 사용자 사이에 존재하는 프로그램
- 컴퓨터에 부속된 모든 자원을 효율적으로 관리하는 시스템 소프트웨어
- 컴퓨터 시스템의 하드웨어를 효율적으로 운영할 수 있게 하고, 사용자에게는 컴퓨터 시스템을 보다 편리하게 사용할 수 있도록 시스템을 제어, 관리하는 프로그램

2) 운영체제의 목적

(1) 응답시간(turn-around time) 단축

- 사용자가 컴퓨터에 어떤 일의 처리를 지시한 후 결과를 얻을 때까지의 시간
- 응답시간이 짧을수록 좋음

(2) 처리능력(Throughput) 향상

- 단위 시간 내에 최대한 많은 양의 일을 처리할 수 있게 하는 것
- 한 번에 처리할 수 있는 데이터의 양이 클수록 좋음

(3) 신뢰도(Reliability) 향상

(4) 사용가능도(Availability) 향상

3) 운영체제의 기능

- 자원을 효율적으로 관리하고, 응용 프로그램의 실행 제어
- 작업의 연속적인 처리를 위한 스케줄(Schedule) 관리
- 사용자와 컴퓨터 간의 인터페이스 제공
- 메모리 상태와 운영관리
- 하드웨어, 주변장치 관리
- 프로그램이나 데이터 저장, 액세스 제어에 필요한 파일 관리

- 프로그램 수행을 제어하는 프로세서 관리

4) 운영체제의 분류

(1) 사용자수에 따른 분류

- 단일 사용자 시스템 : DOS
- 다중 사용자 시스템 : UNIX, LINUX, MVS

(2) 태스크(Task) 수에 따른 분류

- 단일 작업 시스템 : DOS
- 다중 작업 시스템 : Windows, UNIX, LINUX, MVS

(3) 운영 방식에 따른 분류

- 일괄처리 시스템(Batch Processing System)
- 다중 프로그래밍 시스템(Multi-Programming System)
- 시분할 시스템(Time Sharing System)
- 실시간 시스템(Real Time System)
- 분산 시스템(Distributed System)

GUI(Graphic User Interface)

S메모

ChatON

HD Super AMOLED

- 그래픽 사용자 인터페이스의 약자로 '지유아이' 또는 '구이(gooey)'라고 한다. 이는 컴퓨터 실행을 MS-DOS와 같이 명령어를 외어서 입력하는 것이 아니라 화면에 그려져 있는 메뉴 및 아이콘을 마우스로 선택, 실행할 수 있으므로 거의 모든 작업을 시각적으로 수행할 수 있어 사용자로 하여금 배우기 쉽고 친숙하게 접근할 수 있는 운영환경을 말한다.
- 예를 들면 파일을 저장하는 폴더의 모양은 서류철 모양을 닮았으며, 데이터를 삭제할 때는 실제로 휴지통에 버리는 행위를 한다. 이렇게 마우스를 사용하여 아이콘을 지적하고, 프로그램이나 파일을 나타낼 때 메뉴를 이용하여 명령을 하는 등 윈도우에 나타내는 것을 의미하는 것으로 메타포, 윈도우, 메뉴, 아이콘, 마우스의 5가지가 GUI를 이루는 기본적 요소라 할 수 있다.

LINUX

LINUX 창시자 : 리누스 토발즈

1) 리눅스의 특징

- 다중 사용자, 다중 처리 시스템
- 시스템 안정성
- 뛰어난 신뢰성
- 폭 넓은 하드웨어 장치 지원
- 뛰어난 안정성, 보안성
- 다양한 배포판의 존재
- 다양하고 완벽한 네트워킹 기능
- 풍부한 응용 프로그램의 제공
- 다양한 지원체제 지원

2) 오픈소스란?

한 과학자가 연구한 결과물을 다른 사람들이 공유하고 발전시켜 나가는 것

3) 배포판?

수많은 오픈 소스들과 GNU정신을 바탕으로 만들어진 유용한 프로그램 등을 모아서 리눅스의 보급을 보다 손쉽고 효과적으로 하기 위해 배포하는 리눅스 패키지를 의미한다.

- 레드햇 리눅스(www.redhat.com)
  - 레드햇 소프트웨어, 가장 인기가 많음

【주요 윈도 시리즈 발매 연혁】 (출처 : 마이크로소프트)

1990년 5월	1995년 8월	1998년 6월	2000년 2월
윈도 3.0	윈도 95	윈도 98	윈도 2000
2000년 9월	2001년 10월	2007년 1월	2009년 10월
윈도 Me	윈도 XP	윈도 비스타	윈도 7

【LINUX & WINDOWS】

	리눅스와 윈도우	
리누스 토발스와 전세계 프로그래머들	개발자	마이크로소프트의 전문개발자들
PHP (Personal Hypertext Preprocessor)	개발언어	ASP(Active Server Pages)
좋음	확장성	보통
Apache	웹 서버	IIS(Internet Information Server)
MySQL	DB서버	MSSQL
▶ 풀뿌리 소프트웨어 운동 ▶ 시스템이 안정적이고, 응용프로그램 도 무료 ▶ 주로 서버에 활용	특 징	▶ 세계 표준(독점) 소프트웨어 ▶ 응용프로그램 거의 별도 구입 ▶ 고객 AS 체제 PC-서버에 골고루 이용

PHP[Personal Hypertext Preprocessor]

하이퍼텍스트 생성 언어(HTML)에 포함되어 동작하는 스크립팅 언어. 별도의 실행 파일을 만들 필요 없이 HTML 문서 안에 직접 포함시켜 사용하며, C, 자바, 펄 언어 등에서 많은 문장 형식을 준용하고 있어 동적인 웹 문서를 빠르고 쉽게 작성할 수 있다. ASP(Active Server Pages)와 같이 스크립트에 따라 내용이 다양해서 동적 HTML 처리 속도가 빠르며, PHP 스크립트가 포함된 HTML 페이지에는 .php, .php3, .phtml이 붙는 파일 이름이 부여된다.

인터넷 정보 서버[IIS, Internet Information Server]

미국 마이크로소프트사가 개발한 인터넷/인트라넷용 서버 소프트웨어. 버전 2.0부터 윈도즈 NT 서버에 표준으로 첨부되어 있다. 운영 체계(OS)와 통합된 것으로 복잡한 절차 없이 월드 와이드 웹 서버를 관리할 수 있다. 본체와 기능 확장 모듈로 구성되는데 하이퍼텍스트 전송 규약(HTTP), 파일 전송 규약(FTP), 고퍼(Gopher)의 각 서비스 및 ASP(Active Server Pages)의 문서 검색 기능, 월드 와이드 웹(WWW) 페이지 작성 기능 등을 제공한다.

3.4 프로그래밍 언어

프로그래밍 언어의 세대들

1) 저급 수준 언어

① 기계어 ; 컴퓨터가 직접 이해할 수 있는 언어로 0과 1의 2진수 형태로 표현되며 수행 시간이 빠르다. 상이한 기계에서 수정해야 실행이 가능하다.

② 어셈블리 언어 → 기호언어(symbolic language)
기계어에 가까운(machine-specific) 언어로 기계어의 명령문과 1:1 대응 관계에 있다. 여러 가지 종류의 어셈블리가 있으며, 프로세서에 따라 어셈블리도 명령어나 문법에서 약간씩 다르다.

2) 고급 수준 언어

① 사람 중신의 언어로 실행을 하기 위해서는 번역하는 과정이 필요하다.
② 상이한 기계에서 수정 없이 실행이 가능하다.

(1) 인터프리터 언어

① 베이식(BASIC) : 대화형 언어
② 리스프(LISP) : 대화형 언어

(2) 컴파일러 언어

① 포트란(FORTRAN) ② 코볼(COBOL) ③ C 언어
④ 파스칼(PASCAL) ⑤ 알골(ALGOL)

(3) 비 절차 언어(non-procedural language)

컴퓨터의 실행순서에 관계없이 처리 내용을 기술할 수 있는 사용자 중심의 언어이다.

▸ 종류 : dBASEⅢ+, 질의어

(4) 인공지능 언어(5세대) : LISP, PROLOG

인공지능 프로그램의 개발에 사용되는 프로그래밍 언어이다. 인공지능 프로

그램에서는 문자열과 수식이라고 하는 기호간의 상호 관련을 처리하는 기호 처리가 처리의 중심이 되지만 기호간의 관련은 리스트라고 불리는 데이터 조에서 취급된다.

프로그래밍 언어의 계층

그림은 프로그래밍 언어의 계층으로 각 언어는 계층에 따라 세대별과 고급, 저급 언어로 분류된다.

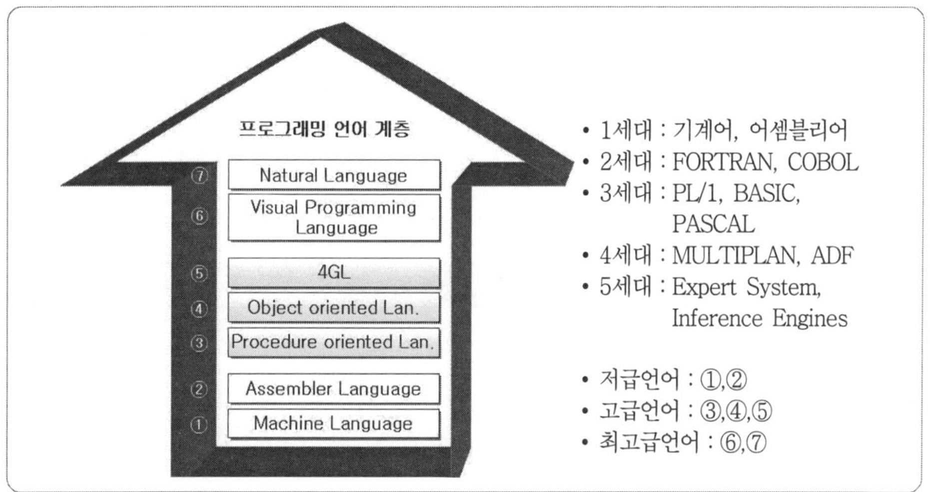

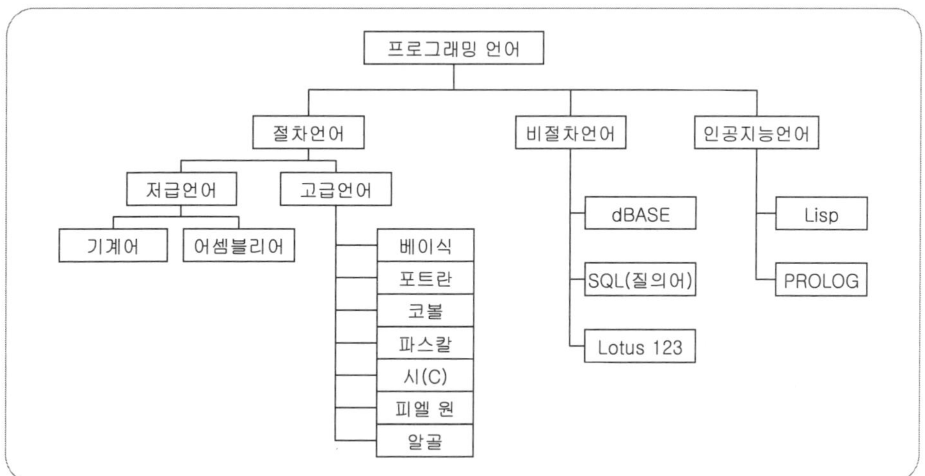

언어 번역 프로그램의 종류

1) 어셈블러(assembler)

어셈블리어로 작성된 원시 프로그램을 기계어로 번역해 주는 언어 번역 프로그램으로서, 번역 시 오류에 대한 정보도 출력해 준다.

2) 컴파일러(compiler)

고급 수준 언어로 작성된 원시 프로그램을 한꺼번에 번역만 하여 보조 기억 장치에 저장해 두는 언어번역 프로그램(포트란, 파스칼, C언어 등)

3) 인터프리터(interpreter)

고급 수준 언어로 작성된 원시 프로그램을 한 문장씩 목적 프로그램으로 번역하면서 실행하는 언어 번역 프로그램(베이식, 리스프, 프롤로그, 스노볼)

컴파일러의 단계 정의

① 어휘 분석 단계

② 구문 분석 단계

③ 해독 단계

④ 최적화 단계

⑤ 기억 장소 할당 단계

⑥ 코드 발생 단계

⑦ 어셈블리 단계

컴파일러는 고급 프로그래밍언어로 작성한 프로그램을 컴퓨터가 이해하는 기계어로 번역해 주는 프로그램이다. 1950년대에 John Backus에 의해 Fortran 컴파일러가 개발된 이후, 수많은 프로그램 언어들이 개발되었다. Pascal, Simula, Modula, Ada, C, C++, Java 등 이들 언어가 개발되기 이전에는 기계어 혹은 어셈블리어를 이용해서 프로그램을 개발했는데 이는 너무나도 어려운 작업이어서 일정 복잡도 이상의 소프트웨어를 제대로 만드는 것은 불가능했다.

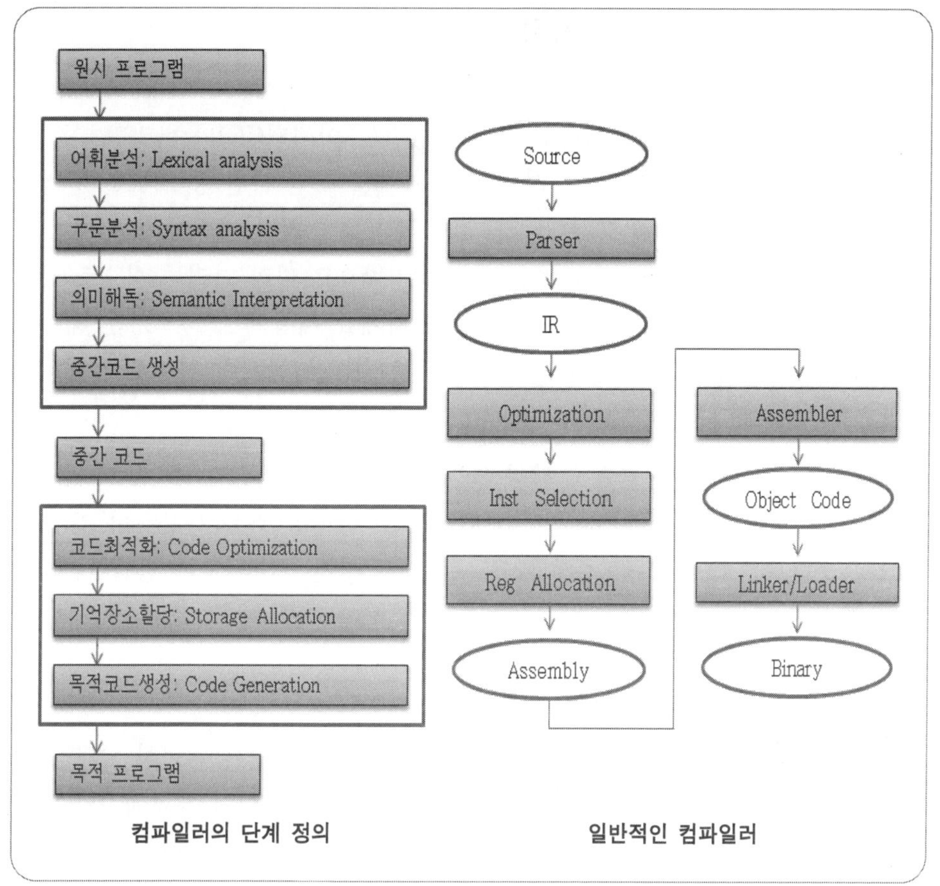

컴파일러의 단계 정의

일반적인 컴파일러

왜냐하면 어셈블러로 프로그램을 작성하는 경우, CPU가 명령들을 어떤 순서로 어떤 차원(레지스터 혹은 메모리)를 사용하여 수행할 것인지를 프로그래머가 일일이 정해주어야 하기 때문이다.

고급언어와 그를 위한 컴파일러가 개발됨으로써 이러한 문제들 중 많은 부분이 해결되었다. 프로그래머는 더 이상 어떤 레지스터를 쓸 것인지, 어떤 순서로 명령을 실행할 것인지는 컴파일러가 대신 처리해주어 프로그램을 작성하고 유지보수하는 것이 훨씬 수월해졌다.

3.5 윈도 8과 웹 브라우저

PC 운영체제(OS) '윈도8'의 달라진 로그인 방법은 '아이디(ID)와 비밀번호'를 입력해도 되지만, 로그인 화면에 나타난 미국 시애틀 도심 사진 중 시애틀의 명물인 '스페이스 니들 타워' 위로 손가락을 올려 T자를 그리면 잠금이 해제된다. 예를 들어 웃는 얼굴 사진을 놓고 입술 위를 손가락으로 따라 그리는 식으로 암호를 설정하는 방식이다. "MS는 윈도8은 PC 자체를 새롭게 진화시키는 새로운 차원의 OS"라고 강조했다. 윈도8이 PC와 태블릿PC를 동시에 지원하기 때문이다.

태블릿을 만드는 애플과 구글도 각각 OSX와 크롬이라는 PC OS를 갖고 있지만 모바일 기기에서는 각각 iOS와 안드로이드라는 별도의 OS를 사용한다. "MS는 앞으로 스마트폰 OS인 '윈도폰8'까지도 윈도8과 쉽게 호환되도록 만들 계획"이라고 한다.

'윈도95' 이후의 디자인 완전 개편

윈도8은 1995년 MS가 '윈도95'를 선보인 뒤 디자인이 기존과 완전히 달라진 첫 OS다. 그동안의 윈도 OS는 시각 효과가 다양해지고 디자인이 개선되기는 했지만 화면 왼쪽 아래의 '시작' 버튼을 눌러 등장하는 목록에서 원하는 프로그램을

MS 새 운영체제 '윈도8'

실행시키는 방식으로 작동했다. 윈도8에서는 이 시작 버튼이 아예 사라졌다. 윈도95에 처음 도입된 지 17년 만의 일이다.

일단 로그인을 하고 친숙한 '바탕화면' 대신 '메트로'라고 불리는 화면이 등장한다. 마치 복잡한 창틀로 나뉜 유리창처럼 생긴 화면인데 각각의 사각형 타일이 스마트폰의 애플리케이션(앱·응용프로그램) 아이콘 역할을 한다. 태블릿에서는 메트로 화면의 타일을 터치하면 스마트폰에서 아이콘을 터치한 것처럼 해당 앱이 실행된다. PC에서는 터치패드나 마우스로 커서를 타일 위로 옮겨 클릭하면 앱이 열린다.

'플립 포워드'라는 기능도 눈길을 끌었다. 웹페이지를 읽다가 책장을 넘기듯 손가락을 오른쪽에서 왼쪽으로 쓸어 넘기면 다음 페이지로 이동하게 해준다. 긴 신문이나 잡지 기사가 여러 페이지로 나뉘어 있을 때 편하게 쓸 수 있는 기능이다.

윈도XP나 윈도7에서 쓰던 프로그램도 모두 쓸 수 있다. 또 메트로 화면에 마치 하나의 앱처럼 존재하는 '바탕화면'을 터치하면 기존 윈도와 같은 형태의 바탕화면이 떠오른다. 여기에도 시작 버튼은 없다. 마우스 왼쪽 아래 구석으로 옮기면 메트로 화면으로 돌아갈 수 있는 메뉴가 나타날 뿐이다.

MS가 선보인 윈도8은 여러 면에서 스마트폰이나 태블릿을 연상시켰다. 부팅 시간이 빨라졌고 메트로 화면에서 작동하는 앱들은 기존 윈도 프로그램과 달리 바로바로 실행됐다. 애플 앱스토어나 구글 플레이스토어 같은 역할을 하는 '윈도 스토어'도 생겼다(동아일보, 2012.7.6, B1).

Windows8의 새로운 기능

1) 모바일 지원 - PC와 태블릿 동시에 지원
2) 그림 암호 - 잠금 화면에서 그림을 그려 잠금 해제
3) 시멘틱 줌 - 화면을 확대·축소할 때 다양한 메뉴를 보여줌

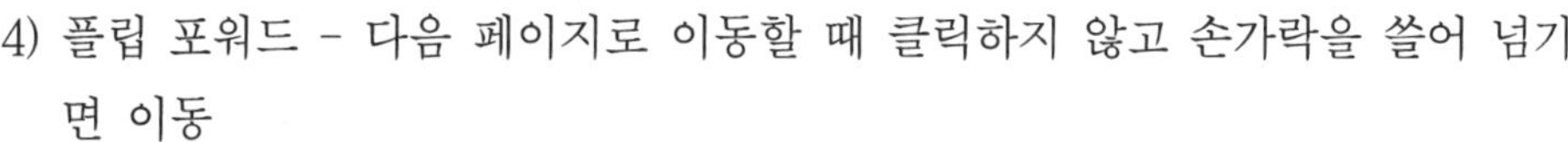

4) 플립 포워드 - 다음 페이지로 이동할 때 클릭하지 않고 손가락을 쓸어 넘기면 이동
5) 스냅 - 한 화면을 둘로 분할해 서로 다른 앱을 동시에 실행

Windows8의 시스템 요구 사항

프로세서 : 1GHz 이상, RAM : 1GB(32비트) 또는 2GB(64비트), 하드 디스크 공간: 20GB(64비트), 그래픽 카드 : Microsoft DirectX 9(마이크로소프트 다이렉트 엑스), 그래픽 장치(WDDM 드라이버 포함)가 요구된다.

터치기능을 사용하려면 멀티터치를 지원하는 태블릿이나 모니터가 필요하다. Windows(윈도우) 스토어를 방문하여 앱을 다운로드하고 실행하려면 인터넷 연결이 활성화되어 있어야 한다.

Windows 8의 시작하기

- 메트로 UI 및 시작화면(새 사용자 인터페이스)
- 사진 암호 – 사진 상의 로 로그온
- 윈도 탐색기의 리본 인터페이스
- 네이티브 USB 3.0 지원
- 윈도 스토어(온라인 시장) 및 윈도 투고
- 복원 기능 – Refresh(새로 고침), Reset(초기화)
- 윈도 라이브 ID 통합

Windows 스토어에서 앱 살펴보기

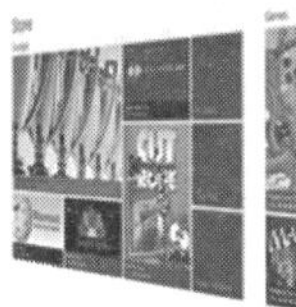

• **더 다양하게 앱 활용하기**
앱이 많을수록 더 많은 것을 경험하게 된다. 여러 앱이 함께 작동하여 정보를 공유할 수 있으며, 사용자는 이를 통해 원하는 것을 더 쉽게 얻을 수 있다

• **앱 살펴보기**
각자의 필요에 맞는 다양한 앱을 제공한다. 주요 앱 목록을 검색하거나 추천 앱을 살펴볼 수 있고, 사용자가 기존에 설치한 앱에 따른 추천 앱에서도 자신에게 적합한 선택을 할 수 있다.

• **멋진 아이디어 개발**
Windows 개발센터에서 서 무료도구와 샘플을 다운로드하고, 설계 및 코드 리소스를 찾고, 전문가의 도움을 받을 수 있다.

새로운 윈도즈를 위한 새로운 브라우저

• **빠르고 유동적**
빠른 속도를 기반으로 한 Internet Explorer(인터넷 익스플로러)에서 웹은 더 빨라진다.

• **직관적**
손쉬운 탐색. 필요할 때 손가락을 대기만 하면 탭과 탐색 컨트롤이 나타난다. 친구들과 사이트를 공유하려면 터치하고 누르기만 하면 된다. 클릭 한 번으로 사이트가 시작 화면에 고정된다.

• **더 믿을 수 있는 웹**
강화된 보안과 개인 정보 보호를 제공한다. SmartScreen, 추적 방지와 같은 혁신적인 기능을 기반으로 하는 Internet Explorer(인터넷 익스플로러)는 Windows(윈도우)의 보안 플랫폼과 함께 작동하도록 만들어져 개인 정보를 더 효과적으로 통제할 수 있고 신종 온라인 위협으로부터 안전을 지킬 수 있다.

클라우드로 더욱 편리하게

• **어디서나 나만의 윈도우즈**
Windows 8(윈도우 8)이 실행되는 어떤 장치에 로그인하든 개인 설정과앱이 그대로 유지되어 나타난다.

• **사람과 사람의 연결**
친구와 가족에게 연결할 수 있도록 갖고 있는 앱들을 따로 볼 수 있다. Hotmail(핫메일), Messenger(메신저), Facebook(페이스북), Twitter(트위터), LinkedIn(링크드인) 등 사용 중인 서비스의 정보를 Mail(메일), Messaging(메시징), People(피플) 앱 안에서 볼 수 있다.

• **파일과 연결**
여러 대의 PC와 휴대폰을 사용하는 분들에게 유용하다. 장치를 통해 SkyDrive(스카이드라이브), Facebook(페이스북), Flickr(플리커) 및 기타 서비스에 연결되며 모든 사진과 파일에 쉽게 접근할 수 있다

윈도우 8 UI 및 지원 기능

웹 브라우저

구글이 자체 개발한 웹브라우저 크롬을 경쟁사인 애플의 아이폰과 아이패드에서 서비스하기 시작했다.

구글은 어떤 종류의 운영체제나 디지털 기기에서도 크롬 브라우저를 쓸 수 있게 하는 것을 목표로 노력해 왔다며 애플과의 협력 사실을 밝혔다.

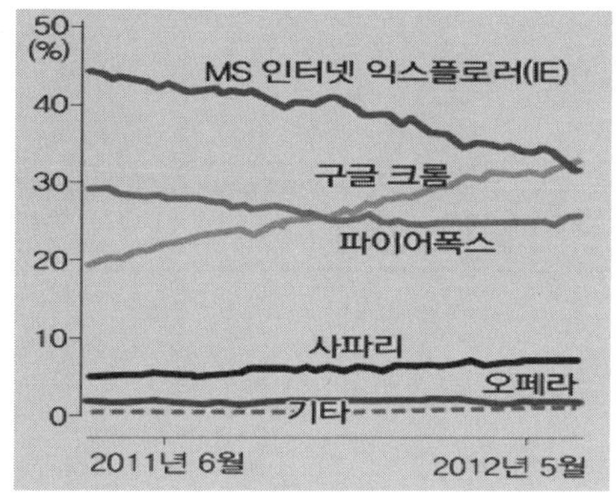

5개 주요 웹브라우저 세계점유율 변화추이

(출처 : IT 전문통계업체 스탯카운터)

구글의 인터넷 웹브라우저 크롬(chrome)이 13년간 세계 1위로 군림해 온 마이크로소프트(MS)의 인터넷익스플로워(IE)를 처음으로 앞질렀다. 크롬은 2009년 9월 첫 공개 이후 3년 8개월 만이다.

정보기술 전문 통계 조사업체 스탯카운터는 한 주 동안의 페이지뷰(사용자가 특정 사이트에 들어가 웹 페이지를 클릭해 열어본 수치)를 기준으로 평가하는 주간 점유율에서 2012년 5월 크롬이 32.76%로 31.94%를 기록한 IE를 앞질렀다.

2012년 3월 18일 크롬이 IE를 처음으로 제치고 1위에 오른 바 있다.

다른 웹브라우저와 달리 버튼이나 툴바 등이 없는 크롬은 출시 이후 가파르게 성장해 2011년 11월 파이어폭스를 앞질러 세계시장 점유율 2위를 달성했다. 크롬이라는 이름은 성능이 빠르고 강력하다는 것을 강조하기 위해 자동차나 엔진에 쓰이는 금속의 이미지를 떠올리도록 지어졌다(동아일보, 2012. 5. 23, A19).

MS	구 분	Google 구글
소프트웨어 분야 글로벌 1위 기업	주력분야	인터넷 검색분야 글로벌 1위 기업
웹브라우저 세계시장 점유율 약 70%	웹브라우저	3위 '크롬'출시로 웹브라우저 시장 진출
워드, 엑셀, 파워포인트 등 오피스 시장1위	소프트웨어	MS 소프트웨어 필요 없는 웹기반 오피스 서비스 제공

Microsoft vs Google

3.6 국내 소프트웨어 산업

소프트웨어와 소프트웨어 산업이란

소프트웨어란 컴퓨터·통신·자동화 등의 장비와 그 주변장치에 대하여 명령·입력·처리·저장·출력·상호작용이 가능하도록 하게 하는 지시·명령(음성이나 영상정보 포함)의 집합과 이를 작성하기 위하여 사용된 기술서 기타 관련 자료를 말한다. 운영체제(OS)와 같이 시스템을 운영·관리하는 '시스템SW', 프로그램개발·설계를 담당하는 '개발용SW', 임의의 응용 분야에서 특정 목적을 수행하는 '응용SW' 3개 층으로 구분한다.

SW산업이란 SW의 개발·제작·생산·유통 등과 이에 관련된 서비스 및 정보시스템의 구축·운영 등과 관련된 산업을 말한다.

SW개발 단계부터 최종소비자(기업·개인)가 사용하기까지 SW 공급과 관련된 모든 생산적 활동 전반을 포함한다.

소프트웨어 산업 범위 확대

가치창출 핵심의 전환(제품→지식·서비스), 소비자 구매 패턴의 변화(단순 제품구매)→제품과 결합된 지식·서비스구매)로 SW 및 SW 산업의 외형이 확대한다.

- 산업 내 이종 산업 간 융합의 핵심 플랫폼화(제품·프로세스·서비스 영역에 적용), 기존 산업의 고부가가치화 및 새로운 수익·산업 창출에 기여한다.

SW가 정보가전·자동차·항공기 등 다양한 산업제품에 탑재되고 전자정부·금융·제조 등 비즈니스 구현 및 새로운 지식서비스 실현을 가능하게 한다.

- 정보기기가 복잡해지고 개인화된 정보서비스 수요가 증가하면서 SW 적용대상이 기업에서 개인 소비자 시장으로 확장된다.

산업과 기술이 융합되는 현상과 SW산업의 서비스화 추세가 맞물리면서 SW 적용 범위는 지속적으로 확대될 전망이다(정보통신산업진흥원, 2011.11.).

4 소프트웨어 산업의 주요 지표

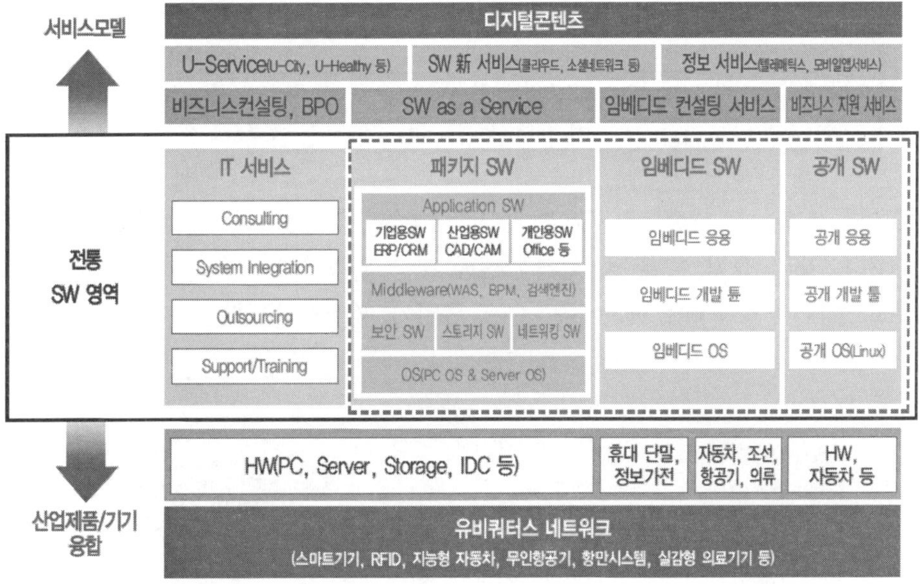

SW분류체계(MAP) 및 SW 영역 확장

스마트폰/태블릿PC 확산에 따른 OS·플랫폼기반의 스마트 생태계 구축 클 라우드 컴퓨팅·SaaS·스마트워크·모바일 오피스 등의 환경요인 변화에 따라 SW의 중요성이 증가하고 있다.

※ SaaS(Soft as a Service) – "on-demand software"로도 불리며, 소프트웨어 및 관련 데이터는 중앙에 호스팅되고 사용자는 웹 브라우저 등의 클라이언트를 통해 접속하는 형태의 소프트웨어 전달 모델이다(위키백과).

소프트웨어의 기능 중 유저가 필요로 하는 것만을 서비스로 배포해 이용이 가능하도록 한 소프트웨어의 배포형태이다. 서비스형 소프트웨어로도 불린다(네이버 지식사전).

- 지식정보화 사회의 핵심 플랫폼 IT 기반 융합 低탄소 녹색 성장 지원 등 다양한 측면에서 중요성 보유된다.
- SW 생산액과 수출액은 2010년 대비 8.0%, 7.5%씩 증가됐다.
- 2011년 국내 SW 시장은 2010년 대비 4.3% 상승한 240억 달러이다.

【소프트웨어 산업 주요 지표】 (출처 : 한국전자통신산업진흥회(KEA,2012.2)

구 분	2011년	비고(2010년 대비)
SW 생산액	284,607억 원	8.0% 증가
SW 수출액	13.16억 달러	7.5% 증가
국내 SW 시장	240억 달러	4.3% 성장
국외 SW 시장	10,756억 달러	4.0% 성장

2011년 세계 SW 시장 1조 756억 달러로 2010년 성장률 3.6%에 비해 0.4%p 증가했다. 미국, 유럽, 일본 등 선진국 SW 시장 위축에도 불구하고 신흥국 중국, 인도 등의 경제성장에 따른 SW 수요 증가가 세계시장 성장을 견인한 것으로 분석된다.

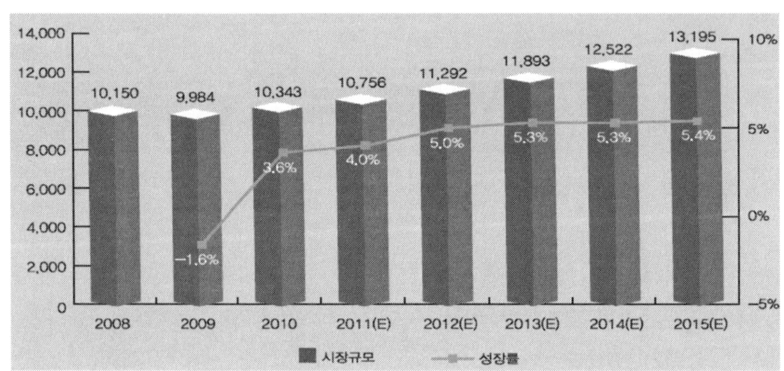

세계 소프트웨어 시장 규모 추이(단위 : 억$) 출처 : IDC(2011.8.), ETRI(2011.6.)

2011년 국내 SW 시장 240억 달러(임베디드 SW 포함)로 추정 2010년 대비 4.3% 성장했다.

2012년 국내 SW 시장 임베디드 SW 포함은 2011년 대비 4.2% 성장한 250억 달러가 예상된다.

- 빅데이터 모 바일 클 라우드 SNS 관련수요가 시장성장을 견인할 것으로 예상된다.

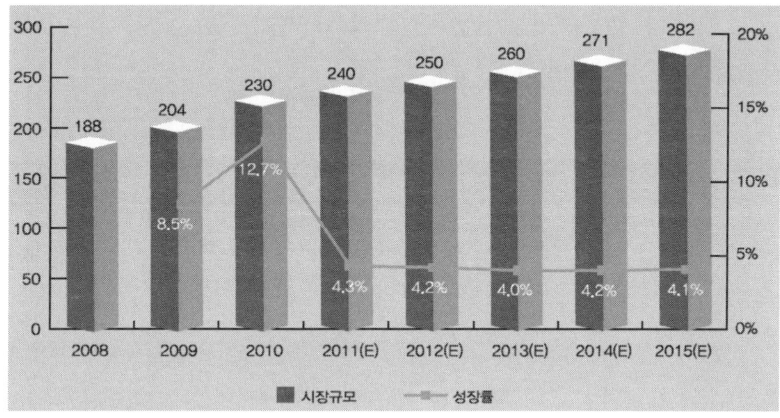

국내 소프트웨어 시장 규모 추이(단위 : 억$) 출처 : IDC(2011.8.), ETRI(2011.6.)

삼성 브랜드 가치 16조원 - 세계 55위

미국의 리서치기관인 밀워드브라운은 재무정보와 시장정보, 소비자 평가를 종합적으로 반영해 2006년부터 매년 100대 기업 브랜드를 발표하고 있다.

밀워드브라운은 2012년 5월 22일 영국 파이낸셜타임스에 발표한 '세계에서 가장 가치 있는 100대 브랜드'에서 삼성전자의 브랜드 가치를 141억 달러(약 16조 원), 브랜드 순위를 55위로 책정했다. 삼성전자는 국내 기업으로는 유일하게 100대 브랜드에 선정됐으며, 순위가 지난해 67위에서 12계단 상승했다.

1위는 애플로 브랜드 가치는 1829억 달러(약 212조 원), 2위는 IBM(1159억 달러), 3위는 구글(1078억 달러)이 차지했다. 최근 미국 나스닥 시장에 상장된 페이스북의 브랜드 가치는 332억 달러로 평가돼 19위에 올랐다.

현대자동차의 브랜드 가치는 36억 달러(약 4조 2000억 원)로 평가돼 전체 순위 100위 안에는 들지 못했지만 자동차 부문에서는 아우디(47억 달러)에 이어 9위에 올랐다. 자동차 부문 1위는 BMW(246억 달러)가, 2위는 도요타(217억 달러)가 차지했다(동아경제, 2012.5.23., B1).

앱스토어(App store)- 애플사의 소프트웨어 오픈마켓

스마트폰에 탑재할 수 있는 다양한 애플리케이션(응용프로그램)을 판매하는 온라인상의 모바일 콘텐츠 장터이다.

애플리케이션 스토어(Application Store)'의 준말로, 모바일 애플리케이션(휴대폰에 탑재되는 일정관리·주소록·알람·계산기·게임·동영상·인터넷접속·음악재생·내비게이션·워드·액셀 등의 콘텐츠 프로그램)을 자유롭게 사고 팔 수 있는 온라인상의 '모바일 콘텐츠(소프트웨어) 장터'를 의미한다.

2008년 7월 11일 애플(Apple Inc.)이 스마트폰(smart phone; 휴대폰에 인터넷통신과 정보 검색 등 컴퓨터 지원 기능을 추가한 지능형 단말기)인 아이폰 3G를 출시하면서 앱스토어라는 이름으로 아이폰 또는 아이팟용 응용프로그램 판매서비스를 시작하였고, 이후 애플 앱스토어가 성공을 거두자 구글·MS 등과 국내외 이동통신사, 단말기제조사 등이 앱스토어 열풍에 동참하였다.

앱스토어는 대형업체가 개발하고 이동통신사가 판매하는 것이 아니라 개인이 애플리케이션을 개발하여 판매하는 개방형 장터로, 운영사에서 공개한 SDK(소프트웨어 개발키트), Xcode 등의 프로그램을 이용하여 누구나 자신이 개발한 애플리케이션을 전 세계 아이폰 이용자에게 팔 수 있다(EnCyber & EnCyber.com).

2012년 7월 22일 앱스토어(App Store) 어플리케이션 다운로드가 사업을 시작한 지 2년 6개월 만에 100억회를 돌파했다. 앱스토어는 "소프트웨어의 개발, 유통, 검색, 판매에 혁명을 가져왔다"고 말했다(http://tomac305.tistory.com/5).

♣ 다음 문제의 정답을 표시하시오.

연습문제 I

1. **다음 컴퓨터의 구성 요소 중 일반 사용자측면에서 가장 가까운 것은?**
   ① 운영체제 ② 컴퓨터 하드웨어
   ③ 컴파일러 ④ 응용 프로그램

2. **다음 중 컴퓨터 운영체제가 아닌 것은?**
   ① Qnix ② Unix ③ Linux ④ Windows8

3. **인터넷상에서 상호작용이 가능한 3차원 가상세계를 표현할 수 있게 해주는 언어는?**
   ① XML ② HTML ③ VRML ④ Dynamic HTML

4. **다음 중 운영체제가 제공하는 기본적 기능과 관계 없는 것은?**
   ① 프로세서 관리 ② 사용자와 컴퓨터 사이의 인터페이스를 제공
   ③ 데이터베이스 관리 ④ 입/출력 관리

5. **현재 수행하고 있는 응용 프로그램에 문제가 발생했을 때 해당 응용 프로그램을 강제 종료시키고 모든 시스템 자원을 반환하는 것을 지칭하는 용어는?**
   ① 플러그 앤 플레이 ② 비 선점형 멀티태스킹
   ③ 선점형 멀티태스킹 ④ 멀티미디어 AUTODISPLAY

6. **CPU의 처리시간을 일정한 시간(Time Quantum)으로 나누어서 여러 개의 작업을 연속적으로 처리하는 기법을 무엇이라 하는가?**
   ① 일괄처리 ② 분산처리 ③ 실시간처리 ④ 시분할처리

7. **Windows8의 새로운 기능으로는 모바일 지원, 그림 암호, 시멘틱 줌, 윈도 탐색기의 리본 인터페이스, (①), (②), (③) 등이 있다.**

8. **HTML의 기능을 보완하여 웹 페이지가 서버의 도움 없이 다양한 모습을 동적으로 연출하도록 지원하는 언어는?( )**

9. **웹에서 하이퍼텍스트를 작성할 때 사용하는 언어는?( )**

10. **세계 주요 웹 브라우저에는 마이크로소프트사의 인터넷 익스플로워(IE), 구글사의 크롬, (①), (②), (③) 등이 있다.**

연습문제 II

♣ 다음 문제를 설명하시오.

1. 기존 응용 프로그램의 오류 수정이나 성능 향상을 위해 프로그램의 일부 파일을 변경해주는 프로그램을 무엇이라 하는가?

2. 운영체제의 종류에서 두 대 이상의 컴퓨터를 함께 묶어서 단일 시스템처럼 사용하는 기술을 무엇이라 하는가?

3. 언어번역 프로그램에 의해 생성된 목적 프로그램을 실행 가능한 형태로 주기억장치에 올려주는 소프트웨어를 무엇이라 하는가?

4. Object Code를 시스템 라이브러리를 참조해서 실행 가능한 모듈로 생성해주는 소프트웨어를 무엇이라 하는가?

5. 세계 소프트웨어 시장과 국내 소프트웨어 시장의 규모(최근 3년간)

6. 시스템을 효율적으로 이용하거나 사용자들이 시스템을 쉽게 사용할 수 있도록 지원해주는 소프트웨어는?

7. 동시에 프로그램을 수행할 수 있는 CPU를 두 개 이상 두고 각각 그 업무를 분담하여 처리할 수 있는 방법을 무엇이라 하는가?

8. Windows8의 특징

9. 소프트웨어 및 관련 데이터는 중앙에 호스팅되고 사용자는 웹 브라우저 등의 클라이언트를 통해 접속하는 형태의 서비스형 소프트웨어는?

10. 온라인상의 모바일 콘텐츠 장터에서 주로 다운로드하는 애플리케이션(응용프로그램)에 관한 사항이다.
   ① 최근 6개월 동안 다운로드한 애플리케이션 종류(5가지 이상)
   ② 최근 6개월 동안 다운로드한 유료 애플리케이션에 사용된 비용
   ③ 가장 유용하게 사용하는 애플리케이션(우선순위별 5가지)

11. 웹브라우저의 개념 및 주요 웹브라우저에 대하여 설명하시오.

C.H.A.P.T.E.R 04

정보저장과 검색

- 주기억장치와 보조 기억장치 사이의 특징을 이해한다.
- 컴퓨터 시스템에서 데이터를 어떻게 저장하고 검색할 것인가에 대해 학습한다.
- 순차 및 랜덤 액세스의 기본적 원리를 이해한다.
- 보조 기억 장치와 기억 매체 사이의 특징을 이해한다.
- 데이터 저장 동작 및 방법의 원리에 대해 학습한다.
- 넘쳐나는 데이터의 저장 및 관리 방법을 학습한다.
- 클라우드 컴퓨팅의 개념과 기존 컴퓨터 환경의 차이점을 학습한다.
- 빅데이터의 개념 및 활용 방법을 학습한다.

♣ 다음 내용들에 대하여 한 번 생각해 보고 학습한다.

- 보조기억장치의 종류와 특징
- 광디스크, USB 메모리, 하드디스크 기억용량
- 인간의 기억용량
- 컴퓨터의 기억용량의 단위
- 인터넷 포털사이트들의 메모리 용량
- 클라우드 컴퓨팅, 빅데이터 활용

컴퓨터 기억장치는 프로그램이나 데이터를 기억시켜 두고, 필요할 때 사용할 수 있게 하는 장치로서, 주 기억 장치와 보조 기억장치 두 가지로 나눌 수 있으며, 주 기억 장치로는 주로 RAM(Random Access Memory)이 사용되고 있으며, 보조기억장치로는 하드디스크, CD-ROM, DVD, USB, 외장형 디스크 등이 주로 사용되고 있다.

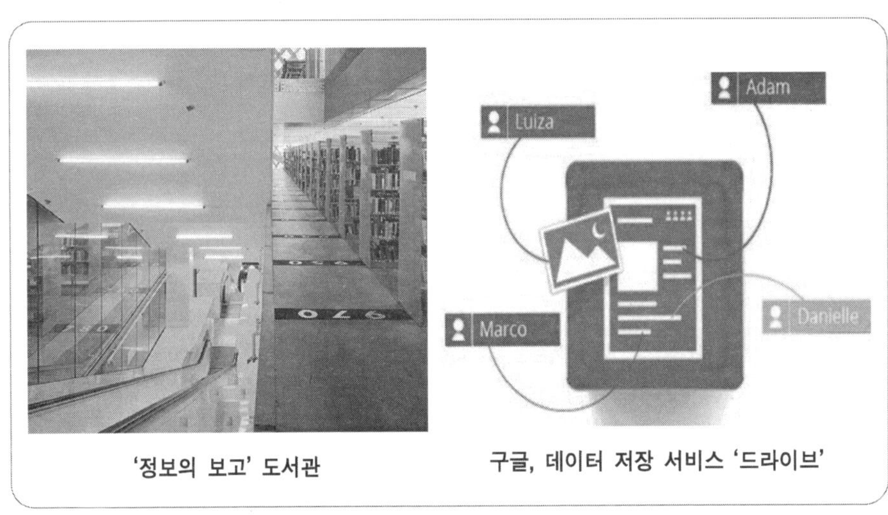

'정보의 보고' 도서관

구글, 데이터 저장 서비스 '드라이브'

RAM은 데이터 처리속도가 빠른 장점 있으나 용량에 비해 고가이며, 데이터를 일시적으로 기억하는 반면, 보조기억장치는 데이터를 영구적으로 보관할 수 있고, 데이터 저장 용량이 큰 장점이 있으나 데이터 처리속도가 느린 단점이 있다.

4.1 순차 및 직접접근

보조기억장치는 자료접근 방식에 다라 순차접근(sequential access) 방식과 직접접근(direct access) 방식이 있다. 순차접근 방식은 정보를 순차적으로만 읽고 쓰기를 하는 방식으로서 기록밀도가 좋으나 정보 검색에 많은 시간이 걸리고, 자료의 삽입과 삭제 시 재구성해야만 한다. 자기 테이프가 이에 속한다.

직접접근 방식은 순차적으로 또는 필요한 위치에서 직접 읽고 쓰기를 하는 방식으로, 자기 드럼과 자기 디스크가 이에 속하며, 이러한 장치를 직접처리장치(DASD; Direct Access Storage Device)라고 한다.

보조기억장치로 사용되는 것은 자기 테이프나 자기 디스크 등과 같이 자기를 이용하거나 레이저 디스크와 같이 빛을 이용하는 것, 광자기 디스크처럼 이들 둘을 이용하는 것이 있다. 개인용 컴퓨터에 많이 사용되는 하드디스크, CD-ROM, USB 등도 보조 기억장치들이다.

하드디스크의 내부 구조

【확장자 및 내용】

확장자	내 용
AI	어도비 일러스트레이터 파일
ASM	어셈블러 파일, 컴파일 되지 않은 어셈블리어 파일
ASP	Active Server Page 파일 (마이크로소프트 ASP 스크립트를 포함하고 있는 HTML 파일)
ASV	자동저장 파일(Auto Save File)
BAK	백업파일
BAS	비주얼 베이직 모듈 파일
BAT	MS-DOS 일괄처리 파일
C	C 언어 소스 코드
CAD	소프트데스크 그래픽스 캐드 파일
CBL	RM-COBOL, 원시코드 파일
COB	COBOL 소스 코드
COM	MS-DOS용 실행 파일
CPL	윈도우 제어판 파일
CPP	비주얼 C/C++ 소스 파일
CSS	Cascading Style Sheet file(MIME)
DBF	dBase 파일
DBF	Oracle 8.1.x 테이블공간 파일
DBK	dBase 데이터베이스 백업
DBX	Outlook Express 5, 메일 저장 파일
DCR	쇽웨이브 파일
DWF	Autodesk, 벡터 그래픽
DWF	마이크로소프트 WHIP autoCAD reader, 도면 웹 파일
DWG	오토캐드 파일
EMF	Enhanced Windows Metafile
EXE	실행 파일
FLA	플래시 무비 파일
FLI	오토데스크의 FLIC 애니메이션
FRM	폼(form) 파일
GIF	컴퓨서브 그래픽 파일
IMG	Ventura Publisher, 비트맵 그래픽 파일
JPG	JPEG 비트맵 그래픽 파일
LZH	LH ARC 압축

ISAM(indexed sequential access Method)

1) 정의

- 순차파일은 색인(Index)이 붙어 있는 파일이기 때문에 순차처리(sequential access) 또는 직접 처리(direct access) 모두가 가능
- 트랙(track) 안에서는 레코드들이 정렬되어 있어야 함
- 데이터를 기록하는 부분 외에 데이터 레코드 중의 키 항목만을 모아 색인표를 만들고 이를 통해서 순차 처리 및 직접 처리 모두를 가능하게 한 파일
- 색인은 특정 레코드에 대한 접근 요구를 처리하는데 사용

2) 구성

- 순차적으로 정렬된 자료 파일(data file)과 이 파일에 대한 포인터를 가지고 있는 색인 파일(index file)로 구성
  - 색인 파일 : 특정한 레코드에 대해 직접 접근할 때 사용
  - 순차 자료 파일 : 레코드 집합 전체에 대한 순차접근을 지원하는데 사용

4.2 자기 테이프

- ▸ 순차적 처리만이 가능(SASD 방식)
- ▸ 영구적 자료 보관용, 대용량 기억 장치로 이용

BOT	VOL	HL	TM	데이터 파일	TM	EOF	EOT

- ▸ 논리 레코드 : 항목의 집합으로 하나의 레코드로 구성
- ▸ 물리 레코드 : 하나 이상의 논리 레코드가 모여 하나의 물리 레코드(1블록)가 됨

예 물리 레코드

IBG	논리 레코드	논리 레코드	논리 레코드	IBG	논리 레코드	논리 레코드	IBG
	1Block						

- BOT(beginning of table) : load point(시작점)
- VOL : 볼륨 레이블
- HL : 헤더 레이블

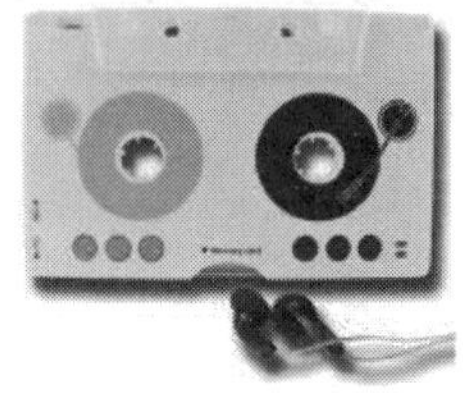

- TM : tape mark(레이블과 파일을 구분)
- EOF : end of file(파일의 끝점)
- EOT : end of tape(테이프의 끝)
- IBG : 블록과 블록 사이의 갭(Gap)
- IRG : 논리 레코드와 논리 레코드 사이의 갭(Gap)
- blocking factor(블록 인수) : 한 블록의 레코드 수
- Blocking하는 이유 : 데이터의 입출력 단위가 되며 보다 많은 데이터를 기억할 수 있어 경제적이며 처리 속도 빨라짐

보조기억장치의 처리속도

- 주기억장치를 보조해주는 기억장치로 대량의 데이터 저장 가능
- 주기억장치에 비해 처리속도가 느리고, 반영구적으로 저장 가능
- 순차 처리장치 : 자기 테이프
- 기억용량 : 자기 테이프 > 자기디스크 > 자기드럼
- 처리속도 : Register > 캐시 메모리 > 주기억장치(RAM) > 자기드럼 > 하드디스크 > 자기 테이프 > 플로피디스크

구 분	종 류
자기식 저장장치	플로피디스크, 하드디스크, 자기 테이프, 자기디스크
광학식 저장장치	CD-ROM, WORM, 광자기디스크, DVD

- Seek Time → 트랙을 찾는데 걸리는 시간
- Search Time → 섹터를 찾는데 걸리는 시간
- Access Time → Seek Time + Search Time

4.3 자기 디스크

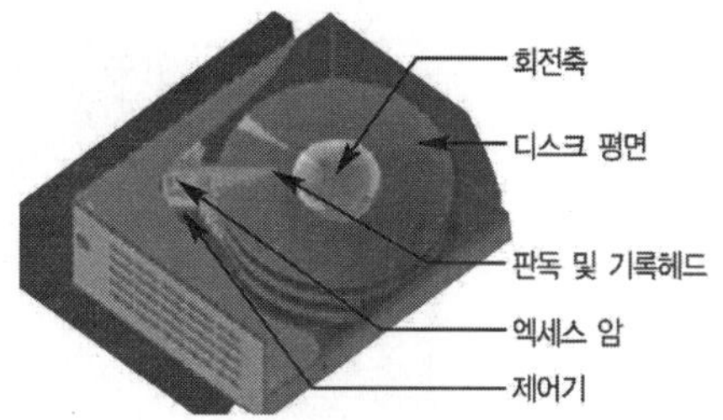

- 자기 디스크(magnetic disk)는 레코드판과 같이 얇고 둥근 플라스틱 원판에 자성물질을 입혀 만들었으며, 자료를 기록하고 판독하는 장치이다. 여러 장의 디스크를 하나의 축에 고정시켜 일정한 속도로 회전하도록 만든 것을 디스크 팩(disk pack)이라고 한다.
- 각 디스크에는 액세스 암(access arm)에 부착된 헤드가 있기 때문에, 디스크 팩이 축을 중심으로 하여 회전할 때에 액세스 암을 움직여 원하는 트랙을 찾아 자료를 판독, 기록한다.

한 대의 중앙 처리 장치에 여러 장의 디스크를 연결시켜 많은 정보를 기억 시켜 두고 사용할 수 있기 때문에, 은행의 온라인 업무 등과 같은 자료 처리 업무에 없어서는 안 될 매우 중요한 보조 기억 장치이다.

【전체 스팩(HM641JI/DOM)】

사 양		성 능		전기적 사양	
용량	640MB	평균탐색시간	12ms	사용전압	+5V±5%
버퍼크기	8MB	디스크 전송속도(최대)	138MB/s	구동전류 (최대)	1000mA
섹터당 바이트 수	512	인터페이스 전송속도(최대)	300MB/s	탐색 모드	2.5W
회전속도	5,400RPM	초기구동시간	4sec	읽기/쓰기	2.5W

외장형 하드(AA-HEOP500

Hard Disc 관리법

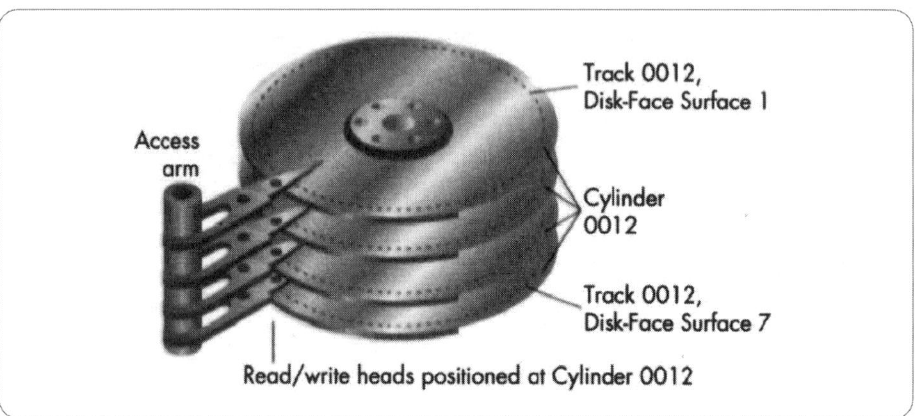

DISC Cache

- 캐시 히트율 = 캐시에 의해 실행된 I/O 요청 ÷ 총 I/O 요청 수

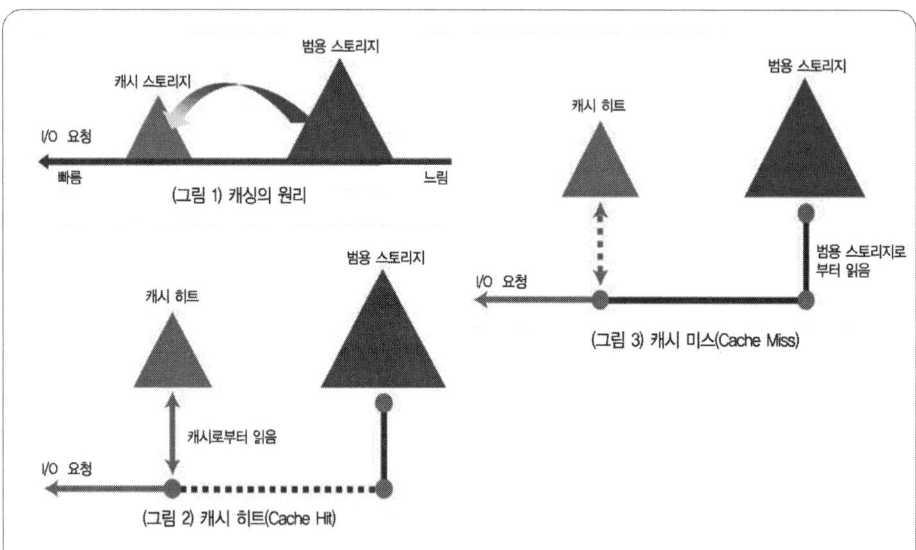

데이터를 액세스 속도가 느린 장소에서 보다 빠른 장소로 복사하는 것이다(그림 1).
캐싱은 (그림 1)에서와 같이 속도가 느린 디바이스에서 보다 빠른 디바이스로 데이터를 이동시킴으로써 성능을 향상시키게 된다.

자기 테이프 관련 용어

1) 자기 테이프(Magnetic Tape)

폴리에스테르 필름의 표면에 자성물질을 입힌 대용량의 저장매체로 순차처리만 가능한 장치

2) 관련용어

- IBG(Inter Block Gap): 블록과 블록 사이의 공백
- IRG(Inter Record Gap): 레코드와 레코드 사이의 공백
- 트랙(Track): 7 또는 9트랙으로 구성
- 읽고/쓰기 헤드(Read/Write Head): 정보를 읽고 쓸 수 있는 헤드
- BOT(Beginning Of Tape): 테이프의 시작 위치를 나타냄
- EOT(End Of Tape): 테이프의 끝 위치를 나타냄
- BPI(Byte(Bit) Per Inch): 기록밀도로, 1인치에 기록할 수 있는 문자 수(또는 비트 수)
- TPI(Track Per Inch): 1인치에 기록되는 트랙 수
- TM(Tape Mark): 특수문자 1개로 레이블과 파일을 구분하기 위해 사용
- 논리레코드(Logical Record): 항목(Item)의 집합으로 레코드 하나를 말함

마그네틱 테이프 구조

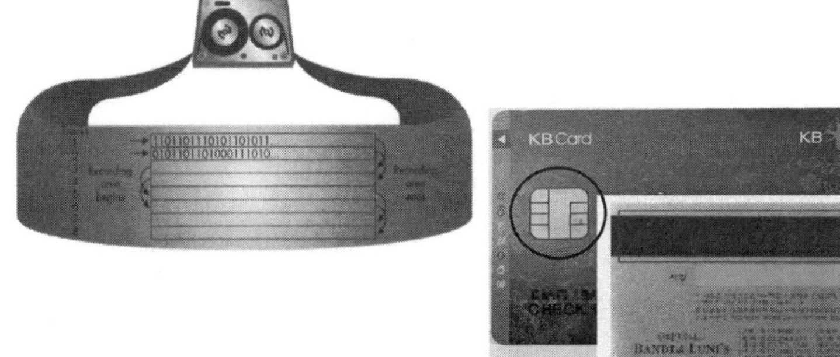

마그네틱 카드를 대체하는 차세대 카드
- IC카드(integrated circuit card)

4.4 광 레이저 디스크

DVD(digital versatile disk, digital video disk)의 종류

콤팩트디스크(CD)와 같은 지름의 디스크에 텔레비전 방송 수준의 화질로 영화를 담을 수 있다. 1996년 가을부터 DVD 플레이어와 영화 소프트웨어가 발매되기 시작하였다. DVD 1매의 기록용량은 일반 CD의 6~8배 정도이다. 광원으로는 CD용의 적외선 반도체 레이저(파장 780mm 정도)보다도 파장이 짧은 적색 반도체 레이저(파장 635mm~650mm)를 사용하여 레이저를 집광(集光)하는 대물렌즈의 개구수(開口數)를 높이는 등 기록 용량을 증가시켰다. 영상 데이터는 국제표준방식인 MPEG 2로 압축한다.

- DVD-R/W(DVD-read/write)
  - 여러 번의 쓰고 지우기가 가능한 저장 매체
- DVD-R(DVD-recordable)
  - 한번 쓴 데이터를 지울 수 없는 기억형 DVD
- DVD-RAM(DVD-random access memory)
  - 읽고 쓰기가 가능한 DVD
- DVD-ROM(DVD-read only memory)
  - 종래의 CD-ROM의 기능을 대폭 확장한 차세대 영상기록 매체

DVD(Digital Versatile Disc)

1 디지털 다기능 복합 디스크

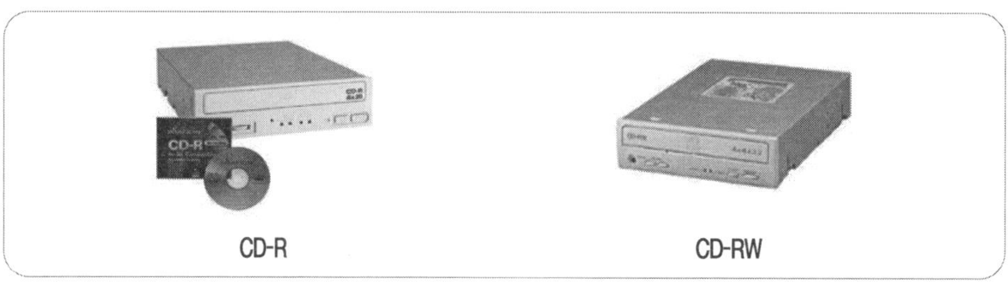

CD-R　　　　CD-RW

단면 단층구조는 4.7GB, 단면 양층 구조는 8.5GB

양면 단층구조는 9.4GB, 양면 양층 구조는 17GB

구 분	CD	DVD
디스크 크기	120mm	120mm
디스크 두께	1.2mm	1.2mm
디스크 구조	단면단층구조	단면양층구조
레이저 파장 길이	780mm	635~650mm
광학렌즈 개구율	0.45	0.60
트랙피치	1.6um	0.74um
재생시간	74분	133분
데이터용량	680M	4.7(Single)~8.5GB(Dual)
데이터전송	153.5~176.4KB/Sec	4.7(Single)~8.5GB(Dual) 1,108KB/Sec

기존 매체와 DVD의 비교

구 분	DVD	LD	VCR	CD
영상기록	디지털 MPEG-2	아날로그	아날로그	디지털 MPEG-1
음향기록	디지털 MPEG-2	아날로그	디지털	디지털 MPEG-1
재생시간	135분(최대 480분)	60분(양면 120분)	180분(최대 540분)	74분
와이드	지원	지원 못함	지원 못함	지원 못함
화면자막	32개 국어	1개 국어	1개 국어	1개 국어
음질	돌비 AC-3 5.1채널	돌비 2채널	돌비 2채널	돌비 2채널

4.5 플래시 메모리

플래시 메모리는 정보입력 중에 전원을 꺼도 입력된 정보가 지워지지 않는 비활성메모리 칩(chip)일 뿐 아니라 데이터를 자유롭게 입력할 수 있는 장점도 있다.

즉, 플래시 메모리는 전원이 끊겨도 저장된 데이터를 보존하는 롬(ROM)의 장점과 정보의 입출력이 자유로운 램(RAM)의 장점을 모두 지니고 있다.

USB 메모리

멀티미디어 파일은 물론 업무용으로 많이 쓰이는 파워포인트나 엑셀 파일 등은 용량이 수 MB~수 10MB 이상 된다. 콤팩트디스크(CD)에 저장하기 위해서는 저장과 이동이 불편하다.

USB메모리(1G, 2G, 4G, 8G, 16G, 32G)

휴대용 USB 메모리는 1GB~수십GB의 용량으로 다양하며 휴대가 간편하다.

외장하드

기존의 하드디스크 드라이브와 달리 컴퓨터 본체와 분리할 수 있다.

카트리지라는 대용량 기억 매체를 사용, 제작돼 많은 용량의 데이터를 저장해 자유로이 이동할 수 있다는 장점이 있다.

컴퓨터그래픽 부문에서는 외부 출력장치를 이용, 그래픽을 출력하기 위해 자주 사용되고 있다.

외장하드(100G, 200G, 500G, 750G, 1000G)

플래시 메모리 카드

플래시 메모리 카드(Flash Memory Card)란 플래시메모리를 사용한 디지털 데이터 기억장치이다.

플래시 메모리는 전원을 끊어도 데이터가 없어지지 않는 메모리로 일반적인 반도체 메모리(D램)와는 달리 약간 높은 전압을 가함으로써 내용을 고쳐 넣을 수 있다. 즉, 전원이 끊겨도 저장된 데이터를 보존하는 롬(ROM)의 장점과 정보의 입출력이 자유로운 램(RAM)의 장점을 모두 지니고 있다.

이러한 특성을 기반으로 한 플래시 메모리 카드는 크기와 두께가 각각 4~5cm와 1~3mm에 불과한 초소형-경량인데다 음악녹음, 영상녹화, 데이터 보존 등의 다양한 기능을 갖고 있어 용도가 폭발적으로 늘고 있다. 현재 디지털카메라와 각종 핸드헬드(handheld) 기기 등에서 데이터 저장용으로 널리 사용되고 있다.

플래시 메모리의 사용이 일반화된 것은 PC용 PCMCIA카드(PC카드)가 보급되면서부터. 특히 플로피디스크(FD)를 장착하지 않은 노트북PC나 서브 노트북 PC에서 FD 대신 착탈식 보조기억장치로 이용돼 왔다.

플래시 메모리 카드(4G, 8G, 32G)

【디지털 정보 저장매체별 장단점】 (출처 : EMC)

저장매체	장 점	단 점
CD	- 싼 가격, 휴대 편리	- 저장 용량 제한(장당 약 700MB)
외장형 하드디스크	- 대용량 데이터(300~500GB) 보관에 적합	- 외부 충격에 취약
개인용 스토리지	- 많은 저장 용량(1~3TB) - 정기적 데이터 백업 등 자체관리	- 큰 가격 부담
웹 하드	- 장소에 관계없이 인터넷만 연결되면 사용 가능 - 자료 공유에 편리	- 월 고정비용 지출로 장기 보관 시 비용 부담 - 저장 시 시간 소요

기억장치의 종류와 특징

구분 \ 종류	캐시기억장치	주기억장치	보조기억장치
접근속도	$10^{-9} \sim 10^{-12}$	$10^{-7} \sim 10^{-9}$	$10^{-3} \sim 10^{-4}$
기억용량	128KB~512KB	MB	수백MB~수GB
기억소자	반도체	반도체	자기디스크
위치	내부기억장치	내부기억장치	외부기억장치
가격	비싸다	보통이다	저렴하다

- 버퍼 : 데이터 처리속도, 처리단위, 사용기간이 서로 다른 두 장치나 프로그램 사이에서 데이터를 주고받기 위한 목적으로 사용되는 기억장소

메모리 액세스 타임이란?

- 일반적으로 메모리라고 부르는 DRAM의 속도는 Access Time과 Cycle Time으로 구분한다.
- 메모리 액세스는 신호를 받고 자신의 데이터를 꺼내기 시작할 때까지 시간을 말한다. 이는 보통 말하는 70ns, 80ns하는 것을 가리킨다. 일례로 램의 위 표면에 44256-100이라고 쓰여 있으면, 끝의 100이 메모리의 액세스 타임인 것이다.
- CPU는 DRAM에 있는 정보를 읽을 때, 먼저 그 정보가 어디에 있는지 정보의 번지 값을 DRAM에게 준다. 그러나 그 번지 값이 주어진 즉시 정보가 출력되어 나오는 것은 아니며, 어느 정도 시간이 흐른 후에야 그 정보가 DRAM에 나타나게 되고, 그 이후에 CPU는 정보를 가져 갈 수 있게 된다. 이 시간이 바로 액세스 타임이다.

저전력·초고속 메모리의 꿈 … 핵심기술은 멤리스터

D램 메모리의 속도와 플래시메모리의 데이터 저장능력을 한몸에 가진 메모리는 없을까. 그런 가능성을 보여주는 연구가 최근 영국에서 발표됐다.

영국 유니버시티 칼리지 런던(UCL) 연구팀은 “소모전력은 플래시메모리의 1000분의 1에 불과하면서 데이터 처리속도는 100배 빠른 메모리 소자를 개발했다”고 발표했다(조선경제, 2012.5.22.).

연구팀은 나노(10억분의 1m) 크기 소자를 적당한 재료로 가공하면 가해준 전류의 방향에 따라 저항도 따라 변한다는 원리를 이용했다. 전류의 방향과 크기를 바꿔주면 저항값도 바꿀 수 있기 때문에 다양한 정보를 처리할 수 있다는 것이다. 특히 이 나노 소자는 전기가 끊어져도 마지막으로 전류가 흘렀을 때의 저항값을 기억하는 특성이 있다. 이는 밀리미터(1000분의 1m)나 마이크로미터(100만분의 1m) 크기의 회로에서 일어날 수 없는 현상이다.

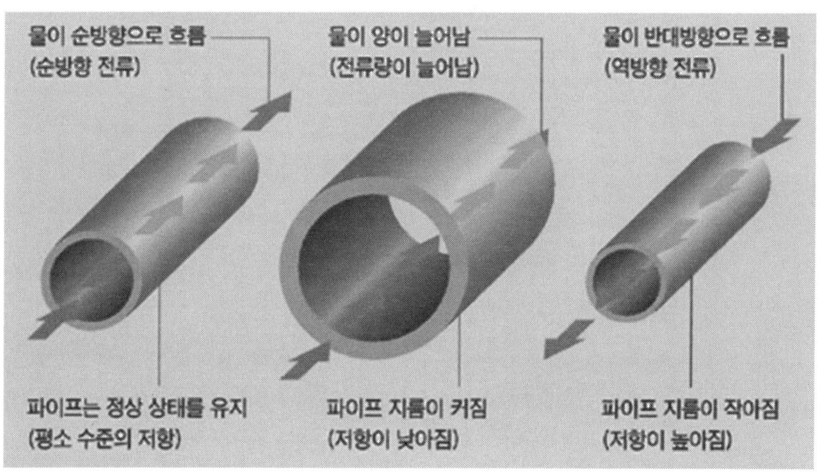

멤리스터(Memristor)의 원리 (출처 : 조선경제, 2012. 5.22)

연구팀은 물의 흐름과 방향에 따라 지름이 달라지는 파이프로 이 원리를 설명했다. 이 파이프는 물의 양과 방향에 따라 지름이 커졌다가 작아지고 물이 끊기면 마지막으로 물이 흘렀던 때의 지름을 유지한 채 얼어붙는다. 그리고 물이 다시 흐를 때까지 그 상태를 기억하는 것이다. 이는 전원이 꺼지기 전까지의 데이터 상태를 계속 유지하는 플래시메모리와 같은 비휘발성 메모리의 특성이기도 하다.

연구팀은 이 원리를 이용해 다양한 데이터를 처리하면서 전류가 끊어진 상태의 전자상태를 저장할 수 있는 메모리를 개발한 것이다. 연구팀의 궁극적인 목표는 메모리 하나에 D램과 플래시메모리의 장점을 모두 담은 '유니버설 메모리' 개발이다.

반도체 메모리의 구성

플래시메모리는 스마트폰이나 디지털카메라 등 휴대용 기기의 저장장치로 쓰이는 반도체이다. 전원이 꺼져도 데이터를 저장할 수 있다. 하지만 고속의 연산작업이 필요한 컴퓨터의 메인메모리에는 플래시메모리보다 데이터 처리속도가 10배 이상 빠른 D램이 쓰인다. 우리가 사용하는 IT제품에 D램과 플래시메모리가 골고루 들어가는 것도 한 종류의 메모리반도체로는 IT기기가 필요한 성능을 낼 수 없기 때문이다.

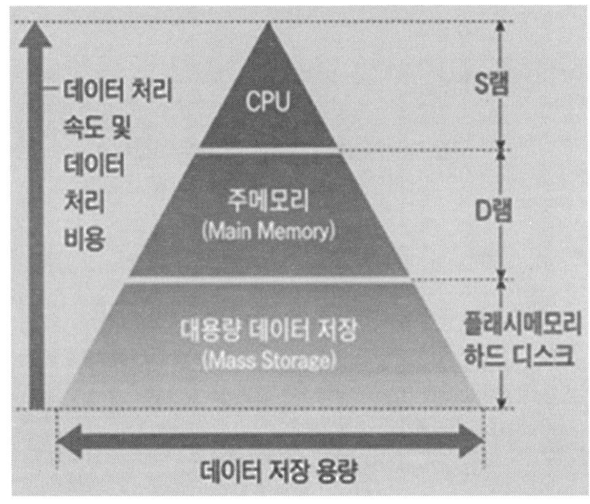

현재의 반도체 메모리 구성 (출처 : 조선경제, 2012. 5.22)

4.6 기억장치의 전망

미래전략, 휴대전화의 전력 절약

휴대전화의 급성장이 반도체 메모리의 개발을 흔들고 있다. PC 등에 사용하는 현재의 메모리는 DRAM(기억보지동작이 필요한 수시 읽고 쓰기 메모리)이 주역이지만, 소비전력이 많은 것이 난점이다. 소비전력이 적은 고성능 메모리가 포스트 DRAM의 자리를 엿보고 있다.

- FeRAM에 기대

그 하나가 강유전체 메모리(FeRAM)이다. 과거의 DRAM 등은 실리콘에서 생긴 작은 콘덴서라고 하는 부분에 전자를 축적해, 전하의 유무로 정보를 기록하고 있다. FeRAM은 실리콘 대신에 티탄산 지루콘산연 등의 강유전체를 사용해, 전자를 축적하기 쉽게 했다. 일본 내에서는 롬 외에 1999년에 후지쯔가 「FRAM」이라는 상품명으로 IC 카드에 실용화했다. 소비전력이 적고, 데이터의 읽고 쓰기도 빠르다. 더구나 전원을 끊어도 데이터가 사라지지 않는 불휘발성이다. 도시바의 첨단 메모리 개발센터 미야모토 그룹리더도 「잠재력은 극히 크다. 장래에는 DRAM에 충분히 대응할 수 있다.」라고 큰 기대를 품고 있다. 도시바는 FeRAM으로서는 최대급 기억용량을 갖는 8메가(1메가는 100만)비트 제품을 개발했다. 2010년이면 꿈의 '제타바이트(1조 737억 기가바이트) 시대'가 될 것이다.

- 현재 시판되는 기업용 저장 장치의 최고 용량은 1PB이다.
- 1곡 4MB의 MP3 음악을 2억 7000만곡 저장

(출처 : 넷앱 데이터센터)

- 개인용 PC 저장용량 1TB
- 디지털 정보의 폭발적 증가는 개인용 PC와 기업용 정보 저장장치(스토리지)의 용량을 크게 늘려놓을 것으로 예상된다.
- 테라급이 주류를 이루는 기업용 저장장치도 곧 PB(페타바이트 1PB는 1024TB)급으로 업그레이드 될 것으로 보인다. 기업용 저장장치 시장에서는 이미 2005년 8월 1대에 1PB의 정보를 담을 수 있는 스토리지가 등장했다.
- 시티은행 등 일부 해외 금융기관과 동영상 서비스를 제공하는 NHN, 다음커뮤니케이션 등 일부 국내 인터넷 업체가 PB 단위의 데이터를 관리하는 것으로 알려져 있다. 우리나라 국민 주민정보 전체의 데이터 용량은 약 2PB이다.

데이터 제타바이트(ZB) 시대 - 넘쳐나는 데이터 실상

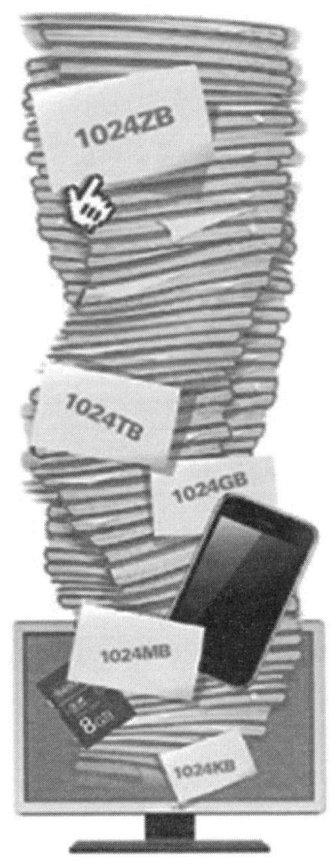

○ 디지털 정보, 18개월마다 2배씩 ↑

… 70%는 개인이 생산

○ 정부통합전산센터(대전, 광주) 2곳

… 5609대 서버에 5000TB 저장

○ A4용지로 인쇄하면 12억 쪽

○ e메일 용량의 진화

동영상-사진-음악 주고 받아

1GB 2년 만에 무제한으로

- 자료 '백업' 중요성 높아져 외장하드 판매 급증 IDC에 따르면 지난해 세계 외장 HDD 판매량은 약 5790만 대다. 계속 늘어 올해는 7200만 대, 2012년에는 1억 2300만 대가 판매될 것으로 전망된다. 지난해 국내 외장 HDD 판매량은 약 110만 대였다.

넷북이나 모바일 기기를 통한 온라인 접속이 언제 어디서나 가능해지면서 '클라우드 컴퓨팅' 시장도 활성화되고 있다. 클라우드 컴퓨팅은 거대한 '구름' 같은 중앙서버에 인터넷으로 접속해 필요한 데이터만 가져와 개인컴퓨터에서 작업하는 방식이다. NHN의 개인 온라인 저장소 'N드라이브'가 대표적인 서비스다. 시장조사회사인 가트너에 따르면 세계 클라우드 컴퓨팅 시장은 2014년 3434억 달러(약 401조 6000억 원)에 이를 것으로 예상된다.

- 매년 500조 장의 디지털 사진 찍혀

  글로벌 정보기술업체 EMC에 따르면 매년 약 500조 장의 디지털 사진이 찍히며 한 달 평균 47억 개의 온라인 비디오가 재생된다. 소셜 네트워크 사이트(SNS)인 페이스북에는 이미 400억 장의 사진이 올라가 있으며 디지털 정보량은 18개월마다 약 2배로 성장한다. 1997년 7월 서비스를 시작한 포털 사이트 야후의 e메일 용량은 처음에는 개인당 3MB(메가바이트)였지만 2004년 250MB, 2005년에는 1GB(기가바이트)에서 2007년 무제한으로 늘었다.

【숫자로 보는 디지털 정보의 세계】 (출처 : EMC)

구 분	내 용
2배	18개월 마다 증가하는 디지털 정보량
8배	매년 E메일, 메신저, 소셜 네트워크 등을 통한 정보 상호 교환 증가 추이
500조 장	1년 동안 새로 생성되는 디지털 사진
약 100MB	지난해 대한민국 국민 1인당 평균 디지털 정보 생성 복제량

【디지털 정보단위】 (출처 【EMC)

B(byte)	KB	MB	GB	TB	PB	EB	ZB	YB
바이트	킬로 바이트	메가 바이트	기가 바이트	테라 바이트	페타 바이트	엑사 바이트	제타 바이트	요타 바이트
B(byte)	1024B	1024KB	1024MB	1024GB	1024TB	1024PB	1024EB	1024ZB
2의 0승 byte	2의 10승 byte	2의 20승 byte	2의 30승 byte	2의 40승 byte	2의 50승 byte	2의 60승 byte	2의 70승 byte	2의 80승 byte

4.7 클라우드 컴퓨팅(Cloud Computing)

컴퓨터 사용방식을 혁명적으로 바꾸고 있는 '클라우드 컴퓨팅' 기술이 일상 속으로 성큼 들어오고 있다. 이 기술이 적용된 다양한 제품과 서비스가 앞다퉈 나오고 있기 때문이다.

클라우드 컴퓨팅은 PC에 프로그램을 깔고 데이터를 저장하던 방식에서 벗어나 인터넷 네트워크상에 모든 정보를 저장하고 사용자가 필요할 때마다 찾아 쓰는 시스템이다. 데이터 업데이트 및 보안이 효과적이며 언제 어디서나 인터넷만 연결되면 업무처리가 가능하다는 많은 장점 때문에 세계의 정보기술(IT) 기업들은 관련 서비스 및 장비 개발에 심혈을 기울이고 있다.

삼성전자는 '가상 데스크톱' 시스템을 탑재한 '클라우드 모니터'를 발표했다. PC 없이 모니터를 네트워크에 접속하면 서버에 바로 연결되어 데스크톱 업무를 처리할 수 있는 모니터이다. 실제 모든 정보처리는 서버에서 이루어지며 모니터는 화상정보만 받아 보여준다. 단말기 역할을 하는 모니터에는 중앙처리장치(CPU), 메모리 하드디스크 등이 없어 '제로 클라이언트'라 불리기도 한다.

또한 이제품은 시스코 시스템의 UPOE(Universal Power Over Ethernet)라는 기술을 도입해 따로 전원을 연결하지 않아도 '이서넷' 랜 케이블을 통해 전원공급이 가능하다. '클라우드 노트북 PC'인 크롬북은 구글이 클라우드 서비스용으로 개발한 크롬 운영체제(OS)를 기반으로 삼성이 생산한다.

LG전자는 클라우드 서비스 기반의 'N 스크린 환경'을 구현하는 스마트 넷하드를 선보였다. PC를 비롯해 스마트폰, 태블릿 PC, 스마트TV 등 다양한 기기로 넷하드 전용 애플리케이션 및 홈페이지에 접속해 데이터를 올려 받도록 했다(동아일보, 2011.7.20., B1).

- 클라우드 컴퓨팅 개념도
  1) 클라우드 컴퓨팅은 사용자가 필요한 작업을 구름 속으로 제시하면 구름 속 어디에선가 이에 필요한 컴퓨팅 자원이 할당돼 작업을 실행할 수 있다는 뜻이다.
  2) 가정용 PC, 회사용 PC, 개인용 노트북, 스마트폰 등 각종 기기의 사용자

클라우드 컴퓨팅 개념도 (출처 : 스트라베이스)

환경을 하나로 통합해 연동시켜준다.

3) 기업은 서버 한 대 없이도 기본적인 기기만 있으면 각종 업무처리가 가능해진다.

【클라우드 컴퓨팅 시장 규모 전망】 (출처 : 스트라베이스) 재구성

구 분	2009	2010	2011	2012	2013	2014
해외시장 (억 달러)	769	1,095	1,524	2,133	2,563	3,434
국내시장 (억 원)	6,739	9,610	13,040	16,250	19,525	25,480

참고 **클라우드 컴퓨팅(Cloud Computing)**

PC에 소프트웨어를 설치해 작업을 하는 기존의 방식과 달리 중앙 집중형 서버 컴퓨터에 인터넷으로 접속해 작업을 하는 새로운 방식이다. 정보처리, 문서저장, 타인과의 정보공유 등이 모두 멀리 떨어진 클라우드 컴퓨터에서 이뤄지고, 사용자의 PC는 단순히 결과만 보는 화면(모니터)과 입력장치(키보드)의 역할만 하게 된다. 실제 정보처리가 일어나는 컴퓨터가 멀리 있어 '구름(Cloud)속의 컴퓨팅'이라는 뜻에서 이름이 붙었다.

【클라우드 컴퓨팅과 기존 컴퓨터 환경의 차이】

구 분	기존 컴퓨팅 환경 (개인 중심)	클라우드 컴퓨팅 (중앙집중형)
기기	PC	PC, 스마트폰, 휴대기기
프로그램	직접 설치한 개인용 소프트웨어	중앙컴퓨터에 설치된 소프트웨어
컴퓨터의 위치	사용자의 눈 앞	멀리 떨어진 장소의 중앙집중형 서버 컴퓨터
타인과 작업공유	e메일을 통한 1:1 교환	서버컴퓨터에 저장된 정보를 필요한 사람이 읽어 들이는 다(多):1 교환

전산실 빌려 쓰는 시대 → 클라우드 컴퓨팅 사업 확산 전망

LG CNS, 삼성 SDS 이어 IT서비스 추진

고성능 컴퓨터인 '서버 컴퓨터'만 8800여 대, 하루에 쓰는 전기료만 720만원이 넘는다. 정전에 대비해 자체 발전 시설도 갖췄고, 대형 지진에도 버틸 수 있도록 원자력발전소 설계기준에 따라 건물을 지었다. 서울 마포구 상암동의 LG CNS IT 센터는 일종의 '차세대 발전소'다. 전기를 생산하는 대신 '컴퓨팅 능력'을 생산한다는 점이 다른 점으로 자체 생산한 컴퓨팅 능력은 기업들에 값싸게 판매한다. 이 서비스를 구입하는 기업들은 전산실을 설치하고 비싼 장비를 살 필요가 없다. 유지보수 비용도 안 든다. LG CNS의 홈페이지에 접속해 필요한 컴퓨터 대수와 데이터 저장용량을 선택하고 사용량에 따른 비용만 지불하면 된다. 해마다 늘어가는 정보기술(IT) 비용을 획기적으로 줄일 것으로 기대되는 '클라우드 컴퓨팅'이라는 새로운 서비스의 구조다.

IT 비용을 줄여라

클라우드 컴퓨팅이 최근 국내에서 관심의 대상이 된 것은 지난해 시작된 금융위기 때문이다. 기업들이 IT비용을 줄이는 방법을 찾기 시작하자 클라우드 컴퓨팅이 대안으로 거론된 것이다. 클라우드 컴퓨팅은 '규모의 경제'를 통해 비용 절감을 이룬다. 클라우드 컴퓨팅은 대형 IT기업이 대규모로 장비를 사들이고 관리해 비용을 줄인다. 또 컴퓨터 사용량은 전력과 성격이 비슷해 사용자가 늘어나는 '피크타임'에 대비해 충분한 여력을 보유해 둬야 하는데 이는 개별 기업에서 보면 낭비다. 미국의 시장조사기관 가트너에 다르면 기업들의 IT장비가 사용하는 전력 가운데 65%가 이렇게 소모된다. 대형 IT업체가 충분히 컴퓨팅 능력을 갖춘다면 퇴근 후 고객이 몰리는 인터넷쇼핑 업체와 낮 시간에 고객이 몰리는 금융회사의 IT서비스를 효율적으로 나눠서 같은 설비로 제공할 수 있어 효율이 높아진다. 실제로 LG CNS는 이런 방식으로 LG그룹 계열사들의 컴퓨터와 저장장치 등을 통합 관리해 계열사별 IT비용을 10~30% 절감하는 효과를 거뒀다.

어떻게 사용되나

현재 클라우드 컴퓨팅 서비스를 대규모로 제공하는 기업은 미국의 아마존이나 구글 같은 대형 인터넷기업들이다. 이들은 수만 대 규모의 서버 컴퓨터로 운영되는 데이터센터를 세계 곳곳에 지어놓고 기업들에 IT서비스를 제공한다. 고객들은 인터넷에 접속할 수 있는 개인용 컴퓨터만 있으면 사용량에 따른 월 사용료만 지불하면 된다. 국내에서도 이와 유사한 서비스가 제공되고 있다. KT의 '비즈메카'와 다우기술의 '트윈캠프' 등의 서비스는 중소기업들이 활용하는 재무, 인사관리, 전자결재 등의 서비스를 제공한다. 클라우드 컴퓨팅은 IT초기 투자비용을 부담스러워하는 벤처, 중소기업들에 빠르게 보급되고 있지만 가격이 더 떨어지면 대기업으로도 확산될 것으로 전망된다(동아일보, 2011.7.20., B1).

2016년 데이터의 1/3, 클라우드에 저장 전망

2012년 6월 25일 시장조사기관 가트너가 공개한 자료에 따르면, 2012년 6월 기준 전체 데이터의 7%만이 클라우드에 저장되고 있으나, 클라우드 서비스가 지속적으로 보급되면서 2016년에는 전체 데이터의 1/3이 클라우드에 저장될 것으로 전망된다.

- 특히, 스마트폰, 태블릿PC 등 다양한 커넥티드 단말 사용자들이 사진, 동영상 등의 콘텐츠를 다수의 단말에서 이용하기 위해 데이터를 클라우드에 저장하면서 클라우드 시장 활성화 및 사용량을 견인할 것으로 예상된다.

또한 가트너에 따르면, 2012년 6월 기준 개인 데이터 양이 329엑사바이트(Exa bytes, EB)를 기록했으며, 2016년에는 1,176배 증가한 4.1 제타바이트(Zetta bytes, ZB)에 달할 것으로 전망된다(1ZB=1,024EB).

가트너는 사용자들이 사진, 동영상 등을 페이스북(Facebook) 등의 소셜 미디어 웹사이트에 저장함으로써 클라우드 스토리지 니즈를 충족할 것으로 전망했으며, 개인 데이터를 웹상에 저장하고자 하는 욕구가 꾸준히 증가할 것으로 예상됨에 따라 향후 클라우드 서비스 사업자들은 소셜 미디어와 개인 클라우드가 통합된 서비스를 제공할 것으로 전망된다.

다양한 커넥티드 단말이 보급되고 유·무선 초고속 브로드밴드가 활성화되면서 이용가능한 콘텐츠 수가 급증하고 있으며, 사용자들이 콘텐츠를 서버에 저장해 두고 다양한 단말에서 이용하기 위해 클라우드 서비스를 이용할 것으로 예상됨에 따라 개인 데이터 양 및 클라우드 서비스 사용자 수가 급증할 것으로 전망된다.

- 향후 기가급 인터넷이 활성화되어 데이터의 이동이 더욱 빠르고 편리해지면, 이러한 추세는 더욱 가속화될 것으로 예상된다(한국인터넷진흥원, 2012.7.4.).

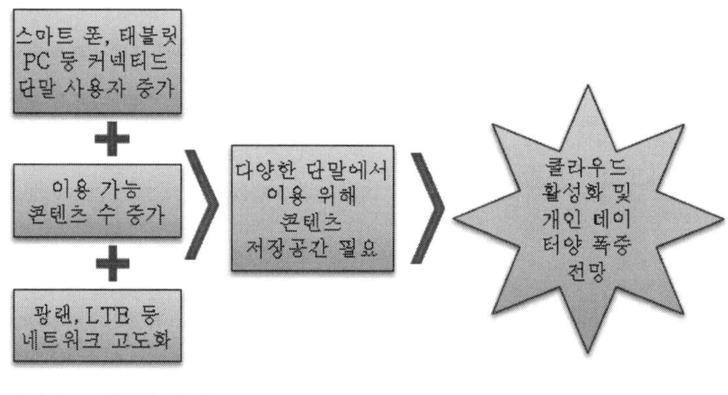

클라우드 활성화 원인

클라우드 컴퓨팅 도입 시 주의사항

클라우드 컴퓨팅은 인터넷이나 스마트폰 가입자가 자신의 단말기에서 하던 계산과 검색을 정보처리 전담 서버컴퓨터가 대신 수행한 후 가입자에게 결과만 신속히 전송해 주는 방식이다.

클라우드 컴퓨팅을 활용하는 단말기는 키보드, 모니터, 스크린 기능만 갖고 있으면 되므로 PC 구매 및 유지보수 비용이 줄어든다. 휴대폰도 좋은 사양을 갖출 필요가 없고 스크린과 배터리 기능만 좋으면 된다.

정부와 기업이 클라우드 컴퓨팅을 도입하면 직원들이 근무시간 중에 PC 앞에 앉아 오락, 게임, 증권투자 같은 개인적인 용무로 시간을 낭비하는 모습을 볼 수 없게 된다. 통신망 관리를 한곳에서 하기 때문에 특정 서비스 차단이 가능하다.

클라우드 컴퓨팅 방식이 나오게 된 동기는 모바일 고객을 유혹해 정보서비스료를 거두어들이는 수익사업에 있다. 클라우드 컴퓨팅에서는 개인정보를 중앙컴퓨터 메모리에 보관하기 때문에 운영 주체인 서버 소유자, 정보보관 및 관리자에게 가입자가 정보를 맡기는 위탁관계가 성립된다.

통신사업자의 경우 가입자의 망 접속 횟수가 크게 증가해 통신료 수입이 늘 것이며, 정보보관 및 관리비를 추가로 징수할 수 있어 통신망 사업자와 컴퓨팅 서버제공자들이 클라우드 컴퓨팅을 반기고 있다. 반면에 휴대폰이 스마트한 기능을 가질 필요가 없어져 저가 피처폰 수요가 늘 것이다

우리 정부가 클라우드 컴퓨팅 시스템을 도입하려면 몇 가지 고려할 점이 있다.

첫째, 정보처리 시설이나 통신망은 기술면에서 보면 분산 운영하는 방식이 신뢰도가 가장 높다. 개인정보는 본인이 간직하는 것이 제일 좋고, 고장이나 자연재해 발생 시 컴퓨터 생존 가능성은 한군데 모아놓을 때 가장 취약하다. 탄약과 군수품을 모두 한군데 모아놓고 전쟁을 하는 군대가 없는 것과 마찬가지다. 테러, 지진, 화재 발생 시 국가 정보가 모두 파괴되는 재앙으로 번질 가능성이 높아진다. 따라서 국가 전산센터는 정보저장시스템의 중복, 방재시설과 고도의 보안시설이 필요하다. 시설이 완벽하다 해도 사이버 전쟁 시에는 앞서가는 해커들을 막기 어렵다.

둘째, 클라우드 컴퓨팅은 대형 컴퓨터 제조업자에게는 호재다. 슈퍼컴퓨터, 대용량 메모리, 통신망 등이 대규모로 증설돼야 하는데 이를 모두 수입해야 한다. 이 경우 사이버 세계에서 주권을 지키기 힘들어질 것이다. 클라우드 컴퓨팅으로 바꿔 갈수록 우리의 대외 의존은 더욱 심화될 수 있다.

셋째, 공무원과 대기업 직원들이 정부와 기업이 각각 제공하던 개인 사이버 공간을 잃게 되므로 휴대폰, 태블릿PC 등 개인 단말기 이용이 늘어나고 개인 통신비 지출이 늘어날 것이다.

앨빈 토플러가 정보는 곧 권력이라 했듯이, 클라우드 컴퓨팅은 강자의 사이버 영토 확장이라 볼 수 있다. 클라우드 컴퓨팅 방식에 의한 3.0 미래비전이 국가경영 효율 향상에는 맞을지 모르나 우리 미래의 안전을 기약하려면 앞서 언급한

몇 가지 사항이 고려돼야 한다. 클라우드 컴퓨팅은 국가 정보를 한군데 모으는 일이며 가입자 개인정보를 맡기는 격이므로 사이버 공간에서 권력을 한곳에 집중시키는 것과 유사하다(매일경제, 정선종, 2012.7.31., A35).

빅데이터(Big Data) - 新 경영입니다

빅데이터는 빠르게 생성, 유통되는 다양하고 방대한 데이터를 말한다. 최근 모바일, 데이터 처리 등의 기술 발달로 빅데이터를 신속하게 수집 분석해 유의미한 정보와 지식을 추출할 수 있게 됐다. 빅데이터 기술의 발전은 다변화된 현대사회를 좀 더 효율적으로 읽어내고 대응할 수 있게 하는 차세대 패러다임으로 주목받고 있다.

'데이터 빅뱅' 인터넷과 컴퓨터의 보급이 확산되고 스마트폰, 태블릿PC 등 모바일기기와 각종 센서 수가 급증하면서 데이터양이 폭증하고 있다. 특히 최근 몇 년 사이에 페이스북이나 트위터와 같은 소셜 네트워크 서비스(SNS) 이용자가 급증하면서 데이터양이 기하급수적으로 늘어나고 있다. 데이터의 양과 종류가 턱없이 커져 기존 방법으로는 수집, 저장, 검색, 분석 등이 어려운 데이터를 총칭하는 '빅데이터'라는 용어도 등장했다.

지난해 전 세계에서 생성된 데이터양은 약 1.8제타바이트(ZB)라 한다. 메가바이트(MB)에서 기가바이트(GB)→테라바이트(TB)→페타바이트(PB)→엑사바이트(EB)로 단위가 올라갈 때마다 데이터양이 1000배씩 커지는데, 이제 EB보다 1000배 큰 ZB시대가 도래한 것이다. 베토벤의 명곡집이 대략 20GB, 미국 의회도서관의 장서가 10TB, 전 세계 출판물이 200PB 정도의 분량임에 비춰볼 때 1.8ZB가 얼마나 큰지 짐작할 수 있다. 이는 대한민국 국민이 17만 년 간 쉬지 않고 매분 트위터 글 3개를 게시했을 때의 분량, 혹은 한 사람이 4700만 년 간 시청 가능한 2000억 개의 고화질 영화(2시간 분량), 32GB 태블릿PC 575억 개의 용량에 해당하는 규모다.

【글로벌 기업의 빅데이터 발생 현황】

구 분	매일 발생하는 데이터 양
구 글	방문자 6억 2천만 명, 10억 건의 검색과 72억 건의 페이지 뷰 발생
아마존	방문자 440만 명, 900만 개의 상품주문(2010년 크리스마스 기준)
페이스북	사진 2억 5천만 장, 27억 건의 '좋아요'와 댓글

(출처 : dongA.com, 2012.5.3., 삼성경제연구소)

앞으로 사람들은 모바일기기와 SNS 등을 통해 문자를 주고받고, 사진과 동영상을 공유하며 개인이력을 교환하는 등 소통을 더욱 확대할 것이다. 감시카메라, GPS, 군사정찰 등과 관련한 데이터양도 급증할 것이다. 특히 크기와 내용이 제각각이어서 통일된 구조로 정리하기 어려운 비정형 데이터 비중이 더욱 높아질 것으로 보인다. 데이터의 생성·유통 속도도 더욱 빨라질 것임은 물론이다.

빅데이터 시대 도래로 데이터가 급팽창하면서 통신망에 과부하가 걸리는 일도 빈발하고 있다. 최근 국내에서 LG 유플러스의 무선데이터 통신망이 수 시간 동안 마비되고, 카카오톡 서비스가 잠시 불통된 것은 데이터 폭증과 관련이 있다.

국내에서 3000만 인터넷 사용자가 동시에 초당 1기가의 데이터를 전송하는 데 1000만개의 서버가 필요하다고 한다. 따라서 클라우드 컴퓨팅 보급 확산 등 IT 인프라 확충이 시급하다. 데이터가 범람하면서 개인정보의 오·남용 문제도 야기되고 있다.

하지만 빅데이터는 잘만 활용하면 기업과 국가 발전에 유용할 수 있는 귀중한 자산이다. '빅데이터 4대 천왕'으로 불리는 아마존, 구글, 페이스북, 애플 같은 글로벌 기업은 핵심 서비스를 무료나 저렴한 값에 제공해 방대한 데이터를 수집하고 있다. 미국 정부도 의료기록 빅데이터를 분석해 의료보험 사각지대를 해결하고 있다. 북유럽의 일부 보험사들은 자동차의 주행데이터와 GPS의 데이터로부터 운전자의 습관을 모니터링하고 이를 보험료 산정 자료로 활용하고 있다(매일경제, 2012.5.22., A38, 동아일보, 2012.5.3., B4).

지난 10년간 IT와 인터넷이 발전하면서 엄청난 데이터가 축적됐고 이 데이터를 어떻게 활용하느냐에 따라 기업의 성패가 좌우될 만큼 그 중요성이 커졌다.

구글이 무인자동차 개발에 성공할 수 있었던 것 역시 빅데이터 분석 덕분이다. 자동차 운전자는 운전 중에 주위 자동차들에만 시선을 두지 않는다. 주변 지형과 도로, 목적지까지의 교통 상황을 종합적으로 파악하고 고려해야 한다. 무인

자동차도 마찬가지다. 무인자동차가 잘 굴러가려면 주변을 인식하고 파악해 취합된 모든 정보를 실시간으로 분석해야 한다. 그리고 이렇게 분석된 정보를 토대로 최적의 속도와 방향을 찾고 운전에 필요한 의사결정을 내려야 한다. 구글 자동차에는 다수의 비디오카메라가 장착돼 운전자의 시각을 대신한다. 이때 비디오로 포착되는 영상 정보는 숫자로 정형화된 데이터가 아니다. 전형적인 비정형 데이터다. 여기에 빅데이터 분석 기술이 활용된다. 다양한 형태로 유입된 수많은 정보를 신속하게 처리하는 기술이다. 여러 경로로 축적된 정보를 수학적 알고리즘을 통해 분석하고 실시간으로 속도와 방향을 제어하는 과정에도 빅데이터의 핵심 기술 중 하나인 애널리틱스가 활용된다. 무인자동차는 과거에 불가능했던 일을 데이터 분석을 통해 가능하게 한 대표적인 사례다. 많은 기계공학자와 전자공학자들이 고민하던 이슈를 구글은 데이터라는 새로운 시각으로 접근해 해결했다.

빅데이터를 제대로 활용하기 위해서는 다음과 같은 세 가지 전략이 필요하다.

첫째, 빅데이터가 가져온 새로운 패러다임을 이해해야 한다

: IT발전에 엄청난 데이터 축적 어떻게 활용하느냐가 더 중요

빅데이터가 기술적 이슈에서 사회적 관심사로 부상한 것은 단순히 기술 덕분만은 아니다. 데이터가 많지 않고 분석 역량에도 한계가 있던 시절 기업 경영자들은 의사결정에 필요한 정보가 항상 부족하다고 여겼다. 데이터가 충분치 않기 때문에 소수의 데이터를 뽑아 전체를 파악하는 고전적인 통계가 분석의 전부였

다. 선거 때 진행되는 출구 조사가 그 예다. 하지만 이제는 많은 비용이나 노력을 들이지 않아도 의사결정에 필요한 데이터를 충분히 모을 수 있는 IT 기반이 갖춰졌다. 오히려 수많은 데이터 가운데 무엇을 뽑아 활용할 것인지가 더 중요한 시대가 됐다. 하루에 수도 없이 쏟아지는 트위터 메시지 양만 봐도 이를 쉽게 알 수 있다.

둘째, 데이터 중심적 기업 문화를 정착시켜야 한다

: 사고방식-행동 변하지 않으면 기술 발전해도 성과 낼 수 없어

아무리 기술이 발전해도 사용하는 이들의 사고방식과 행동이 변하지 않는다면 성과를 낼 수 없다. 1990년대 말 세계 1위의 반도체 기업이었던 미국 마이크론테크놀로지가 몇 번의 전략적 판단 오류로 2000년대 중위권으로 추락한 후 기업 혁신을 위해 단행한 첫 번째 작업이 바로 데이터 기반의 기업 문화 조성이었다. 아무리 작은 회의나 사소한 의견이라도 데이터를 근거로 진행하게 했고, 모든 사원을 대상으로 데이터베이스 활용 교육을 실시했다. 그 결과 메모리 반도체 3위 기업인 독일 키몬다가 파산하고 4위 기업인 일본 엘피다가 법정관리에 들어가는 등 반도체 산업이 휘청거렸던 지난 5년간 마이크론은 그 입지를 굳건히 유지할 수 있었다.

셋째, 미래를 예측하는 일에만 매달려서는 안 된다

: 예측은 빅데이터 활용의 일부 기업 상황 따라 창의적 활용을

빅데이터 분석 활용이라고 하면 많은 기업이 소셜미디어나 시장을 분석해서 예측을 좀 더 잘해 보겠다는 아이디어부터 내놓는다. 하지만 빅데이터 활용에서 예측은 수많은 응용 분야 중 극히 일부에 지나지 않는다. 시시각각 변하는 패션 시장에서 예측보다는 발 빠른 대응 전략을 취해 성공을 거둔 자라나 자동차 공정 과정을 실시간으로 모니터링해 특정 부품에서 문제가 발생하자 신속하게 리콜 조치를 취한 볼보 등이 좋은 예다. 빅데이터를 시장 예측 도구로만 보지 않고 기업 니즈와 전략적 상황에 맞춰 창의적으로 활용했다는 점에서 본받을 만하다.

빅데이터는 단순히 인프라나 분석 방식의 이슈가 아니다. 경영의 새로운 패러다임이다. 기업이 망하는 이유는 무엇을 잘못했기 때문이 아니라 새로운 패러다임을 인식하지 못했기 때문이라는 피터 드러커의 말을 다시 한 번 새겨볼 필요가

있다(동아일보, 2012.6.14., B8).

각종 디바이스의 발전

CPU의 기능이나 하드디스크 기억용량 증가 등 각종 디바이스 기능의 고도화 및 데이터 수집 등에 이용되는 센서의 소형화·저렴화로 대용량 데이터의 활용이 용이해졌다.

2000~2010년 사이 CPU의 연산 성능과 하드디스크의 기억용량은 약 100배 증가하는 등 각종 디바이스의 기능이 급격히 발전하였다.

가속도센서(acceleration sensor) 칩의 소형화·성전력화·저렴화, CPU의 연산속도 상승, 하드디스크 기억장치의 기억용량 급증 등 디바이스 성능 고도화되었다. 가속도센서는 물체의 가속도나 진동 등 동적 힘을 측정하는 센서로 차량 등의 수송수단, 로봇 등의 제어시스템, 통신기기 등에 사용되는 필수 디바이스이다.

3축가속도센서의 경우, 칩 크기는 2010년에 2000년의 약 1/5 수준, 동 소비전력은 1/2 수준, 가격은 약 1/5수준으로 하락한 한편 2000년 대비 2010년에 CPU의 연산성능과 하드디스크의 기억용량이 약 100배씩 향상되었다.

빅데이터(Big Data)를 활용한 新비즈니스모델 창출 사례

빅데이터는 민간 뿐 아니라 공공부문에서의 다양한 新비즈니스모델 창출에 크게 기여하고 있으며, 해외 민간부문의 경우 기상산업, 보험 등 금융, 경영자원관리, 농업 등 다양한 분야에서 빅데이터를 활용한 비즈니스모델이 탄생하였다.

- 자동차 : 혼다기연공업은 빅데이터를 활용해 기후, 최적 운전 경로 등 각종 운전자 지원 정보를 제공하는 'Internavi'를 개발, 목적지 도달 시간 20% 단축, 온실가스 16% 감소 효과를 발생, 포드는 빅데이터를 활용하여 플러그드인 하이브리드 차량 대상 최적운행루트 안내서비스를 실시한다.
- 기상산업 : 일본의 웨더뉴스는 감재(減災)리포트, 게릴라성 뇌우예측, 소라테나(하늘+안테나, KDDI 공동) 등 방대한 기상정보를 분석, 서비스한다.
- 보험 등 금융 : 미국의 VISA는 신용카드 부정사용검지를 위해 빅데이터를 활용하고 있으며, 일본의 카부닷컴증권은 투자정보 SNS에서 언급되는 주요 주식과 주가와의 상관관계분석을 통해 얻은 투자정보를 고객들에게 제공하

고 있으며, NTT도코모와 도쿄해상일동화재보험은 휴대전화를 통한 보험상품판매 및 마케팅에 빅데이터를 활용한다.

- 농업 : 와세과수원은 과수원 내에 설치된 센서를 통해 축적된 귤 생육 환경 데이터 분석을 통해 귤 재배 생산성 향상에 활용한다.
- 소매 : 라쿠텐은 수천만 명에 이르는 회원들의 구매 이력, 서비스 이용 이력 등을 분석하여 마케팅에 활용하여 홈페이지 클릭수와 구매율을 수배 이상 상승시킨다.
- 경영자원관리 : 일본의 코마츠는 건설기기 이동상황 원격감시, Shopperception은 진열대 배치 최적화 등 경영자원관리에도 빅데이터가 활용된다.

해외 공공부문의 경우 일본 토쿠시마 대학병원의 질병예방관리서비스, 캐나다 온타리오공과대학의 신생아집중의료 서비스, 미국 산타클로즈시의 범죄예측시스템과 같은 빅데이터를 활용한 새로운 공공서비스모델이 등장한다.

한국은 빅데이터를 활용함으로써 정부공공부문에서도 행정효율성 제고, 세수 증대, 교통혼잡비용 절감 등을 통해 중장기적으로 실질 GDP(2011년 기준, 1,081조 5,938억 원)의 최소 약 0.2%에서 최대 약 0.4%에 해당하는 부가가치 창출효과가 기대된다.

빅데이터의 활용은 세원 개발 효율성 향상으로 인한 세수 증대, 의료나 복지를 포함한 행정 전반의 효율성 제고, 실시간 교통량 최적화 등을 통한 교통혼잡비용 감소 등 최소 약 2.1조 원에서 최대 약 4.2조 원의 부가가치 유발효과가 기대된다. 빅데이터는 민간 부문의 효율성을 높여 경쟁력을 제고시킴은 물론 정부·공공부문의 비용 효율성 개선 효과 뿐 아니라 교통, 방재, 보안 등 다양한 부문에서 공공재로 활용함으로써 사회적 비용을 최소화시킴으로써 막대한 부가가치를 유발시킬 수 있다는 점에서 적극적인 활용 방안을 모색해야 한다(K모바일 현대경제연구원, 2012.8.9.).

빅데이터-SNS 로 바라본 2012 런던 올림픽

- 60GB - 1초마다 DVD 13장 분량의 정보 전송
- 2000시간 - 디지털방송 생중계… 베이징보다 30%↑
- 13000개 - 트위터에서 1초마다 올림픽 관련 트윗

- 세계적으로 스마트폰 열풍이 불기 시작한 뒤 처음 열리는 런던 올림픽은 첫 '빅 데이터 올림픽'이다. 이번 올림픽에서는 스마트폰 외에도 트위터와 페이스북 등 소셜미디어가 본격적으로 쓰이며 엄청난 양의 데이터를 만들어 내고 있다. 또 세계 각국에서 TV 외에도 PC와 태블릿PC, 스마트폰 등 다양한 기기를 이용해 중계를 보는 인구가 폭발적으로 늘어나고 있다.

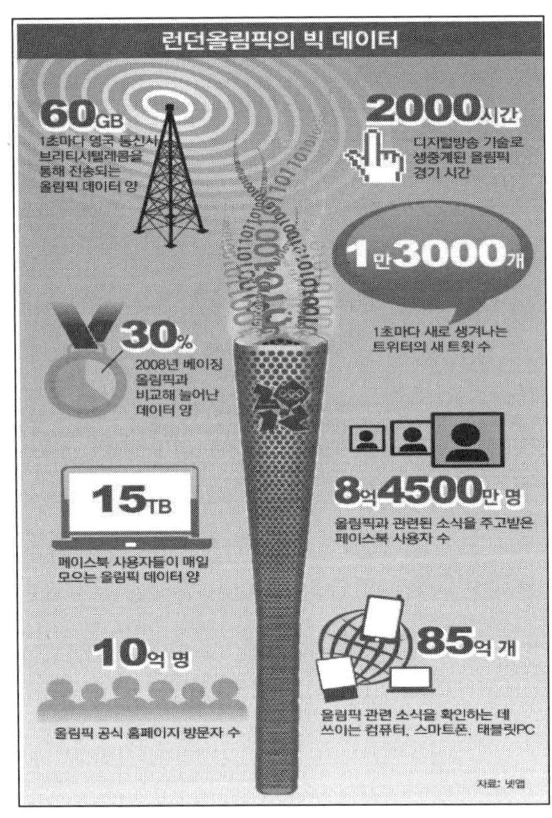

- 2012년 8월 9일 미국의 데이터관리 전문업체인 넷앱은 런던 올림픽 관련 데

이터를 통계화해 발표했다. 이에 따르면 1초마다 영국 최대 통신사인 브리티시텔레콤의 통신망을 타고 전송되는 데이터 양은 약 60GB(기가바이트)에 이른다. 이는 약 4.7GB를 저장하는 DVD 13장 분량에 해당한다. 브리티시텔레콤은 이렇게 급증하는 데이터를 관리하기 위해 올림픽이 시작되기 전 막대한 양의 디지털 콘텐츠를 실어 나르며 통신망을 테스트했다. 이 데이터를 동영상 파일로 환산하면 약 20만 시간(약 23년) 분량이다.

- 또 한국과 함께 올해 안에 디지털방송 전환을 마칠 예정인 영국은 런던 올림픽 관련 디지털 중계도 대폭 늘렸다. 약 2000시간 분량의 올림픽 경기가 대회 기간에 디지털 방송으로 생중계될 것으로 예상된다. 이와 함께 이번 런던 올림픽에서는 4년 전 열렸던 베이징 올림픽보다 데이터가 30%가량 더 생길 것으로 추정됐다.

- 트위터에서는 1초마다 약 1만 3000개의 올림픽 관련 트윗이 생겨나고 있다. 런던 올림픽 관련 소식을 주고받는 페이스북 사용자는 하루 8억 4500만 명에 이른다. 페이스북 전체 사용자는 현재 10억 명에 조금 못 미치는 것으로 추정된다. 또 페이스북 사용자들이 매일 수집하는 런던 올림픽 관련 데이터는 15TB(테라바이트) 수준에 이른다. 이는 DVD 3268장에 해당하는 양이다. 특히 소셜미디어는 TV 뉴스보다 빠르게 경기 소식을 전하면서 많은 관심을 받았다.

- 런던 올림픽 공식 홈페이지도 인기를 끌었다. 공식 홈페이지 방문자 수는 올림픽 기간 10억 명을 넘어설 것으로 보인다. 또 세계 각국의 누리꾼들은 약 85억 대의 컴퓨터와 태블릿PC, 스마트폰을 사용해 인터넷에 접속한 뒤 올림픽 소식을 받아볼 것으로 예상됐다. 미국의 공식 올림픽 후원 방송사인 NBC는 이런 상황에 대비해 런던 올림픽을 위한 전용 웹사이트를 만들었는데 8일(현지 시간) 현재 11억 명의 방문자가 이곳을 찾았다고 밝혔다. 또 NBC는 올림픽 관련 동영상을 인터넷을 통해서만 4500만 회 방송했다(dongA.com, 2012.8.10.).

4.8 정보 검색

국내 검색 서비스 점유율

한국인은 매일 인터넷에서 약 2억 4000만 건의 검색을 한다. 초고속 인터넷이 본격적으로 보급되고 국내 최대 검색 업체인 NHN이 창립된 1999년보다 약 200배 늘어났다. '네이버'에서 최근 2년 동안 검색된 주요단어들의 검색량(검색페이지뷰·PV)과 검색 추리를 분석한 결과 국내 검색 점유율의 67%를 차지하고 있는 네이버의 하루 검색량은 1억 9100만 건, 다른 포털의 검색량을 모두 합치면 2억 4000만 건이었다. 1초에 2700건이 넘는 검색이 이루어진 셈이다.

2009년에는 '막걸리'와 '프로야구' 검색이 급증하고 '불황' 검색은 2008년보다 줄어드는 등 한국인의 삶이 그대로 반영됐다(동아일보, 2009.12.7.).

사이버 언론, 공룡 포털 등에 업고 돈 뜯어 … 기업 들 비명

- 사이버언론(문화체육관광부에 등록된 인터넷언론 3578개, 2012. 6월 현재)들은 광고와 협찬 요구에 응하지 않으면 대기업의 경우 오너나 최고경영자(CEO)의 사생활을 비롯한 각종 루머를 다룬다. 기업에서 반응이 올 때까지 미확인 기사를 계속 쓴다. 그들의 입막음을 위해 돈을 쓰기도 하여 기본적인 홍보업무를 못할 때도 있다(동아일보, 2012.6.20.).

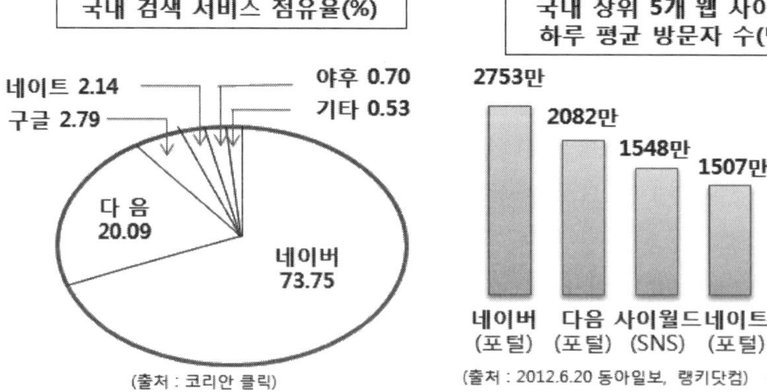

데이터 제타바이트 시대

현재 대전과 광주에 정부통합전산센터를 세우고 폭증하는 데이터를 효율적으로 관리하기 위해 각 부처 전산실의 중복투자와 보안 취약 문제를 해결하기 위한 노력을 하고 있다. 두 센터에서 관리하고 있는 데이터양은 500TB(테라바이트), A4용지에 글자로 인쇄하면 12억 쪽이나 된다. 41개 중앙행정기관과 7개 위원회의 1082개의 정보 시스템이 이곳에 있는 5609대의 서버와 1984대의 스토리지에 모두 모여 있다.

행정안전부의 주민등록정보, 국세청의 연말정산과 현금영수증 정보, 경찰청의 과학수사정보, 보건복지부의 사회복지정보 등이 모두 이곳에 있다(동아일보, 2010.5.3.).

"NHN 앱 따라하기론 글로벌기업 성장 어렵다"

포털 사이트 네이버를 운영하는 NHN이 모바일 시장에 대해 적극적인 공세를 펼치고 있다. NHN의 '모바일 다걸기'는 스마트폰 무선 인터넷 검색 시장의 영향력이 유선 인터넷만 못하다는 판단 때문으로 풀이된다. 하지만 이 과정에서 창의적인 상품을 내놓지 못하고 다른 기업의 아이디어를 그대로 따라하는 데 그치고 있다는 지적도 나온다.

NHN은 2012년 4월18일까지 스마트폰 애플리케이션(앱·응용프로그램)을 판매하는 애플의 앱스토어에 63개의 앱을 내놓았다. 수는 많지만 이 중 상당수는 NHN이 유선 인터넷 포털 사이트에서 하나로 묶어 서비스하던 것을 네이버웹툰(만화), 네이버뮤직(음악) 식으로 쪼개놓은 것이다.

최근에는 중소 벤처기업의 아이디어로 인기를 끈 앱과 유사한 앱을 선보인 뒤 마케팅에 돈을 쏟아 인지도를 높이는 방식으로 앱을 유통시키고 있다. NHN은 지난해 2월 무료 문자 메신저 앱인 카카오톡을 견제하기 위해 '네이버 톡'을 출시했다가 소비자들의 외면을 받자 같은 해 6월 다시 후속작인 '라인'을 출시했다. 자금력이 부족한 앱 개발사들과 달리 전 국민이 사용하는 네이버 홈페이지를 광고판으로 활용하면서 라인은 최근 다운로드 횟수가 3000만 건을 넘었다.

한 벤처기업 대표는 "앱은 아이디어 싸움이기 때문에 저작권을 보호받는 게 어렵다"면서 "NHN이 우리와 유사한 앱을 만든다는 소문이 들리면 사업 확장을 포기하는 수밖에 없다"고 말했다. NHN의 '미투(me too·따라하기)' 전략으로 작은 기업들의 노력이 보상받기 힘들어진다는 불만이었다.

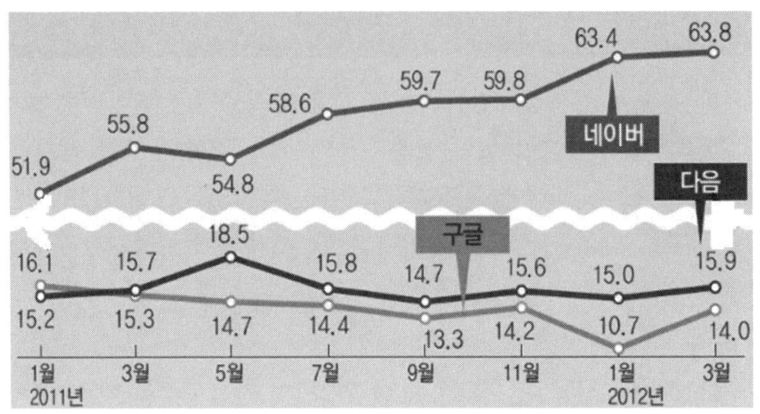

무선인터넷 검색 서비스 점유율 추이 (출처 : 메트릭스)

NHN도 구글이나 애플처럼 중소 개발사의 콘텐츠를 유통시키는 플랫폼(유통하는 통로) 사업을 하고 있다. 2010년 애플 앱스토어 같은 '네이버 소셜 앱스'를 내놓았으나 사업이 안 되자 올해 2월 이를 게임 앱 전문 유통 채널인 '네이버 소셜 게임'이란 서비스로 바꿨다. 하지만 지금까지 올라온 앱은 200여 개에 불과하고, 가장 많은 다운로드 건수를 기록한 앱도 25만 건을 조금 넘는다(dongA.com, 2012.4.19 B4).

【포털의 국내 검색시장 점유율】

구 분	검색서비스	무선인터넷	유선인터넷
1	네이버	63.8%	82.3%
2	다음	15.9%	13.6%
3	구글	14.0%	0.7%
4	네이트	4.6%	2.0%
5	기타	1.7%	1.4%

2012.3월 기준 출처 : 메트릭스

구글 vs 페이스북 … 'IT 공룡' 검색 엔진 개발 나서

검색엔진과 소셜네트워크서비스(SNS) 분야에서 각각 세계 1위를 달려온 구글과 페이스북이 검색엔진 분야에서 정면대결을 펼친다. 검색엔진은 구글의 핵심 분야로 150억 달러(약 16조8900억 원)의 광고시장 규모를 갖고 있다.

블룸버그 비즈니스위크는 페이스북이 최근 검색엔진의 기능을 강화하기 위해 역량을 집중하고 있다고 2012년 4월1일 보도했다. 페이스북에서 검색엔진 개발을 주도하는 인물은 전직 구글 엔지니어인 라스 라스무센으로 알려졌다. 라스무센은

지도서비스인 구글맵과 SNS 서비스인 구글플러스의 모태였던 구글웨이브 개발에 참여한 구글의 핵심 인력이었다.

페이스북의 검색엔진 진출은 구글의 SNS 진출에 대한 반격이다. 구글이 페이스북의 대항마로 2011년 6월 선보인 구글플러스는 2012년 3월 7일 기준 1억 명의 이용자를 확보하며 SNS업계 세계 4위로 올라섰다.

세계주요 검색엔진 검색횟수(2012년 2월 1개월간)

출처 : 블룸버그 비즈니스위크

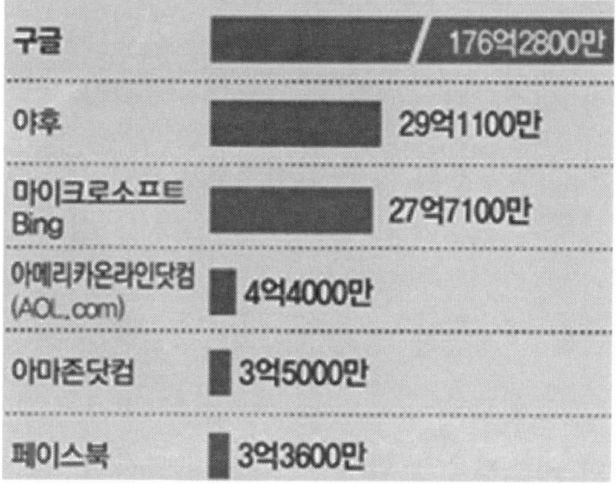

전문가들은 페이스북이 선보일 검색엔진이 페이스북의 특징 중 하나인 '좋아요(Like)'라는 추천기능을 이용한 소셜검색 형태가 될 것이라고 전망했다. 이용자들이 기존의 검색엔진이 찾아주던 정보보다 비슷한 생활 방식을 가진 지인들의 추천 정보를 신뢰한다는 것에 기반을 둔 것이다(dongA.com, 2012.4.3., A20).

사무실 PC 파일, 스마트폰으로 꺼내 작업

가상데스크톱 솔루션이 운영체제 및 애플리케이션 등을 중앙화해서 관리하고, 사용자는 다양한 기기를 활용해 시간과 장소와 상관없이 '가상화된 데스크톱'에 접속해 작업하는 기술이다.

[A기업 박모 차장. 거래 회사와의 약속 때문에 외근을 나갔다가 급하게 자료를 찾을 일이 생겼다. 문제는 자료가 사무실 데스크톱 컴퓨터에 들어 있다는 것. 인터넷에 접속할 수 있는 노트북을 들고 나오긴 했지만 사무실 데스크톱 하드디스크에 접근할 수는 없다. 할 수 없이 회사 동료에게 부탁해 자료를 자신의 e메일로 보내 달라고 했다. 폐를 끼친 것 같기도 하고 보안 규정도 신경이 쓰여 기분이 영 찝찝하다. 반면, B기업 김모 과장의 상황은 다르다. 외근을 나와도 사무실 데스크톱에서 하던 작업을 그대로 할 수 있다. 인터넷 접속이 되는 카페에서 노트북을 펼치고 로그인만 하면 회사 데스크톱과 똑같은 화면이 뜬다. 나오기 전에 작업했던 파일도 그대로 불러다 열 수 있다.]

김 과장의 노트북에 해당 업무용 소프트웨어가 깔려 있는 것도 아니다. 그렇다면 김 과장이 밖에서 사용한 소프트웨어와 데이터는 무엇일까? 사실은 기업 데이터센터에서 원격으로 접속할 수 있는 시스템이 돌아가고 노트북은 일종의 '가상 데스크톱'을 보여주고 있던 것이다.

최근까지 기업 업무의 필수품이었던 데스크톱이 최신 '가상화 기술'과 접목되며 사무실 환경이 크게 바뀌고 있다. 가상화는 물리적으로 실재(實在)하지는 않지만 마치 있는 것처럼 보여주는 기술이다. 애플리케이션(앱·응용프로그램) 및 데이터를 저장한 뒤 필요할 때마다 꺼내 쓰는 '클라우드 컴퓨팅' 기술을 이용해서 기존 개인용 컴퓨터(PC)의 사용 환경을 똑같이 구현한 것이다.

이 시스템을 도입한 기업은 데이터센터의 서버에 직원 수대로 가상 데스크톱을 만들어 놓고, 그 안에 영업용 소프트웨어, 오피스 프로그램, 사내 메신저 등 기업용 프로그램을 깔아놓는다. 직원들은 데스크톱, 노트북, 스마트폰 등으로 자신의 가상 데스크톱에 접속해 작업할 수 있다. 실제 운영체제(OS)와 앱은 데이터센터에서 관리하지만 사용자는 자기 자리에서 데스크톱을 쓰는 것과 차이를 느낄 수 없다.

이 같은 시스템을 도입하면 사용자는 시간과 공간에 얽매이지 않고 언제 어디서나 업무를 볼 수 있고 기업은 컴퓨터 및 앱 관리 비용을 아낄 수 있다.

내 자리, 내 컴퓨터라는 의미도 사라진다. 어떤 기기를 이용해도 작업할 수 있기 때문에 'BYOD(Bring Your Own Device·당신의 기기를 가져오세요)' 정책을 펼칠 수 있다. 가상 데스크톱 안에는 자신이 쓰는 프로그램과 데이터가 들어 있어 업무 연속성을 유지할 수 있다. 어디서나 준비된 사무실이 갖춰지면서 진정한 '모바일 오피스' 및 '스마트 워크'가 구현되는 것이다.

보안정책도 단계별로 유연하게 적용할 수 있어 큰 문제가 안 된다. 사용자 레벨별로 권한을 지정해 주요 데이터는 임원 이상만 볼 수 있도록 설정할 수 있다.

정보기술(IT) 시장조사업체 가트너는 가상 데스크톱 호스트 서버 수가 2013년에는 4900만 대로, 시장규모는 657억 달러(약 73조 원)까지 늘 것으로 전망했다.

시트릭스 시스템스, VM웨어 등이 가상 데스크톱 서비스를 제공하는 대표적인 글로벌 기업이다. 국내에서는 KT, 국민연금공단, 행정안전부, 삼성SDS, 풀무원, 부산대 등이 가상 데스크톱을 도입해 활용하고 있다(dongA.com, 2012.2.18.).

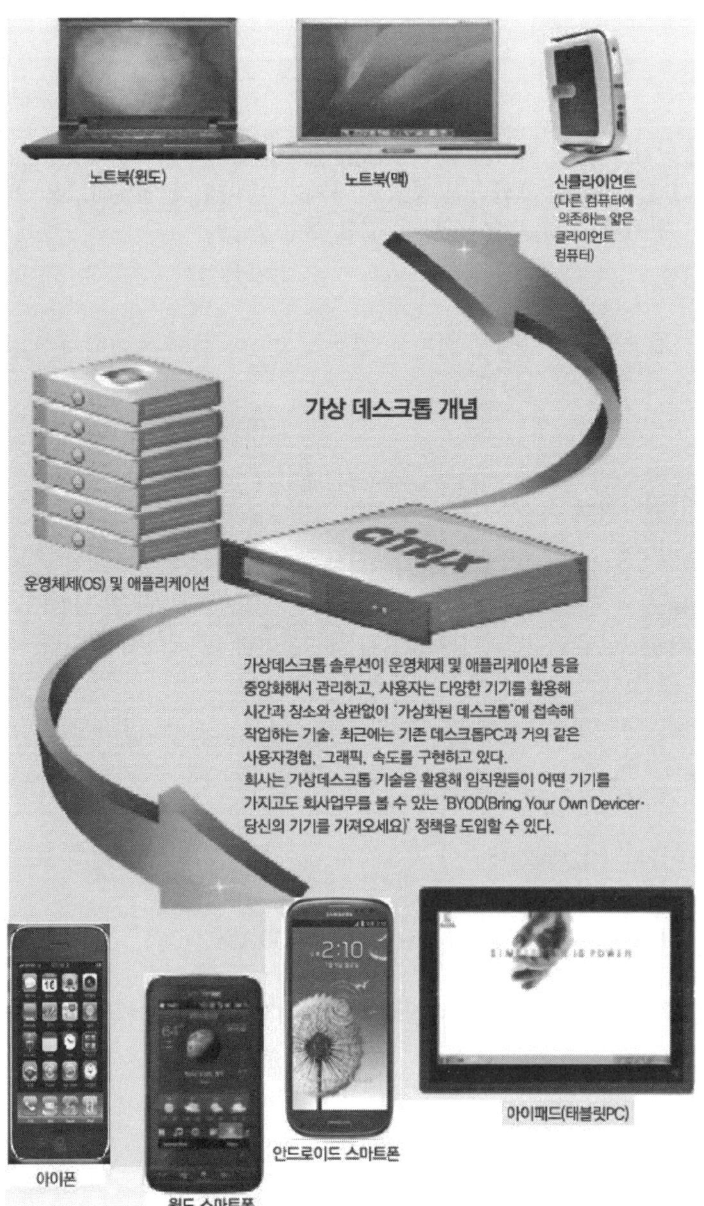
노트북(윈도)
노트북(맥)
신클라이언트
(다른 컴퓨터에
의존하는 얇은
클라이언트
컴퓨터)
가상 데스크톱 개념
운영체제(OS) 및 애플리케이션
가상데스크톱 솔루션이 운영체제 및 애플리케이션 등을
중앙화해서 관리하고, 사용자는 다양한 기기를 활용해
시간과 장소와 상관없이 '가상화된 데스크톱'에 접속해
작업하는 기술. 최근에는 기존 데스크톱PC과 거의 같은
사용자경험, 그래픽, 속도를 구현하고 있다.
회사는 가상데스크톱 기술을 활용해 임직원들이 어떤 기기를
가지고도 회사업무를 볼 수 있는 'BYOD(Bring Your Own Devicer·
당신의 기기를 가져오세요)' 정책을 도입할 수 있다.
아이패드(태블릿PC)
안드로이드 스마트폰
아이폰
윈도 스마트폰

가상 데스크톱 개념

♣ 다음 문제의 정답을 표시하시오.

연습문제 I

1. 컴퓨터에서 바이어스 롬(BIOS ROM)을 새 버전으로 업그레이드(Upgrade) 할 때 롬 칩(ROM Chip)을 교환하지 않고 사용자가 바이오스 업데이트용 소프트웨어를 이용하여 편리하게 업그레이드하기 위한 롬은?

① PROM ② APROM ③ EEPROM ④ Mask ROM

2. CD-ROM의 기능과 확장을 확장한 것으로, CD와 같은 크기에 4.7GB 이상의 대용량 데이터 저장이 가능한 것은?

① PD ② COM ③ DVD ④ WORM

3. 다음에서 설명하는 장치로 알맞은 것은?

- 직렬 포트의 일종으로서, 오디오 플레이어, 디지털 카메라, 마우스, 키보드, 스캐너 및 프린터 등과 같은 주변기기와 컴퓨터 간의 플러그 앤 플레이 인터페이스이다.
- 12Mbps 이상의 데이터 전송속도를 지원하고, 최대 127개까지 장치들을 사슬처럼 연결할 수 있다.
- 컴퓨터를 사용하는 도중에 이 방식의 주변 장치를 연결해도 인식할 수 있다.

① AGP ② USB ③ SCSI ④ IEEE-1394

4. 전원이 공급되지 않아도 내용이 지워지지 않아서 디지털 카메라의 보조저장장치로 사용되는 기억장치는?

① DRAM ② Flash Memory ③ SRAM ④ ROM

5. 다음 중 작은 회로기판에 RAM 칩을 여러 개 장착하여 하나의 모듈로 만든 것은?

① AIMM ② UIMM ③ SIMM ④ TIMM

6. D램 메모리의 속도와 플래시메모리의 데이터 저장능력을 갖는 메모리는?

① Memristor ② Flash Memory ③ SRAM ④ ROM

7. PC에 프로그램을 깔고 데이터를 저장하던 방식에서 벗어나 인터넷 네트워크상에 모든 정보를 저장하고 사용자가 필요할 때마다 찾아 쓰는 시스템은?

① 빅데이터 ② 대용량 스토리지

③ 클라우드 컴퓨팅 ④ 외장형저장장치

♣ 다음 문제를 설명하시오.

연습문제 Ⅱ

1. 캐시 히트율

2. 버퍼(Buffer)

3. 압축 유틸리티의 필요성

4. 플래시 메모리(Flash Memory)

5. 대표적인 백신 유틸리티(3가지)

6. 메모리 액세스 타임

7. 다음 중 동일한 디스크 시스템을 하나 더 운영하여 하나의 디스크 시스템에서 오류가 발생하였을 경우 다른 디스크 시스템으로 신속하게 전환함으로써 시스템 장애시간을 최소화하는 기법을 의미하는 용어는?

8. 다음에서 설명하는 장치로 알맞은 것은?

- PC나 각종 AV 기기에서 대량으로 고속 데이터 통신을 실행하기 위한 인터페이스로 파이어와이어(Firewire)라고도 불린다.
- 플러그 앤 플레이(plug & play) 기능이 있어 각종 기기 접속과 단절을 자유롭게 할 수 있다.
- 고속 직렬연결 장치이다.

9. 클라우드 컴퓨팅의 개념

10. 클라우드 컴퓨팅 도입 시 고려해야 할 사항

11. 빅데이터를 활용한 신 비즈니스 모델을 교육부문에 적용한 사례

참고 **글로벌 500대 기업에 한국기업 13개**

삼성전자 두계단 올라 20위… 美 132개-中 73개-日 68개

미국의 경제전문지 포천이 선정한 '글로벌 500대 기업'에 삼성전자와 SK홀딩스 등 한국기업 13개가 포함됐다.

2012년 7월 10일 포천에 따르면 2011년 매출 기준으로 글로벌 500대 기업을 선정한 결과 1위는 4844억 8900만 달러(약 552조 3200억 원)의 매출을 올린 로열더치셸이 차지했다. 2위는 엑손모빌이었으며 지난해 조사에서 1위였던 월마트는 3위로 내려앉았다.

삼성전자는 2011년(22위)보다 두 계단 올라선 20위에 랭크됐다. 삼성전자 외에 한국기업 가운데 100위 안에 든 곳은 SK그룹의 지주회사인 SK홀딩스로 지난해 82위에서 65위로 뛰어올랐다. 반면 현대자동차는 55위에서 117위로 밀렸다. 이어 포스코(146위), LG전자(196위), 현대중공업(203위), GS칼텍스(235위), 한국전력(264위), 기아자동차(266위), 에쓰오일(383위), 한국가스공사(429위), 우리금융지주(449위), 현대모비스(465위) 등이 500위에 포함됐다.

국가별로는 총 37개국이 포천 500대 기업에 이름을 올렸다. 미국이 132개사로 가장 많았고, 중국은 지난해보다 12개가 늘어난 73개사를 올려 처음으로 2위를 차지했다. 이어 일본(68개사), 프랑스(32개사), 독일(32개사) 영국(26개사), 스위스(15개사) 등의 순이었으며 한국은 스위스에 이어 8번째였다(동아경제, 2012.7.11., B1).

글로벌 500대 기업 중 한국기업순위(단위:백만$)

2011년 매출액 기준 (출처 : 포천)

순위	기업	매출액
1	로열더치셸	484,489
2	엑손모빌	452,926
3	월마트	446,950
4	BP	386,463
5	중국석유화공(시노펙)	375,214
20	삼성전자	148,944
65	SK홀딩스	100,394
117	현대차	70,227
146	포스코	62,230
196	LG전자	48,977
203	현대중공업	48,485
235	GS칼텍스	43,280
264	한국전력	39,296
266	기아차	38,988
383	S-오일	28,808
429	한국가스공사	25,721
449	우리금융지주	24,435
465	현대모비스	23,736

C.H.A.P.T.E.R

05

입력과 출력

- 입·출력 장치의 종류에 대해 학습한다.
- 스캐너(scanner)의 동작원리를 이해한다.
- 웹 카메라와 디지털 카메라의 동작원리를 이해한다.
- 스마트카드의 원리와 응용분야에 대하여 학습한다.
- 음성인식 장치의 원리에 대하여 학습한다.
- 디지털 영상처리장치에 대하여 학습한다.
- 플라스틱 전자종이와 e-북에 대하여 학습한다.

지문인식기

5.1 입출력장치

컴퓨터와 사용자 사이의 정보를 교환할 수 있는 장치의 집합을 말한다. 컴퓨터로 데이터를 처리하기 위해서는 우선 처리할 데이터를 입력장치를 통하여 컴퓨터로 입력시켜야 하고, 컴퓨터가 처리한 결과의 데이터는 출력장치를 통하여 사용자가 읽을 수 있는 형태로 다시 되돌려야 한다.

- 입력장치는 자료를 컴퓨터가 인식할 수 있는 형태로 변환시켜 주기억장치로 읽어 들이는 장치이고, 출력장치는 컴퓨터에서 처리된 내용을 사용자가 인식할 수 있는 형태로 바꾸어 문자나 도형 등으로 표시하는 장치이다.
- 입력장치는 카드판독기, 광학식 문자판독기(OCR), 광학마크판독기(OMR), 바코드인식기, 자기잉크문자인식기, 키보드, 스캐너, 음성입력장치, 라이트펜, 터치스크린, 조이스틱, 마우스, 디지타이저 등이 있고 출력장치는 프린터, CRT, 음성합성장치, 플로터, 음성응답장치 등이 있다.

- 입출력장치는 입출력제어 소프트웨어에 의하여 제어되고 입출력 조작이 이루어진다. 입출력 시스템은 입출력장치, 입출력제어장치, 입출력 채널로 구성되며, 이들 장치들이 상호 유기적인 관계를 유지하도록 한다. 입출력장치로부터 읽은 자료는 입출력제어장치와 입출력 채널을 통하여 주기억장치에

기억되며 또한 주기억장치에 기억된 내용이 입출력 채널과 입출력제어장치를 통하여 출력장치에 출력된다.

5.2 입력장치

- 외부로부터 전달되는 정보나 자료를 컴퓨터가 인식하고 처리할 수 있는 2진 코드로 변환시켜 주기억 장치로 보내주는 장치
- 종류 : 키보드, 광학 마크 판독기, 천공 카드 판독기, 광학 문자 판독기, 자기 잉크, 문자 판독기, 바코드 판독기 등

(1) 키보드(keyboard)

- 타자기와 비슷한 모양의 입력 장치
- 글자판 위의 키(key)를 누르면 해당 문자를 2진 코드로 자동 변환

(2) 마우스(mouse)

- 설계나 그래픽을 주로 이용하는 분야에서 사용

(3) 트랙 볼(track ball)

(4) 스캐너(scanner)

- 그림이나 사진을 컴퓨터로 읽어 들이는 입력 장치, 화상 입력 장치라고도 함
- 용도 : 그래픽, 전자 출판

(5) 광학 마크 판독기(optical mark reader, OMR)

- 카드에 빛을 비추어 반사되는 빛의 강·약에 따라 표시된 위치를 찾아 판독하는 입력 장치
- 단점 : 기록 밀도가 낮고 기록된 자료를 판독할 때 자주 오류가 발생
- 장점 : 표시 방법이 간단하고 용지의 설계가 자유롭다.
- 용도 : 주로 회사에서의 급여 처리, 대학 수학 능력 평가 등의 시험 답안지로 널리 이용

(6) 광학 문자 판독기(optical character reader, OCR)

- 특수한 형태로 기록된 문자에 빛을 비추어 그 반사광을 감지하고, 장치 내에 미리 기억시켜 둔 문자와 형태를 비교하여 글자를 판독하는 입력 장치
- 용도: 공공요금 청구서나 결산 등에 널리 이용

(7) 자기 잉크 문자 판독기(magnetic ink character reader, MICR)

- 자성을 가진 특수 잉크로 인쇄된 문자나, 기호를 자기 헤드로 감지하여 판독하는 입력 장치
- 용지가 다소 더러워지더라도 판독이 가능, 기록된 내용을 수정하기가 어려워서 변조를 방지할 수 있다.
- 용도: 수표나 어음, 승차권

(8) 바코드 판독기(bar code reader)

- 바코드는 주로 상품의 포장지에 인쇄되어, 상품명이나 가격 등을 나타내는 기다란 막대 모양의 특수문자
- 광학 문자 판독기의 일종, 바코드가 기록된 부분에 빛을 비추어서 막대의 굵기에 따라 글자를 판독
- 용도: 백화점의 판매 업무나 도서관에서의 전산화 업무 등

(9) 기타 입력 장치

- 천공 카드 판독기: 천공 카드에 구멍을 뚫어서 자료를 표현, 여기에 빛을 비추어 빛이 통과되는 위치에 따라 자료를 판독
- 디지타이저(digitizer): 그림이나 사진 등을 직접 입력
- 광 펜(light pen): 화면에서 직접 자료를 입력
- 조이스틱(joy stick): 오락 게임에 사용
- 음성인식 장치: 인간이 사용하는 자연어를 직접 입력

디지타이저(digitizer)

5.3 디지털 영상처리

영상처리의 장점은 디지털화된 이미지를 쉽게 조작할 수 있다. 영상 처리(Image

processing) 또는 화상 처리는 넓게는 입출력이 화상인 모든 형태의 정보 처리를 가리키며, 사진이나 동영상을 처리하는 것이 대표적인 예이다. 대부분의 영상 처리 기법은 화상을 2차원 신호로 보고 여기에 표준적인 신호 처리 기법을 적용하는 방법을 쓴다.

20세기 중반까지 영상 처리는 아날로그로 이루어졌으며, 대부분 광학과 연관된 방법이었다. 이런 영상 처리는 현재까지도 홀로그래피 등에 사용되지만, 컴퓨터 처리 속도의 향상으로 인해 이런 기법들은 디지털 영상 처리 기법으로 많이 대체되었다. 일반적으로 디지털 영상 처리는 다양한 방법으로 쓰일 수 있으며 정확하다는 장점이 있고, 아날로그보다 구현하기 쉽기도 하다. 더 빠른 처리를 위해서 파이프라인과 같은 컴퓨터 기술들이 쓰이기도 한다.

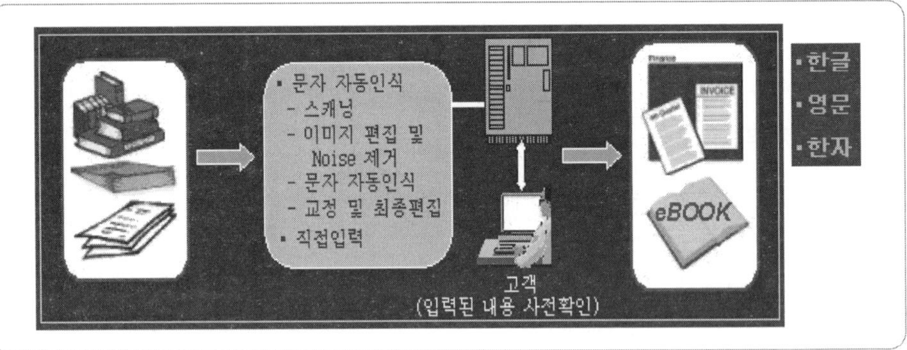

Bar Code

1) 바코드의 정의

바코드는 다양한 폭을 가진 바(검은 막대)와 스페이스(흰 막대)의 배열 패턴으로, 정보를 표현하는 부호(Code)또는 부호 체계이다.

바와 스페이스는 그 폭에 따라 1개 또는 복수개의 이진수 비트(0 또는 1)로 바뀌게 되고, 이들의 조합에서 ASCII 문자가 형성되어 컴퓨터에 유용한 정보가 되는 것이다. 정보를 바코드로 표현하는(인쇄하는) 과정은 그 역방향으로 행해진다. 막대 표시에는 그 상품을 제조한 국가번호, 회사번호, 제품 번호가 숨겨져 있다.

2) 표현 데이터 종류

바코드종류에 따라서 표현할 수 있는 데이터 문자의 범주가 구별되고 있다. 어떤 바코드는 수치 데이터(Numeric, 0-9)만 표현할 수 있는 반면에 어떤 바코드는 128개의 모든 ASCII(Full ASCII)를 표현할 수 있다.

또 어떤 바코드는 알파벳과 수치 데이터(Alpha numeric, A-Z, 0-9)를 표현할 수 있는가 하면, 어떤 0 바코드는 ASCII 문자의 일부분만 표현할 수 있다.

3) 바코드의 구조

(1) Quiet Zone

코드의 시작과 끝에는 여백이 있는데 이 여백을 QUIET ZONE이라 하여 가장 좁은 요소의 10배 이상으로 지정되어 있으며 시작 문자의 앞과 멈춤 문자의 뒤에 있는 공백 부분을 가리키며 바코드의 시작 및 끝을 명확하게 구현하기 위한 필수적인 요소이다. 심벌 좌측의 여백을 전방 여백, 우측의 여백을 후방 여백이라 한다.

(2) Start/Stop Character

시작문자는 심벌의 맨 앞부분에 기록된 문자로 데이터의 입력 방향과 바코드의 종류를 바코드 스캐너에 알려주는 역할을 한다.

멈춤 문자는 바코드의 심벌이 끝났다는 것을 알려 주어 바코드 스캐너가 양쪽 어느 방향에서든지 데이터를 읽을 수 있도록 해준다.

(3) Check Digit

검사 문자는 메시지가 정확하게 읽혔는지 검사하는 것으로 정보의 정확성이 요구되는 분야에 이용되고 있다.

(4) Interpretation Line

사람이 육안으로 식별 가능한 정보(숫자, 문자, 기호)가 있는 바코드의 윗부분 또는 아랫부분을 말한다.

(5) Bar/Space

코드는 가장 간단한 넓고 좁은 바와 스페이스로 구성되어 있으며 이들 중 가장 좁은바/스페이스를 'X' 디멘전(Dimension)이라 부른다. 'X' 디멘전이 바코드의 구조상 가장 최소 단위를 이루는 것이면 모듈이라고 한다. 좁은바/스페이스와 넓은바/스페이스는 1:2 또는 1:3 정도의 비율이 필요하다.

(6) Intercharacter

갭(Gaps) 문자들 간의 스페이스('X' 디멘전 크기)를 말한다.

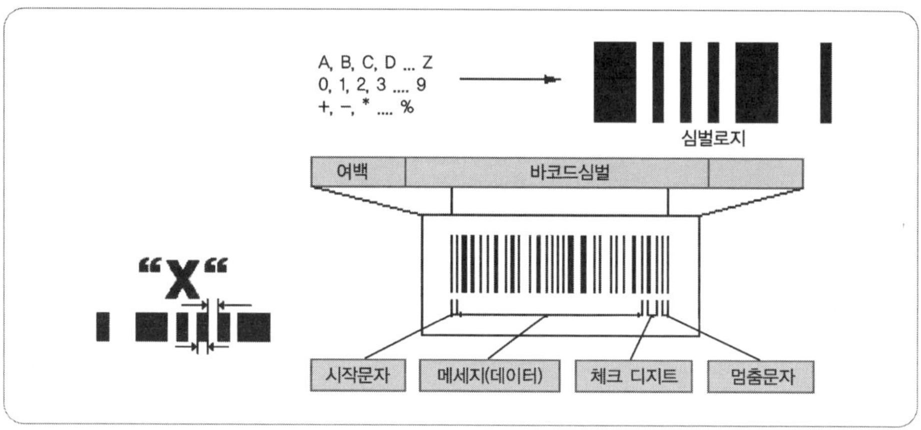

라벨/바코드 겸용 프린터, 스캐너

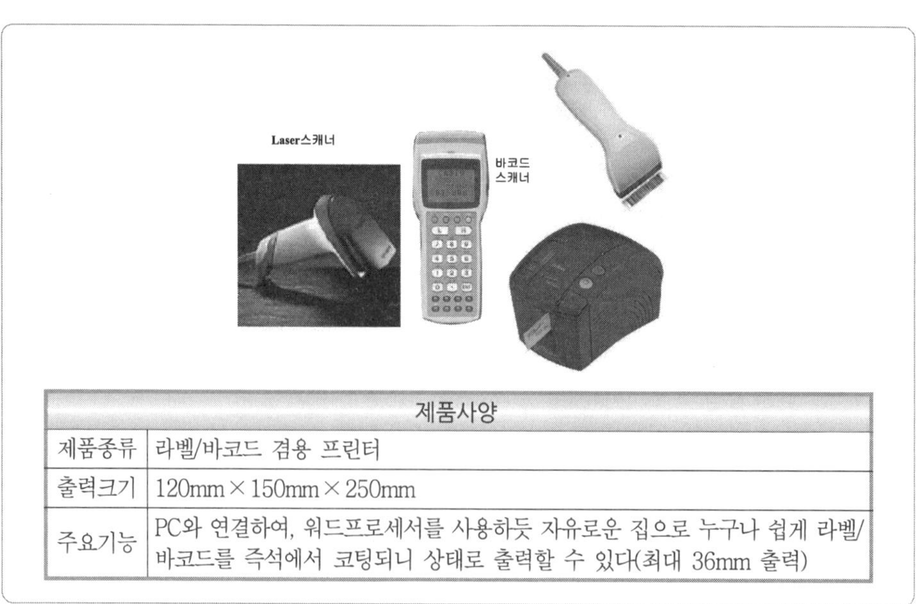

제품사양	
제품종류	라벨/바코드 겸용 프린터
출력크기	120mm × 150mm × 250mm
주요기능	PC와 연결하여, 워드프로세서를 사용하듯 자유로운 집으로 누구나 쉽게 라벨/바코드를 즉석에서 코팅되니 상태로 출력할 수 있다(최대 36mm 출력)

MICR(magnetic ink character recognition)

마이커(MICR)는 특수한 자기(磁氣) 잉크와 문자를 사용하는 문자인식 시스템이다. 자기 잉크로 쓴 문서는 읽혀질 때 잉크 속의 자성물질을 검출한 뒤 문자의 모양을 판단하고, 그 모양을 저장된 문자의 집합과 대조하는 방법을 사용, 디지털 신호로 변환하여 컴퓨터에 입력시킨다.

- 정액 자기앞수표에 사용된 MICR의 예

  수표의 맨 밑에 기록된 문자들은 자기잉크로 쓴 글씨체로서, 사람과 기계가 함께 읽을 수 있다.

자 기 앞 수 표

서울 01
192467

지 급 지 한 국
지 급 자

₩ 1,000,000,000. (금일십억원정)

이 수표 금액을 소지인에게 지급하여 주십시오.
거절증서 작성을 면제함

발 행 지 서 울 특 별 시
주 식 회 사 21C 경영자 연합

서울시본점 원 장 黃 保 益

55916739" 52" 4057000 017 — 212 — 8858

스마트 카드

1) IC 카드의 개요

'스마트 카드(smart card)'란 마이크로프로세서와 메모리를 내장하고 있어서 카드 내에서 정보의 저장과 처리가 가능한 플라스틱 카드이다. 보통 신용카드와 모양과 크기가 동일한 것이 가장 많이 사용되며, 유럽의 GSM 이동전화에 삽입되어 사용되는 것과 같이 크기가 상당히 작은 것들도 있다.

'메모리 카드(memory card)'는 마이크로프로세서는 포함하지 않고 메모리만을 포함한 형태로서, 엄밀한 의미에서는 스마트카드가 아니지만, 넓은 의미에서 포함시키기도 한다. 스마트카드와 메모리 카드를 포함한 광의의 용어로서는 보통 '칩 카드' 또는 'IC 카드'를 사용한다.

스마트카드의 주된 응용분야는 금융, 신분 확인, 그리고 접근(access) 등이다.

기존 MS 신용카드와 같은 크기 및 두께의 플라스틱카드에 Micro Processor, EEPROM, RAM, ROM 등의 하드웨어적인 구성과 COS(Chip Operating System), 보안 알고리즘 기능의 소프트웨어적인 구성으로 소형 컴퓨터와 같은 구조이다.

그 메모리 영역인 EEPROM에는 대량의 정보를 기록하고 정보를 쉽게 읽을 수 없는 고도의 보안성을 보장하는 신매체의 카드이다.

IC(Integrated Circuit Card), 카드 한 장으로 은행이나 백화점의 신용카드, CD 및 ATM을 이용할 수 있는 현금 입출금카드, 공중전화카드 및 POS와 연동 시스템을 구축하여 EFT-POS(Electronic Fund Transfer-Point Of Sales) 기능을 수반한 직불카드 및 선불카드, 신분증으로 사용할 수 있는 기능 등을 동시에 수행할 수 있는 종합 카드로써 기존의 자기카드에 비해 기능이 뛰어나기 때문에 Smart Card라고도 불리고 있으며, 자기카드보다는 한 차원 앞선 차세대 카드로 평가받고 있다.

2) IC 카드가 차세대 카드로 주목 받는 이유(출현배경)

- 다양한 기능
  - 지적 기능
  - 정보처리 기능

- 프로그래밍 기능

- 정보의 기밀성과 높은 보안성 및 안전성의 향상 요구
- 고도의 미디어 기능 내포
- 정보보호 기본용량의 증가

스마트카드는 통신망 접속 자격 및 전자서명, 전자지갑 등의 역할, 즉 종합적인 정보 미디어 역할을 담당하게 될 것이다.

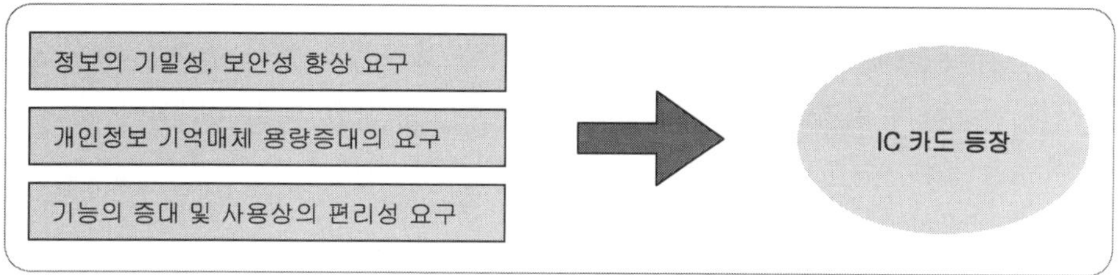

3) IC 카드를 이용한 서비스 증가 추세의 원인

- 기술 발전에 따른 가격 하향세
- 부정사용과 보안에 대한 관심 증가
- On-Line 서비스와 인터넷의 증가
- 기술 변혁에 따른 기회 획득 요구

4) IC 카드 장점

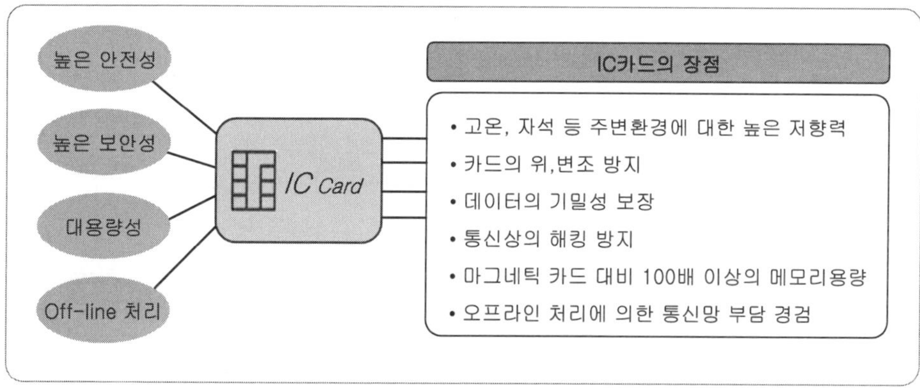

음성인식(音聲認識, speech recognition, voice recognition)과정

음성인식(Speech Recognition)이란 사람이 말하는 음성 언어를 컴퓨터가 해석해 그 내용을 문자 데이터로 전환하는 처리를 말한다. 키보드 대신 문자를 입력하는 방식으로 주목을 받고 있다. 로봇, 텔레매틱스 등 음성으로 기기제어, 정보검색이 필요한 경우에 응용된다.

미리 기록해 둔 음성 패턴과 비교해 개인 인증 등의 용도로 사용하기도 하는데 이를 화자인식이라고 한다.

화자인식(Speaker Recognition)은 입력 받은 음성 데이터를 미리 저장된 데이터베이스와 비교하여 화자가 누구인지 식별하는 기술을 말한다. 음성인식 분야의 가장 어려운 분야 중 하나이며, 이론상으로는 완벽한 식별은 불가능하다고 알려져 있다. 음성인식 보안 솔루션에 많이 가장 많이 응용되고 있다.

음성합성(Speech synthesis)은 말소리의 음파를 기계가 자동으로 만들어 내는 기술로, 간단히 말하면 모델로 선정된 한 사람의 말소리를 녹음하여 일정한 음성 단위로 분할한 다음, 부호를 붙여 합성기에 입력하였다가 지시에 따라 필요한 음성 단위만을 다시 합쳐 말소리를 인위로 만들어내는 기술이다

디지털 시각 - 검사 시스템

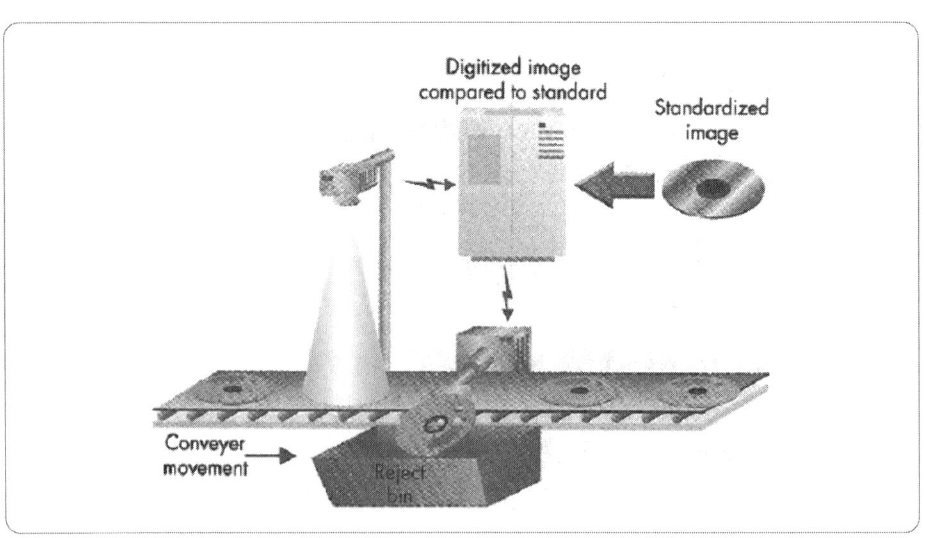

디지털 카메라(Digital Camera)

디지털 카메라는 필름 없이 전자 센서를 이용하여 영상을 감지하여 그 영상 정보를 JPEG, TIFF, Raw 포맷, GIF 등의 디지털 이미지 파일 형식이나 MPEG, MJPEG 등의 디지털 동영상 파일 형식으로 저장하는 사진기를 말한다. 동영상 촬영이 주요 목적인 카메라는 "디지털 비디오 카메라", 정지 영상 촬영이 주요 목적인 카메라는 "디지털 스틸 카메라"라고 부른다.

1) 촬영 원리

렌즈를 통해서 받아들여진 빛은 일반 필름 카메라의 필름 역할을 하는 이미지 센서(예 CCD 이미지 센서나 CMOS 이미지 센서)에 닿게 된다. 이미지 센서에는 광자를 감지하여 전기 신호(전하 = electric charge)로 변환하는 포토다이오드가 빽빽이 모여 있는데, 감지된 빛은 세기와 위치에 따라 밝기, 색상, 좌표 등의 디지털 정보로 변환된다. 변환된 정보는 이미지 프로세싱 엔진에 전달되고, 이미지 프로세싱 엔진은 이를 디지털 이미지로 재구성한다. 이렇게 얻어진 이미지는 이미지 파일 형식(예 raw, jpg)으로 변환되어 플래시 메모리 등의 기억장치에 저장된다.

2) 저장 및 전송

촬영된 사진은 컴퓨터나 휴대 기기에 전송해 파일 형태로 저장되거나, 프린터를 이용해 출력할 수 있다.

3) 장점

사진을 찍은 직후 결과물을 확인할 수 있으며 편집과 전송이 쉽다. 복사본을 쉽게 만들 수 있다. 컴팩트 필름 카메라보다 작게 만들 수 있다.

ISO(감광 속도)를 바꿀 수 있고, DSLR의 경우 높은 ISO에서 필름에 비해 화질이 월등히 뛰어나다. 디지털 이미지 센서의 경우 필름에 비해 양자 효율이 월등히 높다.

4) 단점

악천 후에서 오동작 가능성이 있다. 전자 회로는 습기에 약하며 극히 낮거나 높은 온도에서 오작동 가능성이 있다.

필름 카메라보다 대용량의 배터리가 필수적이다. 완전 수동 카메라는 노출계를 쓰지 않으면 완전히 건전지 없이 동작한다.

비슷한 가격대에서는 필름 카메라에 비해 화질이 낮다는 것이 단점이다.

이미지 센서의 크기가 클수록 생산하는 데 드는 단가가 높다. 이 때문에 대부분의 디지털 카메라에 사용된 이미지 센서는 35mm 필름보다 크기가 작은 크롭 센서(Crop Sensor)를 사용한다.

필름보다 크기가 작은 크롭 센서를 사용하는 경우, 같은 렌즈를 쓰더라도 필름 카메라에 비해 초점 거리가 길어지는 특징이 있다. 이 때문에 광각이나 초광각 영역을 표현하는데 있어서 필름 카메라보다 다소 불리할 수 있다(http://ko.wikipedia.org).

보통 디지털 카메라라고 하면 주로 "디지털 스틸 카메라"를 일컫는 니콘(Nikkon)은 캐논(Cannon)과 함께 세계의 카메라 산업을 주도하는 업체이다.

올림푸스 'PEN'을 시작으로 알려지기 시작한 하이브리드 디카는 DSLR과 콤팩트 디카의 장점만을 뽑아 만든 카메라이다. DSLR과 같은 렌즈교환 방식을 채택하고 있어 유저들에게 다양한 화각과 렌즈에 따른 특징적인 화상을 제공하여 콤팩트디카가 가진 확장성의 한계를 뛰어넘었고, DSLR이 가졌던 부피와 무게를 콤팩트 사이즈로 줄여 외형적인 부담을 줄이게 되었다. 카메라 제조사들 중에서는 니콘과 캐논을 제외한 여러 카메라 회사들이 하이브리드 디카를 출시했고, 하이브리드 디카를 통해 찍은 사진의 품질도 기존의 DSLR이 찍은 사진들과 비교해 충분히 경쟁력 있는 좋은 사진들을 만들어 내고 있다. 현재, 하이브리드 디카를 생산하는 라인은 올림푸스, 파나소닉, 삼성, 소니까지 총 4개의 제조사가 생산을 하고 있다(출처 : thinkbook.egloos.com, 2010.7.14.).

올림푸스 '펜 E-PL1'

- 무게 296g
- 손 떨림 방지
- 배경, 인물에 따른 스마트 촬영기능

파나소닉 '루믹스 GF1'

- 무게 285g
- 내장형 플래시 장착
- 자동 초점 0.3초

삼성 'NX10'

- 무게 353g
- 1460만 화소 이미지 센서
- HD 동영상 지원

소니 '넥스'

- 풀 HD 동영상 촬영
- 1400만 화소
- 3인치 LCD 디스플레이 장착

현재 출시된 하이브리드 디카

5.4 출력장치

컴퓨터로 처리된 결과 출력 매체 이용하여 출력하기 위한 장치(모니터, 프린터 등)이다.

1) 모니터(monitor) = 영상표시장치(CRT; cathode ray tube)

① 모니터 : 컴퓨터로 처리된 결과·프로그램을 화면에 나타내는 장치

② 단색모니터 : 단색 그래픽 보드(graphic board) 사용한 모니터
컬러모니터 : 컬러 그래픽 보드 사용한 모니터

③ 그래픽카드 : 본체 슬롯에 꽂아 사용하는 것으로, 한글·영문자·숫자·여러 기호들이 화면에 나타날 수 있도록 해 주는 것

④ 액정 표시기(LCD; liquid crystal display) : 액정 분자 운동 방향에 따라 이를 통과하는 빛의 양에 변화 주어 도형·문자 등을 액정판에 표시하게 하는 장치

⑤ 플라즈마(plasma) : 화면이 사진처럼 선명하여 그래픽 표시 장치로 이용

2) 프린터(PRINTER)

① 프린터 : 컴퓨터 처리 결과 인쇄용지에 출력하는 장치

레이저 프린터　　잉크젯 프린터

② 종류

- 시리얼(serial) 프린터 : 글자·도형을 점으로 출력하는 장치
  dot matrix 방식, 열전사 방식, 잉크 분사(ink jet) 방식

- 라인(line) 프린터 : 한 번에 한 행씩 고속으로 인쇄하는 장치
  드럼식, 체인식이 있음
  * 드럼식 : 문자가 배열된 드럼을 회전시켜 인쇄
- 페이지(page) 프린터 : 한 번에 한 페이지씩 고속으로 인쇄하는 장치
  페이지 프린터, 레이저 빔 프린터

③ 도트 메트릭스(dot matrix) 프린터 : 프린터 핀이 리본을 쳐서 인쇄하는 방식
- 충격식(impact 방식), 9핀·24핀, 가격은 싸지만, 소음이 크고 글자 모양이 예쁘지 않다.

④ 열전사 프린터 : 문자를 열을 이용하여 출력하는 장치(특수용지 사용)
- 가격이 싸고, 소음이 없으며, 크기가 작다(휴대용 컴퓨터 인쇄 장치로 이용). 용지가 비싸다.

⑤ 잉크 제트(ink jet) 프린터 : 문자를 잉크로 분사시켜 출력하는 장치
- 비충격식(non impact 방식)
- 인쇄 속도 빠르고 소음이 적으며 도형·도표 등을 칼라로 인쇄할 수 있음
- 인쇄된 내용 변질되기 쉽고. 가격이 비싸다.

⑥ 레이저(laser) 프린터 : 레이저 광선 이용하여 페이지 단위 인쇄하는 출력 장치 소음이 적고, 속도 빠르며, 해상도(고품질 : 문자·그림·도표 등)가 높다.
- 가격 비싸고, 소모품비가 많이 든다.

3) X-Y 플로터(plotter)

- 플로터 : 용지 크기에 제한 받지 않고 처리 결과 그래프·도형으로 출력하는 장치
  - 지도·천기도·설계도 등 작성에 이용한다.
  - 정밀도 높고, 칼라 출력 가능. CRT보다 속도가 늦다.

4) 콘솔(console) 장치

컴퓨터 조작원이 중·대형 컴퓨터와 대화 주고받을 때 사용하는 입출력 장치

컴퓨터 시스템 작동·정지 및 작업 관리 등을 통제할 수 있는 장치

【인쇄 속도 단위】

구 분	종 류
CPS(character per second) LPM(line per minute) PPM(page per minute)	1초당 출력하는 문자수로 저속 프린터에 이용 1분당 출력하는 라인 수로 중속 프린터에 이용 1분당 출력하는 페이지 수로 고속 프린터에 이용

【입·출력 장치】

구 분	종 류
입력 전용장치	카드판독기, 광학마크판독기, 광학문자판독기, 키보드, 종이테이프판독기, 바코드, 자기잉크문자판독기
출력 전용장치	프린터, 카드천공기, X-Y 플로터
입·출력 겸용 장치	콘솔, 영상표시장치, 보조기억장치

• 복합기와 플로터

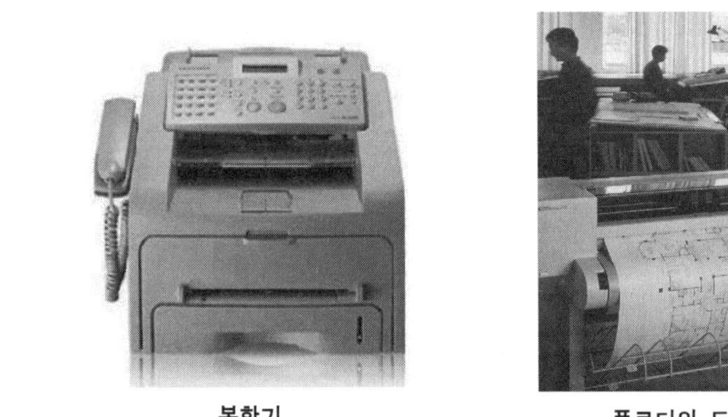

복합기 플로터의 도면 출력

휘고 단단한 전자종이 e북 혁명 온다

전자종이(電子-)는 종이에 일반적인 잉크의 특징을 적용한 디스플레이 기술이다. 이페이퍼(e-paper)라고도 한다. 화소가 빛나도록 백라이트를 사용하는 전통적인 평판 디스플레이와 다르게, 전자종이는 일반적인 종이처럼 반사광을 사용한다. 그래서 그림이 변경된 이후에, 글자와 그림은 전기 소모 없이 디스플레이할 수 있다. 또한, 전자종이는 평판 디스플레이와 다르게 접거나 휠 수 있다. 전자종이의 화소는 그림 안정이나 쌍안정하다. 그렇기 때문에, 각각의 화소는 추가적인 전력소모 없이 유지될 수 있다. 전자종이는 컴퓨터 모니터의 제한을 극복하기 위해서 개발되었다. 전자종이는 액정 디스플레이보다 시야각이 넓기 때문에 취약한 각도에서 쉽게 글자를 읽을 수 있다. 전자종이는 매우 가벼우며, 내구성이 튼튼하고, 종이보다 덜 휘지만, 현존하는 가장 휠 수 있는 디스플레이 기술이다. 반면에 반사를 이용한 특성상 백라이트가 불가능하며, 반응속도가 느린 단점이 있다(위키백과).

LG디스플레이는 유리 대신 플라스틱을 채용한 6인치 전자종이를 개발해 세계 최초로 양산에 들어갔다고 밝혔다. 책받침처럼 약 40도까지 구부릴 수 있으며, 무게도 기존 전자종이의 절반인 14g에 불과하다. 대만의 PVI나 AUO 등이 전자종이를 생산하지만 플라스틱 제품을 양산하는 건 LG디스플레이가 처음이다. 이 전자종이는 두께가 유리 전자종이의 3분의 1 수준인 약 0.7mm로 줄었다. 이를 위해 휴대전화 화면 보호 필름과 비슷한 두께의 플라스틱 기판(PCB)이 사용됐다.

6인치 플라스틱 전자종이

내구성도 개선됐다. LG디스플레이 측은 선 채로 책을 볼 때의 높이(약 1.5m)에서 떨어뜨리거나 소형 우레탄 망치로 직접 내려쳐도 화면이 손상되지 않았다고 설명했다. 제작 단가도 유리 전자종이와 큰 차이가 없다.

"플라스틱 전자종이가 양산되면 새로운 콘셉트의 전자책이 속속 등장해 시장에 큰 변화가 일어날 것"이라고 기대했다(dongA.com news, 2012.3.30).

연습문제 I

♣ 다음 문제의 정답을 표시하시오.

1. 다음 중 대용량 멀티미디어 콘텐츠의 빠른 전송을 위해 외부장비를 연결하는데 사용할 수 있는 장치로 가장 적당한 것은?

① ISA ② PCI ③ IEEE1394 ④ AGP

2. 동영상 처리를 위한 장치 중 하나로 영상을 컴퓨터 화면과 함께 표시할 수 있도록 하는 장치를 무엇이라 하는가?

① 프레임 그래버(Frame Grabber) ② 스캐너(Scanner)
③ DSP(Digital Signal Processor) ④ 비디오 오버레이(Video Overlay)

3. 입력장치 중에서 인쇄된 문자에 빛을 비추어 반사된 빛의 차이를 이용하여 판독하는 장치로 공공요금 청구서에 많이 사용되는 장치는?

① 스캐너 ② 광학문자 판독기(OCR)
③ 광학마크 판독기(OMR) ④ 자기 잉크 문자 판독기(MICR)

4. 화면이 완전 평면이고, 일그러짐 없는 화면 표시장치 중 해상도가 가장 높은 것은?

① CRT ② LCD ③ FET ④ PDP

5. 다음은 무엇에 대한 설명인가?

- 펜 입력 장치를 많이 사용한다.
- GUI 방식의 운영체제를 주로 사용한다.
- 이동 통신 기능까지 지원하는 방향으로 발전하고 있다.

① 노트북컴퓨터 ② 마이크로컴퓨터
③ 워크스테이션 ④ PDA

6. 오디오, 비디오, 이미지 등의 디지털 콘텐츠에 사람의 육안으로는 구별할 수 없도록 저작원의 정보를 삽입하여 불법복제를 막는 기술은?

① 워터마킹(Watermarking) ② 카피레프트(Copyleft)
③ 카피라이트(Copyright) ④ 스패밍(Spamming)

7. IC 카드가 차세대 카드로 주목 받지 않는 이유는?

① 사용상의 편리성 요구 ② 정보보호 기본 용량의 감소 요구
③ 정보의 보안성 향상 요구 ④ 개인정보 기억매체 용량증대 요구

연습문제 II

♣ 다음 문제를 설명하시오.

1. IC 카드 장점

2. 바코드 판독기(BCR)의 구조

3. 디지타이저(Digitizer)

4. 스마트카드(Smart card)의 원리와 응용분야

5. 액정표시장치(LCD)와 플라즈마 디스플레이(PDP)의 차이점

6. 화자인식(Speaker Recognition)

7. 판매 시점 관리 시스템(POS; Point Of Sales)

8. 모니터 크기는 무엇으로 결정되나?

9. CPU로부터 주변장치의 제어권을 위임받아 각 장치들 사이에 정보의 전달을 관장하며, CPU와는 독립적으로 입출력장치와 기억장치 간의 전송을 제어하는 것은?

10. 화면에 표현된 모양 그대로 출력 결과를 얻을 수 있다는 것을 의미하는 것은?

11. 근거리에서의 데이터 통신을 위한 기술로 적은 소비전력과 저가격으로 무선통신을 할 수 있어 이동전화, PDA,노트북, 기타 가정용기기 간에 정보전송을 목적으로 하고 있는 분야는?

12. 출력할 자료를 보조기억장치에 저장해 두었다가 프린터가 출력 가능한 시기에 출력할 수 있도록 해 주는 기능은?

13. (　　　　　)는 모니터 등의 출력장치가 내용을 얼마나 선명하게 표현할 수 있느냐를 나타내는 단위이다. (　　　　　)는 픽셀(Pixel)의 수에 따라 결정된다.

14. IC 카드를 이용한 서비스 증가 추세의 원인

C.H.A.P.T.E.R

06

컴퓨터 네트워크

- 네트워크의 개념을 이해한다.
- 데이터 통신의 개념과 응용분야에 대해 이해한다.
- 데이터 통신장비와 각각의 기능에 대해 학습한다.
- 데이터 전송서비스의 개념에 대해 학습한다.
- 여러 종류의 네트워크 방식에 대해 학습한다.
- LAN의 개념과 필요한 장비와 S/W에 대해 학습한다.

서로 다른 지역의 컴퓨터를 연결하는 라우터

6.1 컴퓨터 네트워크 개요

데이터 통신(data communication)이란?

- 데이터 통신이란 '컴퓨터와 같은 통신 기능을 갖춘 두 개 이상의 통신 장치(communication devices) 사이에서 동선, 동축케이블이나 광섬유, 혹은 무선 링크를 포함하는 전송미디어를 사용하여 정해진 규칙(통신 프로토콜)에 따라 데이터로 표현되는 정보를 교환하는 과정'이다.
- 데이터란 '이를 만들어서 사용하는 사용자들에 의해 합의된 형식으로 사실(facts), 개념(concepts), 명령(instructions) 등을 표현한 것'을 말하며, 통신이란 '두 사람 혹은 장치 사이에서 정보의 공유를 위해 정해진 규칙(프로토콜)에 따라 기호(symbols)나 표시(signs) 등을 사용하여 한 지점에서 다른 지점으로 정보를 전달하는 과정'을 말한다.

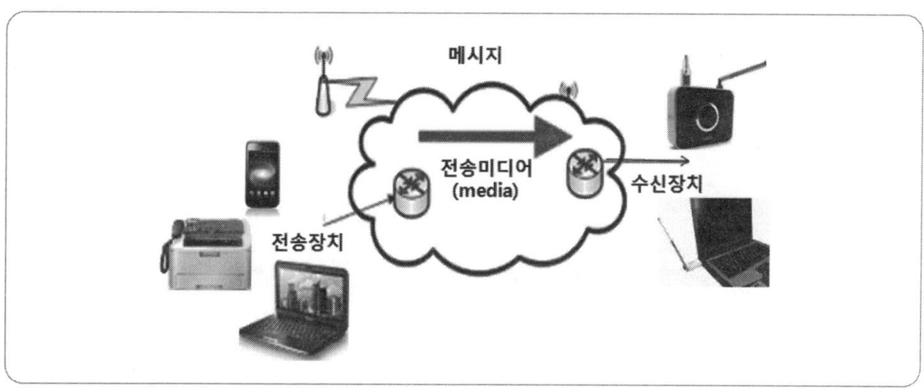

네트워크 통신의 필수요소

데이터 통신 네트워크 시스템의 구성

- 데이터 통신 네트워크(data communication network) 혹은 컴퓨터 네트워크(computer network)
  - 지리적으로 분산되어 있는 여러 정보원(information source)으로부터 정보를 전송하고 이를 공유하기 위해서 설계된 상호연결 시스템이다.

- 원격지의 컴퓨터와 같은 데이터 처리 및 통신장치 상호 간에 통신 미디어를 통하여 통신 규칙(protocol)에 따라 데이터의 전송 및 수신과정을 포함하는 시스템이다.

데이터 통신 네트워크 시스템의 필수 구성 요소

- 메시지(message)

데이터 통신을 원하는 정보(텍스트, 숫자, 그림, 비디오 정보 등)

- 전송장치(transmission equipment)

컴퓨터, 워크스테이션, 전화단말기, 비디오카메라 등과 같은 데이터 메시지를 전송하는 장치

- 수신장치(receive equipment)

데이터 메시지를 수신하는 장치

- 전송미디어(transmission media)

메시지가 전달되는 실제 전송로

- 프로토콜(protocol)

데이터 통신과 관련된 규칙들로 구성

데이터 통신 네트워크의 특징

- 정보의 디지털화
- 연결성 - 정보의 접근
- 전자정보교환(EDI)
- 디스켓이 필요 없는 네트워크 환경
- 컴퓨터 여러 대? 프린터 한대로 OK
- 가족과 함께 네트워크 게임을!
- 컴퓨터통신과 인터넷검색
- 쉽고 편한 데이터백업과 보관

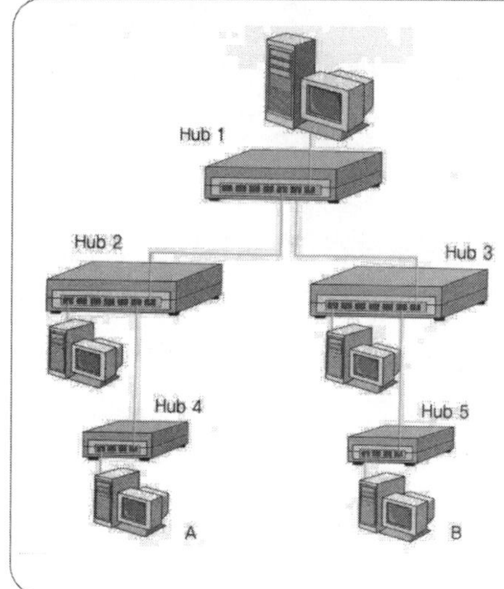

인터넷

Inter + Network "네트워크를 묶다"
하나의 프로토콜만을 사용(TCP/IP)
익스플로러와 같은 웹브라우저 사용

인트라넷

Intra + Network "내부 네트워크"
회사 내의 인터넷
외부의 접근 제한, 직원들에게 접근 자격 TCP/IP 프로토콜 사용

엑스트라넷

Extra + Network "외부 네트워크"
접근 자격 범위가 넓어진 내부 네트워크
직원뿐만 아니라, 협력사나 고객도 접근 가능

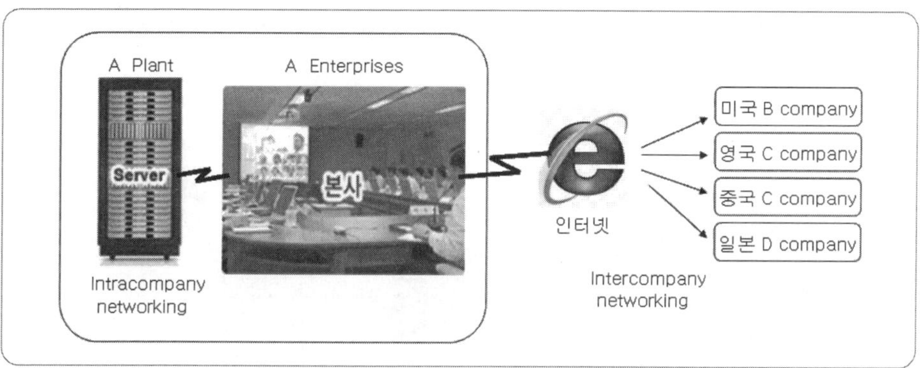

회사 내부 네트워킹과 회사 외부 네트워킹

6.2 정보통신의 개념

각종 데이터를 가공하여 유용한 정보를 만들어 네트워크를 이용하여 정보를 전송하는 것을 말한다. 즉, 통신이란 서로 떨어져 있는 두 지점 간에 어떠한 정보를 전달하는 것으로 사람 또는 장치 간에 어떤 매체를 이용하여 정보를 전송한다.

시간과 공간상의 한 점에서 목적지의 다른 점으로 정보를 전달하는 것이 정보통신의 기본 개념이다.

정보통신은 컴퓨터를 이용하여 데이터를 가공 및 처리하여 정보를 생산하고 생산된 정보를 정보매체인 유선과 무선, 기타 전자적 방법에 의하여 모든 종류의 부호, 문헌, 음량 또는 영상 매체를 이용하여 다른 지점으로 정보를 전달하는데 필요한 모든 과정을 말한다.

국제통신연합(ITU)에서 정보통신을 데이터를 발생하는 터미널과 데이터를 처리하는 컴퓨터에 의하여 처리된 정보의 전송이라고 정의하고 있다. 또한 데이터 전송기술과 컴퓨터에 의한 처리기능을 결합한 것이라 정의할 수 있다.

6.3 데이터 통신 하드웨어

데이터 통신에서 하드웨어 구성

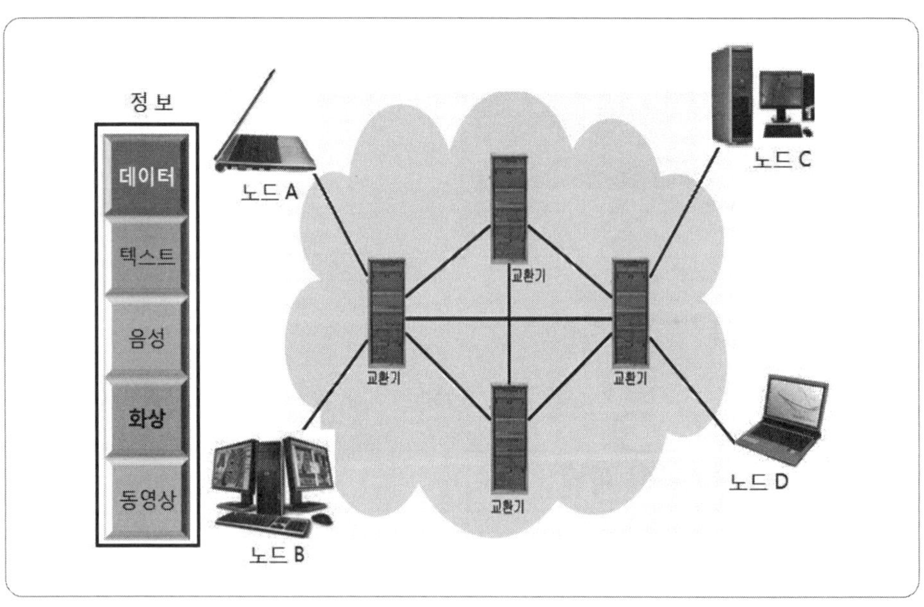

정보통신의 개념

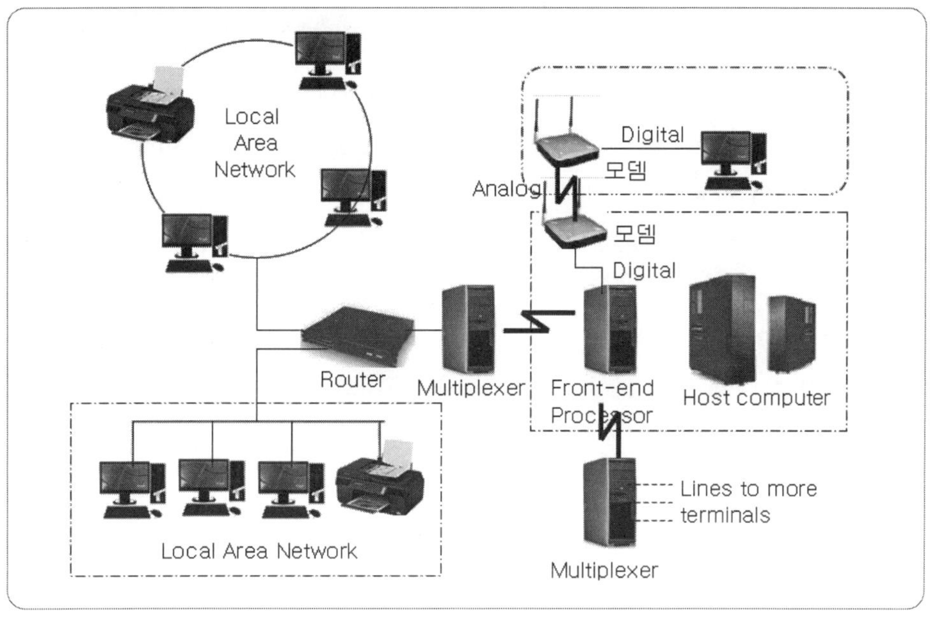

ADSL 내장형 모뎀

비대칭가입자망(ADSL; Asymmetric Digital Subscriber Line)이란 전화선을 이용하여 기존의 전화를 그대로 이용하면서 동시에 고속의 데이터 전송을 가능하게 하는 기술이다.

ADSL Service는 고속의 데이터 서비스를 제공하게 되며 동화상, 오디오, 3차원 효과 등의 연속적인 전송이 가능하다.

ADSL 모뎀의 특징

- ADSL은 전화국과 각 가정이 직접 1:1로 연결되며 전화국에서 사용자까지 데이터가 내려가는 하향의 경우에는 일반적으로 최저 1.5Mb 이상의 고속 데이터 통신이 가능하고, 반대로 사용자로부터 전화국까지의 상향 신호는 상당히 느리다. 따라서 상하향이 같은 대칭형 서비스가 아닌 비대칭형 서비스라고 한다.
- 장점은 전화선이나 전화기를 그대로 사용하면서도 고속 데이터 통신이 가능할 뿐만 아니라 한 전화선으로 일반 전화통신과 데이터 통신을 모두 처리할 수 있다는 것이다.
- 초고속 인터넷 서비스의 사용 중에도 전화사용이 가능하다. 설치가 간편하고, 손쉽게 서비스 제공자에 접속해서 인터넷 서비스를 받을 수 있다. 서비스 타입에 따라 가정 고객 및 SOHO/기업 고객 등에 다양한 형태의 프로토콜을 지원한다. 사용자 및 서비스 제공자의 편의를 위하여 TFTP를 통한 소프트웨어 업그레이드 기능 및 자체진단 기능이 내장되어 있다. 직렬 포트 및 텔넷을 통한 모뎀의 동작 상태 및 성능을 모니터링하고, 설정 사항을 변경할 수 있다.

참고 **TFTP(Trivial File Transfer Protocol)**

FTP와 마찬가지로 파일을 전송하기 위한 프로토콜이지만, FTP보다 단순한 방식으로 파일을 전송한다. 따라서 데이터전송 과정에서 데이터가 손실될 수 있는 등 불안정하다는 단점을 가지고 있다. 하지만, FTP처럼 복잡한 프로토콜을 사용하지 않기 때문에, 구현이 간단하다. 임베디드(Embedded) 시스템에서 운영체제 업로드로 주로 사용된다.

참고 **10 BASE 5**

미국전기전자학회(IEEE) 802.3으로 표준화된 구내 정보 통신망(LAN) 전송로 규격의 하나이다. 전송속도가 10Mbps, 신호 방식이 기저 대역(baseband), 세그먼트의 최대 길이가 500m인 것을 말한다.

참고 **비동기 전송 방식(非同期轉送方式, ATM: asynchronous transfer mode)**

국제전기통신연합(ITU-T)에서 1988년에 광대역 종합 정보 통신망(B-ISDN)의 전송 방식으로 결정하여, B-ISDN의 핵심이 되는 전송·교환 기술이다. 모든 정보를 ATM 셀이라는 고정 길이의 블록으로 분할하여 이것을 차례로 전송하는 방식이다. ATM 셀은 53바이트인데, 그중 헤더가 5바이트이고 정보 필드가 48바이트이다.

참고 **이더넷(Ethernet)**

미국의 DEC, 인텔, 제록스(Xerox) 3사가 공동 개발한 구내 정보 통신망(LAN)의 모델. 데이터 단말(data station) 간의 거리 약 2.5km 내에서 최대 1,024개의 데이터 단말 상호 간에 10Mbps의 전송속도로 정보를 교환할 수 있는 지역적인 네트워크로, IEEE 802.3 표준을 구현한 모델의 하나이다. 사용 케이블은 10BASE 5, 10 BASE 2 및 10 BASE-T 등이 있으나 주로 사용되는 것은 배선 공사가 용이하고 관리 및 안전성 등이 우수한 10BASE-T이다. 최근에는 대역폭이 100Mbps인 고속 이더넷도 등장했다.

멀티플렉서(Multiplexer)

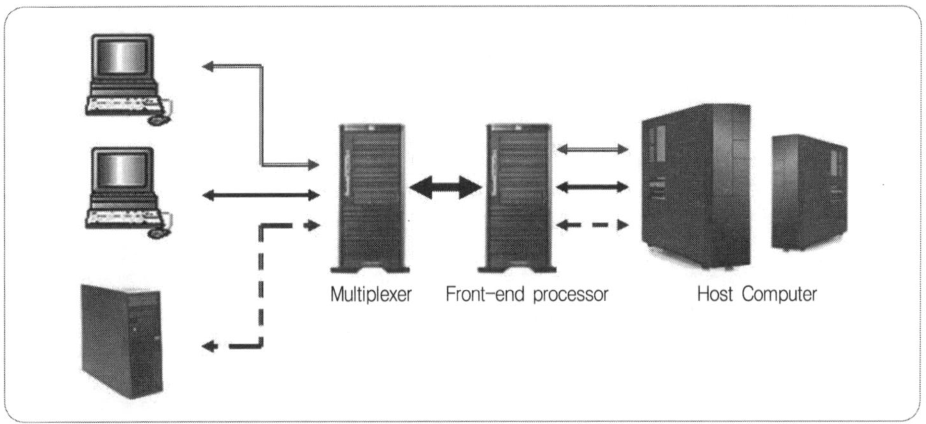

멀티플렉서(multiplexer)는 여러 개의 입력 데이터로부터 하나씩 선택하여 출력단에 보내는 장치로, 하나의 고속라인 상에서의 전송을 위해 여러 개의 저속장치들로부터 데이터를 모은다. 호스트 사이트에서는 전처리기가 처리를 위해 데이터를 분리시킨다. 전처리기로부터 데이터는 멀티플렉서에 의해 번역되며 적절한 장치로 전송된다.

라우터(Router)

- 근거리통신망(LAN)을 연결해주는 장비로서 정보에 담긴 수신처 주소를 읽고 가장 적절한 통신통로를 이용하여 다른 통신망으로 전송하는 장비이다.
- 네트워크와 네트워크를 연결하는 장치로 인터넷 전용선이 설치되어 있는 곳이라면 필수적으로 설치되어야 하는 장비이다.

Feature	WS-C2950G-24-EI
고정형 포트	24-port 10/100
	24-port 1000 base
백 플레인	13.6Gbps
Forwarding Rate	6.6Mbps
프로세서	50Mhz powerPC 403GA
플래쉬 메모리	8MB
CPU DRAM	64MB

라우터(Router)의 연결

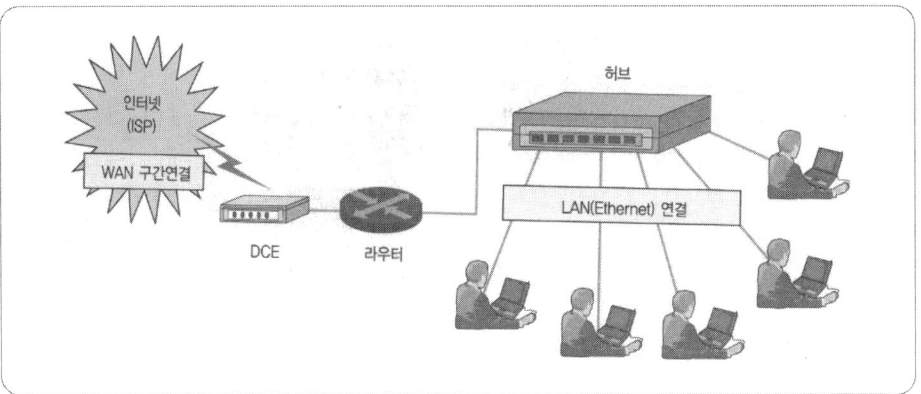

- ISP(Internet Service Provider): 인터넷 서비스 제공사업자
- Hub: 컴퓨터들을 LAN에 접속시키는 네트워크 장치
- DCE(Data Circuit-terminal Equipment): 데이터 회선 종단 장치
- Router: LAN을 연결해 주는 장치로서 서로 다른 프로토콜로 운영하는 통신망에서 정보를 전송하기 위해 경로를 설정하는 역할을 제공하는 핵심적인 통신장비이다.

6.4 데이터 통신채널

전송매체

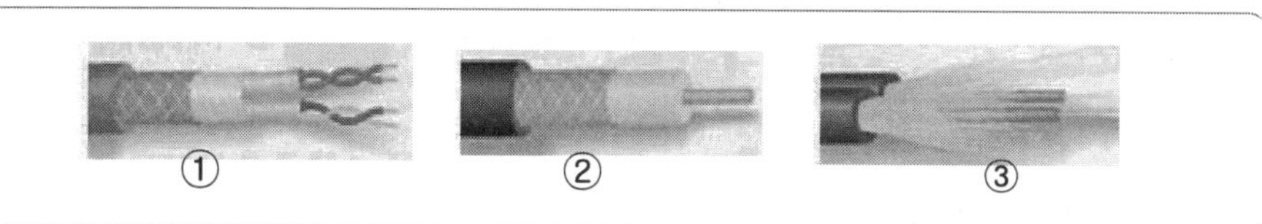

- 전송매체(傳送媒體, transmission media)는 송신기와 수신기 사이의 물리적인 전송 통로. 쌍 케이블, 동축 케이블, 전파 링크, 도파관, 광케이블 등이 있다.
- 데이터 통신에 사용되는 전송매체는 크게 유선 전송매체와 무선 전송매체로 나누어진다.
- 유선 전송매체는 hardwire, guided(도파 : 導波) 전송매체라고도 하며 무선 전송매체는 softwire, unguided 전송매체라고도 한다.
- 유선 전송매체에는 데이터를 전기 신호 형태로 전송하는 가공 나선, ① 트위스티트 패어(twisted pair), ② 동축 케이블(coaxial cable) 등이 있으며, 데이터를 광 신호 형태로 전송하는 ③ 광섬유(optical fiber)가 있다.
- 무선 전송매체에는 공기, 진공, 해수 등이 해당된다. 그러나 무선 전송매체에 대한 구분은 보통 VLF(Very Low Frequency), LF(Low), MF(Medium), HF (High), VHF(Very High), UHF(Ultra High), EHF(Extreme High) 등과 같이 전송 주파수 대역의 구분에 의해 이루어진다. 물론 파형 대역을 기준으로 할 경우에는 장파, 중파, 단파, 초단파, 극초단파 등으로 나누어진다.

유선 전송매체

3가지의 대표적인 유선 전송매체인 트위스티드 패어, 동축 케이블, 광섬유의 구조는 다음과 같다.

1) 트위스티드 패어

피복된 두 개의 선이 적절한 간격으로 꼬여져 있다.

2) 동축 케이블

중앙에 내부 도선이 있고 그 바깥에 절연체가 있으며 그 바깥에 외부 도선이 있다. 가장 바깥에는 보호 피복이 감싸고 있다. 전송 신호는 내부 도선을 따라서 흐르며 외부 도선은 외부의 전파 간섭을 차단하는 역할을 한다.

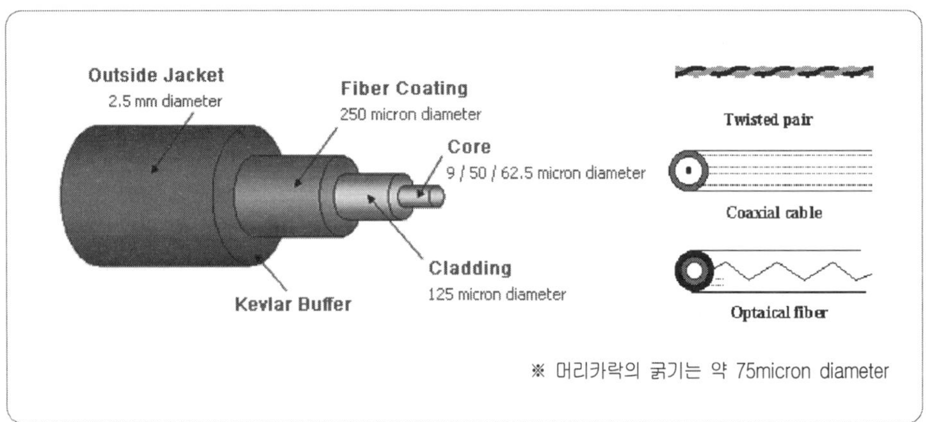

광케이블 내부구조

3) 광섬유

중앙에 코어가 있고 그 바깥에 클래딩이라고 하는 반사막이 있으며 그 바깥을 보호 피복이 감싸고 있다. 신호는 중앙의 코어를 통해서 전송되는데 필요할 경우 클래딩(반사막)에 의한 반사를 이용한다.

유선 전송매체 특성과 무선주파수 대역

【유선 전송매체 특성 비교】

전송매체	총 데이터 전송비율	대역폭	리피터 설치거리
꼬인 쌍선	4Mbps	3MHz	2~10km
동축 케이블	500Mbps	350MHz	1~10km
광 케이블	2Gbps	2GHz	10~100km

【무선주파수 대역】

파형	대역	주파수 범위	주요용도
장파	VLF LF	3~30KHz 30~300KHz	항해
중파	MF	300~3000KHz	AM라디오 방송
단파	HF	3~30MHz	단파 라디오
초단파	VHF	30~300MHz	VHF TV, FM라디오
극초단파	UHF SHF EHF	300~3000MHz 3~30GHz 30~300GHz	UHF TV, 지상M/W 레이더, 위성통신 마이크로파 분광학

위성방송계통도

이동위성방송 송출서비스(SNG; Satellite News Gathering) : 현장에서 방송을 거치지 않고 영상과 음성을 위성으로 바로 쏠 수 있는 이동 가능한 일종의 방송 송출 시스템을 말한다.

이동 뉴스 송출시스템에서 사용하는 주파수대는 14~16GHz대이며 매우 높은 주파수를 사용하기 때문에 100W 이하의 소규모 출력으로도 위성까지 전송이 가능하게 된다.

SNG 서비스에서 위성과의 송수신에는 소형 접시형 안테나가 사용되므로 소형 운반 수단으로도 신속하게 뉴스 현장에서 이동 전파송출이 가능하게 되었다. 또한 신속한 위성뉴스 송신 시스템에 사용되는 주파수도 점차 상향으로 개발되어 30MHz대의 초고주파수까지 사용하게 되었으며 실용화될 경우 현재 안테나 크기의 반이면 현재와 동일한 통신망 구성이 가능하게 된다.

즉, SNG는 통신위성을 이용한 TV뉴스 취재 시스템이다. SNG는 취재 현장에서 핸디용 송신기로 통신위성을 향해 영상과 음성을 발사, 그것을 TV 방송국 등에 설치된 지상기지에서 수신하는 중계방식으로 걸프전 때 CNN의 신속 보도를 가능케 한 이후 널리 이용되고 있다.

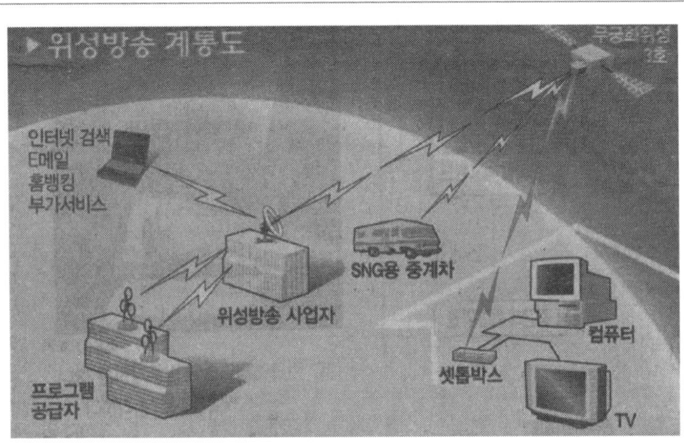

과거 생방송 시 취재지역의 지정학적 위치로 인해 산, 건물 등 전파방해 요소가 있는 경우나 산간오지에서의 중계방송일 경우 마이크로웨이브 망과 지상에 설치된 중계안테나를 이용하여 2~3단계, 많게는 4, 5단계까지 릴레이식 방송을 하였다.

이에 따라 음질과 화질이 떨어지는 현상이 발생, 산간벽지나 낙도 오지, 남극·북극이나 에베레스트 같은 고산지대에서의 방송에 한계가 있었다.

SNG는 적도 상공 약 36,000km 궤도상에 있는 정지위성 즉, 통신위성을 이용해 지역적 제한을 받지 않고 간단한 장비를 이용, 취재현장에서 직접 통신위성에 전파를 쏘아 방송국을 연결하여 생방송을 함으로써 화상과 음향품질 향상은 물론 신속성과 기동성 및 생생한 현장감을 전달하여 속보성 보도에 획기적 진전을 이룬 첨단 방송통신 서비스라 할 수 있다.

참고 **셋톱박스(set top box)**

일반적으로 주문형비디오(VOD), 영상판 홈 쇼핑, 네트워크 게임 등 차세대 쌍방향 멀티미디어 통신 서비스(이른바 대화형 텔레비전)를 이용하는 데 필요한 가정용 통신 단말기 기능을 갖춘 텔레비전 세트 위에 놓고 이용하는 기기이다.

이동위성방송 송출서비스(SNG; Satellite News Gathering)의 특징은 다음과 같다.

- 현장성 : 통신위성 접속가능 지역이라면 지상 어느 곳에서도 방송이 가능하므로 낙도, 극점, 고산지대, 산간, 벽지, 재해지역, 지상회선의 접속이 불가능한 사고현장의 방송이 가능하다.
- 신속성 : 차량 및 항공기기를 이용, 현장에 접근한 후 도착 30분 이내에 장치의 설치와 중계가 가능하므로 속보성(速報性) 뉴스방송에 적합하다.
- 독립성 : ENG가 하나의 장비에 불가하나 SNG는 이동방송국 같이 자체 송신 및 자가발전이 가능하므로 자체 방송을 위한 현지 방송사의 도움이 필요없으며 소규모의 인원만으로도 방송이 가능하다.
- 광역동시성 : 한 지점에서 송신하고 여러 곳에서 동시에 수신할 수 있어 미국에선 수많은 CATV에서 SNG를 이용해 뉴스와 프로그램을 공급하고 있다.
- 단점 : 전파가 위성이 있는 36,000km 궤도상까지 도달하는데 0.25초, 다시 방송국 도달하는데 0.25초 도합 0.5~1초의 전송시간 지연이 발생, 화면과 대화의 시차가 발생하고 기상악화나 악천우의 경우 신호의 일시적 중단이 있을 수 있다.

【전송매체 비교표】

	동축케이블	광케이블	전화선(전용선)
전송거리	1km 이상은 중계기 설치	장거리 무중계 전송 가능 (최대 120km 무중계)	제한적임 & 인터넷
전송품질	환경변화에 영향을 받음	고화질(영상), 데이터 에러 없음	중계기의 품질에 따라 결정됨
유도잡음	특성변화, 에러 발생, Distortion 발생	광학적 특성임, 전기적으로 무관	
전송대역	Baseband : 10~12Mhz Broadband : 300~400Mhz	수 100Mhz~수GHz	대역폭 : 2GMHz 속도 : 10~수100Mbps
장점/단점	전기적 간섭에 높은 면역성 주파수에 따른 신호의 감쇠나 전송지연의 변호가 적음. 범용적인 기술로 인식됨.	대용량 고속 전송이 가능함. 작은 크기와 적은 무게 케이블 접속 비용이 고가이며, 접속에 전문가 필요함.	기존 설비를 이용하며, 범세계적으로 상호통신이 가능함. 한정된 지역에서는 고속대용 전송은 불가능함.

- 위성방송은 위성에 탑재된 중계기가 100W 이상인 대출력 중계기로 다수의 시청자에게 송신되는 방송이나 SNG는 10W급 소출력 중계기가 탑재되어 통신위성을 이용하는 통신시스템이자 방송지원 장비다.
- 무궁화 위성 등 자체 방송위성을 갖춘 우리나라 또한 80년대 중반부터 SNG가 일반화 된 외국과 같이 SNG의 다양한 활용과 이용이 요구되고 있다.

6.5 네트워크 형태

자료전송 경로

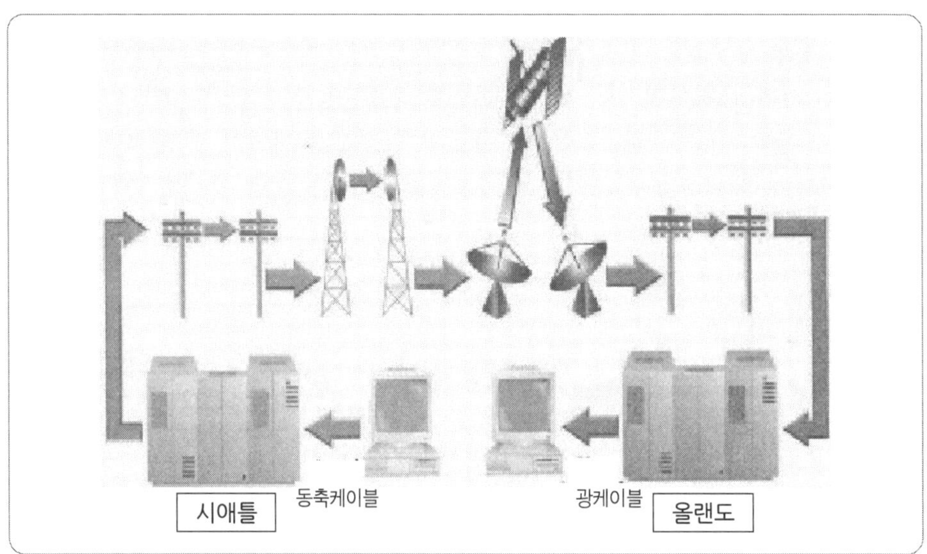

네트워크 형태

여러 컴퓨터나 단말기 사이를 통신회선으로 연결한 컴퓨터의 이용 형태, 즉 컴퓨터와 컴퓨터 간의 배선모양이나 통신채널이 통신망에 연결되는 형태를 말한다.

가장 일반적인 네트워크 형태로는 스타/방사형(star/radial), 링형(ring), 버스형(bus)의 세 가지가 있으며, 이외에도 트리(tree) 구조가 있다.

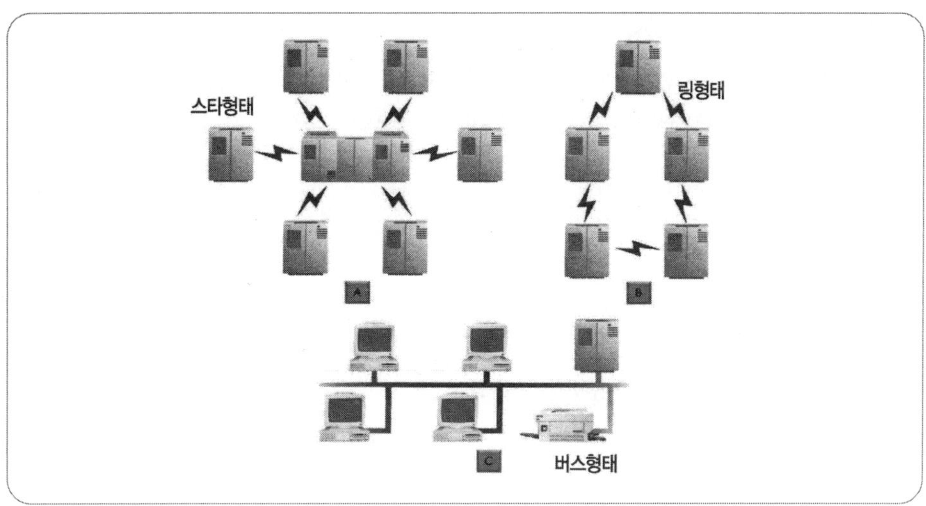

정보의 병렬 전송과 직렬 전송

1) 병렬 전송 방식

- 여러 개의 통신선에 송신하고자 하는 비트들을 각각 대응시켜서 동시에 전송하는 방식으로 신호선의 수가 많으므로 거리가 멀어질수록 선로비용이 많이 든다.
- 전송속도가 빠르다.
- 전송길이가 길어지면 에러율이 높아지고 목적지까지 도착하는 시간이 서로 달라질 수 있다.
- 터미널의 구성이 간단하다.
- 다수의 전송선을 사용하므로 근거리 전송에 적합하다.

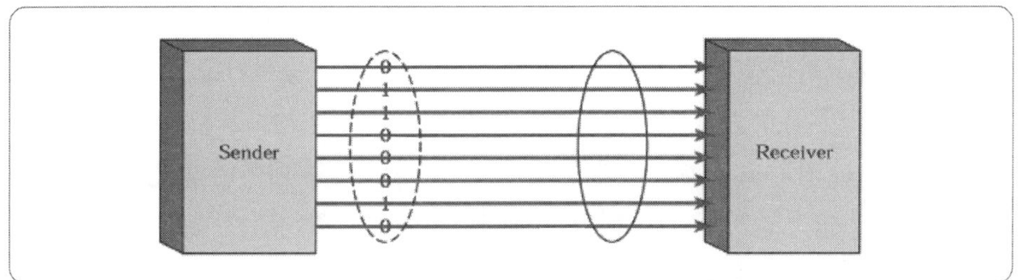

병렬 전송

2) 직렬 전송 방식

- 하나의 통신선에 한 비트씩 전송하는 방식으로 하나의 신호선과 신호 기준선만 있으면 되므로 2선으로 전송이 가능하다.
- 원거리 전송에 적합하다.
- 설치 비용이 저렴하다.
- 에러율이 적다
- 전송속도가 느리다.
- 터미널의 구성이 병렬 전송보다 복잡하다.

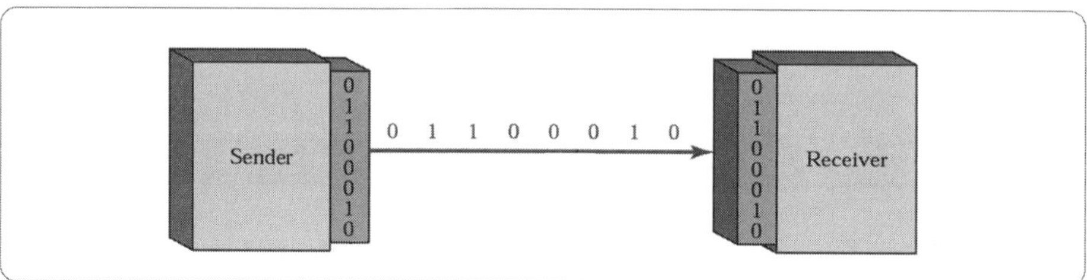

직렬 전송

아날로그 전송과 디지털 전송

아날로그 전송(analog transmission)이란 데이터의 종류, 즉 아날로그 데이터나 디지털 데이터에 관계없이 모두 아날로그 신호로 변환하여 전송하는 것을 말한다.

아날로그 데이터의 경우에는 신호변환장치를 통해 전기적인 신호와 같은 아날로그 신호로 변환하여 전송한다. 또한 디지털 데이터의 경우에는 모뎀을 통하여 아날로그 신호로 변환하여 전송한다.

아날로그 전송은 기존의 전화망을 이용할 수 있다는 장점을 가지고 있다. 그러나 신호가 일정거리를 지나게 되면 그 세기가 감소되어 증폭기를 사용하여 신호를 증폭해 주어야 하는데, 이때 신호만을 증폭하는 것이 아니라 잡음까지 증폭된다는 단점을 가지고 있다. 이때 음성과 같은 아날로그 데이터의 경우는 별 문제가 되지 않지만 디지털 데이터인 경우에는 에러가 발생하게 된다. 따라서 아날로그 전송은 디지털 데이터보다는 아날로그 데이터 전송에 더 적합하다.

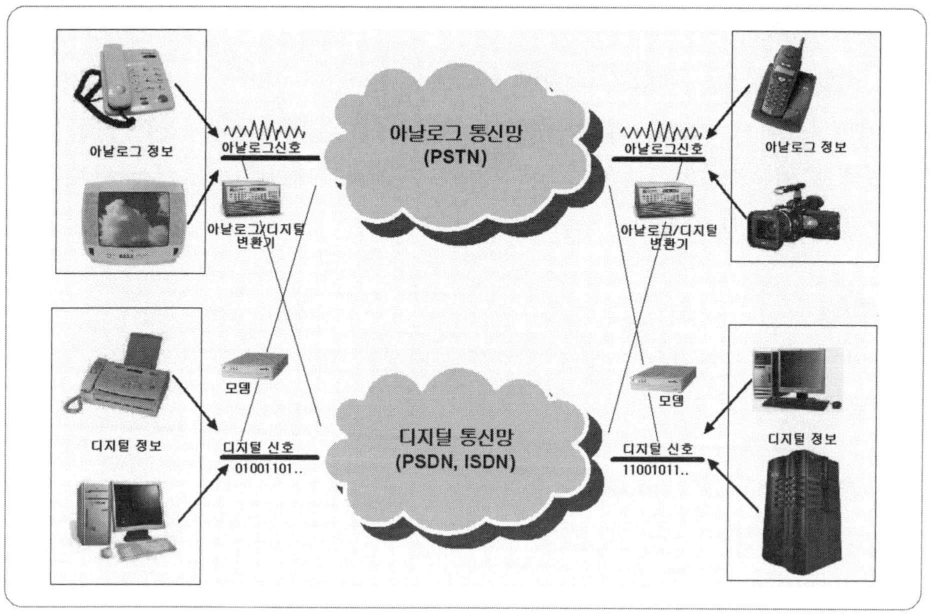

아날로그 전송과 디지털 전송

네트워크 구조의 개념

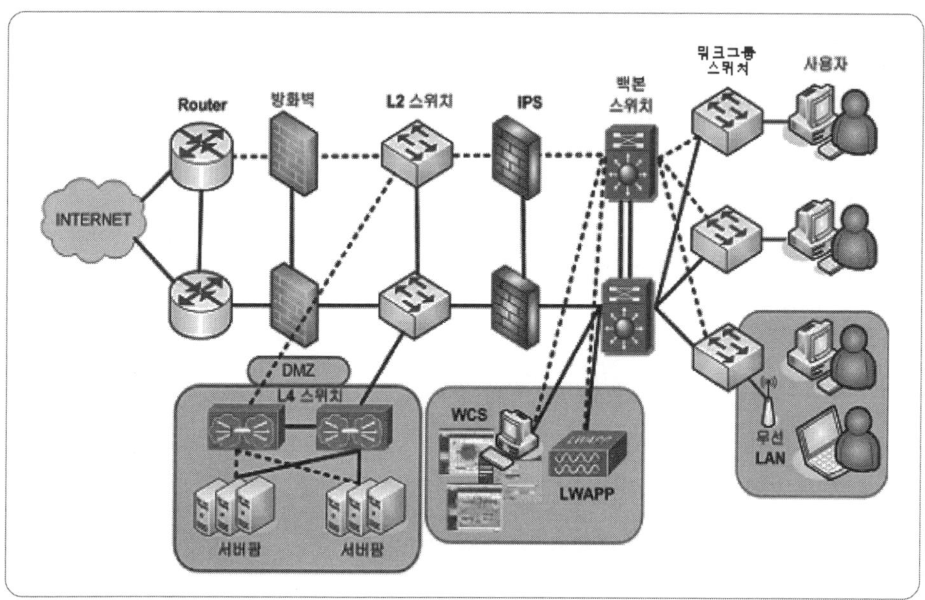

네트워크 구조 개념도

(출처 : http://willyoppa.tistory.com/tag/L2)

1) 백본스위치

백본이란 WAN으로 연결되기 위한 하나의 노드 또는 여러 노드들의 중심이다. 한 네트워크에서 중심에 위치하며 모든 패킷이 지나간다. 이와 같은 역할을 하는 장비를 백본스위치라 한다. 백본스위치는 많은 트래픽을 처리해야 하므로 기가급 장비를 많이 사용한다.

2) VLAN

현재의 네트워크 자원을 그대로 유지한 상태에서 물리적인 구성이 아닌 논리적 구성을 통하여 시스템 성능을 향상시키기 위한 개념이다.

3) 워크그룹 스위치(Workgroup Switch)

워크그룹은 소규모 작업그룹을 의미한다. 다시 말해 작은 회사 또는 한 학급 정도의 규모가 작고 허브나 스위치만으로도 통신이 가능한 그룹의 노드를 모아 놓은 장비가 워크그룹 스위치이고 다수의 워크 그룹 스위치 노드가 모이는 곳이 백본 스위치이다.

4) 침입 방지 시스템(IPS; Intrusion Prevention System)

네트워크에서 공격 서명을 찾아내어 자동으로 모종의 조치를 취함으로써 비정상적인 트래픽을 중단시키는 보안 솔루션이다.

수동적인 방어 개념의 침입 차단 시스템이나 침입 탐지 시스템(IDS)과 달리 침입 경고 이전에 공격을 중단시키는 데 초점을 둔, 침입 유도 기능과 자동 대처 기능이 합쳐진 개념의 솔루션이다.

5) 무선 통신 서비스(WCS; Wireless Communications Service)

미국연방통신위원회(FCC)가 정의한 2.3GHz대의 각종 통신 서비스이다.

고정, 이동, 무선 측위, 위성 통신을 개인 및 기업에 제공하는 무선 통신이다. 향상된 무선 전화 서비스, 각종 모바일 서비스, 소형·경량·다기능 휴대 전화, 양방향 데이터 장비 등을 포함한 서비스를 제공한다.

무선 통신 서비스(WCS) 시스템은 무선으로 데이터 및 비디오를 송수신할 수 있는 개인 휴대 정보 단말기는 물론 다른 전화망과도 통신할 수 있는 시스템이다.

6) 경량 액세스 포인트 프로토콜(LWAPP; Lightweight Access Point Protocol)

또는 LWAPP는 한 번에 여러 개의 Wi-Fi 무선 액세스 포인트를 조절할 수 있는 프로토콜의 이름이다. 모니터링 구성에 보낸 시간의 양을 줄일 수 있다거나 큰 네트워크 문제를 해결한다.

7) 비무장 지대(DMZ; DeMilitarized Zone)

인터넷상에 공개하는 서버에 대한 부정 접속을 방지하기 위한 침입 차단(firewall) 기능이다. 인터넷 측과 사내 통신망 측 사이에 비무장 지대를 설치해서 침입 차단으로 여과 처리하면 월드 와이드 웹(WWW) 등의 공개 서버에 대한 부정 접속을 방지할 수 있다.

8) L2 스위치, L3 스위치, L4 스위치

L2 스위치, L3 스위치, L4 스위치는 OSI 7 layer 중 어느 layer에서 수행되는가에 따라서 결정된다.

(1) L2 스위치

2 Layer(L2; Datalink Layer)의 프로토콜인 이더넷, 프레임릴레이, ATM 등에서 스위칭 기능을 수행한다(MAC Address).

(2) L3 스위치

3 Layer(L3; Network layer)의 프로토콜인 IP, IPX 등에서 스위칭 기능을 수행하여 라우팅 기능을 스위치가 가지게 된다(IP Address).

(3) L4 스위치

4 Layer(L4; Transport Layer)의 프로토콜인 TCP, UDP 등을 스위칭하며, 이때 TCP와 UDP, 그리고 RTP(Real Time Protocol) 등의 헤더를 사용하여, FTP, HTTP, TFTP, SMTP 등의 프로토콜 중 어느 것에 대한 요구가 우선하는지 파악한 후 스위칭하게 된다. 주로 서버나 네트워크의 트래픽을 로드 밸런싱(load-balancing)하는데 이용된다.

(4) L7스위치

패킷의 헤더정보만 확인하는 L4에 비해 payload(e-mail 제목/내용의 문자열,

HTTP 콘텐츠 URL, FTP 파일 제목, SSL ID, Cookie 정보, 특정 바이러스(e.g. CodeRed, Nimda) 패턴 등을 분석해 Packet을 처리하므로 보안에 이용되어지는데 보다 높은 수준의 Intelligence를 갖춘 스위치일수록 더 정교한 패킷의 부하분산(load balancing) 및 Qos 기능 구현이 가능하다.

- Dos/SYN Attack에 대한 방어
- CodeRed/Nimda 등 바이러스 감염 패킷의 필터링
- 네트워크 자원의 독점 방지를 통한 네트워크 시스템의 보안성 강화가 가능하다.

【네트워크 장비의 심벌·사진·기능】

장비명	심벌	장비사진	기 능
백본스위치			랜에서 광역통신망(WAN)으로 연결하기 위한 하나의 회선 또는 여러 회선의 모음, 또는 빌딩 간의 연결처럼 랜 안에서 거리를 효율적으로 늘리기 위한 회선
라우터			랜을 연결하여 정보를 주고받을 때 송신정보(패킷: packet)에 담긴 수신처의 주소를 읽고 가장 적절한 통신통로를 이용하여 다른 통신망으로 전송하는 장치
스위칭허브			근거리통신망(LAN)을 구성할 때 단말기 간의 집선장치로 자료교환(스위칭) 기능을 가진 장치
방화벽 및 IPS			기업이나 조직의 모든 정보가 컴퓨터에 저장되면서, 컴퓨터의 정보 보안을 위해 외부에서 내부, 내부에서 외부의 정보통신망에 불법으로 접근하는 것을 차단하는 시스템
가상사설망 VPN; virtual private network			인터넷과 같은 공중망(public network)을 마치 전용선으로 사설망(private network)을 구축한 것처럼 사용할 수 있는 방식을 가상사설망
무선 LAN			무선랜(無線 lan, WLAN)은 두 대 이상의 컴퓨터가 선 없이 연결한 상태로, 무선으로 된 로컬 영역 네트워크

9) OSI 7계층의 기능·TCP/IP stack·switch 관계

기 능	OSI 7 Layer	TCP/IP stack		Switch
응용프로세스 간의 정보교환	Application	App		L7
응용프로그램을 위한 데이터 표현	Presentation			
통신방법 및 동기를 맞추는 기능	Session			
통신경로, 통신망 품질관리	Transport	TCP	UDP	L4
최적경로 선택과 중계하는 기능	Network	IP		L3
전송오류 및 흐름을 제어하는 기능	Datalink	Driver		L2
데이터를 전송로에 싣고 내리는 기능	Physical	Ethernet		

6.6 근거리 통신망(LAN)

LAN(Local Area Network)이란?

같은 건물 내 또는 학교나 공장 구내와 같은 한정된 지역 내(수[㎞] 이내의 동일 빌딩과 구내 등 기업)에 분산 설치되어 있는 각종 컴퓨터 및 기타 장치를 통신선으로 연결하여, 하나의 장치가 다른 어떤 장치와도 상호 작용할 수 있게 하는 네트워크이다.

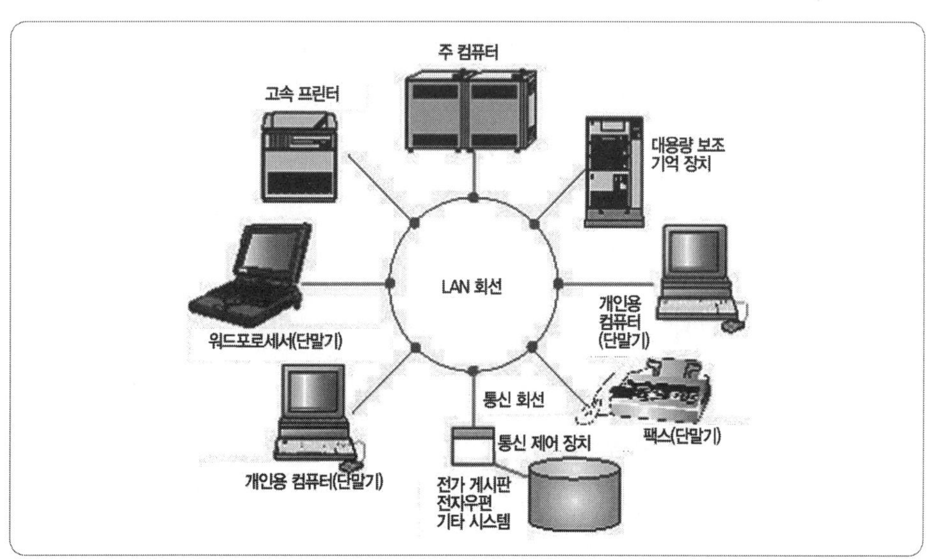

비교적 좁은 지역에 분산 배치된 각종 단말 장치 사이에서 0.1~100[Mbps] 정도의 고속 통신 속도로 상호 통신을 하기 위한 구내 통신망 또는 근거리 통신망이라고도 한다.

구내 정보 통신망(LAN)에 연결되는 장치에는 서버, 워크스테이션, 개인용 컴퓨터(PC) 등 각종 컴퓨터는 물론 레이저 인쇄기나 대형 하드디스크 등 공유 자원도 포함된다.

각 장치는 특정 LAN 고유의 물리층과 데이터 링크층의 프로토콜을 사용해야 하며, 상호 통신하는 모든 장치 간에는 같은 상위 계층 통신 프로토콜을 사용해야 한다.

단일 LAN은 지리적(거리적)으로 한정되지만 분산된 복수의 LAN을 연결하여 LAN의 집합 또는 대형 네트워크를 형성할 수 있다. 같거나 유사한 종류의 LAN은 브리지를 사용하여 연결할 수 있고, 다른 종류의 LAN은 게이트웨이를 사용하여 연결할 수 있다. LAN에 연결된 장치는 노드라고 부르며, 노드들을 연결하는 케이블로는 연선(撚線) 케이블, 동축 케이블, 광섬유 케이블의 3종류가 사용된다.

LAN의 기본적인 망 구성 형태로는 버스(BUS)형, 링(RING)형, 방사(STAR)형의 3종류의 토폴로지가 사용된다. 2개 이상의 노드가 동시에 송신을 시도하는 경우에 충돌을 방지하고 트래픽(traffic)을 조절하기 위한 방법(매체접근 제어)에는 반송파 동시 공동 이용/충돌 탐지(CSMA/CD), 토큰 버스(TOKEN BUS) 방식, 토큰 링(TOKEN RING)형 방식의 3종류가 있다.

LAN이 세계적으로 보급되어 TCP/IP 프로토콜을 사용하여 LAN 간 상호 접속을 쉽게 하는 인터넷이 급속히 발전했다.

1) 통신망의 개요

LAN의 특징은 다음과 같다.

- 전송거리가 짧아서 전송로 비용 부담이 되지 않는다.
- 전송 지연시간이 짧기 때문에 패킷 지연이 최소화 된다.
- 환경이 안정되어 있어서 고속 전송이 가능하고 전송 에러 율이 낮다.
- 외부 네트워크의 제약을 받지 않는다.

- 패킷망의 필수적인 경로 선택이 필요 없어 네트워크의 제어가 쉽다.
- 방송 형태의 이용이 가능하다.
- 네트워크 내의 어떤 기기와도 통신이 가능하다.

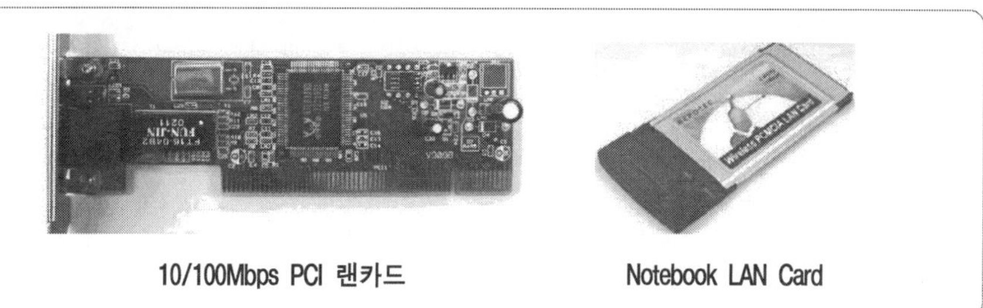

10/100Mbps PCI 랜카드　　Notebook LAN Card

2) 근거리 통신망의 종류

(1) Ethernet

이더넷(Ethernet)은 경합방식(競合方式)의 동축케이블을 이용하는 베이스밴드 방식의 LAN이다.

참고 **경합 방식(contention system)**

동일한 전송매체를 여러 장치가 경쟁하여 사용 권한을 얻는 회선 제어 방식이다.

참고 **베이스밴드 방식**

저주파의 베이스밴드 신호를 사용하여 단거리용의 동축케이블을 통해 신호를 전송하는 방법이다. 변복조기를 이용하는 장거리 통신과는 대조적으로 LAN 등에 주로 사용된다.

(2) 토큰링(Token Ring)

토큰링은 초기에 IBM에 의해 개발되었으며, 4-16Mbps의 속도를 보장하는 고속 데이터망으로, 채널의 사용권을 균등하게 분배하기 위해 사용권을 의미하는 토큰을 차례로 전달해 나가는 방식이다.

(3) 광섬유 분산 데이터 인터페이스(FDDI; Fiber Distributed Data Interface)

FDDI는 100Mbps의 속도를 토큰 패싱(token passing) 방법을 채택하며 이중의 링 구조를 가지는 LAN으로 전송매체를 광섬유를 사용한다.

참고 **토큰 패싱(token passing)**

토큰 패싱(token passing) 방식은 공유하고 있는 통신 회선에 대한 제어 신호(토큰)를 각 노드(node) 간에 순차적으로 옮겨가면서 수행하는 방식이다.

【Ethernet, Token Ring & FDDI】

구 분	이더넷	토큰링	FDDI
데이터전송률	10Mbps	4/6 MBPS	100MBPS
토폴로지	논리형 버스/스타형	Star-wirering	Dual ring of trees
액세스 방법	CSMA/CD	토큰 패싱	토큰 패싱
최대 네트워크 길이 (브리지 사용 없이)	500m	100m	200km
노드 간 최대허용길이	500m	100m	2km
최대 패킷 크기	1.5k	4/8k	5/5k
최대노드 허용 수	1024	260(STP) 72(UTP)	500기본 설정

광역통신망[廣域通信網, WAN(Wide Area Network)]

보통 공중 통신 사업자가 제공하는 전용선, 패킷 교환망, 종합 정보 통신망(ISDN) 등의 통신 회선 서비스를 사용하여 광범위한 지역에 분산되어 있는 구내 정보 통신망(LAN)이나 도시권 통신망(MAN)을 상호 접속하여 형성한 대규모 통신망이다.

LAN이 비교적 좁은 범위에서 고속으로 품질이 좋은 전송을 행하는 반면, WAN은 통신 속도 및 전송 품질은 다소 나쁘지만 넓은 지역을 서비스할 수 있는 특징이 있다. 회선의 디지털화, 고속화 및 광대역화가 달성되면 전송속도도 ISDN의 64kbps로부터 비동기전송 방식(ATM) 전용선의 156Mbps까지 올릴 수 있다.

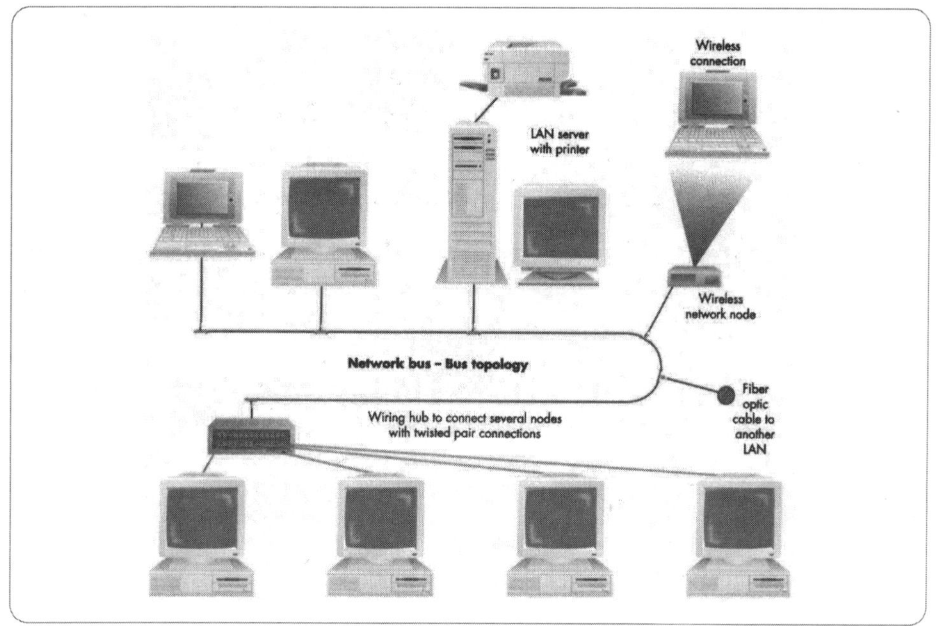

통신망 운영 체계(通信網 運營 體系, NOS; Network Operating System)

다수의 컴퓨터와 기타 장치들이 하나의 망으로 연결되어 있는 정보 통신망 자원을 효율적으로 관리하여 다중 사용자 환경을 제공하는 운영 체계이다. 보통 약어(NOS)로 불리며, 구내 정보 통신망(LAN)을 구축하고 관리하는 데 중심이 되는 소프트웨어를 총칭한다.

일반적인 기능으로는 파일 및 프린터의 공유 사용자의 계정관리 네트워크 보안을 들 수 있다.

통신망 운영 체계(NOS)는 단일 사용자 운영 체계와는 달리, 다수 사용자로부터의 요구(입력)에 대해 동시에 확인하고 응답해야 하며 컴퓨터 상호 간의 접속과 통신, 하드디스크나 인쇄기 등 자원의 할당과 공유, 데이터 보호, 오류 제어, 사용자 관리와 보안 등 다중 사용자 환경에 필요한 서비스를 제공해야 한다.

NOS에는 미국 노벨사의 네트웨어(netware)와 같은 자립형 또는 독립형인 것도 있고, 마이크로소프트사의 LAN 관리자나 IBM사의 LAN 서버와 같이 다른 운영 체계(OS)상에서 동작하는 것도 있다.

NOS 소프트웨어의 일부분은 각 클라이언트 머신에 상주하며, 다른 일부분은 각 서버에 상주한다. 클라이언트 측의 소프트웨어가 서버 상에 있는 공유 디스크나 인쇄기 등을 이용하기 위한 응용 프로그램으로부터의 요구 등 필요한 처리를 서버 측의 소프트웨어에 의뢰하면 서버 측의 소프트웨어가 처리하여 그 결과를 클라이언트 측의 소프트웨어에 보내서 사용자에게 전달하게 한다.

통신기술의 진화 – LTE 2.0시대 연다

롱텀에볼루션(LTE) 음성통화(VoLTE) 서비스를 이용해 제주도에 거주하는 친구에게 전화를 걸자마자 마치 곁에 있는 것처럼 선명한 음성이 들려왔다. 기존 3세대(G) 휴대폰에서 전화를 걸 때 통화 연결까지 5~6초를 기다려야 하는 것과 달리 번호를 누르자마자 통화 연결음이 흘러나왔다.

음성통화를 하다 버튼을 눌러 영상통화로 전환하니 친구 뒤로 푸른 한라산 자락이 선명하게 펼쳐졌다. 3G 영상통화에서 경험했던 어색한 움직임과 음성 하울링(울림 현상)은 전혀 찾아볼 수 없었다.

SK텔레콤의 VoLTE 서비스 상용화는 국내에 'LTE 2.0' 시대를 여는 신호탄으로 풀이된다. 국내에서는 2011년 7월 노트북 등에 모뎀을 꽂아 쓰는 LTE 서비스가 시작된 데 이어 9월 말 LTE 스마트폰 서비스가 시작됐지만 3G와 차별되는 서비스가 없다는 평가를 받아왔다.

데이터 전송속도가 3G에 비해 5배 이상 빠른 것이 LTE 특징이지만 이를 활용해서 쓸 만한 서비스 변화가 없었다는 것. 특히 LTE 휴대폰이더라도 음성서비스는 기존 3G 통신망을 통해 전송돼 이전과 완전히 같았다.

이번 VoLTE 상용화 계획 발표는 소비자들이 LTE에서만 쓸 수 있는 특화 서비스를 이용할 수 있게 됐다는 것을 의미한다.

2012년 9월 말 출시되는 LTE폰(VoLTE 기능 탑재)은 음성통화 품질이 2배 이상 좋아지고 영상통화 화면이 선명해지고 통화연결시간이 최소 0.3초로 줄어든다. "VoLTE는 데이터 통신망을 통해 제공된다는 점에선 카카오 '보이스톡'과 같지만 휴대폰과 통신망에 최적화돼 통화 품질은 비교가 안 된다"고 강조했다.

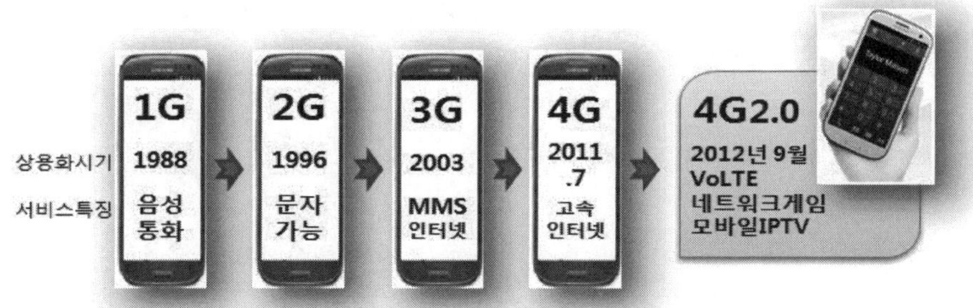

통신기술의 진화

SK텔레콤은 통합커뮤니케이션서비스, 네트워크게임 등 LTE 특화서비스 일정을 발표했다.

먼저 하반기 문자서비스(SMS)와 멀티미디어 메시지 서비스(MMS) 등을 하나로 통합한 차세대 통합커뮤니케이션 서비스(RCS)를 출시할 예정이다. 서비스 하나만 열어 음성과 영상통화, 문자메시지, 채팅, 파일공유 등을 통합해서 이용할 수 있다. 또 휴대폰에서 여러 상대와 실시간으로 네트워크게임도 할 수 있게 됐다(매일경제, 2012.6.21.).

【3G와 LTE2.0 비교】

3G	구 분	LTE2.0
15분	영화 1편(1.4GB) 내려받는 시간	75초
5~6초	통화 연결 시간	0.3~2.5초
SD급	영상 통화 화질	HD급
영상통화	특화 서비스	네트워크 게임 고화질 IPTV

연습문제 I

♣ 다음 문제의 정답을 표시하시오.

1. **데이터 통신 네트워크의 특징이 <u>아닌</u> 것은?**
   ① 정보의 디지털화　② 정보의 연결성 용이
   ③ 전자정보 교환　④ 복잡한 데이터백업

2. **다른 네트워크를 인식하여 경로를 배정하며, 수신된 패킷에 의해 타 네트워크 또는 자신의 네트워크 노드를 결정하는 데이터 통신기기는?**
   ① 라우터(Router)　② 리피터(Repeater)　③ 허브(Hub)　④ 브리지(Bridge)

3. **컴퓨터를 네트워크로 연결하기 위하여 사용되는 인터네트워킹 기기가 <u>아닌</u> 것은?**
   ① 리피터(Repeater)　② 허브(Hub)
   ③ 레이드(Raid)　④ 라우터(Router)

4. **한글 Windows XP에서 인터넷을 사용할 때 문자로 된 컴퓨터 주소를 숫자로 된 IP 주소로 바꾸어 주는 역할을 하는 것은?**
   ① TCP/IP　② Adapter　③ DNS　④ Gateway

5. **한글 Windows XP의 네트워크 구성 요소 중에서 다른 Microsoft Windows 시스템과 서버에 연결할 수 있고 파일과 프린터를 공유할 수 있게 하는 요소는?**
   ① TCP/IP　② 네트워크 어댑터
   ③ NetBEUI　④ Microsoft 네트워크용 클라이언트

6. **컴퓨터에 공유되어 있는 데이터와 프린터 자원을 표시해 주는 명령은?**
   ① Net view　② Ping　③ Ipconfig　④ Net session

7. **통신에서 컴퓨터와 컴퓨터 사이의 정보교환을 원활히 할 수 있도록 규정된 통신규칙은?**
   ① Interface　② Protocol　③ Terminal　④ Sampling

8. **1G~4G의 서비스 특징이 <u>잘못</u>된 것은?**
   ① 1G - 음성통화　② 2G - 문자 가능
   ③ 3G - 문자+숫자 문자서비스　④ 4G - 고속 인터넷

♣ 다음 문제를 설명하시오.

연습문제 Ⅱ

1. 디지털 가입자 망(ADSL)

2. 멀티플렉서(Multiplexer)

3. 리피터(Repeater)

4. NIC(Network Interface Card)

5. FDDI(Fiber Distributed Data Interface)

6. 모든 노드들이 서로 동등한 관계를 가지면서 자원 공유를 실현하는 네트워크로 워크그룹이라고도 불리는 것은 어느 것인가?

7. 지리적으로 분산되어 있는 컴퓨터 자원을 초고속 인터넷 망을 통해 격자구조로 연결하여 공유함으로써 하나의 고성능 컴퓨터처럼 사용하는 방법은?

8. 초기에 IBM에 의해서 개발되었으며 4~16Mbps의 속도를 보장하는 고속데이터 망으로 채널의 사용권을 균등하게 분배하는 통신망?

9. 네트워크에서 서로 다른 컴퓨터 간에 정보 교환을 가능하게 하는 통신 규약?

10. 한글 Windows XP에서 인터넷을 사용할 때 ICMP((Internet Control Message Protocol) 기능을 이용하여 네트워크의 통신 및 선로 상태를 점검하기 위한 용도로 많이 사용되는 DOS 명령어?

11. (   )은 데이터의 공유를 목적으로 회사, 학교, 연구소 등 한정된 장소에서 정보통신기기들을 상호 연결하여 작업의 분산 처리나 데이터를 공유할 수 있도록 설치한 정보통신망이다.

12. 1G~4G의 서비스 특징을 설명하시오.

C.H.A.P.T.E.R

07

인터넷 정보 활용

- 인터넷의 개념과 역사에 대하여 이해한다.
- 도메인 네임 서버(DNS)에 대하여 알아본다.
- IPv4와 IPv6의 차이점에 대하여 알아본다.
- ping과 nslookup의 기능에 대하여 이해한다.
- 온라인 장터에 대하여 알아본다.
- 소셜 네트워크 서비스(SNS)에 대하여 알아본다.
- Blog vs Twitter vs Facebook에 대하여 학습한다.

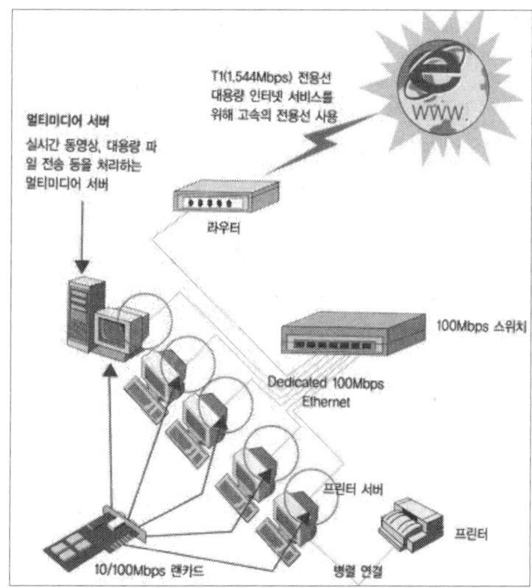

7.1 인터넷의 기본 개념

1) 인터넷이란?

- 인터넷은 거의 모든 나라들의 통신망들이 서로 연결되어 있는 전 세계 최대의 네트워크로 인터넷은 네트워크와 네트워크들이 모인 하나의 거대한 네트워크(Network of Networks)이다. 인터넷에는 수많은 정보가 저장되어 있고 또 무료로 제공된다.
- 인터넷을 이용하면 시간이나 공간의 제약 없이 원하는 정보를 거의 실시간으로 제공 받을 수 있을 뿐만 아니라 전 세계 사람들과 만날 수 있는 기회를 가진다.

2) 인터넷에서 할 수 있는 일

- 전 세계의 수많은 정보를 접근하고 획득할 수 있다.
- 실시간으로 대화(chat)를 나눌 수 있다.
- 온라인으로 게임을 즐길 수 있다.
- 인터넷 상에서 국제전화를 저렴하게 할 수 있다.
- 전자 우편을 통해 정보를 입수할 수 있다.
- 하이퍼미디어 정보 검색이 가능하다.
- 실시간 방송을 즐길 수 있다.
- 필요한 파일을 전송 받을 수 있다.
- 자기의 관심분야에 대한 최신정보를 받아 볼 수 있다.
- 자기의 정보를 인터넷 사용자에게 제공할 수 있다.
- 시공간에 관계없이 공동 연구 및 작업을 할 수 있다.
- 다양한 분야의 전문가를 쉽게 접할 수 있다.

4 인터넷 연결도

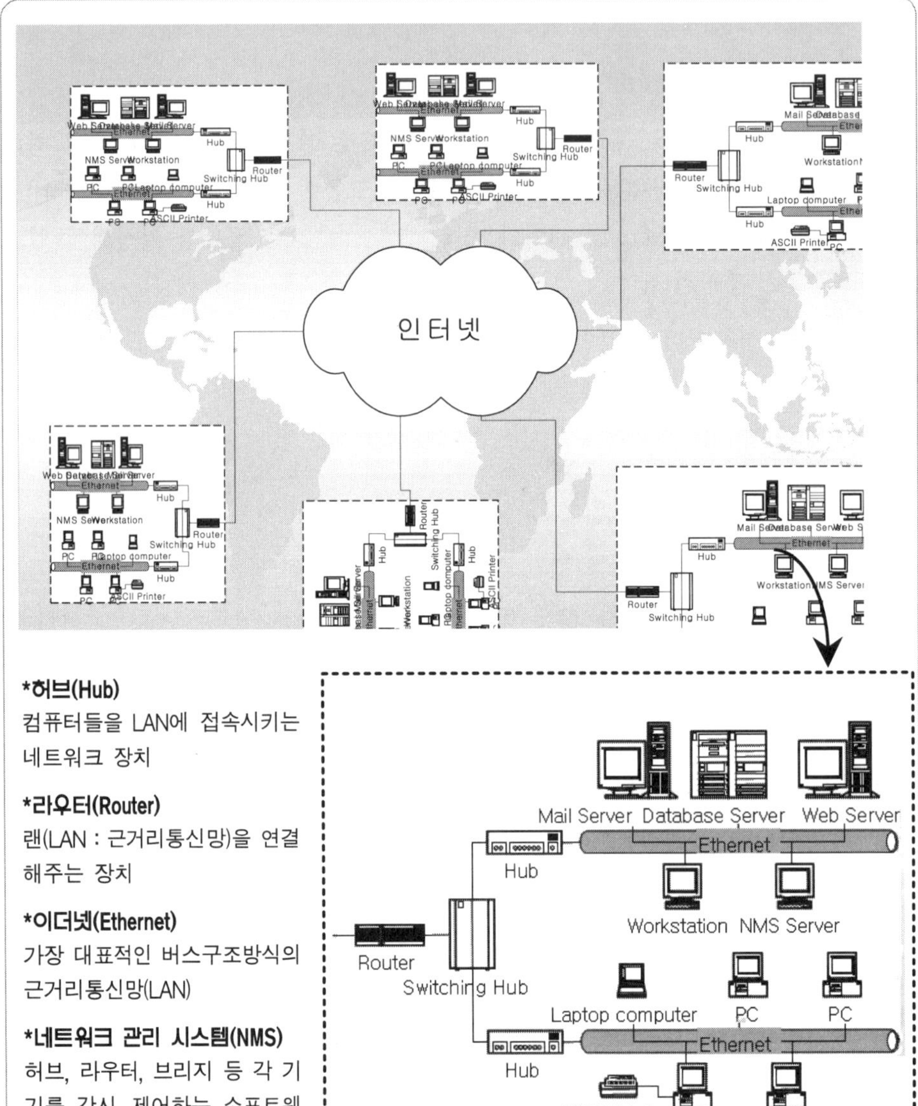

***허브(Hub)**
컴퓨터들을 LAN에 접속시키는 네트워크 장치

***라우터(Router)**
랜(LAN : 근거리통신망)을 연결해주는 장치

***이더넷(Ethernet)**
가장 대표적인 버스구조방식의 근거리통신망(LAN)

***네트워크 관리 시스템(NMS)**
허브, 라우터, 브리지 등 각 기기를 감시, 제어하는 소프트웨어이다.

3) 인터넷의 역사

미국 국방성의 ARPA(Advanced Research Projects Agency)는 일정지역에 대한 폭탄 폭격과 같은 긴급사태 시에도 장애를 받지 않고 제 기능을 발휘할 수 있는 통신망 구축을 연구하여 네트워크를 개발했는데 이것이 바로 미국 국방성의 최초의 연구 목적의 네트워크인 ARPANET(1969)이다.

이후 연구 목적의 미 과학재단 네트워크인 NSFNET이 연결(1986)되었고 그 이후에는 일반 상업적인 목적의 네트워크가 연결(1990년 이후)되면서 현재의 인터넷으로 발전을 이루었다.

- 1982년 서울대-KIET 간 TCP/IP로 구축 국내 최초의 인터넷
- 1983년 국가기간전산망 사업 시작
- 1988년 국가기간전산망의 학술망인 교육망(KREN)과 연구전산망(KREONET) 구축
- 1992년 교육망과 한국통신의 하나망 연동
- 1993년 하나망과 SDN의 해외접속회선 56Kbps를 256Kbps로 확충, 일반인에게도 계정 개방
- 1994년 한국통신에서 본격적인 상용 접속서비스(KORNET) 제공
- 1998년 케이블 TV망(다운로드 시 10Mbps)
- 1999년 ADSL 서비스(다운로드 시 8Mbps, 업로드 시 640Kbps)
- 2001년 위성인터넷(다운로드 시 1Mbps, 업로드 시 56Kbps)
- 2002년 무선인터넷(11, 54Mbps), VDSL 서비스(13, 20, 50Mbps), 초고속인터넷 가입 1000만 가구 돌파(세계 1위)
- 2003년 8월 29일 : KRNIC(Korea Network Information Center), ICANN ccNSO 발기그룹(Launching Group) 가입
- 2004년 3월 1일 : ICANN ccNSO 공식 출범 및 KRNIC은 ccNSO 회원 자격 승계 취득
- 2004년 7월 20일 : KR 도메인, 세계최초로 IPv6 네임서버주소를 루트 DNS Zone에 등록, 인터넷 이용 수 3000만 명 돌파

- 2005년 광랜 서비스(100Mbps), 인터넷 전화(VoIP) 상용 서비스 개시
- 2006년 휴대인터넷(WiBro) - 세계 최초 상용 서비스(다운로드 시 3Mbps, 업로드 시 1Mbps)
- 2007년 2단계 kr 도메인(퀵돔) 실시, 전자상거래 총 규모 500조 원(사이버인터넷 역사박물관)

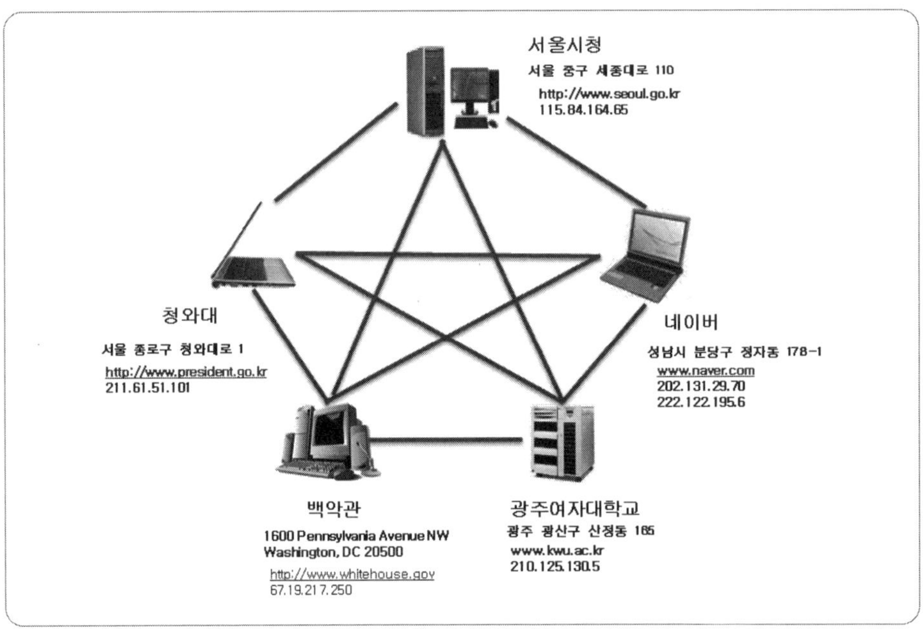

인터넷 주소 개념

4) IP 주소와 도메인 이름

내가 사는 집에 주소가 있어서 세계 어느 곳에서라도 편지를 보내면 편지를 받을 수 있듯이 인터넷에도 주소가 있어야만 정보(데이터)가 오고 갈 수가 있다.

인터넷상의 사용자들은 전자우편과 파일을 교환하며, 다양한 서비스를 접근할 때 인터넷 주소를 사용해야 한다. 따라서 인터넷상에 연결된 모든 컴퓨터는 전 세계 에서 유일한 고유 주소가 필요하다.

인터넷에 연결된 모든 컴퓨터를 서로 식별할 수 있는 방법에는 IP 주소를 사용하는 방법과 도메인 이름을 사용하는 방법이 있다. IP 주소는 32bit 숫자를 8bit씩 4부분으로 나누고, 각 부분을 '.'으로 구분한다. 8bit로 표현된 각 부분은 0에서 255 사

이의 값을 가지는 10진수로 나타내며 네트워크 주소와 호스트 주소로 구분된다. IP 주소는 네트워크의 규모에 따라 5개의 클래스로 구분하여 사용하고 있다.

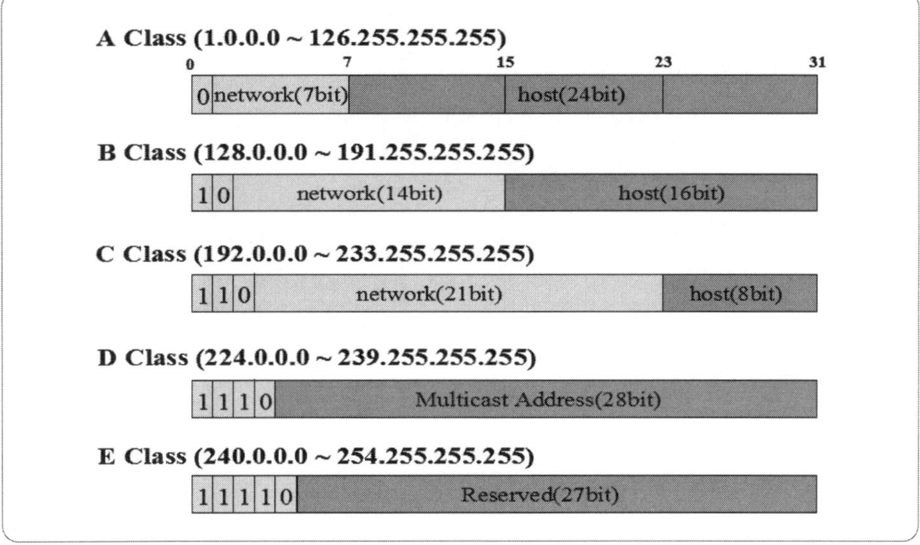

5) IP 주소의 5가지 형태

- A class : 네트워크 주소부분이 7bit이므로 전체 128개의 네트워크를 구분할 수 있고, 호스트 주소부분이 24bit이므로 한 네트워크에 16,777,216개의 호스트를 지정할 수 있다. 따라서 많은 호스트를 가진 큰 네트워크에서 사용된다.
- B class : 전체 네트워크(14bit)가 16,384개로 구분되며, 한 네트워크에 65,536 (16bit)개의 호스트를 가진다. 따라서 LAN과 호스트를 포함한 분산 처리 시스템에서 주로 사용된다.
- C class : 전체 네트워크(21bit)가 2,097,152개로 구분되며, 한 네트워크에 256 (8bit)개의 호스트를 가진다. 따라서 일반적인 LAN과 같은 소규모의 네트워크에서 사용된다.
- D class : 화상회의 등에 사용될 수 있는 멀티캐스트 주소로 사용된다.
- E class : 실험용이나 장래에 사용하기 위해서 확보되어 있다.

7.2 DNS 체계

DNS(Domain Name System)은 도메인이름을 사용하는 거대한 영역의 수직적인 체계를 말한다. 아래의 그림은 도메인 체계를 보여주고 있다.

예컨대, kr 도메인에는 or 영역을 표현하는 or.kr 도메인이 포함되어 있고 or.kr 도메인에는 kisa.or.kr 도메인이 포함되어 있다. 일반적으로 도메인관리자는 해당 도메인이 포함하는 영역을 관리할 수 있다.

kisa.or.kr 도메인의 관리자는 kisa.or.kr 하위에 www.kisa.or.kr 혹은 domain.kisa.or.kr 등 여러 개의 호스트를 생성하는 등 kisa.or.kr 도메인을 관리할 수 있다. DNS(Domain Name Server)는 DNS이 작동할 수 있도록 도메인이름에 대한 설정을 한 서버를 말한다.

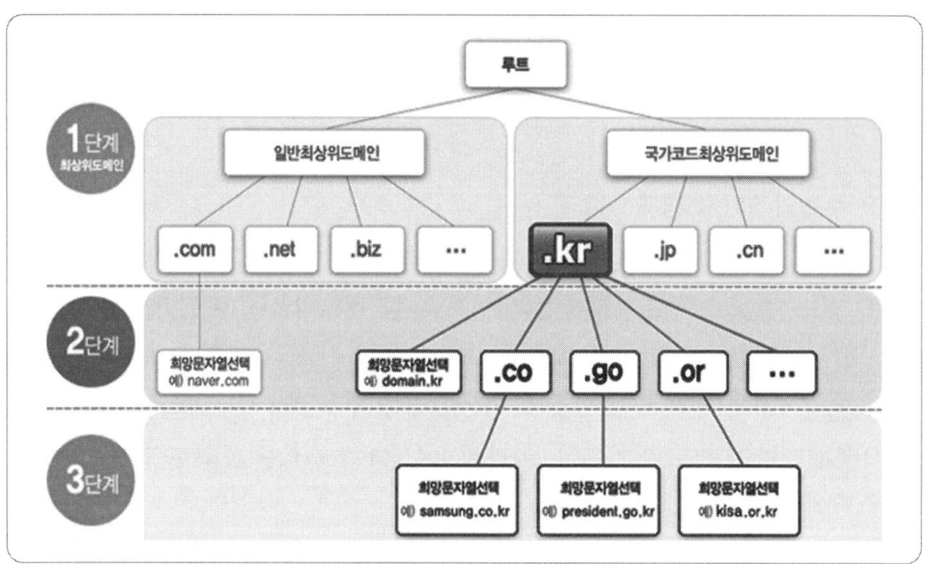

DNS 체계 (출처 : 한국인터넷진흥원, http://dns.kisa.or.kr)

1) 도메인 네임 서버(DNS)

DNS(Domain Name Server) 서버는 도메인(Domain) 주소를 IP 주소로 변경해 주는 역할을 하는 컴퓨터를 말한다. 도메인 주소 www.daum.ac.kr를 DNS 서버를 통하면 IP 주소인 211.115.115.211로 변경된다.

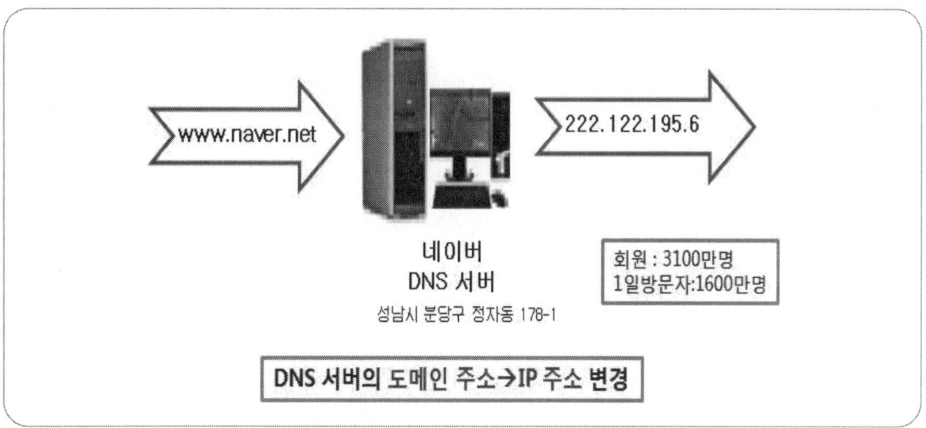

(1) PING

핑(PING; Packet Internet Groper)은 특정한 인터넷 호스트의 주소로 그 주소가 응답을 할 수 있는지 확인하는데 사용되는 유닉스/리눅스 명령어 또는 네트워크 관련 프로그램이다.

가장 기본적은 인터넷 프로토콜로 ICMP 프로토콜을 기반으로 사용하며 이때 원격의 호스트가 사용 가능한 상태인지를 ICMP 프로토콜을 보내고 다시 되받아서 확인할 수 있다.

TTL(Time To Live)는 보낸 데이터가 되돌아오는데 걸리는 시간으로 데이터가 살아있는 시간이다. TTL 값이 46이라면 라우터를 46개 거치면서도 보내지 못하면 없어진다는 의미이다. ping 테스트를 옵션 없이 사용하면 기본적으로 같은 데이터를 4번 보내는데 그 중에서 성공하지 못한 회수를 말하는 것이다.

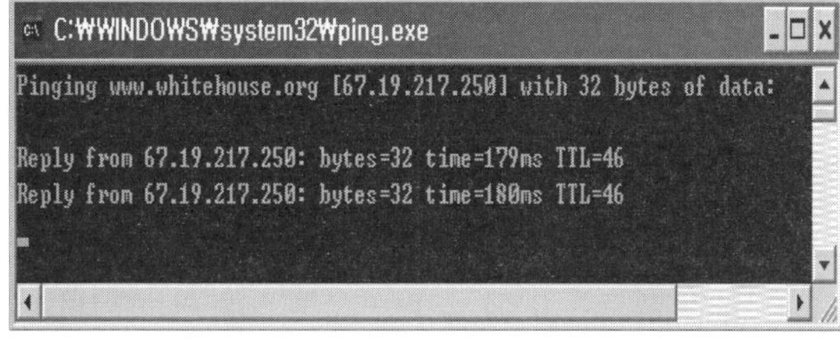

(2) nslookup

인터넷 서버 관리자나 사용자가 호스트 이름을 입력하면 그 IP 주소를 알려 주는 프로그램이다. 그 반대의 경우에도 가능하다. 리눅스와 다른 nslookup 버전에서는 호스트 이름이나 IP 주소와 연관된 다른 정보를 알아낼 수 있다. nslookup은 흔히 유닉스 기반 운영 체계(OS)에 포함되고 윈도즈 OS에도 추가될 수 있다.

IP 주소를 알아내는 nslookup 대체 기능으로 핑(ping) 명령어가 있다.

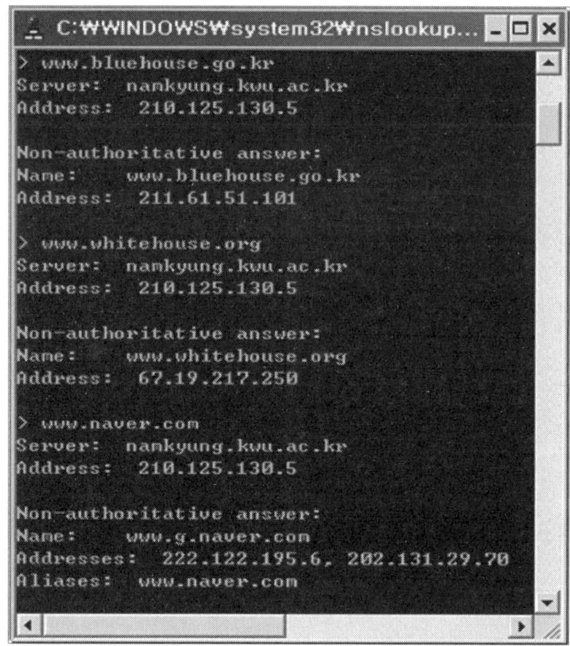

IPv6(Internet Protocol Version 6)

- 차세대 IP 기술인 IPv6(Internet Protocol Version 6)는 현재 사용하고 있는 IPv4와 비교하여 주소의 길이가 32비트에서 128비트로 늘어났다.
- 세계적으로 2012~2013년경 IP 주소 고갈이 예측되고 있기에 2006년 10월 말 기준 우리나라가 확보한 IPv4 주소는 모두 5,185만 개이며, 이 가운데 약 4,900만 개가 할당돼 사용되고 있어 추가적으로 IPv4 주소 확보가 필요하며, 점차 인터넷 주소 체계를 IPv6로 시급히 전환해야 할 것으로 조사됐다.

- 2006년 현재 국제인터넷주소관리기구(ICANN; The Internet Corporation for Assigned Names and Numbers) 산하의 인터넷 주소 배정기구인 IANA (Internet Assigned Numbers Authority)가 보유하고 있는 IPv4 주소 수는 전체 약 43억 개 가운데 36% 가량 (약 15억 개)이다.
- VoIPv6 → IPv6 기반의 인터넷 음성 서비스로서, 지금까지 공중전화교환망 (PSTN; public switched telephone network)을 통해 이루어졌던 음성 서비스를 인터넷 프로토콜 버전6(IPv6)을 사용하여 여러 가지 다양한 서비스로 제공하는 것을 의미한다. 음성이 디지털화되고, 전달체계가 IP로 됨으로써 전화는 물론 인터넷 팩스, 웹콜, 통합 메시지 처리 등의 향상된 인터넷 음성 서비스가 가능하다.

IPv6 특징

- 증가되는 주소 공간

  32비트 체계의 IPv4가 약 4×10^{9}개의 주소를 생성할 수 있는 반면에, 128비트 체계의 IPv6는 3.4×10^{38}개의 주소를 생성 할 수 있다.
- 개선된 주소 할당, 주소 자동 설정
- 간소화되는 이동성, QoS 개선
- 네트워크 효율성 향상

IPv4와 IPv6의 차이점

Ipv6(Internet protocol Version 6) 인터넷에서 널리 이용되고 있는 32비트 IPv4를 4배 확장한 차세대 버전으로, 1998년 인터넷 엔지니어링 태스크 포스(IETF)에서 RFC 2460으로 채택되었다. IP 주소 공간을 128비트로 확장하여 주소의 개수를 큰 폭으로 증가시켰으며, 보안성 및 망 확장성 등이 더욱 향상된 것이 특징이다.

【Ipv4와 Ipv6의 차이점】

구 분	IPv4	IPv6
주소길이	32비트	128비트
표시방법	8비트씩 4부분으로 10진수로 표시	16비트씩 8부분으로 16진수로 표시
주소개수	약 43억 개	약(43억×43억×43억×43억)개 (거의 무한대)
주소할당	A,B,C,D 등 클라스 단위의 비순차적 할당(비효율적)	네트워크서 규모 및 단말기 수에 따른 순차적 할당(효율적)
품질제어	품질보장이 곤란	등급별 서비스별로 패킷을 구분할 수 있어 품질보장이 용이
보안기능	IPsec 프로토콜 별도 설치	확장기능에서 기본으로 제공
플러그 앤 플레이	없음	있음
모바일 IP	상당히 곤란(비효율적)	용이(효율적)
웹캐스팅	곤란	용이

한글 인터넷 주소

한글 인터넷 주소는 www로 시작하는 기억하기 어려운 영문 인터넷 주소 대신 개인 실명에서부터 회사명, 상품명, 서비스, 전화번호, 핸드폰 번호, 기념일 등 한글, 영문, 숫자를 인터넷 주소로 사용할 수 있는 인터넷 연결 서비스이다.

- 인터넷 주소 한글이름만 알면 즉시 접속 가능하다.

  한글, 영문, 숫자와 이들을 조합한 회사명, 서비스명을 한글 인터넷 주소로 등록할 수 있다. 타인에게 보다 쉽게 홍보할 수 있는 한글 인터넷 주소로 인터넷 비즈니스의 시작을 더욱 효과적으로 수행할 수 있다.

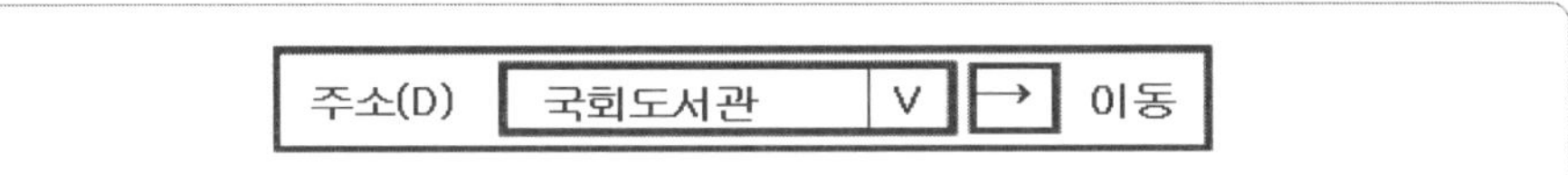

한글 인터넷 주소는 누구에게나 잘 알려진 회사명이나 브랜드명 혹은 유명인 이름이나 유명 지명 이름을 인터넷 주소로 사용하면 바로 해당사이트에 연결할 수 있어 편리하다.

- 온·오프라인에서 일관된 마케팅이 가능하다.

회사, 브랜드, 서비스를 대표하는 한글이나 숫자를 인터넷주소로 사용하므로 온라인과 오프라인에서 통일된 하나의 브랜드로 효과적인 마케팅을 가능하다.

- 유·무선 사용 환경, 사용기기에 제약 없이 사용이 가능하다.

  유선 인터넷 접속 환경을 비롯하여 휴대폰, PDA, 핸드헬드 PC, 스마트폰, 카네비게이션 시스템, 웹패드, 무선랜 접속 노트북 등 다양한 무선 인터넷 사용 환경에서 제약 없이 사용할 수 있는 인터넷 주소이다.

참고 **핸드헬드 PC(handheld PC)**

주머니에 넣고 다니다가 한 손에 올려놓고 다른 손으로 조작할 수 있는 핸드헬드 컴퓨터의 하나이다. 마이크로소프트 윈도즈 CE와 이 운영 체계용으로 작성된 응용 프로그램을 동작시킬 수 있는 것 등이 있다.

한글 인터넷 주소 등록은 한국인터넷진흥원(http://www.kisa.kr), 후이즈(www.whoisdomain.kr), 아이네임즈(www.inames.co.kr), 가비아(www.gabia. com) 등에서 가능하다.

도메인 등록을 하기 위해서는 등록을 원하시는 도메인을 입력한 후 '검색' 버튼을 클릭하여 등록되지 않은 도메인일 경우 등록을 할 수 있다.

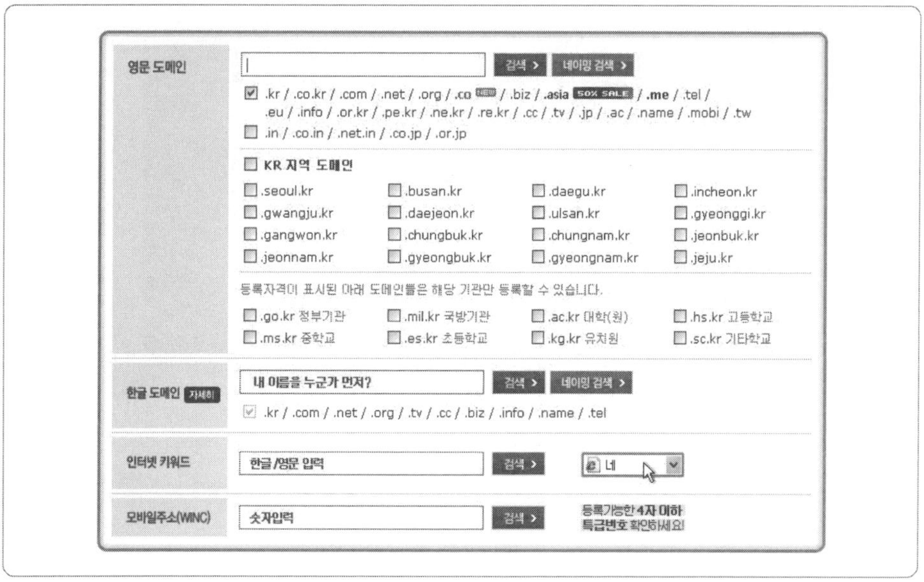

영문 도메인 | 검색 > | 네이밍 검색 >
☑ .kr / .co.kr / .com / .net / .org / .co NEW / .biz / .asia 50% SALE / .me / .tel / .eu / .info / .or.kr / .pe.kr / .ne.kr / .re.kr / .cc / .tv / .jp / .ac / .name / .mobi / .tw
☐ .in / .co.in / .net.in / .co.jp / .or.jp
☐ KR 지역 도메인
☐ .seoul.kr ☐ .busan.kr ☐ .daegu.kr ☐ .incheon.kr
☐ .gwangju.kr ☐ .daejeon.kr ☐ .ulsan.kr ☐ .gyeonggi.kr
☐ .gangwon.kr ☐ .chungbuk.kr ☐ .chungnam.kr ☐ .jeonbuk.kr
☐ .jeonnam.kr ☐ .gyeongbuk.kr ☐ .gyeongnam.kr ☐ .jeju.kr
등록자격이 표시된 아래 도메인들은 해당 기관만 등록할 수 있습니다.
☐ .go.kr 정부기관 ☐ .mil.kr 국방기관 ☐ .ac.kr 대학(원) ☐ .hs.kr 고등학교
☐ .ms.kr 중학교 ☐ .es.kr 초등학교 ☐ .kg.kr 유치원 ☐ .sc.kr 기타학교
한글 도메인 자세히 | 내 이름을 누군가 먼저? | 검색 > | 네이밍 검색 >
☑ .kr / .com / .net / .org / .tv / .cc / .biz / .info / .name / .tel
인터넷 키워드 | 한글/영문 입력 | 검색 > | 네
모바일주소(WINC) | 숫자입력 | 검색 > | 등록가능한 4자 이하 특급번호 확인하세요!

도메인 검색 창 (출처 : http://www.kisa.kr)

명령 프롬프트 CMD(command) 활용

- 명령 프롬프트 모드·도스 모드 실행하기

먼저 cmd의 실행은 '시작 → 실행'에서 cmd를 입력하면, 기본적으로 사용자 계정의 내문서 계정이나 상위 폴더(디렉토리)로 들어가게 된다.

① CMD의 실행

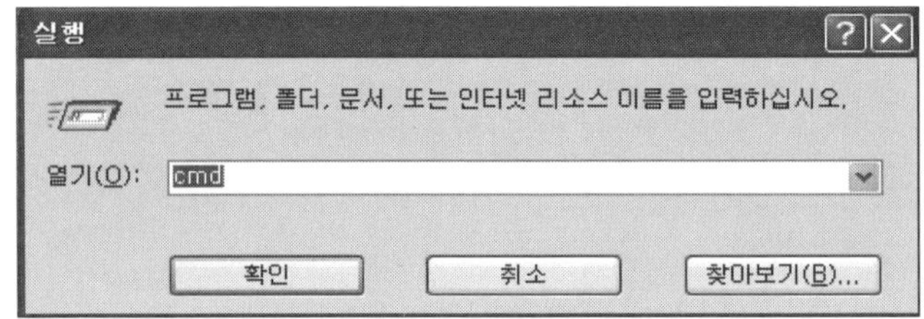

② ipconfig의 실행

ipconfig의 실행으로 IP Address, Subnet Mask, Default Gateway를 알 수 있다.

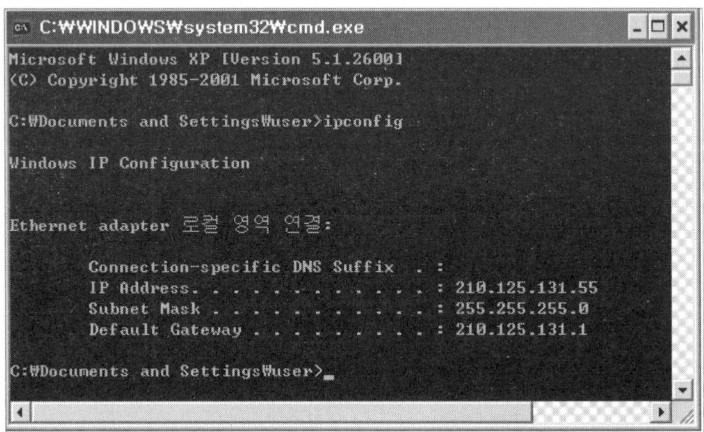

7.3 TCP/IP 프로토콜

- 컴퓨터 간의 통신을 위해 미국 국방부에서 개발한 통신 프로토콜로, TCP와 IP를 조합한 것이다.
- TCP/IP는 현재 인터넷에서 사용되는 통신 프로토콜로, 통신 프로토콜이 통일됨에 따라 세계 어느 지역의 어떤 기종과도 정보를 교환할 수 있다.
- OSI 기본 참조 모델을 기준으로 하면 제3계층과 제4계층에 해당한다. 인터넷에서 경로 제어를 하며 종단 간 신뢰성이 높은 통신을 실현하고 있다.
- TCP와 IP의 2가지 통신규약만을 가리키는 것이 아니라 관련되는 모든 프로토콜을 총칭하는 경우가 많다.

참고 TCP(Transmission Control Protocol)

- TCP는 송수신 간의 신뢰성 있는 전송을 책임지는 연결 지향 프로토콜이며 연결설정/해제, 데이터 전송, 흐름 제어, 다중 송신 등의 메커니즘을 포함한다.
- TCP의 주된 기능은 IP가 전송한 데이터를 올바른 순서로 배치하고, 에러가 발생한 데이터에 관해서 송신자에게 재전송할 것을 요구해서 신뢰성 있는 데이터 송수신을 담당하는 프로토콜이다.

참고 IP(Interne Protocol)

- IP는 상호 연결된 네트워크의 시스템을 통해 인터넷 데이터 그램을 송신지로부터 수신지로 전송하는데 필요한 기능을 제공하기 위해서 개발되었다.
- IP는 네트워크 계층에서 호스트의 주소 지정과 패킷 절단의 기능을 담당한다. 주된 특징은 수신지로 데이터를 전달하는 역할만 담당한다는 점이다. 즉, 신뢰성을 보장할 수 없다.

1) TCP/IP 통신 계층 구조

- '어떠한 컴퓨터라도 케이블을 연결하면 바로 통신을 할 수 있는 이상적인 세계'를 실현하기 위해 ISO(International Organization for Standardization : 국제표준화기구)에서 표준화 작업을 하여 그 표준 네트워크 구조(Network Architecture)를 '개방형 시스템 간 상호접속(OSI)'이라 부르고 있다.
- 1977년에 ISO(국제표준화기구)에 의해 발표되어 1984년에 CCITT(국제전기전화자문위원회)에 승인된 통신 규격의 표준화를 꾀하기 위한 규격이다. OSI

모델은 시스템을 상호 접속하기 위한 규격을 개발하는 공통의 기반을 제공한다.

- 물리적인 접속을 위한 규격에서 업무 처리에 필요한 규격까지 7개의 계층으로 나눠 통신에 필요한 처리 기능을 체계적으로 정리했다. 7개의 계층은 물리/데이터링크/네트워크/트랜스포트/섹션/프레젠테이션/애플리케이션으로 나눠진다. 각 계층마다 하나 위의 층 또는 하나 밑의 층에 대한 인터페이스와 통신 대상이 같은 층과의 연락 방법(통신 프로토콜)이 규정돼 있다. 이것에 의해, 다른 기종 간의 접속이나 통신이 가능해진다.

2) 특징

- 개방 시스템 간 접속(OSI; Open System Interconnection)
  이질적인 네트워크 간의 통신을 가능하게 하는 것이 TCP/IP이지만 실제로 서로 다른 네트워크 구조에서 이것을 가능하게 하기 위해서는 표준안이 필요하다.
- OSI는 계층적 구조를 가지며 모두 7개의 계층으로 구성되어 있어서 OSI 7계층이라고 부른다.
- 각 계층은 상위층의 요구에 따라 서비스를 제공하며 하위 층에 대해서는 필요한 서비스를 요구한다.
- 각 계층은 정의된 OSI 네트워크 기능을 수행하도록 되어 있다.

3) OSI 7계층 모델(7 layer-model for OSI)

모든 네트워크 통신에서 생기는 여러 가지 충돌 문제를 완화하기 위하여, 국제표준기구(ISO)에서 표준화된 네트워크 구조를 제시한 기본 모델을 말한다.

- 통신망을 통한 상호접속에 필요한 제반 통신절차를 정의하고 이 가운데 비슷한 기능을 제공하는 모듈을 동일계층으로 분할하여 모두 7계층으로 분할한 것이다.
- 이는 통신기능을 7개의 수직계층으로 분할하여 각 계층마다 다른 계층과는 무관하게 자신의 독립적인 기능을 지원하도록 구성하였다. 각각의 계층을 다른 계층과 독립적으로 구성한 것은 한 모듈에 대한 변경이 전체 모듈에 미치는 영향을 최소화하기 위해서이다. 즉, 일부 모듈의 변경이 있는 경우에 전체

모듈을 변경하는 대신 변경이 있는 해당 모듈만을 바꾸면 되도록 하였다.

이러한 계층은 크게 통신망 기능을 제공하는 계층, 응용기능을 제공하는 계층 그리고 이들 사이를 연결해 주는 전송 계층으로 나누어지며 세부적으로 살펴보면 각 계층은 최상위 계층인 응용 계층(application layer)으로부터 시작하여 표현 계층(presentation layer), 세션 계층(session layer), 전송 계층(transport layer), 네트워크 계층(network layer), 데이터 링크 계층(data link layer), 물리 계층(physical layer)으로 구분되고, 각 계층마다 특정한 서비스를 제공함과 아울러 이를 위한 프로토콜들이 존재한다.

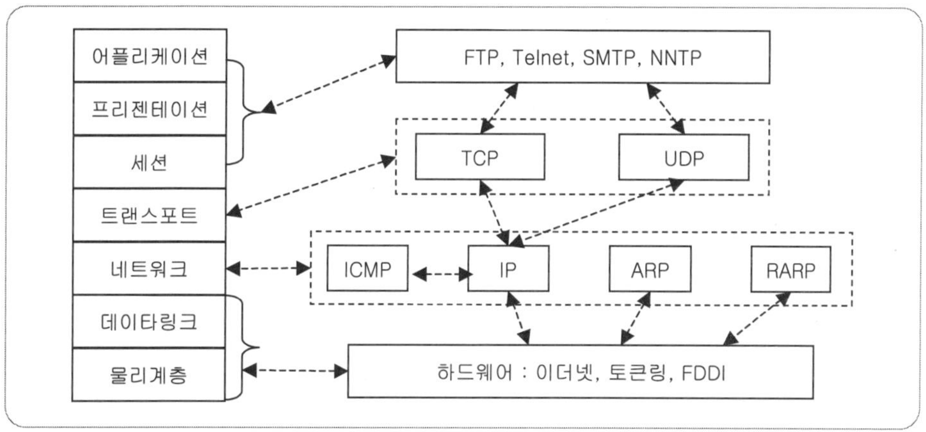

OSI(Open Systems Interconnection) 계층 구조는 7계층으로 되어 있다.

(1) 물리 계층(Physical)

상위 계층에서 내려온 비트들을 전송매체를 통하여 어떤 전기적 신호로 전송할 것인가를 담당한다.

(2) 데이터 링크 계층(Data Link)

신호수준의 데이터 비트들이 물리 계층을 통과하면 데이터블록을 형성하는데, 이 데이터 블록에 대한 전송을 담당한다.

인접한 개방형 시스템 간에 발생하는 다음과 같은 문제를 담당한다.

- 데이터 블록의 시작과 끝을 인식하는 동기화 문제

- 발생된 오류를 검출하고 복원하는 오류 문제
- 혼선 제어 문제

(3) 네트워크 계층(Network)

송신측과 수신측 사이에 보이지 않는 논리적인 링크를 구성하며, 데이터를 패킷(packet) 단위로 분할하여 전송한 후 조립한다.

패킷 전송의 최적의 경로를 찾아주는 라우팅 기능을 제공한다.

(4) 전송 계층(Transport)

사용자와 사용자, 컴퓨터와 컴퓨터 간에 연결을 확립하고 유지한다.

송수신 시스템 간의 논리적인 안정과 균일한 서비스를 제공한다.

세션 계층에서 넘어온 데이터를 세그먼트(segment) 단위로 분할하고 번호를 붙인다. 오류 검출 코드를 추가하고 통신 흐름 제어를 제공한다.

(5) 세션 계층(Session)

세션을 확립하여 순차적인 대화의 흐름이 원활하게 이루어지도록 동기화 기능을 제공한다. 데이터 전송 방향을 결정한다.

- session : 사용자가 접속 중인 응용 프로그램을 한 쌍으로 연결하는 작업

(6) 표현 계층(Presentation)

데이터를 표현하는 방식을 다루는 계층으로 데이터의 안정성을 높이기 위해 데이터 압축이나 데이터 암호화 기능을 제공한다.

상이한 데이터 표현을 서로 가능케 하는 표준인터페이스를 제공한다.

(7) 응용 계층(Application)

사용자의 응용 프로그램(Program)이 네트워크 환경에 접근하는 창구역할을 하는 최상위 계층이다.

OSI 7계층은 크게 하위 계층과 상위 계층으로 나눈다.

- 상위 계층(전송 계층, 세션 계층, 표현 계층, 응용 계층)
- 하위 계층(물리 계층, 데이터 링크 계층, 네트워크 계층)

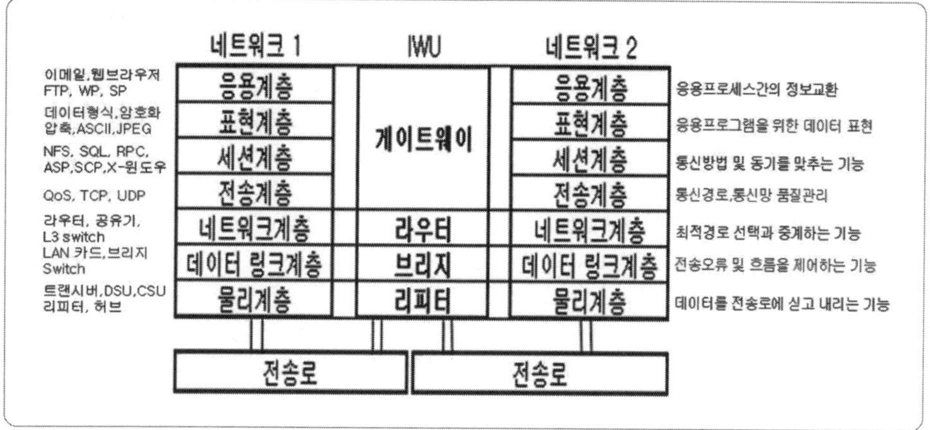

OSI 7계층과 IWU의 관계

4) 인터넷 사용 준비

- 인터넷 사용 환경 : PC와 인터넷에 연결할 수 있는 모뎀이나 전용선
- 필수 프로그램

인터넷 서비스	소프트웨어
WWW	익스플로러, 네스케이프
전자우편	아웃룩 익스프레스, 네스케이프 메신저
TELNET	이야기, 새롬데이터맨
FTP	CuteFTP, WS FTP
인터넷 채팅	MS채트, 월드채트
인터넷 쪽지	ICQ, 소프트메신저
유즈넷	에이전트, 아웃룩 익스프레스
기타 유틸리티	겟라이트, 인터넷 폰

5) 인터넷 연결 방법

인터넷에 연결하는 방법으로 초고속 통신망, 전용선, 전화접속 모뎀(전화선) 등이 있다.

(1) 초고속 통신망

- 초고속 통신망은 일반 가정이나 소규모 사무실 등에서 인터넷을 빠른 속도

로 저렴하게 이용할 수 있도록 인터넷 서비스 업체(ISP; Internet Service Provider)들이 제공하는 서비스이다.

- 초고속 통신망 서비스에는 VDSL, ADSL, 케이블모뎀, 위성인터넷, 광랜 등이 있다.

▸ 비대칭형 디지털 가입자 회선(ADSL; Asymmetric Digital Subscriber Line)

ADSL은 가입자의 집에서 전화국까지 연결된 전화선을 사용해서 일반 음성통화는 물론 데이터 통신을 고속으로 이용할 수 있는 기술인 디지털 가입자 회선 서비스(xDSL) 가운데 하나이다. 다운로드(download) 속도와 업로드(upload) 속도가 달라 비대칭형 디지털 가입자 회선이라고 한다. 전송속도는 수신의 경우 최고 8Mbps, 송신은 640Kbps 정도이다.

▸ 초고속 디지털 가입자 회선(VDSL; Very High-data rate Digital Subscriber Line, 혹은 Very High Speed Digital Subscriber Line)

디지털가입자회선(xDSL)은 「Digital Subscriber Line」(디지털가입자망)의 약어로, 기존 전화선을 이용, 고속의 데이터 통신을 가능케 해주는 기술을 말한다.

xDSL은 데이터 전송속도에 따라 비대칭(ADSL), 대칭(SDSL), 고속(HDSL), 초고속 디지털가입자회선(VDSL) 등으로 분류되며, 가장 많이 쓰이는 방식은 ADSL이다.

ADSL보다 전송거리가 짧은 구간에서 고속의 데이터를 비대칭으로 전송하는 기술이다. 현재 하향(가입자 측) 전송속도는 13~52Mbps, 상향 교환국 측의 전송속도는 1.5~2.3Mbps이며, 전송거리는 0.3~1.5km이다.

▸ 케이블 모뎀(CATV)

기존의 케이블 TV선을 사용하여 인터넷에 접속하는 서비스이다. 최소 256Kbps, 최대 10Mbps 속도로 데이터를 전송할 수 있다.

▸ 위성인터넷

케이블 모뎀이나 ADSL 등의 설치가 불가능한 시골지역, 섬, 산간 오지 등에 적합한 서비스로, 200Kbps~1Mbps 속도로 데이터를 전송할 수 있다. 업로드는 전화선이나 전용선을, 다운로드는 위성을 사용한다.

▸ 광랜(Optical LAN)

아파트 각 동까지 광케이블을 설치하고, 각 동에서 각 세대의 컴퓨터까지는 모뎀 없이 직접 인터넷 전용 케이블(UTP Cable)을 사용하여 인터넷에 접속하는 서비스이다. 전송 지연 없이 최고 업로드와 다운로드 속도가 100Mbps로 대칭형 서비스를 제공한다.

> **참고** **비차폐연선(非遮蔽撚線, UTP; Unshielded Twisted Pair wire)**
> 차폐 연선(STP)과는 달리 외부의 전계, 자계 또는 다른 전송선에서 유도되는 전계, 자계로부터의 영향을 차단하기 위해 도전성 물질이 많은 피복을 둘러싸지 않은 연선. 보통의 구내 전화선이나 구내 정보 통신망(LAN)의 전송매체로 사용된다.

(2) 전용선

- 전용선은 인터넷 서비스 업체(ISP)와 지접 연결된 통신 회선으로, 회선을 전용으로 임대하여 사용하는 것이다.
- 여러 개의 고정 IP를 필요로 하는 중·대형 사무실에서 주로 사용한다.
- 일정한 속도로 유지할 수 있으며, 특정 컴퓨터를 서버로 사용할 때에 유용하다.
- 일반적으로 초고속 통신망에 비해 비용이 비싸다.
- 전용선을 사용하여 고정 IP를 할당받은 컴퓨터에서는 IP, 서브넷 마스크, 게이트웨이, DNS 등을 수동으로 지정해줘야 한다.

(3) 전화접속 모뎀(전화선)

- 사용자 컴퓨터에 내장된 또는 외장형 다이얼 업 모뎀에 전화선을 직접 연결해서 인터넷에 접속하는 방식으로 최근에는 거의 사용되지 않는다.

7.4 인터넷 서비스

인터넷이 제공하는 서비스는 멀티미디어 서비스인 월드 와이드 웹(WWW; World Wide Web)과 국제적인 상거래의 촉진제가 되어준 전자우편(E_MAIL), 전 세계인들의 정보교환의 장으로 뉴스그룹 등으로 잘 알려진 유즈넷(Usenet), 활발하고 자유로운 파일 교환을 가능하게 해주는 FTP(File Transfer Protocal :

파일 전송 프로토콜), 전 세계의 호스트 컴퓨터를 자기 컴퓨터처럼 원격 조작을 할 수 있도록 해주는 텔넷(Telnet) 등이 있다.

1) WWW(World Wide Web)

WWW(월드와이드웹)는 일반적으로 웹이라고 하며 간단히 'W3'라고도 부른다. '세계 규모의 거미집' 또는 '거미집 모양의 망'이라는 뜻으로, 하이퍼텍스트(hyper text)라는 기능에 의해 인터넷상에 분산되어 존재하는 온갖 종류의 정보를 통일된 방법으로 찾아볼 수 있게 하는 광역 정보서비스다. 웹에서는 어떠한 종류의 컴퓨터를 사용하여도 한 가지 종류의 표준 사용자 환경으로 조작이 가능하도록 하였다. 즉, HTTP라는 프로토콜을 통해 일반데이터·이미지·멀티미디어 등 모든 데이터를 통합적으로 전송하는 것이 이 웹이다.

WWW는 유럽의 입자물리학연구소(CERN; the European Laboratory for Particle Physics)에서 얻어지는 엄청난 양의 연구 결과 및 자료의 효율적인 공유를 목적으로 1989년 3월 팀 버너스 리(Tim Berners Lee)의 제안에 의해 연구가 시작되어 개발되었다. 그 결과 인터넷을 통해 거미줄처럼 연결되어 있는 컴퓨터들이 가지고 있는 정보를 모든 사람들이 쉽게 접근할 수 있게 되었다. 이는 WWW가 메뉴 방식으로 서비스를 하던 기존의 인터넷 서비스에 비해, 하이퍼텍스트를 기반으로 이루어져 있어 문서 활용에 엄청난 편리성을 제공하기 때문이다. WWW는 인터넷상에서 제공되는 많은 서비스의 통합된 접속도구의 역할을 하여 기존 프로토콜과 서비스를 제공하며, 인터넷상에서 생겨나는 가상의 조직체나 공동체에서 능동적 참여를 꾀할 수 있게 한다. 또 인터넷에 존재하는 일반 텍스트 형태의 문서, 그림, 음성, 그리고 동화상 등의 각종 자료들을 인터넷 주소(URL)를 이용해서 하나의 문서 형태로 통합적으로 관리·제공해 주는 역할을 한다.

2) 전자우편(E-mail)

• 메일의 송수신 방법

① 먼저 PC에서 SMTP(Simple Message Transfer Protocol)를 이용하여 메일서버에 메일을 전송한다.

② 메일서버 간에는 SMTP를 이용하여 메일을 전송한다.

③ 메일서버에 도착한 메일은 POP(Post Office Protocol)을 이용하여 PC로 가져온다.

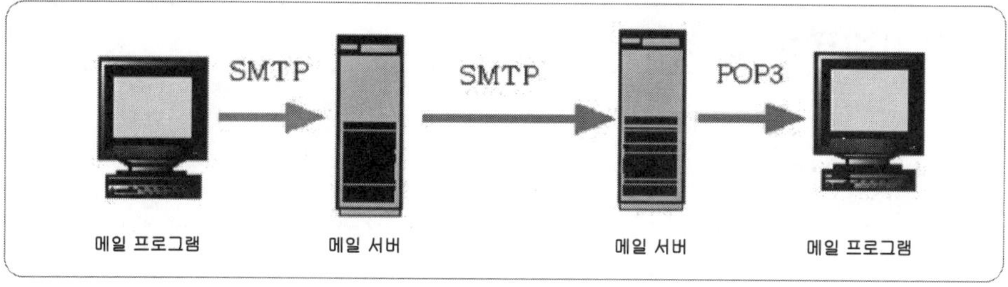

3) 파일전송(FTP; File Transfer Protocol)

인터넷의 또 다른 중요한 서비스 중의 하나는 다른 컴퓨터에 있는 파일을 자신의 컴퓨터로 복사하거나 자신의 컴퓨터에서 다른 컴퓨터로 복사하는 기능이며, 이러한 기능을 가능하게 해 주는 것이 바로 FTP이다.

4) 유즈넷(Usenet)

유즈넷이란 흔히 뉴스그룹이라는 말로 더 잘 알려져 있는 서비스로 서로 취미나 직업, 관심 분야가 같은 사용자들끼리 어울려 만든 전자 게시판이라고 할 수 있으며 사용자들 간의 활발한 정보 교환의 장이 되고 있다.

5) 텔넷(Telnet)

인터넷을 이용하는 서비스 중에서 원격지점에 있는 다른 컴퓨터에 접속하여 해당 환경에서 프로그램 실행 가능토록 지원해 주는 서비스를 Telnet이라고 한다.

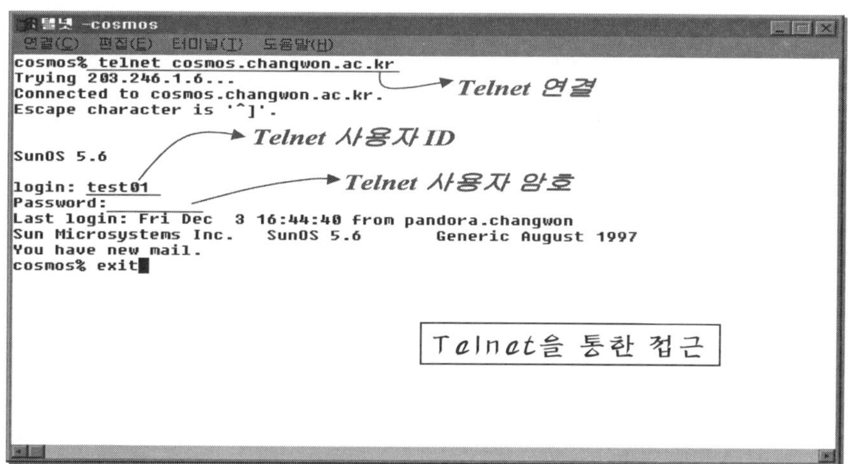

Telnet을 통한 접근

7.5 인터넷 응용

1) 인터넷 검색 엔진

검색 엔진은 원래 정보를 수집하고 찾아주는 컴퓨터 시스템을 말한다. 하지만 지금은 주로 월드 와이드 웹을 대상으로 하는 인터넷 검색 서비스의 뜻으로 쓰인다. 그러한 의미로 보면 포털 사이트도 이와 뜻이 비슷하다고 할 수 있다.

검색 엔진은 크게 나누어서 자동화된 로봇 프로그램이 웹 페이지 문서를 수집해 오는 웹 페이지 검색 엔진과 사람들이 주제별로 웹사이트 주소록을 정리하는 디렉터리 검색 엔진으로 나눌 수 있다. 대부분의 검색 엔진 서비스들은 이 두 가지를 모두 운영하고 있으며 최근에는 야후처럼 이 둘을 통합하여 보여 주는 방향으로 진행하고 있다.

2) 검색엔진 서비스의 역사(출처 : 한국어 위키백과)

폐쇄적으로 운영되는 기업 내부의 정보를 검색하여 주는 내부 검색 솔루션은 기업 내의 정보 양이 큰 폭으로 증가하고 있지 않지만, 웹 검색 솔루션은 공개적으로 운영되는 특성 때문에 해마다 취급하는 정보의 양이 기하급수적으로 늘어나게 됨에 따라 시장과 사용자의 요구에 따라 계속 변해왔다.

(1) 1세대 검색 엔진, 디렉터리 검색 엔진

전 세계 인터넷 페이지가 수천만 페이지에 불과했던 초기에는 사람이 좋은 사이트를 선별하여 정리해 놓은 야후의 디렉터리 검색 엔진이 주류였다.

(2) 2세대 검색 엔진, 1세대 로봇 검색 엔진

인터넷 페이지가 억 단위로 증가하자 더 이상 사람이 사이트를 선별하는 것이 무의미해졌고, 사용자들은 디렉터리 검색 엔진이 찾아 주지 못하는 더 많은 정보를 검색하고자 하는 욕구가 생겼다. 이에 따라, 웹봇(webbot) 또는 에이전트(agent)를 이용한 로봇 검색 엔진이 등장하게 되었으며, W3C의 세계로봇규약을 표준 규약에 따라 알타비스타, 핫봇, 익사이트와 같은 검색 엔진이 서비스 되었으나 잘 정리되지 못한 결과를 보여 주는 1세대 로봇 검색 엔진은 사용자의 호응을 얻지 못하였다.

(3) 2.5세대 검색 엔진, 디렉터리와 로봇의 응용 검색 엔진

로봇검색 엔진은 많은 정보를 찾아 주기는 하였지만, 1세대 검색 엔진인 야후와 같이 엄선되고 정리된 느낌의 검색결과를 보여주기에는 역부족이었다. 또한, 로봇검색 엔진의 검색로직이 모두 다르다 보니 특정 검색어에 따라 특정 검색 엔진의 결과가 좋을 수 있었다. 이러한 이유로 메타 검색 엔진이 등장하였는데, 메타 검색 엔진은 자체적으로 정보를 보유하고 있지는 않으면서, 다른 검색 엔진 서비스 회사들의 검색결과를 실시간으로 가져와 정리해서 보여주는 방식이다. 미스다찾니와 같은 메타 검색 엔진이 있었지만 지금은 사라졌으며, 국외에는 마이서치, 독파일 등이 서비스 되고 있다. 또한, 국내에서는 이 2.5세대 검색 엔진 중 디렉터리 검색 엔진의 장점과 로봇 검색 엔진의 장점을 잘 혼합한 형태의 서비스가 등장하여 지금까지 주류를 이루고 있는데, 네이버, 다음, 엠파스, 파란 등이 그 대표적인 예이다.

(4) 3세대 검색 엔진, 2세대 로봇 검색 엔진

알타비스타와 같은 1세대 로봇 검색 엔진은 여전히 매우 많은 양의 검색결과를 가져오지만, 검색결과 첫 페이지에서 클릭하고 싶은 정보가 노출되기 쉽지 않은 구조를 가지고 있다. 그러한 이유로, 알타비스타는 세계 최초의 글로벌 로봇 검색 엔진이었음에도 시장을 거의 점유하지 못하였다. 하지만 2세대 로봇 검색 엔진으로 구글이 등장하게 되는데, 이 구글은 페이지랭크(Page Rank)를 통해, 첫 페이지에 클릭하고 싶은 정보가 노출되게 하는 로직을 적용하였다. 이러한 검색 엔진 방식은 2008년 현재 전 세계적으로 가장 앞서 있는 기술로 평가되고 있으며, 한국, 일본 등 아시아 몇 개 나라를 제외하고는 북미, 유럽 등 전 세계에서 적어도 50% 이상의 점유율을 확보하고 있다.

(5) 4세대 검색 엔진, 3세대 로봇 검색 엔진

2008년 현재 4세대 검색 엔진은 흔히 차세대 검색 엔진이라고 불린다. 그 이유는 기존의 검색 엔진 서비스의 변화에서 가장 큰 변화를 가져올 것이 예상되기 때문이다. 1세대 검색 엔진부터 3세대 검색 엔진까지 약 20년 동안 모든 검색 엔진은 좋은 정보를 찾아내기 위한 방법으로 사용자가 입력한 검색어와 동일한 단어가 들어가 있는 페이지를 찾는, 즉 키워드 검색 엔진에 기반을 두어 왔다. 하지만, 4세대 검색 엔진은 키워드 기반이 아닌 의미 기반의 검색 방법을 사용한다. 대표적으로 하키아와 큐로보는 시맨틱랭크를 사용한다. 이 4세대 검색 엔진 서비스는 기존 검색 엔진의 요구와 달리 사용자 인터페이스 면에서도 다른 시도가 있어 왔다. 대표적으로 마이크로소프트사의 윈도 비스타에 내장된 사용자 시각 인터페이스를 적용한, 서치미와 레드지등이 있으며, 국내에는 비주얼큐로보가 있다.

3) 검색의 세계

최초의 검색엔진은 1990년 캐나다서 만든 아키

40년 전 인터넷이 처음 만들어질 당시에는 월드와이트웹(WWW)이라 불리는 웹페이지들이 존재하는 것이 아니고, 개인 서버에 올린 파일들이 FTP라는 통신규약에 따라 그물망처럼 연결된 형태였다. 최초의 검색엔진은 1990년 캐나다 맥길대에 재학 중이던 앨런 앰티지가 개발한 아키(archie)였다. 월드와이드웹이 도입되면서 93년 크롤링(Crawling)이라는 개념을 도입한 월드와이드 웹 원더러(World Wide Web Wanderer)라는 검색엔진이 탄생한다. 크롤링이란 무수히 많은 컴퓨터에 분산돼 있는 문서를 수집해 색인을 만드는 기술이다. 컴퓨터가 정해진 규칙에 따라 인터넷에 존재하는 수많은 웹사이트에 접속해 해당 정보를 복사해 온 후 이를 정리하는 것이었다. 하지만 월드와이도 웹 원더러는 하루에 같은 페이지를 수백 번 접속해 시스템 랙(lag)를 발생시켰고 사람들은 과연 이런 크롤링이 필요한가 의문을 가지기 시작했다. 이후에도 프리미티브웹서치(Primitive Web Search·1993), 알리웹(ALIWEB·1993), 알타비스타(Alta Vista·1994), 인포시크(infoseek·1994)등 다양한 검색엔진이 등장했었다.

초기에는 수작업…콘텐츠 넘치자 자동연산으로 선별

인터넷 초창기에는 많은 정보가 없었다. 즉 사람의 손으로 일일이 좋은 사이트를 선별한 후 전화번호처럼 한 사이트에 모두 모아놓는 게 가능했다. 야후가 이런 방식을 통해 검색시장의 절대 강자로 뛰어올랐다. 크롤링을 도입한 검색엔진들은 수집해오는 정보의 양이 너무 방대했기에 획기적인 기준 없이는 어떤 사이트가 좋은 곳이고 나쁜 곳인지 구분할 길이 없었다. 그래서 야후처럼 정돈이 잘되어 있는 전화번호부식 검색사이트를 사용자들은 선호했다.

하지만 시간이 지날수록 인터넷에는 콘텐츠가 끊임없이 생산됐고, 또 재 가공

돼 정보가 넘쳐나기 시작했다. 더 이상 사람의 손으로는 관리가 불가능한 시점에 등장한 것이 구글이었다. 모든 웹사이트에는 고유한 주소가 있는데 '주소가 다른 사이트에서 많이 언급하면 할수록 해당 사이트는 좋은 사이트일 것'이라는 가정 아래 언급이 많은 사이트를 검색 결과의 상단에 위치시킨다는 게 바로 페이지랭크의 원리다. 쉽게 말해 인용된 횟수가 많을수록 그 내용은 좀 더 믿을 수 있고, 그런 만큼 검색결과 상단에 나오도록 해야 한다는 것이다.

네이버·다음 포털 방식 추구, 자사 사이트 머물게 유도

국내 검색시장의 70% 안팎을 차지하는 네이버는 90년대 말에 생겨났다. 네이버는 처음 삼성SDS 사내 벤처로 출발했다. 99년 법인을 설립하고 지식검색 서비스인 '지식IN'을 무기로 선발주자였던 야후와 다음을 추격한다.

여기서 네이버와 다음은 검색엔진이 아닌 포털의 길을 택한다. 웹에 있는 방대한 정보를 찾아서 보여주기보다는 지식인·카페등과 같이 사용자 콘텐츠를 모으고 이 안에서 사람들이 오랜 시간 동안 머물도록 하는 전략이다. 구글과 같은 검색엔진과 같은 경우 해당 검색 사이트를 빨리 떠나서 원하는 정보를 얻도록 하는 것이 목표다. 이 때문에 다른 사이트를 파트너로 삼아 광고를 해당 사이트에서 보여주고 수익의 일부를 얻는다. 일종의 소개비를 받는 셈이다. 포털전략을 취하면 자사 사이트에 유저들이 오랫동안 머물도록 하는 게 관건이다. 자사 사이트 안에서 머물며 배너광고 등을 보도록 하고 그에 따른 광고료 전액을 얻는다는 점에서 차이가 있다.

구글 검색, 200여 가지 연산과정 거쳐 결과 도출

사용자가 검색어를 입력하면 어떤 과정을 거쳐 결과가 표시되는 걸까? 예를 들어 사용자가 구글에 '대한민국'을 검색하면 해당 검색어는 인터넷망을 타고 전 세계에 있는 구글의 데이터센터 중 한곳에 도달한다. 그곳에서 구글이 미리 수집해 놓은 '대한민국' 관련 자료들과 비교한다. 이어 200여 가지의 컴퓨터 연산 과정을 거쳐 내용의 일치 정도 등에 따라 산출된 결과 순으로 사용자의 컴퓨터에 돌아와 모니터에 뜨는 식이다. 검색 결과가 뜨는데 소요되는 시간은 평균 0.25초, 이 짧은 시간 동안 이렇게 검색어 하나가 여행하는 거리는 평균 2400Km 가량이다(중앙경제, 2012.5.29., E13).

【숫자로 본 구글 검색】 (출처 : 구글코리아)

10억 건	181개국에서 발생하는 일일 평균 검색량(146개 언어 사용
4500억 개	2003년 이후 구글에 새로 입력된 검색어의 총 수
16%	매일 입력되는 검색어 중 16%는 새로 생긴 검색어
200개	페이지 랭크를 포함해 검색 결과를 배치하는 알고리즘 수
0.25초	결과 도출가지 걸리는 평균 검색 속도

4) 검색 사이트의 예

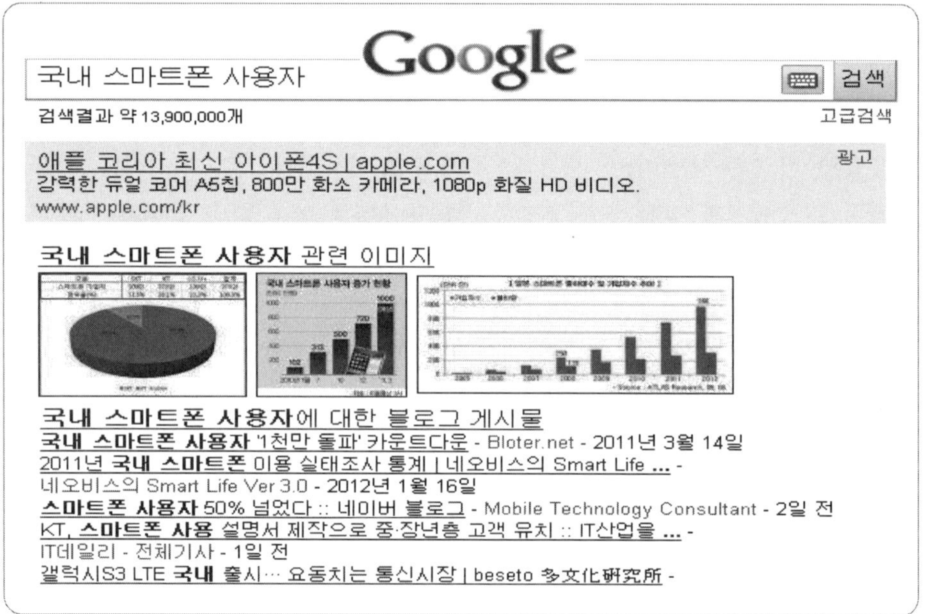

5) 인터넷 쇼핑몰

인터넷 쇼핑몰(internet shopping mall)이란 상점가를 뜻하는 쇼핑몰(shopping mall)이라는 단어와 인터넷(Internet)이라는 단어의 합성어로 인터넷을 이용해서 원하는 물품을 구매할 수 있는 가상의 상점, 즉 사이트(site)들을 말한다.

온라인 장터

세계 최대 전자상거래회사인 미국의 이베이가 옥션에 이어 국내 온라인 장터 시장 1위인 G마켓까지 인수한다. 2009년 4월 16일 '이베이는 G마켓을 공개매수를 통해 인수하기로 인터파크와 이날 계약을 체결했다.'

이로써 연간 7조 원 규모의 국내 최대 온라인 장터 시장이 미국계 자본의 영향력 아래 들어가게 됐다.

- 이베이

  1995년 미국 실리콘밸리에서 개인 경매 사이트로 출발해 10여년 만에 세계 최대 온라인 쇼핑몰로 성장했다. 2001년 옥션의 지분 50.4%를 1505억 원에 사들였다. 이 후 자본을 99.9%까지 늘렸다. 2008년 거래액은 84조 원이다.

- 온라인 장터

  오픈마켓 또는 중계몰이라고도 한다. 사업자가 차려놓은 쇼핑몰에서 다수의 판매자와 구매자가 직거래한다. 사업자는 중계수수료로 돈을 번다.

현재 국내 온라인 장터에는 G마켓과 옥션을 제외하면 SK 텔레콤이 운영하는 11번가가 6%의 시장을 점유해 그나마도 명맥을 유지하고 있는 실정이다.

( )는 거래액(원)으로, 온라인 장터업계 추정치이다.

총 8조 3000억 원(출처 : 동아일보, 2009.4.17.)

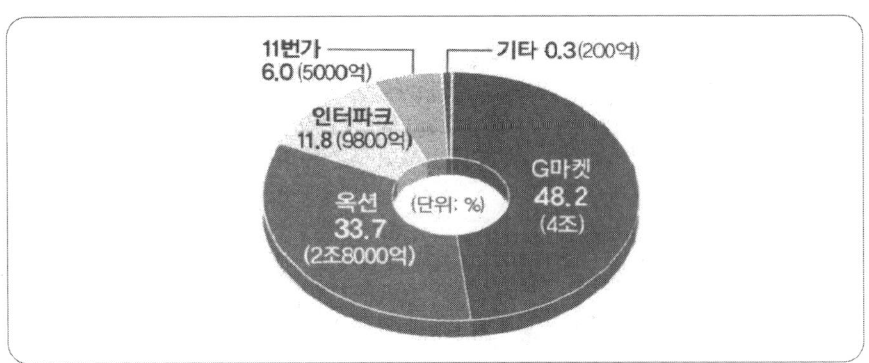

온라인 장터 시장 점유율

6) 인터넷 쇼핑절차

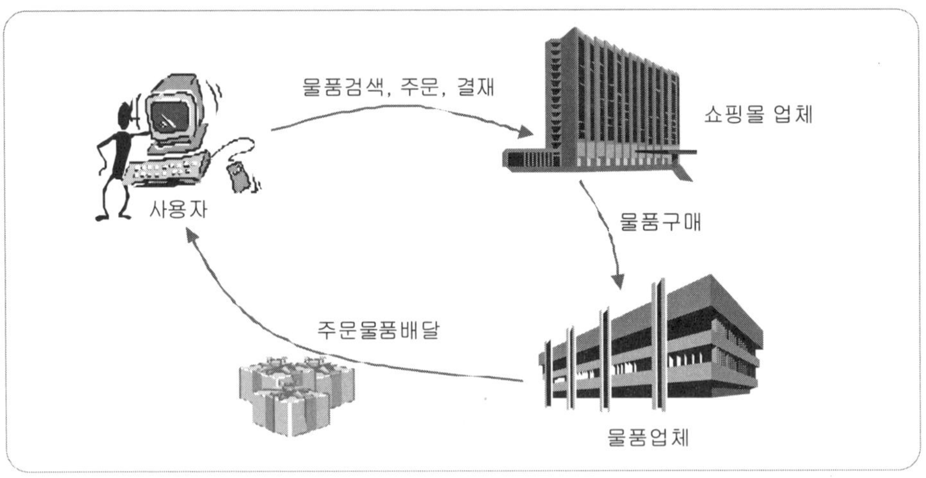

7) 네티 뱅크(NETI BANK)의 사이버 머니 유통 개요

사이버머니(Cyber money)→전자상거래 및 콘텐츠 제공업체들이 자사 회원에게 마일리지 형태로 제공하는 가상화폐

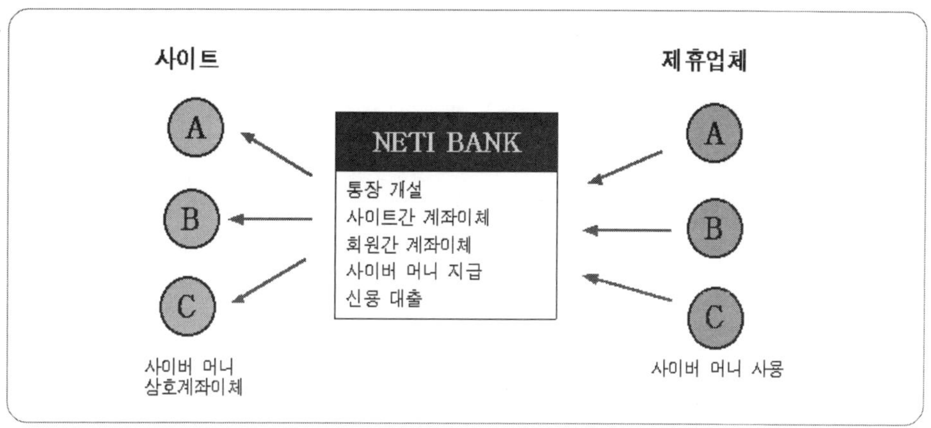

8) 사이버 머니

- 인터넷 피해 청소년 지원센터의 발표에 따르면 인터넷 피해 유형으로는 게임이 61.6%로 가장 많았고 아이템 및 사이버머니 결제(5.5%)는 네 번째로 많은 피해 유형으로 나타났다.
- 사이버머니는 '온라인상에서 사용하는 화폐'라고 정의 내릴 수 있다. 사이버머니는 어디에 보관하고 어디에서 쓰느냐에 따라 IC 카드형·선불형·네트워크형 등으로 나뉘며 휴대폰 결제 역시 사이버머니에 속한다.
- 사이버머니는 디지털시대의 필수적인 결제방식으로 각광받고 있으며, 주로 영화나 음악 등 온라인 콘텐츠를 보거나 온라인 게임을 하는데 사용되기도 하고 가상공간에서 자신의 분신인 아바타를 꾸미고 쇼핑몰에서 물건을 구매하는 데도 사용된다. 채팅사이트나 일반 e-메일에서 사용되는 아바타의 아이템과 채팅 아이템을 구매할 때도 사이버머니가 주로 사용된다.

9) 전자 화폐

- 전자화폐란 IC칩(Integrated Circuit Chip)이 내장된 신용카드만한 플라스틱카드(전자 지갑이라 불림)에 은행예금의 일정액이 전자적 기호(signal)로 저

장되어 있어 이를 일반적 물품·서비스 구매에 사용할 경우 동 저장금액(전자적 기호)이 판매자의 단말기(또는 전자 지갑)로 이전되는 새로운 형태의 지급결제 수단을 의미 한다. 저장금액이 소진되면 예금계좌에서 IC 카드 내로 재충전하여 다시 사용할 수 있을 뿐 아니라 사전에 널리 수용되는 구매력을 지녀 일상적 사용에 있어 통화당국이 발행한 현금과 매우 유사하다는 점에서 전자화폐라 불린다.

- 전자화폐는 가치의 저장 및 이전이 가능하고 어디에서나 사용할 수 있는 범용성과 익명성 등 화폐로서의 주요기능을 거의 완벽하게 갖추고 있을 뿐 아니라 현금사용에 수반되는 원격지 운송의 불편 및 보관 수송에 따른 비용과 도난 위험 등의 단점도 없다. 전자화폐는 화폐적 가치가 어떻게 저장되었는가에 따라서 IC 카드형과 네트워크형으로 나뉜다.
- IC 카드형 전자화폐는 전자 지갑형 전자화폐라고 한다. IC 카드에 전자적 방법으로 은행예금의 일부를 옮겨 단말기 등으로 현금처럼 지급하는 것이다. 이러한 IC 카드형 전자화폐는 네트워크형과 호환되지 않으면 전자상거래에서는 쓸 수 없다.

10) 전용선의 속도

- 전화
  - 음성신호 300~3400Hz(약 4kHz) 아날로그 신호
  - 표본화 주파수 8kHz, 한 글자를 표현하기 위한 디지털 bit수 8bit
  - 8kHz * 8bit = 64Kbps 디지털 신호
- T1은 북미지역, E1은 유럽지역에서 사용하는 방식
  - T1 : 1.544Mbps

    T1은 24채널이므로 24 * 8bit+1bit(동기비트) = 193bit

    193bit * 8kHz = 1.544Mbps
  - T2 : 6.312Mbps
  - T3 : 45Mbps
  - E1 : 2.048Mbps :

    32채널이므로 32 * 8bit * 8kHz = 2.048Mbps

11) 패킷(Packet)

- 네트워크를 통해 전송하기 쉽도록 자른 데이터의 전송단위이다.

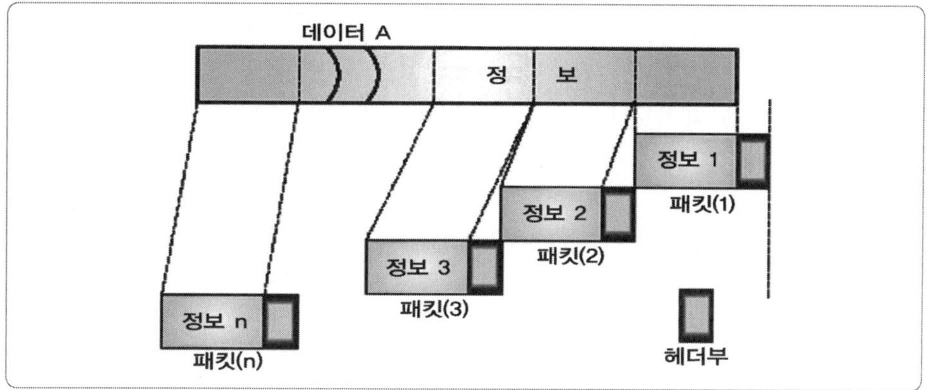

- 본래는 소포를 뜻하는 용어로, 소화물을 뜻하는 패키지(package)와 덩어리를 뜻하는 버킷(bucket)의 합성어이다. 우체국에서는 화물을 적당한 덩어리로 나눠 행선지를 표시하는 꼬리표를 붙이는데, 이러한 방식을 데이터 통신에 접목한 것이다.
- 데이터 전송에서 사용되는 데이터의 묶음패킷 전송은 두 지점 사이에 데이터를 연속적으로 전송하지 않고, 전송할 데이터를 적당한 크기로 나누어 패킷의 형태로 구성한 다음 패킷들을 하나씩 보내는 방법을 사용한다.
- 각각의 패킷은 일정한 크기의 데이터뿐만 아니라 데이터 수신처, 주소 또는 제어신호 등의 제어 정보까지 담고 있다.
- 보통 한 패킷은 1,024비트의 데이터를 담을 수 있다.

'.com' 탄생 25주년

동아일보를 인터넷에서 찾으려면 동아일보의 인터넷 주소, 즉 인터넷 도메인 'donga.com'을 치면 된다. 인터넷 도메인은 주로 'OOO.com'처럼 이뤄진다. 이른바 '닷컴(.com='.'을 뜻하는 dot+'상업'을 뜻하는 commercial의 com)도메인'이다.

닷컴 도메인 1호는 25년 전인 1985년 3월 15일 탄생했다. 미국 컴퓨터 시스템업체 심벌릭스의 'Symbolics.com'이 주인공이다. 1984년 이전까지는 인터넷도메인 대신 복잡한 숫자로 이뤄진 인터넷프로토콜(IP)이 사용됐다. 그러나 기억하기 쉽도록 닷컴을 비롯해 '.edu(교육)', '.gov(정부)', '.mil(군사)', '.net(네트워크)', '.org(조직)' 등 6개의 인터넷 도메인을 만들었다. 이른바 '최상위 도메인'이다.

미국의 기술·혁신 비영리 싱크탱크 ITIF((Information Technology & Innovation Foundation)에 따르면 현재 등록된 전체 인터넷 도메인은 약 2억 5000만 개, 이중 닷컴 도메인은 약 8400만 개다. 매달 약 66만 8000개의 새 인터넷 도메인이 등록된다. 한국이 등록한 닷컴을 비롯한 최상위 도메인은 약 100만 개, 전 세계 인터넷 사용자는 약 17억 명, 연간 인터넷 상거래 규모는 1조 5000억 달러(약 1701조 원)이며 2020년에는 3조 8000억 달러(약 4309조 원)에 이를 것으로 전망된다(동아일보, 2010.3.17.).

세계 주요 소셜 네트워크 서비스(SNS)

스마트폰의 보급과 함께 페이스북, 트위터가 새로운 '소셜 네트워크 서비스(Social Network Service)'의 수단으로 활발하게 이용되고 있다.

SNS는 온라인에서 친구나 선후배, 동료 등과의 인맥을 이어주는 서비스다. 최근에는 인맥 관리의 차원을 넘어 미디어 서비스의 수단으로도 확대되고 있다.

SNS는 1999년 시작된 미니홈피 싸이월드처럼 인터넷에서 개인 정보를 공유할 수 있게 하고, 의사소통을 도와주는 1인 미디어 또는 1인 커뮤니티라 할 수 있다. 그러나 이젠 블로그, 마이스페이스, 트위터, 페이스북, 링크드인 등으로 진화하고 있다.

카페나 동호회 등의 커뮤니티 서비스가 특정 주제에 관심을 가진 집단을 그룹화하는 폐쇄적인 서비스였다면 SNS는 개인이 중심이 돼 자신의 관심사와 개성을 함께 하는 것이다.

SNS의 대표주자로 떠오른 트위터는 140자로 느낌이나 의견을 주고받는 단문 블로그이고, 페이스북은 싸이월드와 비슷한 인맥 관리 사이트로 친구들끼리 대화나 정보를 주고받는다.

【 Blog vs Twitter vs Facebook】 (출처 : http://www.slideshare.net/재 구성)

구 분	Blog	Twitter	Facebook
용도	콘텐츠 생산	콘텐츠 유통	네트워킹
글 제한	없음	140자	320자
관계	구독자, 이웃	팔로워	친구, 팬
콘텐츠 유통	엮인글, 추천, RSS	RT(Retweet, 추천)	좋아요
특성	• 주제에 따른 글과 사진 올리기 편함 • 글에 따른 댓글로 커뮤니케이션이 일어남 • 메뉴 구성 및 화면구성이 자유롭게 변경됨 • 키워드 검색에 잘 노출되고 노출 생명력 길다 • 목록 및 카테고리로 검색 용이함	• 짧은 글과 링크 통해 정보를 제시 • 타임라인에서 실시간 소통 가능, 속보성이 특징 • 팔로우를 통한 의견과 생각을 여러 사람에게 한 번에 전달 가능 • 유용한 정보 쉽게 공유 가능	• 친구들과 친밀한 커뮤니티 형성 가능함 • 글과 정보 등 좋아하는 정보를 추천 한번으로 소통 가능함 • 그룹 지정 통한 효과적인 관리 • 전문적 내용은 팬 페이지로 공유 가능 • 링크 통한 정보 제시

RSS는 Really Simple Syndication의 머리글자를 딴 말이며, 사이트에 새로 올라온 글을 쉽게 구독할 수 있도록 하는 일종의 규칙이다. 사이트에서는 바뀐 내용, 새로운 글을 RSS라는 규칙에 따라 제공하면 이용자는 RSS를 읽을 수 있는 프로그램(보통 RSS리더기로 부른다.)으로 그 내용을 받아올 수 있다.

소셜 웹(Social Web)

웹상에서 누리꾼들이 서로 사귀고 의견을 나누는 것을 통칭하는 단어이다. 싸이월드나 페이스북과 같이 '관계 중심' 사이트와 사진공유 사이트 '플리커'처럼 취미를 가진 사람들이 모이는 '취미중심' 사이트로 크게 나눌 수 있다. 웹상 교류와 커뮤니티를 구현하는 데 이용되는 웹 2.0 기술을 일컫기도 한다.

인터넷은 '정보의 바다'이지만, 지나치게 넓은 바다다. 검색 엔진을 수없이 사용해도 원하는 정보를 찾기란 쉬운 일이 아니다. 사용자가 크게 늘면서 '신뢰할 수 없는 정보'는 물론 '의도적으로 조작된 정보'도 양질의 정보와 구분없이 섞여 돌아다닌다.

【세계 주요 SNS 기업 현황】 (출처 : http://blog.naver.com/yzlee1941/)재구성

구 분	국적	설립년도	회원 수	인맥구축기반	특 징
Cyworld	한국	1999년	2600만 명	지인	• 대표 서비스인 미니홈피를 기반으로 개인 콘텐츠 쉽게 공유, 일촌 맺기 • 아이템, 뮤직, 영화, 만화 등 관련 콘텐츠 풍부, 사이버 머니 '도토리' • 클럽, 광장 등 포털 커뮤니티 서비스
me2day	한국	2007년	9,641,651명 (2012. 7)	나와 친구들의 새로운 커뮤니티	• 한국판 트위터, 최대 150자 사용가능 • 상대 허락해야 친구 맺을 수 있다. • 2009년 네이버가 인수 • 패션을 공유하는 스타일 셰어 및 문자 및 사진 공유, 10-20대 사용자
My Space	미국	2003년	2억 500만 명	뮤직 커뮤니티	• 음반, 인디밴드 등을 홍보할 수 있는 서비스 구조 • 개인홈페이지에 자신만의 배경 음악 업로드 가능 • 동영상 서비스 지원, 타깃 광고 적용
Facebook	미국	2004년	5억 명	대학 커뮤니티	• 캠퍼스 친구 관리 • 교내클럽 활동 커뮤니티 • 캠퍼스 정보 공유, 이벤트 홍보
Twitter	미국	2004년	1억 600만 명	대학 커뮤니티	• 친구맺기 기능, 메신저의 신속성 • 팔로우 중심 소통 • 빠른 소통이 가장 큰 특징
YouTube	미국	2005년	7200만 명 (2007년)	세계최대 동영상 공유 커뮤니티	• 글로벌 기반의 동영상 플랫폼으로 다양한 비즈니스 기회 활용 • 사용자들의 지역, 접속시간대, 연령대, 성별 등 분석해 주는 통계 서비스 무료 제공 -> 고객 집중 광고 가능
Linkedin	미국	2003년	1억 5천만 명	비즈니스 인맥형성	• 비즈니스를 위한 인맥형성과 정보교류가 목적인 비즈니스 특화 SNS • 100만 개 이상의 기업과 500대 기업 CEO 대부분이 가입 • 고학력자의 화이트칼라 직업군 회원
Google+	미국	2011년	5000만 명 (서비스 시작 88일)	세분화 사용자와의 커뮤니티	• 세분화된 사용자로 친구 분류(친구, 직장동료, 가족, 대학동창 등) • 글이나 영상 등을 올릴 때 특정그룹만 보게 지정 가능 • 동시에 10명까지 참여할 수 있는 화상채팅 기능 '행아웃' 있음 • 화상채팅 하며 문서 및 영상파일 등 공유 가능

이런 부작용을 해결하기 위한 새로운 움직임이 바로 '소셜 웹(Social Web)'이다. 더 정확한 정보를 찾기 위해 '논리적 프로그램'을 개발해 왔던 과거의 인터넷 기술과 달리 사람과 사람 사이의 관계를 이용해 정보를 찾는 기술이다.

인터넷의 진화

지금까지 성공한 인터넷 기업들은 정보를 찾아내고 전달하는 기술이 뛰어난 회사들이었다. 정교한 수학 프로그램을 이용해 순식간에 정확한 검색 결과를 찾아내는 기술을 가진 미국의 구글 같은 회사가 대표적이다. 한국도 마찬가지다. NHN 검색 포털 '네이버' 검색 결과는 정보를 가장 잘 찾아내는 기술력을 가졌다는 평가를 받으며 검색 시장의 80% 이상을 차지하고 있다. 이들은 사용자가 입력한 검색어에 가장 어울리는 광고를 검색 결과와 함께 게시하면서 높은 광고 수익을 올렸다. 이른바 '웹 2.0'이라 불리며 각광을 받았던 비즈니스 모델이었다.

나와 내 친구들이 관심 있는 정보만 골라

네이버는 검색 결과를 수학적, 통계적인 방식으로 찾아낸다. 사람들이 많이 찾는 정보와 많이 클릭하는 정보가 더 중요한 정보라는 가정에서 출발하는 방식이다.

하지만 사람들은 '요즘 재미있는 영화'와 같은 정보를 얻으려면 다수의 의견보다는 자신과 취향이 비슷한 친구 의견을 더 신뢰한다. 이런 현실을 인정하면서 출발하는 것이 소셜 웹의 원리다.

어떻게 하면 같은 취향과 의견을 가진 사람들의 정보를 압축해서 올릴 것인가. 이런 문제의식에서 착안한 개념이 '관계'다.

한국에서 이런 정보를 가장 많이 갖고 있는 기업은 SK커뮤니케이션즈다. 이 회사는 '싸이월드'와 '네이트온' 같은 서비스를 운영하는데, 모두 사람 사이 '관계'에 기반한 서비스다. 싸이월드에 가입하면 '1촌(나와 친한 사람)'들을 설정하는데, 가입자가 약 2400만 명에 이른다. 네이트온은 '버디'라는 대화 상대를 정하는데, 여기 가입자도 2700만 명이다. 싸이월드와 네이트온 중복회원 2100만 명을 제외해도 약 3000만 명이 가입되어 있는 셈이니 전 국민의 인맥 정보가 저장돼 있는 셈이다.

실시간의 관계망

소셜 웹의 가능성을 본 다른 인터넷 기업들도 최근 인수합병이나 신기술 개발에 활발한 움직임을 보이고 있다. NHN은 올해 초 '미투데이'라는 작은 벤처 기업을 인수했다. 미투데이는 150자 이내 짧은 글을 써서 다른 사람들에게 보여주는 서비스로, 2007년 창업 이래 2년 동안 돈을 한 푼도 벌지 못한 회사다. 그러나 NHN은 인수비용으로 22억 4000만 원을 썼다. 업계에서는 '실시간 관심사'를 파악하기 위한 NHN의 전략이라고 해석한다.

예를 들어 어제 먹고 싶어 했던 음식과 오늘 먹고 싶은 음식은 다르다. 이런 시차를 고려해 실시간 관심사에 따른 광고를 할 수 있다면 광고 효과는 배가 된다. 실시간 관심사를 파악하는 데는 미투데이나 미국 트위터와 같은 서비스가 제격이다. 사용자들이 150자 이내 짧은 문장을 하루에도 수차례씩 주고받으며 관심사를 나누기 때문이다. 더군다나 대화내용이 사람들에게 공개된다.

'신뢰'가 만드는 수익 모델

소셜 웹에서는 '신뢰'가 수익의 원천이다. SK커뮤니케이션즈 싸이월드에 '투멤(오늘의 멤버, Today's Member)'이라는 코너가 있다. 남녀 패션 스타일리스트를 소개하는 코너인데, 이곳에 소개된 사람들의 옷차림이나 패션 액세서리 등은 판매에 영향을 미친다. 자신의 얼굴과 실명을 공개하고 어디서 어떻게 옷이나 장신구를 샀는지 설명하므로 보는 사람으로 하여금 신뢰감을 주기 때문이다.

이 회사는 향후 쇼핑몰 업체와 제휴해 싸이월드 인맥을 이용하도록 할 계획인데, 잘 아는 친구가 추천한 상품이라면 신뢰를 한다는 소비자들의 마인드를 파고든 것이다. SK 커뮤니케이션즈는 이 같은 관계망 서비스의 '신뢰'를 제공하는 대가로 쇼핑몰로부터 수수료를 받는다.

휴대전화를 이용한 무선 인터넷의 발전도 소셜 웹을 더 발전시킬 것으로 기대된다. 다음커뮤니케이션은 이미 LG 텔레콤과 함께 위치 기반 생활정보 서비스를 시작했다. 사용자 주변 맛집, 관광지, 주유소 등을 자동으로 찾아주는 서비스인데, 다음의 블로그나 카페 등에 올라온 정보를 이용한 것이다.

SK커뮤니케이션즈는 SK 텔레콤과 함께 이런 무선 인터넷 서비스를 한 단계 더 발전시킬 계획이다. 싸이월드의 1촌과 네이트온의 버디가 SK 텔레콤 휴대전화

속에서 서로 연결되면 친구들이 즐겨 찾는 커피숍, 좋아하는 서점 등을 알려주는 서비스도 등장할 수 있다.

웹이 출현한 1990년의 웹 1.0부터 앞으로의 웹3.0까지 변화하는 모습에 따라 SNS도 발전하였다. 우선 웹1.0 환경에서는 초기단계인 '소셜네트워킹' 형태로만 서비스가 제공되다가 웹2.0 시대에 소셜 협업, 소셜 퍼블리싱, 소셜 피드백 등 다양한 서비스가 제공되면서 비약적인 발전을 거듭하였다.

앞으로 웹3.0 시대에는 소셜 커넥션이나 증강현실, 위치기반 서비스 등 지금보다 더욱 발전된 형태로 SNS가 진화될 것으로 예상된다(http://kimstreasure.tistory.com/93).

구분	보급초기	웹2.0	소셜 웹
시기	1990년대 말	2000년대 중반	2000년대 후반 이후
특징	오프라인 비즈니스를 온라인으로	수많은 참여자들의 '중계상' 역할	보다 정확하게 사용자 요구를 파악하는 서비스
대표 사례	야후	구글, 아마존닷컴, 옥션	페이스북, 트위터, SK커뮤니케이션즈
수익 모델	눈에 띄는 곳에 광고 이미지 게재	검색결과에 어울리는 광고 게재, 판매중개에 따른 수수료 수입	사용자가 실시간으로 관심을 갖는 사안을 반영한 맞춤형 광고

인터넷 비즈니스의 진화

트위터(twitter)

2006년 미국의 잭 도시(Jack Dorsey)·에번 윌리엄스(Evan Williams)·비즈 스톤(Biz Stone) 등이 공동으로 개발한 '마이크로 블로그' 또는 '미니 블로그'로서 샌프란시스코의 벤처기업 오비어스(Obvious Corp.)가 처음 개설하였다. 트위터란 '지저귀다'라는 뜻으로, 재잘거리듯이 하고 싶은 말을 그때그때 짧게 올릴 수 있는 공간이다. 한 번에 쓸 수 있는 글자 수도 최대 140자로 제한되어 있다.

블로그의 인터페이스에 미니홈페이지의 '친구맺기' 기능, 메신저의 신속성을 갖춘 소셜 네트워크 서비스(SNS)로서, 관심 있는 상대방을 뒤따르는 '팔로우(follow)'라는 독특한 기능을 중심으로 소통한다. 이는 다른 SNS의 '친구맺기'와 비슷한 개념이지만 상대방이 허락하지 않아도 일방적으로 '뒤따르는 사람' 곧 '팔로어

(follower)'로 등록할 수 있는 점이 가장 큰 차이점이다. 웹에 직접 접속하지 않더라도 휴대전화의 문자메시지(SMS)나 스마트폰 같은 휴대기기 등 다양한 방법을 통하여 글을 올리거나 받아볼 수 있으며, 댓글을 달거나 특정 글을 다른 사용자들에게 퍼트릴 수도 있다. 홈페이지 주소는 'http://twitter.com'이며, 사용자의 트위터 주소는 '@아이디'로 표기된다.

언제 어디서나 정보를 실시간으로 교류하는 '빠른 소통'이 가장 큰 특징으로서 세계적 뉴스채널로 속보를 장점으로 하는 CNN을 앞지를 정도로 신속한 '정보유통망'으로 주목받고 있다. 미국의 첫 흑인 대통령이 된 버락 오바마가 대통령 선거에서 승리하는데 트위터를 이용한 홍보효과를 톡톡히 본 것으로 알려져 있으며, 기업들도 홍보나 고객 불만 접수 등 다양한 방법으로 활용하고 있다. 한국에서도 사용자가 급속히 확산되는 추세로 한국어 홈페이지(http://twtkr.com)도 개설되었다.

소셜 네트워킹 서비스(SNS) 트위터의 2010년 7월 1일 검색 쿼리(질의) 수가 8억 건으로 야후를 넘어섰다. 트위터 내부 글만 검색되지만 SNS에서의 정보와 지식 공유 수준이 기존 검색엔진을 넘어설 가능성을 보여줘 주목된다.

트위터 공동 창업자인 비즈 스톤이 미국 아스펜아이디어 축제에서 트위터 검색 사이트(search.twitter.com)의 일간 검색 쿼리가 8억 건을 넘어선 것으로 발표했다고 벤처비트가 2010년 7월 6일(현지시각) 보도했다.

이는 지난 2010년 4월 트위터가 밝힌 일간 쿼리 6억 건에 비해 33% 증가한 수치다. 월 검색 쿼리는 240억 건에 달하는 셈이다(http://www.etnews.co.kr/news).

세계 IT 업계를 중심으로 SNS 시장에 대한 관심이 뜨겁게 달아오르고 있다. 사람을 흡인하는 위력, 또 이들이 만들어내는 콘텐츠 등 SNS의 영향력이 온라인 광고사업, 모바일 연동 서비스 등 다양한 수익모델과 만나면서 창출되는 엄청난 규모의 시장에 본격적으로 눈을 뜨기 시작한 것이다.

실제 SNS 시장은 세계적으로 폭발적인 성장을 하고 있다. 세계 1위 소셜네트워킹서비스(SNS) 기업인 페이스북(Facebook) '마이스페이스닷컴'의 회원 수는 최근 9억 명이 넘었으며(2012.5.11., Weekly BIZ), 국내 '싸이월드닷컴'의 회원 수는 2600만 명이다(http://whowired.com/102019, 2012.5.31.).

소셜미디어의 활용 실태

SNS로 고객소통

▸ 기업 67% "도입 가장 큰 이유"… '제품 이미지 제고에 도움' 51%

커뮤니케이션 전문 매체 '더피알(The PR)'은 국내 기업 및 기관 소셜미디어 담당자 120명을 대상으로 '소셜미디어 도입 운영 현황 및 인식'을 조사한 결과 응답자(복수응답 가능)의 67.5%가 '고객과의 소통 및 관계 개선'을 이유로 꼽았다.

이어 '기업·제품 이미지 제고(51.7%)', '제품·서비스에 대한 소비자 인지도 강화(42.5%)', '기업미디어 채널 구축(36.7%)', '고객 이벤트 및 프로모션 활성화(28.3%)' 등이 SNS 도입의 이유로 꼽혔다.

기업들에 가장 인기가 높은 SNS는 페이스북이었다. 전체 응답자 중 90.8%가 페이스북을 활용한다고 답했다. 트위터는 77.5%, 블로그 65.8%, 유튜브 35.8% 순이었다.

SNS 도입에 따른 성과로는 '소셜미디어 채널 방문자 및 이용자 증가(80%)'가 가장 많았으며 '기업이미지 제고'와 '소비자 관계 구축 및 소통'이 각각 73.3%로 뒤를 이었다.

【소셜미디어 활용의 주요목적】 (출처 : dongA.com, 2012.5.3., 시만텍)

목 적	응답 비율
고객과 소통 및 관계개선	67.5%
기업·제품 이미지 제고	51.7%
제품·서비스에 대한 소비자 인지도 강화	42.5%
기업미디어 채널 구축	36.7%
고객 이벤트 및 프로모션 활성화	28.3%
이슈 및 위기 관리	13.3%
소비자 의견 수렴	12.5%
제품·서비스 판매 및 매출 증가	10.8%

대한상공회의소가 동아일보와 공동으로 국내 상장기업 403곳을 대상으로 '소셜미디어 활용실태'를 조사한 결과 403개 업체 중 트위터, 블러그, 유튜브 등 소셜네트워크 서비스(SNS)를 기업활동에 '활용한다'고 답한 업체는 65개 업체로 전체의 16.1%이었다. 활동하지 않는 업체 중의 69.1%는 '업종·사업 특성상 필요없다', 22.2%는 '관심없다' 등을 그 이유로 밝혔다.

아직까지 활용도는 낮지만 전체 응답 기업의 55.3%가 SNS를 '실시간 신(New)미디어'라고 답했고, 스마트폰 등 모바일 문화 확산에 따른 일시적 현상으로 보는 기업은 5.7%에 불과했다.

SNS를 운영하는 기업의 86.2%가 소셜미디어의 영향을 긍정적으로 평가했으며, 그 다음으로 '기업 이미지 개선(20.6%)', '제품 인지도 향상(14.7%) 등으로 평가했다.

조사대상기업들은 소셜미디어로 인한 보안문제를 가장 우려하는 것으로 나타냈으며, '영업기밀 등 유출(47.9%)', 악의적 댓글(34.2%) 등을 우려했다.

SNS 해킹 막아라

▸ "작년 전세계서 55억건 공격"… 美보안업체 시만텍 분석

스마트폰 보급이 늘면서 소셜네트워크서비스(SNS)가 해커들에게 새로운 놀이터가 됐다. 또 기업의 영업비밀을 빼내려는 사이버 스파이들은 대기업의 중소협력업체를 노리기 시작했다.

미국 보안회사인 시만텍이 2012년 5월 2일 발표한 '인터넷 보안 위협 보고서 제17호'에 따르면 지난 한 해 전 세계에서 총 55억 건의 악성 공격이 발생했다. 2010년에 비해 81%가량 증가한 것이다.

모바일 서비스의 보안상 취약점은 315건으로 2010년보다 93% 증가했다. 이에 따라 스마트폰이나 태블릿PC를 통해 주로 이용하는 페이스북 트위터 등 SNS가 악성코드의 유통경로가 될 확률도 높아졌다. PC로 주고받는 e메일을 통해 악성코드가 확산되던 것과는 양상이 달라졌다. 시만텍은 지난해 전체 스팸메일 양은 2010년의 3분의 2 수준으로 줄었지만 SNS를 통해 스팸성 메시지가 전파되는 경우는 늘고 있다고 밝혔다.

해커들은 예전에는 대부분 대기업이 공격 대상이었지만 2011년에는 직원 250명 미만인 중소기업을 겨냥한 공격이 전체의 18%까지 늘었다. 대기업의 기업비밀

을 빼내기 위해 보안예산이 적은 중소 협력업체를 해킹하는 것으로 분석됐다.

【2011년 보안위협 증가 현황】 (출처 : dongA.com, 2012.5.3., 시만텍)

종 류	횟수(2010년과 비교)
해킹 공격	55억 건(81% 증가)
악성코드 변종	4억 300만 건(41% 증가)
하루 웹 공격 횟수	4595건(36% 증가)
발견된 모바일 취약점	315건(93% 증가)

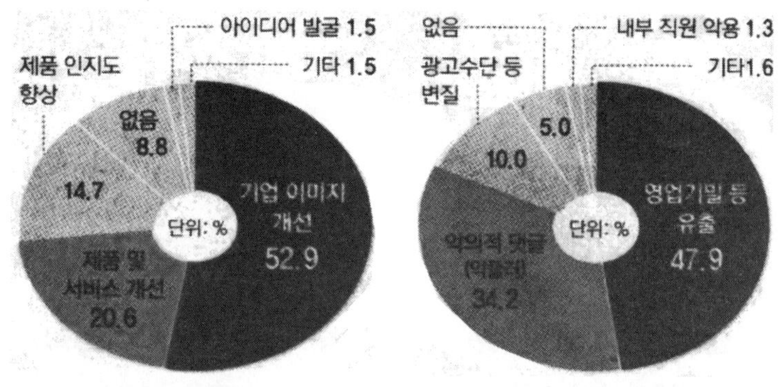

소셜미디어의 긍정적적인 효과와 부정적인 효과

2012년 한국 소셜미디어의 트랜드

2011년 10월 가트너가 발표한 2012년 10대 전략적 IT 트랜드를 보면 태블릿 PC부터 상황인식과 소셜미디어와의 유합, 빅데이터 기술에서 클라우드에 이르기까지 다양한 기술의 진보가 사회와 사람이 소통하는 방식과 인간의 삶에 변화를 가져오는 것을 알 수 있다.

2011년 인터넷 이용실태를 보면 국내 스마트폰 이용자가 2000만 명을 돌파했고, 인터넷 이용자수가 10명 중 8명이 블로그를 이용하고, SNS 가입자도 트위터가 550만 명, 페이스 북 이용자는 535만 명에 달하고 있다. 점차 우리의 정보 소비 패턴이나 라이프 스타일도 변화했다(http://www.midorisweb.com/).

항목	%
실시간 정보전파의 위력을 보여주는 신미디어	55.3
집단지성을 상징하는 지식창고	14.9
기업 등의 마케팅, 의사 소통 수단	10.2
새로운 비즈니스 모델 창출 기회	9.2
모바일 문화 확산에 따른 일시적 현상	5.7
인맥 구축의 온라인 놀이터	4.7

소셜미디어에 대한 국내기업의 인식(단위 %) (출처 : 대한상공회의소)

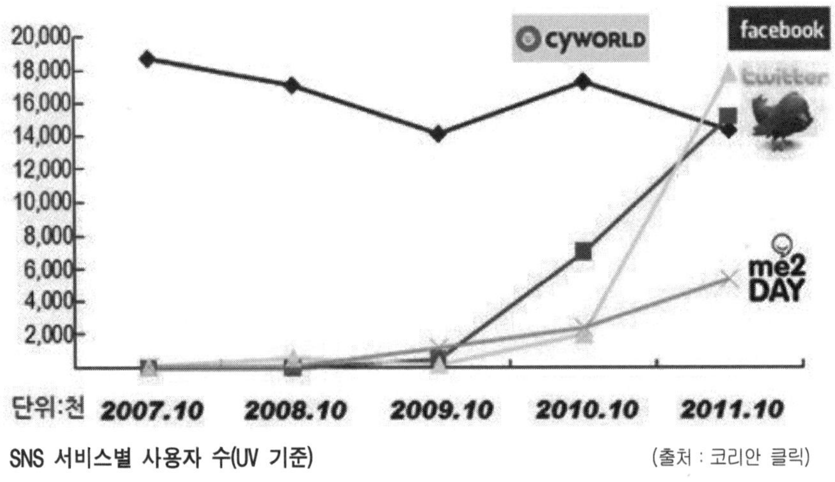

SNS 서비스별 사용자 수(UV 기준) (출처 : 코리안 클릭)

인터넷 전화(VoIP, Internet telephone)

인터넷 전화(VoIP)는 VoIP 기술을 이용하여 인터넷망을 통해 음성을 주고받는 전화이다. VoIP는 인터넷망을 통해 음성신호를 실어나르는 기술로, 기존 회선교환 방식의 일반전화와 달리 인터넷의 근간인 IP(인터넷 프로토콜) 네트워크를 통해 음성을 패킷 형태로 전송한다.

즉, VoIP는 데이터 통신용으로 사용돼 온 인터넷 또는 IP 네트워크에 음성데이터를 실어 보내는 기술과 관련한 솔루션을 지칭하는 말로 대표적인 예로써 '인터넷 전화(Internet Phone)'를 들 수 있다.

인터넷 전화란 인터넷망을 이용해 음성 전화를 주고받는 것으로, 음성과 데이터를 하나의 망으로 전송함으로써 망 효율을 높일 수 있고 인터넷과 연계된 다양한 지능망 서비스도 제공할 수 있다. 또한 시외. 국제전화 등 원거리 통화 시 요금이 저렴한 장점을 갖고 있다.

인터넷폰 또는 IP전화라고도 한다. 1995년 미국의 벤처 기업인 보컬테크(Vocal Tech)가 퍼스널컴퓨터(PC)에 접속하는 마이크와 스피커를 통해 통화하는 시스템을 개발한 다음부터 보급되었다.

인터넷전화의 방식은 PC와 PC 사이에 이루어지는 형태, PC와 전화기 사이에 이루어지는 형태, 전화기와 전화기 사이에 이루어지는 형태이다. 이 가운데서 가장 관심을 끄는 것은, 인터넷 FAX 서비스와 마찬가지로, PC를 보유하지 않은 이용자에게 보통의 전화기로 인터넷을 경유하여 장거리 전화나 국제전화를 저렴하고 통화 품질도 일반 유선전화 수준과 별 차이가 없다는 점이다.

그 구조는 전화망-인터넷-전화망의 형태로 접속하여 전화망의 중계망 부분을 인터넷으로 바꾸어 통신하는 것이다(네이버 백과사전).

또 기존에 구리선으로 음성만 보내던 것과는 달리 다양한 서비스를 제공하는 멀티미디어 기기로 진화하고 있다. 인터넷 전화기로 영상통화는 물론 가정용 은행자동화기기(AYM)로 사용할 수 있는 KT의 스타일 폰이 대표적이다. 이밖에도 외부에서 집안의 모습을 확인하는 홈 모니터링 서비스, 지역정보 안내, 실시간 교통 정보 등이 전화기를 통해 제공된다. 인터넷전화 식별번호 '070'을 사용한다.

국내 모바일 시장의 유일한 성공모델로 주목받고 있는 모바일메신저 영역에서 쫓고 쫓기는 경쟁을 벌이고 있는 것. 김범수 의장의 '카카오톡'이 NHN을 위협하는 플랫폼으로 급성장한 가운데 NHN이 다시 모바일메신저 '라인'을 만들어 카카오톡을 바짝 추격하고 있어 주목된다.

카카오톡은 2010년 3월 서비스를 시작해 스마트폰 필수 애플리케이션(앱)으로 부상하면서 '카카오신드롬'을 일으켰다. 현재 5500만명의 가입자를 모으며 플러스친구, 카카오스토리, 게임센터 등으로 영역을 빠르게 확대하고 있다.

라인은 1년 늦게 모바일메신저 시장에 진입했지만 출시 1년 만에 5000만명이 쓰는 앱으로 급부상했다. 하루 최대 150만명을 새로 유치하며 급성장하고 있다.

카카오톡 vs 라인

카카오톡	구분	라인
카카오	기업	NHN
2010년 3월	출시	2011년 6월
5,500만명	가입자 수	5,000만명
한국	주요 시장	일본, 동남아
게임, 광고	수익 모델	게임, 스티커

(출처 : 매일경제, 2012.8.3.)

연내 카카오톡을 따라잡을 것으로 업계는 예상하고 있다.

늦게 출발한 라인의 가입자 성장세가 가파른 것은 주로 해외 가입자들이 많기 때문이다. 카카오톡의 경우 한국 가입자가 대부분이지만 라인은 90% 이상의 이용자가 해외에서 사용하고 있다.

특히 일본에서는 2300만명이 내려받아 일본의 '국민앱' 대열에 올랐다. 라인 출시 전까지는 일본에서 카카오톡이 모바일 메신저 시장 1위였지만 이를 역전시킨 것이다.

NHN에서는 일본의 스마트폰 보급률이 아직 40%대에 불과한 만큼 성장 가능성이 크다고 보고 있다. 라인은 하반기 미국과 중국에서도 본격적인 마케팅을 시작할 예정이다. 반면 국내 이용자들에게는 라인보다 카카오톡이 훨씬 더 경쟁력 있는 서비스다. 휴대폰에 저장돼 있는 사람들 거의 모두와 연결될 수 있기 때문이다. 또 아이폰과 안드로이드폰은 물론이고 윈도폰, 블랙베리폰 등을 모두 지원해 어떤 스마트폰을 사용하든 이용할 수 있다는 장점을 갖고 있다.

라인은 일본, 대만, 홍콩, 태국, 싱가포르, 말레이시아 등 24개국 앱스토어에서 다운로드수 1위를 기록하고 있다.

카카오톡은 한국을 비롯해 중동 7개국에서 1위에 올랐다.

라인과 카카오톡 두 서비스는 기본적으로 휴대폰 번호를 기반으로 무료 문자와 무료 음성통화를 지원한다는 점에서 같다. 1대1 대화와 그룹 대화가 가능하고 대화 중 사진이나 동영상을 공유할 수 있고, 그날의 기분에 따라 대화 화면 배경도 자유롭게 변경 가능하다.

다만 라인은 PC와 스마트폰에서 호환할 수 있는 것이 특징이고 카카오톡은 스마트폰에서만 이용할 수 있다(매일경제, 2012.8.3., A2).

공짜 모바일 전화가 뭐기에…

이동통신 3사가 LTE망을 통한 인터넷전화(VoLTE)를 차세대 서비스로 준비하고 있다. 가입자 수 4600만 명을 자랑하는 카카오톡은 무선 인터넷전화(mVoIP) 서비스를 시작했다. 무선통신을 활용한 인터넷전화의 등장으로 이동통신업체와 인터넷서비스업체들 간의 힘겨루기가 한창이다.

똑같은 서비스 준비 중인 이통사들
LTE망 타고 10월에 … "끊김 현상 없어 통화품질 우수"
기술적으로 보이스톡과 같아 최근 반발 설득력 없어

"영상이 차세대 음성이다(Video is next voice). 2012년 하반기엔 통신시장 판도가 크게 변할 것이다."

이동통신 3사는 현재 데이터 전용 네트워크인 LTE망을 통해 음성까지 주고받는 서비스(VoLTE)를 준비하고 있다. LTE 전국망 구축이 1차전이었다면 이 망을 이용한 음성 서비스가 2차전이 되는 셈이다.

통신사들이 VoLTE에 주목하는 이유는 음성과 데이터를 하나의 망을 통해 보내게 되면 다양한 종류의 멀티미디어 서비스가 가능하기 때문이다. 예를 들어 LTE 스마트폰에서 음성 통화를 하는 도중 스마트폰 카메라로 촬영한 화면을 상대방에게 전송할 수 있다. 원격의료·화상강의 같은 응용 서비스도 제공할 수 있게 된다. 한 이통사 관계자는 "음성과 데이터를 조합하면 무수히 많은 비즈니스 아이디어와 서비스가 나올 수 있다"며 "카카오톡 같은 모바일 메신저 서비스에 빼앗겼던 문자메시지 시장도 음성과 영상을 결합한 서비스로 상당부분 찾아올 수 있을 것"이라고 말했다. '음성 통화 10초에 18원'하는 식으로 돈을 벌던 이통사들이 다양한 데이터 통화로 수익원을 전환할 준비를 하는 것이다.

이통 3사는 2012년 10월께 본격적인 VoLTE 서비스를 선보일 계획이다.

VoLTE는 음성을 데이터화해 전송한다는 점에서 기술적으로 보이스톡이나 스카이프 같은 모바일인터넷전화(mVoIP)와 동일한 서비스다.

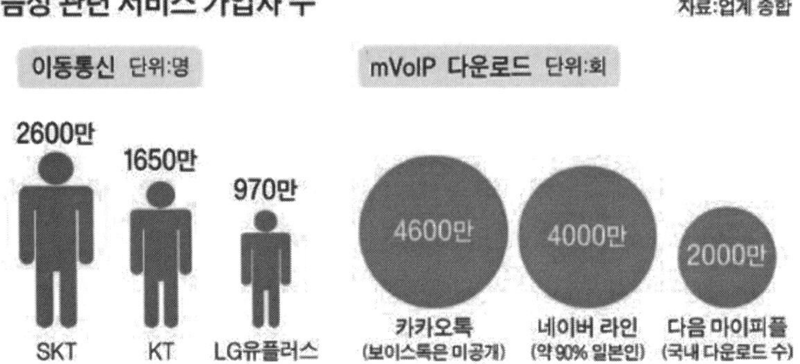

VoLTE가 대세로 자리 잡을 수 있을지는 요금제에 달려 있다. 지금은 음성 몇 분, 메시지 몇 개, 데이터 몇 메가바이트(MB)를 묶은 올인원 요금제가 대세다. 하지만 음성통화도 데이터망을 통해 이뤄지게 되면 음성과 데이터의 구별이 무의미해진다. 따라서 VoLTE가 도입되면 '한 달 몇 기가바이트(GB) 사용에 얼마'라는 식으로 정한 데이터 용량 안에서 동영상이든 문자든 음성통화든 개인이 알아서 사용하는 종량제 방식이 등장할 가능성이 크다(중앙경제, 2012.6.7., E4).

참고 **VoLTE(Voice over LTE)**

4세대(4G) 롱텀에볼루션(LTE)망을 이용해 음성을 데이터로 보내는 서비스, 현재는 LTE 단말기를 사용하는 고객도 음성통화 버튼을 누르면 단말기가 3G나 2G망을 찾아 접속한다. 안정적인 통화를 제공하기 위해 음성통화 전용망을 쓰지 않으면 제대로 통화하기 어려웠다. 하지만 LTE에서는 전용망을 운영하지 않아도 이런 문제는 생기지 않는다.

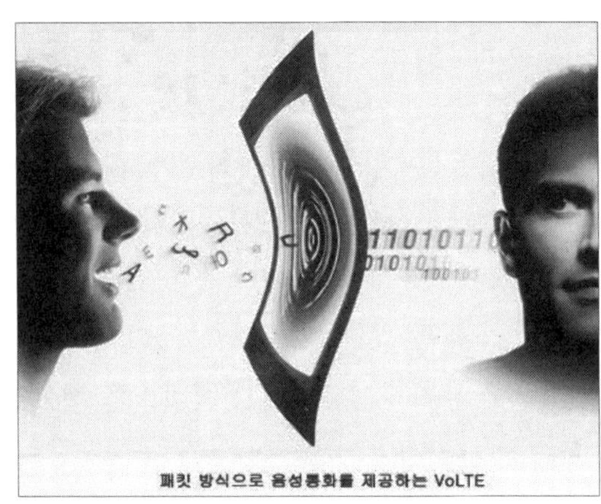

VoLTE의 개념

참고 **mVoIP(mobile Voice over Internet Protocol)**

음성전용망이 아니라 인터넷망을 통해 음성신호를 실어 나르는 것이다. VoIP 가운데 유선 인터넷망이 아니라 무선통신망을 이용하는 경우를 mVoIP라고 한다. '무선 데이터망 환경에 적합하게, 그리고 기존 통신사와 독립적으로 자체적인 통신서비스에 적합하도록 인터넷 전화 기술을 적용/보완/개선한 서드파티 통신 서비스'라 할 수 있다.
카카오톡의 '보이스톡'과 같은 mVoIP 서비스가 그 가운데 하나이다.

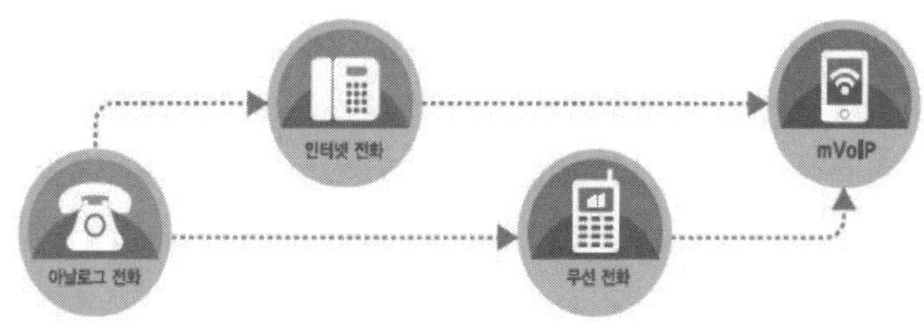

전화 통신 서비스의 변화

7.6 차세대 통신기술

휴대전화의 온라인 기능이 늘어나면서 현재의 3세대(3G) 이동통신의 뒤를 이어 4세대(4G) 이동통신 기술 경쟁도 치열하게 전개되고 있다. 3G 기술에 비해 전송속도 및 이용효율성이 대폭 증가되어 네트워크의 구성을 개선하며, 전송지연을 최소화 한 것이 장점이다.

4G 후보로는 유럽식 3G 이동통신(광대역 부호분할 다중접속·WCDMA)의 뒤를 이을 '3GPP LTE(Long Term Evolution)'와 한국이 원전기술을 가진 '와이브로'의 뒤를 이을 '와이브로 에볼루션'이 경합을 벌이고 있다.

'4세대(4G) 이동통신'은 2008년 ITU가 정한 고속(시속 100km 이상) 이동 중에는 100Mbps, 저속 이동 중에는 1Gbps의 전송 속도가 가능한 이동통신 기술을 의미하며, 2010년 10월 WiMAX2와 LTE-Advanced가 4G 기술로 채택되었다.

현재 해외 또는 국내에서 제공 중인 4G(LTE/WiBro) 서비스는 엄밀히 말해 4G 서비스로 규정할 수는 없으나, 2010년 12월 ITU에서 LTE, WiMAX, HSPA+ 등을 4G 이동통신에 포함시킨다는 발표를 하면서 전 세계적으로 4G로 통용된다

(품목별 방송통신현황 2011-스마트4G, 정보통신산업진흥원, 2012.2.28.).

- ▸ 4G : WiMAX(Worldwide Interoperability for Microwave Access) : 삼성, 인텔이 주도해 만든 4G 기술
  WiMAX(Worldwide Interoperability for Microwave Access)는 기존 Wi-Fi(IEEE 802.11) 보다 그 기능 및 범위를 확장한 개념으로 광역/옥외 서비스용 무선기술을 의미한다.
- ▸ WiMAX 포럼(IEEE 802.16 표준에 기반한 시스템 및 단말의 시장 활성화를 위해 제조업체 및 서비스 제공업체들이 중심이 되어 만든 비영리 단체)은 WiMAX를 '케이블, DSL의 대안으로서 라스트 마일(last mile)의 무선 광역 접근 전달을 가능하게 하는 표준 기반의 기술'로 설명하고 있다.
- ▸ WiMAX 포럼은 WiMAX를 크게 고정형 WiMAX와 모바일 WiMAX로 구분하고 있다. WiMAX는 IP 기반 기술로 유선망과의 통합이 용이하다는 장점을 갖으며, 현재는 음성 통신은 제공되지 않고 있으나 향후 음성 기술을 탑재하여 표준기술로 진화될 전망이다.

- LTE(Long Term Evolution) : 기존 3세대 망을 업그레이드 해 3세대 속도보다 50배 가까운 100Mbps를 목표로 하고 있다.
- 음성통화서비스(VoLTE) : 4G LTE 통신망을 이용한 음성통화 서비스로 'LTE 2.0'이라고 부른다. 기존 3G 음성통화에 비해 음성통화품질은 2배, 영상통화 품질은 12배 이상 뛰어나다(매일경제, 2012.7.17.).

【세대별 이동통신 기술】 (출처 : 정보통신 연구진흥원)

구 분	1세대(1G)	2세대(2G)	3세대(3G)	4세대(4G)
표준기술	아날로그통신 (AMPS, TSCS 등)	TDMA, CDMA, GSM 등)	WCDMA, CDMA2000 등	LTE, 와이브로 에볼루션 등
전송속도	10kbps	14.4~64kbps	144kbps~2Mbps	100Mbps 이상
주요서비스	음성	음성, 문자메시지, 저속인터넷	음성, 고속무선인터넷, 화상통화	멀티미디어 서비스(음성+ 비디오+ 데이터)
상용화 시기	1981년	1991년	2000년	2011년 4월 이후
영화 다운로드 (700MB 기준)	불가능	6시4분	9분 43초	56초

♣ 다음 문제의 정답을 표시하시오.

연습문제 I

1. 한글 Windows의 네트워크를 설정하는데 있어서 전화접속에 관련된 프로토콜은?
   ① IPX ② ARP ③ NetBEUI ④ PPP(Point to Point)

2. IPv6의 주소는 몇 비트로 구성되어 있는가?
   ① 32비트 ② 64비트 ③ 128비트 ④ 256비트

3. 다음 전용선의 전송속도가 잘못된 것은?
   ① T1 - 1.544Mbps ② E1 - 2.048Mbps ③ T2-3.088Mbps ④ T3-45Mbps

4. 다음 중 4세대(4G) 롱텀에볼루션(LTE)망을 이용해 음성을 데이터로 보내는 서비스는?
   ① VoLTE ② Line ③ VoIP ④ mVoIP

5. 웹 브라우저의 기능을 확장시키기 위해 설치하는 프로그램으로 인터넷에서 오디오 듣기, 비디오 보기, 애니메이션 보기 등이 가능하도록 하는 기능으로 맞는 것은?
   ① CSS ② 메신저 ③ 블로그 ④ 플러그인(Plug-in)

6. 인터넷 웹사이트의 방문정보를 기록할 수 있는 파일로, 이를 이용하여 사용자 정보 등을 분석할 수 있는 것은?
   ① 패치 ② 쿠키 ③ 크래커 ④ 조각모음

7. 메일 서버에 도착한 E-mail을 사용자 컴퓨터로 가져올 수 있도록 메일 서버에서 제공하는 프로토콜은?
   ① SMTP ② FTP ③ POP3 ④ TCP/IP

8. 다음은 인터넷 연결방법에 대한 설명이다. 옳지 않은 것은?
   ① VDSL은 다운로드 속도와 업로드 속도가 달라 비대칭 디지털 가입자 회선이라 한다.
   ② 기존 케이블 TV선을 사용하여 인터넷에 접속하려면 케이블 모뎀을 사용해야 한다.
   ③ 초고속 통신망 서비스 중 속도 면에서 가장 우수한 것은 광 랜이다.
   ④ 케이블 모뎀은 기존의 케이블 TV선을 사용하여 인터넷에 접속하는 서비스이다.

연습문제 II

♣ 다음 문제를 설명하시오.

1. 인터넷에서 이용할 수 있는 서비스

2. SNS 해킹을 막는 방법

3. IPV4와 IPV6의 차이점

4. DNS(Domain Name System)

5. Blog vs Twitter vs Facebook의 차이점

6. 소셜미디어에 대한 국내 기업의 인식은?

7. 4세대(4G) 이동통신

8. 음성전용망이 아니라 인터넷망을 통해 음성신호를 실어 나르는 것?(　　)

9. 음성을 데이터화해 전송한다는 점에서 기술적으로 보이스톡이나 스카이프 같은 모바일인터넷전화(mVoIP)와 동일한 서비스(　　)

10. 네트워크를 통해 전송하기 쉽도록 자른 데이터의 전송단위

11. 인터넷에 연결된 모든 컴퓨터를 식별할 수 있는 방법에는 (　　)와 (　　)을(를) 사용하는 방법이 있다.

12. 관심 있는 상대방을 뒤따르는 '팔로우(follow)'라는 독특한 기능을 중심으로 소통하며, 블로그의 인터페이스에 미니홈페이지의 '친구맺기' 기능, 메신저의 신속성을 갖춘 소셜 네트워크 서비스(SNS)?

13. 모든 네트워크 통신에서 생기는 여러 가지 충돌 문제를 완화하기 위하여, 국제 표준기구(ISO)에서 표준화된 네트워크 구조를 제시한 기본 모델은?

14. 웹상에서 구조화된 문서를 전송 가능하도록 설계된 웹 표준 문서 포맷으로 사용자가 새로운 태그를 정의할 수 있는 기능이 추가되었으며 우리나라에서 채택하여 사용하고 있는 웹 문서 표준 형식은?

C.H.A.P.T.E.R

08

컴퓨터와 정보기술사회

- 정보화시대에서 '평생직업' 위한 성장직업, 신생직업을 탐색한다.
- 2020년 직업 전망에 대하여 알아보고 대처한다.
- 컴퓨터와 시스템의 보안 안전에 대하여 학습한다.
- 정보 보호 10대 실천 수칙 이해한다.
- 스마트폰의 해킹 및 바이러스 감염예방에 대하여 알아본다.
- 금융사기 및 보이스피싱 피해가 없도록 대응요령을 알아본다.
- 컴퓨터의 올바른 사용 자세로 VDT증후군을 예방한다.
- 가전제품에서 발생되는 전자계로부터 영향이 적도록 대처한다.

8.1 정보기술사회의 유망기술

- 지능을 가진 집은 컴퓨터가 조명, 온도, 보안 등을 제어한다.
- 전문가 시스템이 있는데 이는 특별한 환자의 병을 데이터베이스로 탐색하여 조언해 주며, 병을 진단하고 처방 하는 데도 도움을 준다.
- '화폐 없는 사회'는 정부, 기업, 개인 등 모두에게 상당한 경제적 이득을 줄 것이다.
- 하루 동안 컴퓨터 시스템을 끄고 결과를 관찰해 보라. 대부분의 회사는 생산을 중지할 것이다. 며칠 동안 컴퓨터 시스템을 꺼놓으면 많은 회사들이 살아남지 못할 것이다. 위기에 처한 회사를 구해 주는 회사, 큰 은행의 컴퓨터 시스템이 작동하지 않는다면 이틀 만에 업무를 중단하게 될 것이라고 평가한다. 유통회사는 3일을 버틸 것이고, 제조업은 5일, 그리고 보험회사는 6일을 버틸 것이라고 본다.
- 미네소타 대학의 연구팀이 컴퓨터를 사용하지 못할 때의 피해에 대해 조사하였다. 그 연구에서는 만약 특정 작업이 30시간 이내에 복구되지 않는다면, 피해회사의 생존확률은 매우 낮다고 결론짓고 있다.

MIT 선정 10대 유망기술

리모컨 없이 손만 들면 TV가 작동

정보기술(IT)분야

① **소셜 인덱스** : "내일이 내 짝꿍 '예뻐'의 생일이네? 어떤 선물을 하면 좋을까." 좋아하는 여자 친구의 생일 선물을 고를 때 효과적이다. 아는 사람이 여러사이트에 등록해 놓은 정보나 취향을 한 번에 수집해서 볼 수 있는 기술. 예를 들어 예뻐 양이 뉴스 사진 등에 연결된 '좋아요'버튼을 누르면 이 정보가 공유된다. 수억 명이 이런 기능을 사용한다면 강력한 자료수집 도구로 활용될 수 있다.

② **준동형 암호화** : 현재는 암호화된 데이터를 열어보려면 암호를 풀어 작업한 뒤 다시 암호화한다. 하지만 이 기술을 사용하면 암호화된 상태에서 데이터를 열어 내용을 보고 분석할 수 있다.

3차원(3D) 애니메이션이 클라우드 스트리밍 기술로 태블릿PC에서 재생되고 있다.

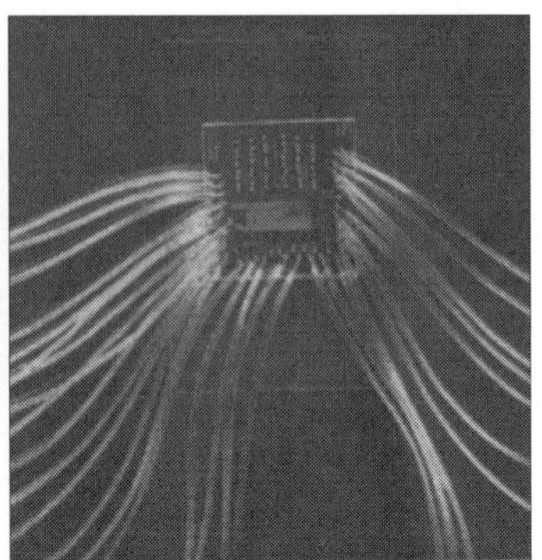

사람의 염색체를 분리하는 칩

③ 충돌 방지 코드 : 반도체의 안정성 검사에 쓰였던 방법을 스마트폰 자동차 등의 운영 시스템에도 적용한 기술이다. 그만큼 정교하게 검사할 수 있다는 의미로, 시스템에서 오류가 나면 참사를 부를 수 있는 자동차 의료장비 검사에 꼭 필요하다.

④ 제스처 인터페이스 : 손을 올리면 TV가 켜지고 자동차 앞에서 발을 구르면 시동이 걸린다. 이 기술이 등장한 미래모습이다. 전자기기에 장착된 컴퓨터가 신체의 움직임을 인식하기 때문에 몸동작으로 전자기기를 조종할 수 있다.

'제스처 인터페이스'기술을 이용해 사람의 몸동작을 인식하는 범위를 나타낸 구조도

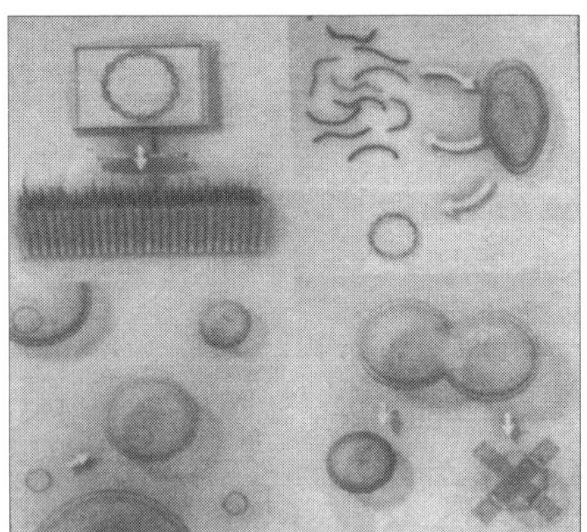

인공세포를 만드는 과정, 컴퓨터로 유전 정보를 디자인한 뒤 유전체에 합성, 세포질과 세포막만 제공하는 수용세포에 삽입해 만든다.

'스마트 변압기' 모델

⑤ **클라우드 스트리밍** : 현재 스마트폰으로 영화를 볼 때 되감기나 빨리 감기는 바로 되지 않는다. 소프트웨어의 '명령'을 계산해 모바일 기기에 반영하기까지 시간이 걸리기 때문이다. 이 기술을 적용하면 스마트폰은 DVD플레이어처럼 영상 편집, 되감기, 빨리 감기 등을 실시간으로 사용할 수 있다.

에너지

⑥ **스마트 변압기** : 현재는 한 개의 중앙 발전소에서 여러 명의 소비자에게 전력을 전달하지만 '스마트변압기' 기술을 쓰면 여러 발전소에서 여러 명의 소비자에게 전력을 전달하는 것이 가능해진다. 풍력 또는 태양력 발전소의 전력공급이 불안할 때에도 다른 발전소의 전기가 문제없이 공급된다는 의미이다.

⑦ **고체 배터리** : 기존에 쓰이던 리튬이온 배터리에서 큰 부피를 차지하던 냉각기가 필요 없이 크기가 줄어든다. 또 제조비용도 절반 이하로 줄일 수 있고 안전해 전기자동차 개발에 중요한 역할을 할 것으로 전망된다.

의학

⑧ **암 유전체학** : 암 환자의 정상세포와 암 조직세포의 DNA를 비교해 암과 관련된 수만 개의 돌연변이 정보를 분석하는 기술이다. 각 돌연변이의 요소에 따라 어떤 치료법이 효과적인지 등을 알 수 있다. 현재 이 기술을 활용해 의사와 환자에게 관련정보를 파는 회사도 등장했다.

⑨ **염색체 분리** : 한 쌍씩 존재하는 염색체를 분리하는 기술이다. 미국 스탠퍼드대 연구팀은 염색체 쌍을 가닥으로 나눠 각각의 유전정보를 분석할 수 있는 '칩'을 개발했다. 질병 관련 돌연변이의 염색체 정보를 더 정확하게 분석하고 개인별 맞춤의학에 필수적인 정보를 얻게 됐다.

⑩ **인공세포** : 인위적으로 특정 세포를 만드는 기술이다. 이 기술이 발전하면 '최소세포(minimal cell)'를 만들 수 있다. 최소세포는 생명체 유지에 필요한 기본 유전체(한 생물체가 지닌 유전 정보의 집합체)만 포함한 세포로 바이오연료 백신 등 신약을 효율적으로 생산하는 데 사용된다(케임브리지(미메사추세츠 주), 이지현기자, 2011.6.7.))

【2015년 10대 유망직업】

순위	유망 직업	평균총점
1위	금융자산 운용가	41.92
2위	컴퓨터 보안 전문가	41.73
3위	하이브리드 동력시스템 개발자	39.19
4위	경영 컨설턴트	39,01
5위	마케팅 전문가	38.07
6위	유비쿼터스 러닝 교수 설계자	37.95
7위	태양광 발전 연구원	37.75
8위	기후 전문가	37.71
9위	상담 전문가	36.96
10위	실버시터	33.45

* 평균총점 50점 만점 (출처 : www.career.co.kr)

8.2 2020년 직업 전망

신생 직업 20선

국제회의 기획진행자, 사이버 기상캐스터, 여행설계사, 운동처방사, 음악치료사, 장애인 직업능력평가원, 조향사, 캐릭터 머천다이저(MD), 학교사회사업가, 호스피스 전문 간호사, 게임시나리오 작가, 베타테스터, 보안프로그램 감사, 웹디자이너, 인터넷 쇼핑몰 운영자, 정보기술컨설턴트, 정보제공자, 컴퓨터 바이러스 치료사, 컴퓨터 중매인

직업전문가 867명에게 제조업 152개 직업을 대상으로 '현재와 10년 뒤 직업 전망'을 조사한 결과 현재 유망 직업 20개 중 7개(35%)가 10년 뒤 순위 밖으로 밀려나는 것으로 나타났다(한국직업능력개발원, 2007.).

- 이번 조사에서는 제조업 각 분야에서 10년 이상 근무한 현업 경력자 등 직업 전문가를 대상으로 보상, 고용안정, 발전 가능성, 근무여건, 직업 전문성, 고용현황, 고용 평등의 7개 분야 23개 항목에 대한 직업전망을 평가했다.
- 조사 결과 현재 유망한 제조업종 직업 1위는 'IT컨설턴트'로 조사됐다. 한국고용정보원에 따르면 2006년 현재 국내에는 2620명의 IT컨설턴트가 활동하고 있으며, 10년 뒤인 2017년에는 항공기 정비원이 IT컨설턴트를 제치고 1위로 부상할 것으로 예상됐다. 최근 20년간 국내 항공 수송량이 10배 이상으로 성장한 데다 앞으로 여행객과 화물 수송량의 증가세가 지속될 것으로 예상되기 때문이다.

【제조업 중 현재 유망 직업 상위 20개】

1	IT컨설턴트	11	도시계획가
2	항공기 정비원	12	컴퓨터공학 기술자
3	컴퓨터시스템 설계·분석가	13	발전장치 조작원
4	석유, 가스 및 화학물 제조 관련 제어장치 조작원	14	네트워크시스템 분석가 및 개발자
5	화학공학 기술자	15	재료공학 기술자
6	컴퓨터보안 전문가	16	기계공학 기술자
7	데이터베이스 관리자	17	시스템 소프트웨어 개발자
8	전자공학 기술자	18	화학물 제조 관련 조작원
9	통신공학 기술자	19	응용 소프트웨어 개발자
10	전기공학 기술자	20	화학제품 제조 관련 조작원

【10년 후 제조업 중 유망 직업 상위 20개】 (출처 : 한국직업능력개발원, 2007)

1	항공기 정비원	11	전기공학 기술자
2	컴퓨터보안 전문가	12	식품공학 기술자
3	재료공학 기술자	13	비파괴 검사원
4	도시계획가	14	산업안전 및 위험 관리원
5	항공기, 선박 조립 및 검사원	15	자동조립라인 및 산업용 로봇 조작원
6	IT컨설턴트	16	데이터베이스 관리자
7	화학공학 기술자	17	네트워크시스템 분석가 및 개발자
8	환경공학 기술자	18	컴퓨터시스템 설계·분석가
9	기계공학 기술자	19	화학물 제품 제조 관련 조작원
10	조경 기술자	20	화학제품 제조 관련 조작원

2020년 여성의 직업 전망

양성평등을 고려한 직업 전망의 필요성

1) 급변하는 노동시장으로 인하여 직업의 생성, 쇠퇴 등 직업 변화에 대한 정보 수요가 증가하고 있다. 특히 여성의 경우 채용에서의 차별로 인해 취업이 어려운 직종이 있는바 직업 전망 시 양성 평등을 고려할 필요가 있다.
2) 또한 우리나라 여성의 경제활동참가율은 OECD 평균(56.7%) 보다 낮은 52.6%에 그치고 있다. 이는 채용, 승진, 배치 등에서 여성에게 차별적인 노동시장 관행이 지속되고 있는 것과 무관하지 않다.
3) 한국직업능력개발원(KRIVET)에서는 2007년부터 2년 주기로 직업전망 지표 조사를 실시하고 있는데, 성별에 따라 채용, 승진, 배치 등에서 차별받지 않는 정도를 나타내는 "양성평등" 항목을 포함하여 조사하였다.

10년 후 양성평등, 임금, 일자리 창출 상위 직업

1) 10년 후에 양성평등, 임금 및 일자리 창출 전망이 모두 밝은 직업은 8개에 불과하였다.

【10년 후 양성평등, 임금 및 일자리 창출 전망이 밝은 직업】

양성 평등↑, 임금↑, 일자리 창출↑		
1) 광고 및 홍보 전문가	4) 응용소프트웨어 개발자	6) 치과의사
2) 기획 및 마케팅 사무원	(응용소프트웨어 엔지니어)	7) 컴퓨터 보안 전문가
3) 생명과학 연구원	5) 제품 디자이너	8) 투자 및 신용 분석가

2) 양성평등이 실현되는 양질의 일자리 확대를 위한 노력이 필요하다. - 양성평등, 임금 및 일자리창출 전망이 모두 좋은 직업은 8개에 불과한 상황으로, 양성평등이 실현되는 양질의 일자리 확대가 시급하다.
3) 이를 위해서는 여성의 비자발적 경력단절이 최소화되도록 사회적 지원시스템(부부 육아휴직 제도, 근무시간 탄력제, 지역 육아시설 확충 등)을 구축함으로써, 기업의 여성에 대한 편견을 해소하는 것이 중요하다(한국직업능력개발원 부연구위원 정윤경, 제8호, 2012.7.30.).

미래 산업 … 여성이 필요하다

2008년 OECD 자료에 따르면 경제활동 인구 1천 명 중 박사학위 소유자 수는 스위스가 22.8명을 기록해 가장 많았다. 그 다음이 독일(12.0명), 스웨덴(9.9명), 미국(8.5명), 네덜란드(7.6명), 핀란드 (6.2명), 오스트리아(6.0명) 순이었다.

이어 사이프러스와 리투아니아가 5.5명, 오스트리아가 5.3명, 덴마크가 4.8명, 불가리아가 4.0명, 스페인이 3.8명이었고 한국이 3.5명으로 나타났다. 한국은 전체 OCED 국가 34개국 중 14위로 나타났는데 전체적으로 봤을 때 중상위권이라고 할 수 있다.

이들 고급인력의 파워는 어느 정도일까?
삼성경제연구소가 발간하는 'SERI Quarterly' 최근호에서 매우 흥미 있는 자료를 제시했다.

성장산업 분야 핵심 인력 턱없이 부족해

삼성경제연구소는 국제경영개발원(IMD)의 2011 세계경쟁력연감(World Competiveness Yearbook) 자료를 기초로 미래 성장이 예상되는 9개 하이테크 산업을 대상으로 한국의 산업 경쟁력과 인력 파워를 조사했는데 인력 파워가 산업 경쟁력을 훨씬 못 미치고 있는 것으로 나타났다.

그린에너지(Green Energy)의 경우 한국의 산업경쟁력은 세계 최고 수준에 비해 60.4%에 도달한 것으로 조사됐다. 반면 인력 파워는 세계 최고 수준의 54.9%로, 산업경쟁력에 비해 5.5% 포인트 미달하는 것으로 나타났다.

환경기술(Environment Technology)의 경우는 산업경쟁력이 58.3%, 인력파워가 54.9%로 3.4% 포인트의 차이가 났다. 또 ICT(정보통신기술)는 65.0%에 59.9%, 로보틱스(Robotics)는 58.9%에 58.3%, 신나노소재(New Nano material)은 58.5%에 54.9%, 생의학의 경우는 57.4%에 54.7% 등으로 나타났다.

삼성경제연구소는 이들 9개 산업에 있어 핵심 인력을 육성하기 위해서는 수학, 물리, 생물, 화학을 포함한 기초과학은 물론 전기, 전자, 컴퓨터, 통신공학 등에 있어 고급인력 육성이 시급하다고 말했다. 현재 상황에서 주요 산업에 투입할 고급인력의 수가 턱없이 부족하다는 것이다.

고급인력을 확충하는 방안으로 국내 교육 시스템을 조정해나가는 방안이 있다.

이를테면 대학에서 전기·전자, 기계·소재, 화학 등의 공학 분야 교육을 확대하는 방식이다. 국내에 선진국 수준의 R&D 환경을 조성하고 해외 고급인력을 확보하는 방안도 있다.

국내에서 자체적으로 여성 인력을 육성해 부족한 고급인력 문제를 해결해 나가는 일 역시 한국이 해야 할 주요 핵심과제 중의 하나다.

한국여성 과학기술인 지원센터(WISET)에 따르면 자연계를 전공했으면서도 비경제활동 인구로 분류된 여성이 지난 2007년 30만 6천657명이었다. 그런데 3년 후인 2010년 그 수가 35만683명으로 늘어났다. 14.3%가 늘어난 수치다.

공학계도 마찬가지다. 2007년 13만 3천89명이던 것이 2010년 19만 3천53명으로 늘어났다. 무려 45.1%가 늘어난 수치다. 가장 인기가 있다는 의약계의 경우도 2007년 9만 4천985명에서 2010년 10만 7천261명으로 12.9%가 늘어났다.

경력단절 심각, 복귀 프로그램 운영 중

이렇게 늘고 있는 경력단절 여성 과학기술 인력을 다시 현장에 복구시키는 일이 시급하고, 이를 위해 다양한 프로그램을 도입할 필요가 있다. 출산, 육아 문제로 어려움을 겪고 있는 여성 인력이 마음 놓고 R&D 등에 참여할 수 있는 근무 환경을 조성해야 한다.

여성 과학기술자의 역량을 제고하기 위한 방안으로는 과학기술 관련 직종으로의 진출 촉진, 연구 지원, 국제교류 지원, 네트워크의 활성화 등의 방안이 있다.

구체적인 방안으로는 여성 과학기술자에 대한 채용목표제와 할당제, 여성 과학기술자의 발전 잠재력 확충을 위한 법·제도 및 전담 기구 마련, 성 인지적 통계자료 구축, 가정생활과의 양립 지원 등이 거론되고 있다.

고등교육을 받는 여성 비율이 증가하고 있지만 여성이 과학기술자로 활동하는 것을 막는 장벽이 여전히 존재하고 있으며, 그중에서도 가장 시급한 것은 여성들의 출산·육아로 인한 경력단절이라고 말했다.

많은 여성들이 이 문제로 인해 직장을 떠나고 있으며, 결과적으로 공들여 키운 아까운 인재들을 놓치는 결과가 이어지고 있다며 공공기관은 물론 민간 기업, 단체 등에 이르기까지 여성 과학기술자의 경력단절을 막을 수 있는 방안을 강구해주기를 원했다.

현재 교육과학기술부는 WISET을 통해 다양한 형태의 WISE(Women Into Science and Engineering) 프로그램을 실시 중이다. 그중에서도 '여과기인R&D 경력복귀지원사업'은 최근 큰 주목을 받고 있는 프로그램 중의 하나다.

이 프로그램은 아내로서 엄마로서의 일을 위해 R&D현장을 떠난 여성 과기인들의 경력단절을 다시 복구시키는 일을 수행하고 있다.

가장 큰 과제는 대기업 등 민간 기업들이 이런 프로그램에 적극 동참할 수 있도록 분위기를 조성하는 일이다. 경력복귀 프로그램 공공기관들만의 잔치가 될 경우 실효성에 의문이 제기될 수도 있다. 여성 인력 확충을 위해 정부는 물론 기업, 대학 등 주요 기관들 간에 국민적 합의가 필요한 시점이다(Science Times, 이강봉, 2012.07.30.).

자격증 선택 10계명

- 적성 홍미 능력을 고려하라.
- 전공, 업무와 관련된 직종을 선택하라.
- 미래 유망자격증을 찾아라.
- 사회적으로 꼭 필요한 자격증에 도전하라.
- 정확하고 풍부한 정보 수집은 기본이다.
- 시험과목 출제경향 응시자격 합격기준을 살펴본다.
- 자격증에 대한 환상을 버려라.
- 사고의 대전환이 필요하다.
- 자신의 상황에 맞는 교육기관을 선택하라.
- 자신감을 갖고 미래를 설계하라.

4 정보기술사회에서의 직업(컴퓨터 전문가의 위치)

거대한 정보를 처리하는 부서의 조직구조에서 보이는 많은 요소와 전문가들의 위치는 다음과 같다.

- 정보서비스 관리 - 계획, 조직구성, 교육, 제어 등의 관리기능을 수행한다.
- 계획 - 조직화를 위한 정보시스템 구현을 위한 계획

- 시스템 분석 - 시스템 분석가 또는 정보시스템을 구현 설계, 분석하는 단순한 분석가
- 프로그래밍 - 응용 프로그래머로 구성되거나 입력/출력에 관한 사항을 프로그래밍 하고 분석 준비 시스템을 해석하는 단순 프로그래머로 구성된다.
- 자료통신 - 네트워크 관리자로 불리는 데이터 통신 전문가는 LAN과 WAN을 설계하고 보수한다.
- 기술적 지원 - 시스템 소프트웨어를 설계, 개발, 유지, 구현한다.
- 오퍼레이션 - 컴퓨터 오퍼레이터, 스케줄러, 자료입력 오퍼레이터, 도서관 사서 등의 다양한 작업을 수행한다.
- 교육 - 컴퓨터와 관련된 모든 교육활동을 관리한다.
- 품질 보증 - 시스템의 효율과 문서화를 포함하는 정보시스템의 설계와 동작에 대한 모든 것을 감시한다.

8.3 정보시스템 보안

1) 컴퓨터 센터의 보안

현대 사회에서는 기술의 발달과 더불어 정보도 매우 중요하게 되었다. 또한 이제는 누구나 컴퓨터와 인터넷을 통하여 자신이 원하는 정보를 검색하여 찾을 수 있게 되었다. 이러한 컴퓨터 범죄와 정보 기술의 비도덕적 남용을 최소화하기 위해서 개인과 조직은 하드웨어와 정보 시스템의 내부에 있는 정보를 보호할 수 있는 보안장치를 만들어야 한다.

(1) Hardware

① 컴퓨터 센터를 보호하기 위한 일반적인 접근방법을 폐쇄회로 TV 모니터, 경보 시스템, 지문이나 음성, 고용자들의 회사 배지를 접근 허용 시점에서 문을 열어주기 전에 확인하는 컴퓨터 제어장치를 이용하는 방법 등이 있다.

② 네트워크의 중요 부분에 고장이 발생하더라도 네트워크는 지속적으로 작업을 계속할 수 있게 설계되어야 한다.

③ 불안정한 전원의 공급으로 인한 피해를 최소화하기 위해 중요한 컴퓨터는 무정전 전원장치(Uninterruptible Power Source; UPS)로부터 전원을 공급받는다.

(2) Software

① 불법 소프트웨어 수정

② 바이러스

(3) 파일/데이터베이스

(4) 자료 통신

(5) 컴퓨터 사용자

2) 노트북 컴퓨터 도청

노트북 컴퓨터가 자신도 모르게 해킹돼 도청 장치로 쓰일 수 있다는 사실이 확인되었다. 노트북 컴퓨터에 내장된 마이크를 이용해 주변에서 들리는 음성을 녹음한 뒤 외부로 송신하는 새로운 해킹 방법이다. 이 해킹방법이 악용되면 정부기관이나 기업에서 회의 때 사용하는 노트북 컴퓨터를 통해 회의내용이나 기밀이 그대로 유출되고 개인의 사생활도 노출될 수 있어 문제가 크다.

노트북 컴퓨터 도청 개념도

노트북 컴퓨터에 내장된 마이크를 보안 전문가들은 정부 및 기업 등이 컴퓨터 제조업체와 협의해 마이크를 스위치로 끄고 켤 수 있는 노트북을 만드는 등의 대책이 시급하다고 지적했다(동아일보, 2010.1.7.).

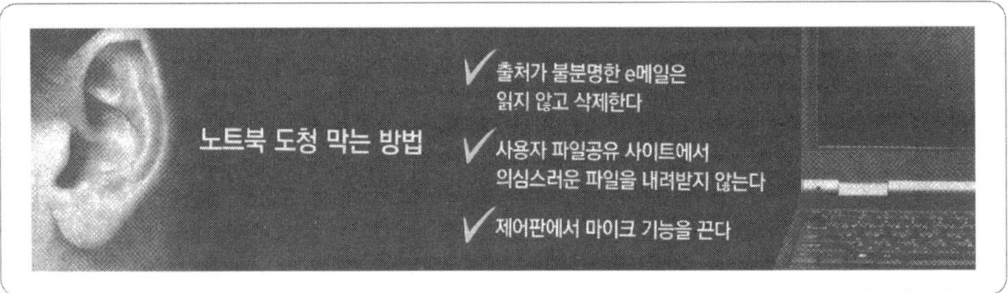

노트북 도청 막는 방법

3) 정보시스템 보안

정보 시스템 보안은 물리적 혹은 논리적으로 나눌 수 있다. 물리적 보안은 하드웨어, 설비, 마그네틱 디스크 그리고 불법적인 접근, 절도 혹은 파괴행위 같은 항목을 의미한다. 예를 들어, 메인프레임 기계실의 제한된 접근은 물리적 보안의 한 형태이다.

논리적 보안은 시스템을 사용하고 접근할 수 있는 권한을 가진 사람에게만 사용되는 소프트웨어로 구성한다. 온라인 시스템에서 논리적 보안은 패스워드와 사용자명을 이용하여 이루어진다.

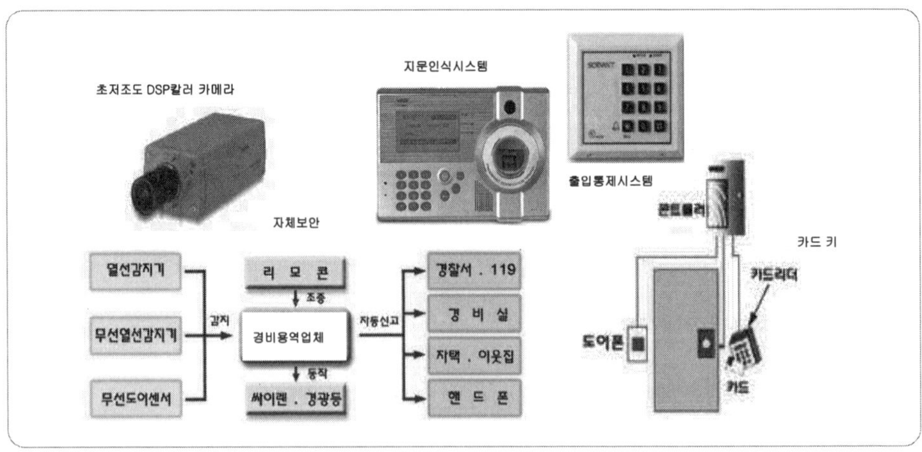

정보시스템 보안

정보 보호 10대 실천 수칙

Ⅰ. 윈도 보안패치 자동 업데이트 설정

Ⅱ. 바이러스 백신 및 스파이웨어제거 프로그램 설치

Ⅲ. 윈도 로그인 패스워드 설정

Ⅳ. 패스워드는 8자리 이상의 영문과 숫자로 만들고 3개월 마다 변경

Ⅴ. 신뢰할 수 있는 웹사이트에서 제공하는 프로그램만 설치

Ⅵ. 인터넷에서 내려 받은 파일은 바이러스 검사

Ⅶ. 출처가 불분명한 메일은 바로 삭제

Ⅷ. 메신저 사용 중 수신된 파일은 바로 삭제

Ⅸ. 인터넷 상에서 개인 및 금융정보를 알려주지 않기

Ⅹ. 중요 문서 파일은 암호를 설정하고 백업 생활화

4) 컴퓨터 바이러스란?

바이러스의 종류에 따라 활동방식도 다른데 감염 즉시 활동하는 것, 일정 잠복기간이 지난 후에 활동하는 것, 특정기간이나 특정한 날에만 활동하는 것도 있다. 특정한 날에만 활동하는 바이러스 중 예루살렘 바이러스는 13일의 금요일에만 활동하고, 미켈란젤로 바이러스는 미켈란젤로의 생일인 3월 6일에만 활동한다. 악성 프로그램에는 컴퓨터 바이러스 외에도 웜, 트로이목마 등이 있다.

- **학문적 정의**

  컴퓨터의 프로그램이나 실행 가능한 부분을 변형하여, 여기에 자기 자신 또는 자기 자신의 변형을 복사하는 명령어들의 조합

- **실용적 정의**

  사용자 몰래 다른 곳에 자기 자신을 복사하는 프로그램

- **컴퓨터 바이러스의 세대별 구분**

- 1세대 : 원시형 바이러스(Primitive virus)
- 2세대 : 암호화 바이러스(Encryption virus)

- 3세대 : 은폐형 바이러스(Stealth virus)
- 4세대 : 갑옷형 바이러스(Armor virus)
- 5세대 : 매크로 바이러스(Macro virus)

컴퓨터 바이러스의 문제점 및 발전방향

1) 매크로바이러스의 문제점

- 누구나 쉽게 변형할 수 있고 만들 수 있음
- 인터넷을 통해 쉽게 확산
- 기업, 관공서 등 단체 사용자의 피해 증가
- 감염 속도 및 피해 액수의 대형화
- 보안 문제와 연결됨
- 국지적인 문제

2) 컴퓨터 바이러스의 발전 방향

- 공격 대상 : 개인 사용자, 단체 사용자
- 자료 파괴, 자료 변형
- 단순 증식, 해킹 도구

컴퓨터 바이러스의 증상 및 감염경로

1) 컴퓨터 바이러스의 증상

- 부팅/프로그램 실행속도 저하
- 기억장소 크기 감소
- 파일 작성일 변경
- 파일 길이 변경
- 자료 변형
- 예상하지 못했던 메시지/그림/소리 출력

- 프로그램 실행 중지
- 파일 삭제
- 부팅 불가

2) 컴퓨터 바이러스의 감염경로

- 불법 복사
- 컴퓨터의 공동 사용
- 네트워크를 통한 파일 공유
- 컴퓨터 통신 및 인터넷을 통한 파일 전송
- 월간지 부록 CD-ROM을 포함한 정품 소프트웨어

국내외 현황

1) 세계적인 추세

- 도스 바이러스 감소, 윈도우/매크로 바이러스 증가
- 인터넷을 통한 확산
- 기업, 관공서 등 단체 사용자의 피해 증가
- 감염 속도 및 피해 액수의 대형화
- 보안 문제와 연결됨

2) 국내현황

- 신종 컴퓨터 바이러스의 증가
- 국산 컴퓨터 바이러스의 강세
- 매크로 바이러스의 증가(96년 1종, 97년 16종, 98년 36종)

컴퓨터 바이러스의 종류

1) 한국산 바이러스의 특징

- 계절적 증감 현상: 방학기간 중 많음

- 치료하기 힘든 경우가 많음: 외산 백신에서는 진단하더라도 치료 못하는 경우가 많음
- 일반에 퍼져 있는 경우가 많음: 외산 바이러스는 일반에는 퍼져 있지 않은 경우가 많음

2) CIH 바이러스

(1) 개요

- 제작자: 천잉하오(진영호, 24), 대만 타이베이 다퉁공학원 정보처리학과, 학생 때 제작
- 제작일: 1998년 4월 26일, 배포일 : 1998년 6월경
- 제작동기: 자신의 실력 과시
- 이름의 유래: 제작자의 영문 이니셜(Chen Ing Hau)이며 체르노빌과는 직접적인 관련은 없음

(2) 증상

- 윈도우 95, 윈도우 98 사용 개인용 컴퓨터에 감염
- 평소에는 컴퓨터 속도 감소, 프로그램들 파괴
- 매년 4월 26일에는 하드디스크 자료 파괴, 컴퓨터 ROM 파괴

(3) 감염 현황

- 98년 국내에서 발견된 컴퓨터 바이러스 중 12.7%로 2위를 차지
- 전국적인 컴퓨터 통신망의 파일 감염, 컴퓨터 잡지 부록 CD-ROM의 감염 등으로 이미 전국적으로 퍼져 있는 상태임

(4) 피해 현황

- 총 800만 대의 개인용 컴퓨터 중 4~5%인 32~40만 대가 파괴된 것으로 추정
- 복구 비용, 기회손실비용 등을 포함하면 엄청난 손실이 발생
- 미리 예방이 가능했다는 점에서 이번 CIH 바이러스 피해는 인재라고 할 수 있음

컴퓨터 바이러스의 대책

1) 백신 프로그램의 개념

- 정확한 이름~안티바이러스 프로그램
- 초기에는 컴퓨터 바이러스를 예방, 진단, 치료하는 프로그램으로 시작했음
- 현재는 컴퓨터 바이러스뿐만 아니라 트로이목마 프로그램, 벌레 프로그램 등의 악성 프로그램과 해킹 툴까지도 막아 주는 종합 보안 솔루션으로 발전

2) 백신 프로그램의 선택기준

- 신종 컴퓨터 바이러스에 대한 빠른 대응
  - 신종 컴퓨터 바이러스 수집 시간
  - 신종 컴퓨터 바이러스 해결 시간
- 한국산 컴퓨터 바이러스 대응 능력
- 업데이트 간격 : 1주가 가장 최선
- 토털 솔루션 보유 여부
- 개발 인력의 수, 국내 상주 여부
- 고객지원 인력

컴퓨터 바이러스의 예방법

- 백신 소프트웨어 사용 : 필수적인 안전 비용
  - 최신 버전을 사용한 정기적인 검사(매주)
  - 네트워크 사용기관에서는 서버 버전 도입
- 중요한 자료의 백업
- 불법 복사 금지, 정품 소프트웨어 사용
- 통신망, 인터넷을 통한 프로그램 다운로드 주의

바이러스 연구소 홈페이지

바이러스 분류 표준화 추진

한국정보보호진흥원(KISA)가 국내 백신업계(안철수연구소, (주)하우리), 학계 등과 공동으로 작성한 이 분류지침은 ▲악성 프로그램 정의에 의한 분류, ▲운영체제에 의한 분류, ▲감염 영역에 따른 분류, ▲감염 경로에 의한 분류, ▲악성프로그램 증상에 의한 분류 등 5가지로 나누어진다.

<table>
<tr><th>기존의 명명</th><th>분류에 의한 명명</th><th>설 명</th></tr>
<tr><td>Win32/Sircam.worm</td><td rowspan="2">WORM_
WIN_
MAIL/INTERNET_
FILE/NWORK_
SIRCAM</td><td rowspan="2">웜 형태
윈도우 운영체제에서 감염
메일과 인터넷으로 전파
파일과 네트워크에 영향을 줌
이름은 SIRCAM</td></tr>
<tr><td>I-Worm.Win32.Sircam</td></tr>
<tr><td>Win32/Winevar.Worm</td><td rowspan="2">WORM_
WIN_
MAIL_
FILE_
WINEVAR</td><td rowspan="2">웜 형태
윈도우 운영체제에서 감염
메일을 통해 전파
파일에 피해 줌
이름은 WINEVAR</td></tr>
<tr><td>I-Worm.Win32.Winevar</td></tr>
</table>

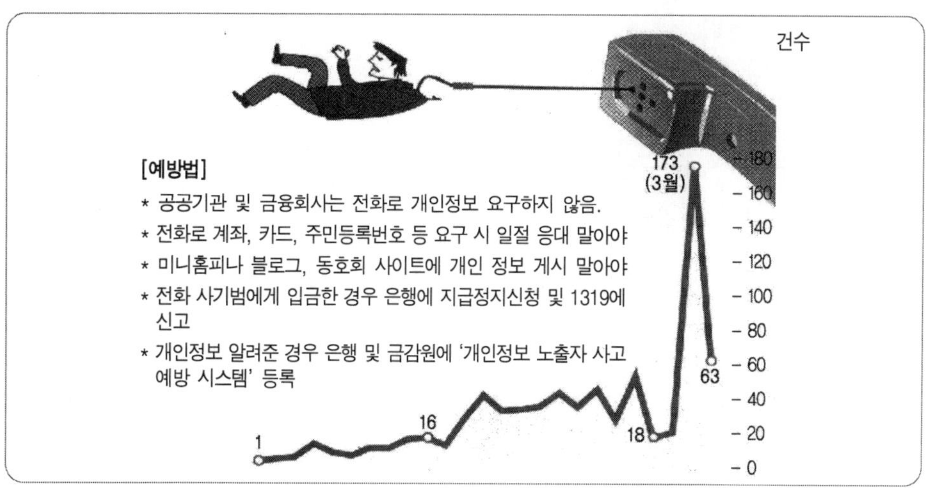

보이스피싱 사건 접수 건수 (출처 : 대한법률구조공단, 2009.5.)

바이러스 분류

【악성 프로그램 정의에 의한 분류】

대분류	코드	정의
바이러스	virus	컴퓨터(네트워크로 공유된 컴퓨터 포함)내에서 사용자 몰래 다른 프로그램이나 실행 가능한 부분을 변형해 자신 또는 자신의 변형을 복사하는 명령어들의 조합이라고 정의할 수 있다. 바이러스의 가장 큰 특성은 복제와 감염이라고 말할 수 있다.
웜 (인터넷 웜)	worm	인터넷(또는 네트워크)을 통하여 시스템에서 시스템으로 자기복제를 하는 프로그램을 의미한다. 최근에는 가정에도 인터넷 전용회선이 많이 보급되어 있어 사무환경뿐만 아니라 가정환경에 으르기까지 광범위하게 환산되어 업무장애뿐만 아니라 개인의 프라이버시 침해까지 발생하고 있다.
트로이목마 (or 백도어)	trojan	트로이목마 프로그램은 유틸리티 프로그램 내에 악의의 기능을 가지는 코드를 내장하여 배포하거나 그 자체를 유틸리티 프로그램으로 위장하여 배포하게 되며 특정한 환경이나 조건 혹은 배포자의 의도에 따른 사용자의 정보유출이나 자료파괴와 같은 피해를 준다.
가짜 (Hoax)	hoax	Hoax는 전자메일로 다른 사람에게 거짓 정보, 즉 루머를 유포하는 것으로 사용자에게 심리적인 위협 또는 불안을 조장하는 경우가 포함되며 사람에 의하여 다른 사람에게 전파되는 행운의 편지와 같은 유형의 메일을 의미한다.
조크 (Joke)	joke	조크는 트로이목마와 달리 악의적인 목적을 가지지 않고 사용자에게 심리적인 위협 혹은 불안을 조장하는 프로그램을 말한다. 조크의 경우 특별한 부작용을 가지지 않으나 프로그램을 실행할 경우 깜짝 놀랄 수 있어 유해 프로그램으로 분류하고 있다.

【운영체제에 의한 분류】

대분류	코 드	정 의
도스	dox	MS-DOS 기반에서 활동하는 일반적인 부투, 파일, 부트/파일 바이러스 또는 트로이목마 류
윈도우	win	MS 위도우 기반에서 활동하는 바이러스 및 악성 프로그램들로 다음과 같이 윈도우 버전별로 구분될 수 있다. - Win3.1 바이러스(NE) : 16비트 코드로 작성된 New Executable 포맷을 가진 실행 파일만 감염 예 Win16/ - Win9x 바이러스(PE) : 32비트 코드로 작성된 파일만 감염. 즉, 확장자가 EXE이며, 윈도우 95/98의 32비트 실행 파일만 Portable Executable 포맷을 가진 실행 파일만 감염 예 Win95/ - Win32 바이러스(PE) : Win9x 바이러스와 동일하지만 위도우 NT 계열에서도 정상적으로 메모리에 상주 예 Win32/
Linux	linux	리눅스 운영체제의 보안상 취약점을 이용하여 실행되는 악성 프로그램들
Unix	unix	유닉스 운영체제의 보안상 취약점을 이용하여 실행되는 웜 종류들
Palm	palm	Palm 운영체제에서 활동하는 트로이목마 또는 단순한 겹쳐 쓰기 바이러스
FreeBSD	frBSD	아파치 웹서버의 취약점을 이용하여 전파되는 웜

【감염 영역(부위)에 의한 분류】

대분류	코 드	정 의
파일 바이러스	file	일반적으로 실행 가능한 프로그램 파일에 감염. 윈도우에서는 다양한 형태의 실행 파일이 존재하므로 감염되는 파일 종류로 여러 가지 임. 여기서, 다시 도스 파일 바이러스, 윈도우 파일 바이러스, 매크로 바이러스로 분류됨.
부트 바이러스	boot	부트 영역(주부트 섹터, 도스 부트섹터)에 감염되는 바이러스 예 기존의 도스환경의 부트 바이러스들
부트/파일 바이러스	bt/file	부트 영역과 파일을 동시에 감염시키는 바이러스
매크로 바이러스	macro	MS 오피스의 매크로 기능을 이용하여 문서파일을 감염시키는 바이러스
스크립트 바이러스	script	자바 스크립트 및 비주얼베이직 스크립트로 작성된 웜 또는 바이러스

【감염경로에 의한 분류】

대분류	코 드	정 의
파일실행	Execute	감염된 파일을 실행 시 감염되지 않는 다른 파일을 감염
다운로드 (FTP, 뉴스그룹, IRC, 메신저, P2P)	DLoad	대상을 다운로드 받고 사용자가 파일을 실행하면 감염
네트워크 (공유폴더)	Internet	1. 서브넷 상의 읽기/쓰기 공유된 폴더 내 파일을 감염시키거나 웜 또는 바이러스가 복사되는 방법 2. 랜덤 한 IP 대역을 스캐닝하여 읽기/쓰기 공유된 폴더 또는 드라이브 파일을 감염 또는 웜, 바이러스가 복사되는 방법
보안 취약성	Security	IIS 웹 서버 취약성과 같이 특정 응용 프로그램이나 OS의 취약성을 이용하는 방법
메일	Mail	MAPI 또는 SMTP 기능으로 메일을 통하여 전파되는 방법
부팅	Booting	부팅에 의하여 기본 메모리가 바이러스에 감염

【악성 프로그램 증상에 의한 분류】

대분류	코 드	상세분류	정 의
하드디스크 관련	HDisk	하드 포맷	하드를 포맷하도록 설계되었다.
		부트섹터 파괴	하드디스크의 특정 섹터를 파괴한다.
파일 관련	File	파일 생성	바이러스가 특정 파일을 생성한다.
		파일 삭제	디렉터리의 모든 혹은, 특정 파일을 삭제한다.
		파일 감염	바이러스가 특정 파일을 감염시킨다.
		파일 손상	바이러스가 겹쳐 쓰는 형태로 동작하는 경우 파일이 손상된다.
시스템 관련	System	시스템 정보 변경	레지스트리 키 값을 변경하여 시스템 정보를 변경한다.
		FAT 파괴	시스템이 FT인 경우에 이를 파괴시킨다.
		CMOS 정보 손상(변경)	CMOS의 내용을 변경하여 부팅 시 에러가 발생한다.
		CMOS 정보 파괴	CMOS의 일부항목을 삭제한다.
		시스템 비정상작동	바이러스가 시스템을 마비시킨다.
		기본 메모리 감소	감염되면 기본 메모리가 줄어든다.
		시스템 속도 저하	시스템에 과부하를 야기해 속도를 저하시킨다.
		레지스트리 변경	바이러스가 레지스트리를 변경시켜 특정 파일을 실행시킨다.
		프로세스 종료	보안관련 프로세스가 실행되어 있을 경우, 이를 종료시킨다.
		윈도우 종료	바이러스에 감염되면 시스템이 종료된다.

네트워크 관련	NWork	메일 발송	감염된 파일 실행 시 메일을 발송한다.
		정보 유출	사용자의 정보가 메일의 내용으로 보내질 수 있어 정보를 유출시킨다.
		네트워크 속도 저하	바이러스에 감염된 PC는 네트워크 속도가 저하된다.
		메시지 전송	네트워크를 통해 다른 PC로 메시지를 전송한다.
		특정 포트 오픈	다른 증상은 없으나 특정 포트를 열어두는 특징이 있다.
특이 증상	Peculiar	화면 출력	메시지가 화면에 스크롤 되며 출력된다.
		특정 음 출력	감염된 PC는 특정 음을 출력한다.
		메시지 박스 (문자열) 출력	특정 메시지를 화면에 출력한다.
		증상 없음	감염 외 특이한 증상이 없다.

5) 분산 서비스 거부(DDoS, Distribute Denial of Service attack)

분산 서비스 거부(DDoS) 공격은 여러 대의 컴퓨터를 일제히 동작하게 하여 특정 사이트를 공격하는 방식이다.

특정 사이트를 공격하기 위해 해커가 서비스 공격을 위한 도구들을 여러 컴퓨터에 심어놓고 목표사이트의 컴퓨터 시스템이 처리할 수 없는 엄청난 분량의 패킷을 동시에 범람시키면 네트워크의 성능 저하나 시스템 마비를 가져온다. 시스템 과부화로 정상고객들이 접속을 할 수 없는 상태가 되는 것이다.

한 전화번호에 집중적으로 전화가 걸려오면 일시 불통되는 현상과 같다고 보면 된다. 이용자의 정상접속이 불가능해 지는 것은 물론 심하면 주컴퓨터 기능에 치명타를 입힐 수도 있다. 또한 수많은 컴퓨터 시스템이 운영자도 모르는 사이에 이 방법에 의해 해킹의 숙주로 이용될 수 있다.

분산 서비스 거부 공격의 대표적인 도구로는 '트리누(Trinoo)'와 '트리벌 플러드(TFN; Tribal Flood Network)', '슈타첼드라트(Stacheldraht)' 등이 있다. 최근에는 빈발하는 웜·바이러스에 분산 서비스 거부(DDoS) 공격 프로그램이 내장되어 특정 웹사이트를 공격하기도 한다.

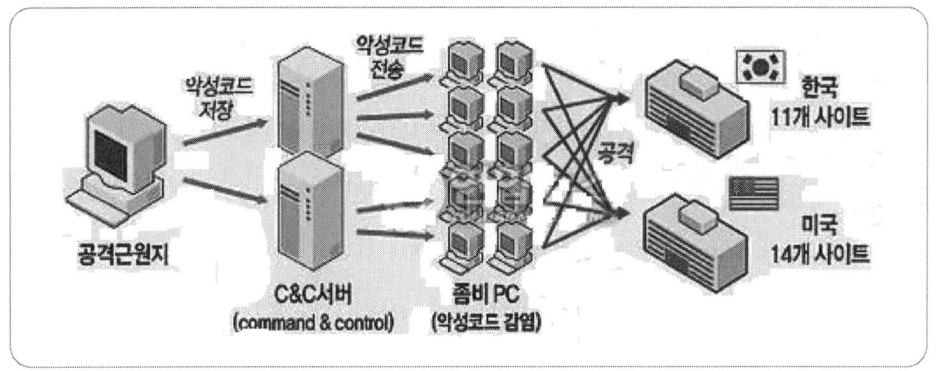

분산 서비스 거부(DDos) 공격 개요도(1) (출처 : 경찰청, 2009.7.9.)

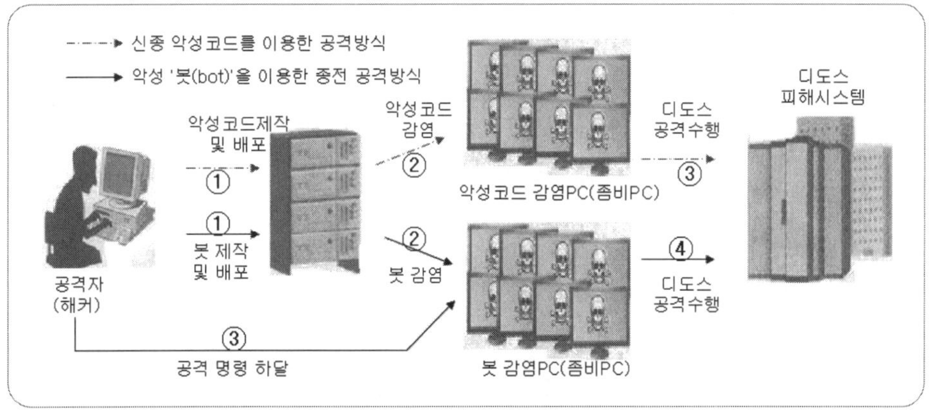

디도스(DDoS) 공격 개념도(2)

봇(Bot)

해커가 실시간으로 하달하는 명령에 따라 공격을 수행하는 악성 코드의 한 종류이다. 악성코드의 다른 종류로는 웜, 바이러스, 트로이목마 등이 있다.

좀비PC

봇에 감염돼 해커의 명령에 따라 움직이는 PC. PC 사용자도 모르게 PC가 해커의 뜻에 따라 특정 시스템으로 대량의 트래픽을 전송하는 역할을 한다. 좀비PC들의 그룹을 봇넷(BotNet)이라고 한다.

명령제어(C&C·Command and Control) 서버

봇에 감염된 좀비PC에 공격명령을 하달하는 서버

ISP(Internet Service Provider)

개인이나 기업에 인터넷 접속 서비스 등을 제공하는 업체. 흔히 초고속 인터넷 서비스를 하는 업체를 뜻한다. 현재 국내 주요 ISP 업체는 KT, LG데이콤, SK 브로드밴드 등이다.

DDoS 관련 좀비 PC 하드디스크 손상 주의

지난 2009년 7월 7일부터 시작된 DDoS 공격의 좀비 PC들이 7월 10일 00시를 기점으로 스스로 하드디스크를 손상시켜 PC가 부팅이 되지 않아 동작 불능상태가 될 수 있다. 사용자들은 PC 하드디스크 손상을 방지하기 위해서는 해결방안을 반드시 수행하기를 권고하였다.

- 설명 : 지난 7일부터 대대적으로 DDoS 공격을 실행하였던 좀비 PC들이 악성코드의 흔적을 감추기 위해 스스로 하드디스크를 손상시켜 PC가 동작 불능사태가 되도록 하였다. 이때는 안전모드로 부팅 후 아래와 같은 요소가 만족될 경우 하드디스크가 손상되었거나, 손상을 유발하는 악성코드에 감염되었을 수 있다.
  - ▸ 윈도우 탐색기를 통하여 확인결과
    - "C:\Windows\System32\mstimer.dll" 파일이 존재함
    - "C:\Windows\System32\wversion.exe" 파일이 존재함
    - "C:\Windows\win.ini" 파일에 다음과 같은 문자열이 존재

      [MSSOFT]
      LastName=40004
      FirstName=3
      Location=Y

- 대응 방안
  - ▸ 위의 조건이 만족되는 경우 사용자는 컴퓨터를 부팅 초기 화면에 F8키를 눌러 안전모드로 부팅해야 한다.

    시스템이 응답하지 않거나, 예상치 않게 다시 시작했거나, 사용자 파일과 폴더를 보호하기 위해 자동으로 시스템이 종료되었으면, 「마지막으로 성공한 구성」을 선택하여 작동한 최근 설정 값으로 돌아간다.

    전원 오류로 인해 또는 전원 단추나 다시 시작 단추가 눌려서 시작하려던

것이 중지되었거나, 문제가 무엇인지 모를 때는, 「표준 모드로 Windows 시작」을 선택한다.<안전 모드(네트워킹 사용)>(출처 : http://www.boho.or.kr)

▸ 윈도우의 시스템 시간을 7월 10일 00시 이전으로 충분히 조정

▸ 윈도우 탐색기를 통해 아래 조치를 실시

- "C:\Windows\System32\wversion.exe"을 삭제
- "C:\Windows\System32\mstimer.dll"을 삭제
- "C:\Windows\win.ini" 파일 내부 내용 중 다음 문자열을 삭제

[MSSOFT]
LastName=40004
FirstName=3
Location=Y

▸ 윈도우를 재부팅 한 후 백신 프로그램 업데이트 후 검사/치료
백신 S/W가 설치되지 않았을 경우, 백신 S/W 설치 후 점검

6) PC 해킹(hacking)

- 컴퓨터 네트워크의 보완 취약점을 찾아내어 그 문제를 해결하고 이를 악의적으로 이용하는 것을 방지하는 행위이다. 이런 행위를 하는 사람들을 해커라고 한다. 이 말은 1950년대 말 미국 매사추세츠공과대학(MIT) 동아리 모임에서 처음 사용되었던 '해크(hack)'에서 유래된다. 당시 해크는 '작업 과정 그 자체에서 느껴지는 순수한 즐거움'이란 뜻이다.

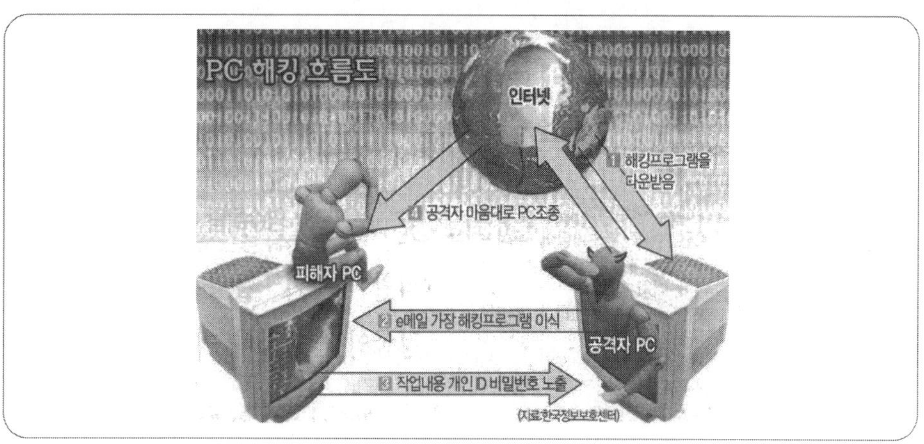

PC해킹 흐름도

- 그러나 순수하게 작업과정 자체의 즐거움에 탐닉하는 컴퓨터 전문가들의 행위로 시작된 해킹은 컴퓨터가 일반화되면서 점차 나쁜 의미로 변질되었다. 즉, 다른 사람의 컴퓨터에 침입하여 정보를 빼내서 이익을 취하거나 파일을 없애버리거나 전산망을 마비시키는 악의적 행위가 빈발하게 된 것이다.
- 이런 파괴적 행위를 하는 자들은 크래커(cracker)라고 하여 해커와 구별하기도 한다. 그러나 일반적으로 해커와 크래커는 구별되어 쓰이지 않고 범죄 행위를 하는 자의 의미로 쓰인다. 해킹에 대응하여 컴퓨터 보안기술도 발달하였는데, 방화벽을 쌓아 불법접근을 차단하는 방식 등을 이용한다.

해킹사고 처리건수

- 해킹사고 신고건수는 국내 및 해외로부터 한국정보보호진흥원에 이메일로 접수된 해킹신고 가운데 국내소재 시스템의 해킹 피해 건수이다.
- 해킹사고신고 건수에는 피싱 경유지, 홈페이지 변조, 스팸릴레이, 단순침입시도(스캐닝) 등의 건수가 포함되어 있다.

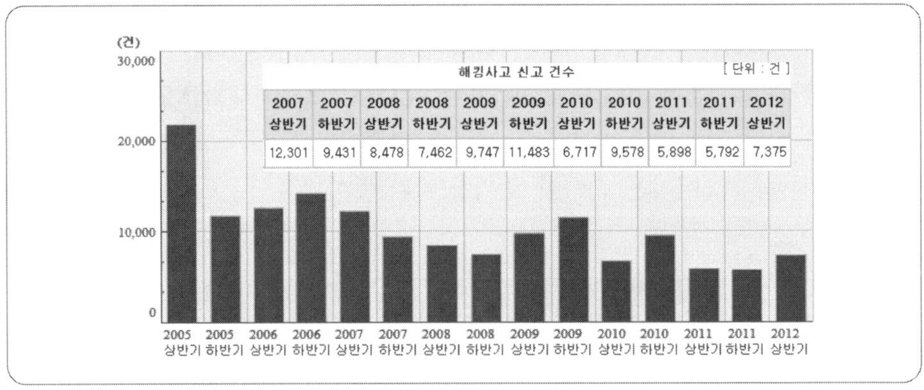

해킹사고 신고 건수 [단위 : 건]

2007 상반기	2007 하반기	2008 상반기	2008 하반기	2009 상반기	2009 하반기	2010 상반기	2010 하반기	2011 상반기	2011 하반기	2012 상반기
12,301	9,431	8,478	7,462	9,747	11,483	6,717	9,578	5,898	5,792	7,375

해킹사고 처리건수 (출처 : 한국인터넷진흥원, 2012.7.31.)

- 2012년 상반기 국내에서 발견된 악성코드는 꾸준한 상승세를 보여 온 것으로 나타났다. 해킹사고 접수처리 건수도 지속적으로 증가하는 등 악성코드, 해킹 등 사이버침해사고로 인한 피해가 상승하고 있다.

  특히 2012년 상반기 해킹사고로 인한 월평균 피해신고 건수는 1592건으로 2011년 월평균 974건보다 63.4% 증가해 해킹 피해에 각별히 주의해야 하는 것으로 드러났다.

- 한국인터넷진흥원은 '2012년 6월 인터넷 침해사고 동향 및 분석월보'를 통해 해킹사고로 인한 월 평균 피해신고건수는 1592건으로 전년도 월평균 974건보다 63.4% 증가했다고 밝혔다.
  2012년 6월 해킹사고 피해건수는 2174건으로 최고치를 기록했다. 상반기 해킹사고를 유형별로 분류하면 기타 해킹이 796건으로 가장 많은 건수를 차지했고 스팸릴레이 598건, 단순침입시도 394건 등의 순으로 나타났다.
  또 올 상반기 국내 백신기업으로 부터 집계된 악성코드로 인한 월평균 피해신고건수는 1835건으로 전년도 1812건과 비슷한 수준이다. 악성코드 피해신고건수는 1월 1443건, 2월 1186건, 3월 1685건, 4월 2164건, 5월 2138건, 6월 2394건 등 지속적인 증가세를 나타냈다.

> **참고** **스팸(spam : 쓰레기 편지)**
>
> 스팸(spam : 쓰레기 편지)은 전자 우편, 게시판, 문자 메시지, 전화, 인터넷포털사이트의 쪽지기능 등을 통해 불특정 다수의 사람들에게 보내는 광고성 편지 또는 메시지를 말한다.

7) 피싱(Phishing)

- 금융기관 등의 웹사이트나 거기서 보내온 메일로 위장하여 개인의 인증번호나 신용카드번호, 계좌정보 등을 빼내 이를 불법적으로 이용하는 사기수법이다. 개인정보(private data)와 낚시(fishing)를 합성한 조어(造語)라고 하는 설과 그 어원은 fishing이지만 위장의 수법이 '세련되어 있다(sophisticated)'는 데서 철자를 'phishing'으로 쓰게 되었다는 설이 있다.
- 대표적인 수법으로 이메일의 발신자 이름을 금융기관의 창구 주소로 한 메일을 무차별적으로 보내는 것이 있다. 메일 본문에는 개인정보를 입력하도록 촉구하는 안내문과 웹사이트로의 링크가 기재되어 있는데, 링크를 클릭하면 그 금융기관의 정규 웹사이트와 개인정보입력용 팝업 윈도가 표시된다.
- 금전적인 이익을 목적으로 하는 해킹이 증가하므로, 관리자들은 운영하는 홈페이지에 대한 보안성 강화 필요하다. 특히 게시판에서 파일 업로드/다운로드 기능은 악성코드를 서버에 업로드 할 수 있는 기능을 직접적으로 제공하므로 해당 기능의 보안기능을 강화해야 한다.

- 개인 이용자들은 해킹으로부터 자신의 정보를 보호하기 위하여 보안패치 및 백신프로그램 사용을 생활화하고 기업의 경우 방화벽, 침입탐지시스템, 패치관리시스템 도입 등을 통해 기업의 중요한 정보를 보호하는 것이 요청된다.
- 피싱 대응요령을 보면 다음과 같다.

① 은행, 카드사 등에 직접 전화를 걸어 이메일에서 안내한 사항이 사실인지를 확인한다.

② 이메일에 링크된 주소를 바로 클릭하지 말고, 해당 은행, 카드사 등의 홈페이지 주소를 인터넷 창에 직접 입력해 접속한다.

③ 자료가 의심스러운 사이트에서 경품에 당첨됐음을 알리는 경우, 직접 전화를 걸어 확인하고 사실인 경우에도 가급적 중요한 개인정보는 제공하지 않는다.

④ 피싱이 의심되는 메일을 받았을 경우 해당 은행, 카드사 및 한국정보보호진흥원 등에 신고한다.

⑤ 은행, 신용카드, 현금카드 등의 내역을 정기적으로 확인한다.

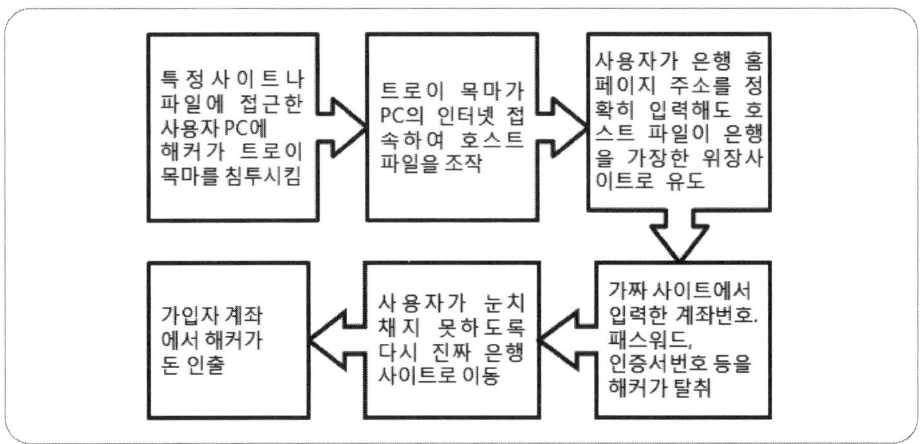

최첨단 금융사기 '파밍' 흐름도

국제금융사기단이 기존의 '피싱(phishing)' 수법을 변형한 '파밍(pharming)'이라는 최첨단 해킹 기법을 이용해 영국 바클레이스 은행, 미국 아메리칸의 익스프레스 카드, 세계 최대의 인터넷 경매업체 이베이 등의 고객 PC를 공격해 개인정보를 빼내가는 사고도 발생했다.

(출처 : dongA.com, 2012.5.29.)

- 보이스피싱 사례

  "금융범죄 사건을 수사 중인데 당신 이름이 나왔습니다.
  당신 계좌를 추적하겠습니다."

  학원강사 A씨는 이달 초 전화금융사기(보이스피싱)를 당했다. 경찰이라며 전화를 건 사람은 "금융감독원 사이트에 접속해서 계좌번호와 비밀번호, 보안카드 번호를 입력하라"고 했다. A씨는 당황했지만 순순히 따랐다. 몇 시간 뒤 A씨는 소스라치게 놀랐다. 신용카드 2개에서 현금서비스와 카드론으로 1500만 원, 예금계좌에서도 1700만 원이 인출됐기 때문이다. 금감원 사이트라고 알려준 인터넷 주소가 보이스피싱 사이트였다. A씨는 곧바로 은행과 카드사에 전화를 걸었지만 본인에게 책임이 있다는 말만 들었다.

- 금융당국은 2012년 4월부터 본인 인증을 휴대전화 문자메시지로 받도록 강화했고 공인인증서를 발급받을 수 있는 컴퓨터 단말기를 3대로 제한하고 있다. 5월 17일부터는 카드론 신청 금액이 300만 원 이상이면 2시간 뒤 입금하는 지연입금제도가 시행되고 있다.

8) 전화금융사기

음성(voice) + 개인정보(Private data) + 낚시(Fishing)의 합성어로 전화를 통해 개인정보 등을 빼내 가거나 자금이체를 요구하여 편취하는 행위를 말한다.

- 금융 사기범의 주요 특징
  - 해외에서 전화 (중국 등 해외에서 인터넷폰을 주로 이용)를 하므로 통화 감도가 좋지 않음
  - 어눌한 우리말을 사용하며 유심히 들으면 북쪽 지방 사투리와 유사
  - 조목조목 되묻거나 강경하게 대처하면 통화 도중에 전화를 끊는 경향이 많음
  - 최근에는 공공기관 대표번호 등으로 발신자 번호를 조작하여 전화

- 우리나라가 전화금융사기의 표적이 된 이유
  - 휴대전화와 자동화기기의 보급이 잘 되어 있음
  - 중국, 대만 등 현지에서 조선족을 고용할 수 있어 언어문제 해결이 용이
  - 금융회사에서 통장 및 현금카드 발급이 용이
  - 자동화기기의 이체, 인출한도가 고액

- 금융사기 주요 유형

【금융사기 주요 유형】

사칭기관	사기방법
경찰, 검찰, 법원	사기 등 사건연루 조사, 개인정보유출 등
은행, 카드사, 금융감독원	카드대금 연체, 가계(당좌)수표 부도·결제, 금융거래정보 유출 등
우체국	우편물, 택배, 카드 반송 등
건강보험공단, 연금공단, 국세청	연금, 보험료, 세금환급 등
통신회사	전화요금 환급 등
폭력 조직	자녀납치, 가족상해 협박 등
동창회, 종친회, 대학교	동창회비, 종친회비 또는 대학 추가 합격자 등록금 납부 등

- 최근 주요 사기수법

사기범이 우체국 직원을 사칭하고 “우체국카드가 발급되었는데 반송되었다”고 전화하여 “카드발급을 신청한 적이” 없다고 대답하면, “요즘 전화사기가 많은데, 개인정보가 유출된 것 같다”고 하면서 경찰에 대신 신고해 주겠다고

한다.

곧이어 경찰을 사칭한 사기범이 전화하여 "계좌에 보안설정을 하지 않으면 돈이 모두 빠져 나간다"며 금융회사 현금지급기 (CD/ATM)로 유인한 다음 예금을 이체 받아 편취하는 사기수법이다.

(출처 : 금융감독원)

9) 21세기 암호전쟁 개념도

암호를 주고받는 사람끼리 약속된 자물쇠와 열쇠를 나눠 갖는 대칭 키 방식은 기밀유지가 우선되는 국가나 금융권의 결제 시스템에서 많이 사용된다. 반면 공개된 방식으로 암호를 푸는 비대칭 키 방식은 전자상거래 등 민간부문에서 주로 사용되고 있다.

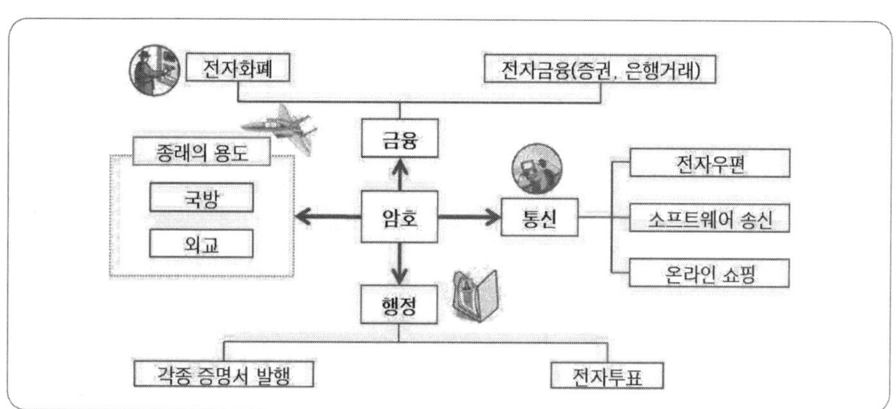

암호의 정의

- 암호(cryptography) : 메시지를 제3자가 해독 불가능한 형태로 변형하거나 암호화된 통신문을 해독 가능한 형태로 변환하기 위한 원리, 수단, 방법 등을 취급하는 기술 또는 과학
- 암호화(encryption) : 평문(plaintext)을 제3자가 이해할 수 없는 암호문(ciphertext)로 변환하는 조작
- 복호화(decryption) : 암호문을 본래의 평문으로 바꾸는 조작(정당한 수신자가 정당한 절차를 통해 평문으로 복원하는 경우)
- 해독(cryptanalysis) : 부당한 제3자(도청자)가 다른 수단을 통해 평문을 구하는 것

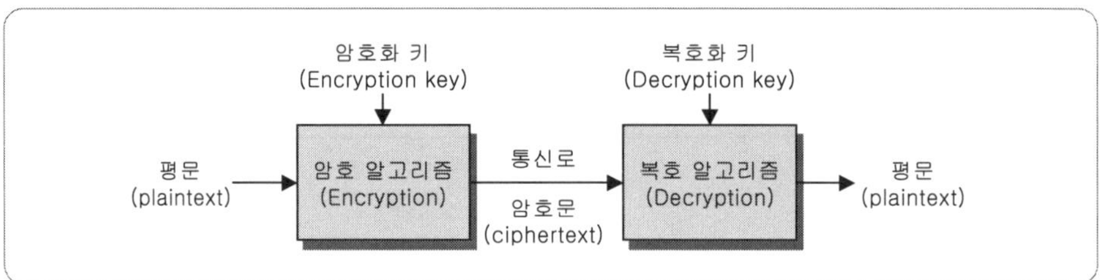

- 암호/복호 알고리즘 - 암호화/복호화 방식
- 암호화/복호화 키 - 암호/복호 알고리즘에 의한 평문/암호문의 변환을 제어하는 파라미터
- 암호의 통신로 운영

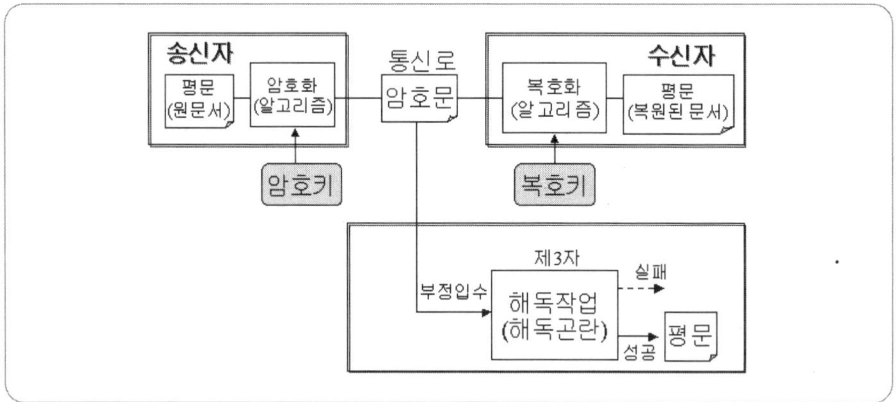

10) 공인 인증서란?

일상생활에서 신원을 확인하거나 거래를 하려고 할 때 주민등록증이나 인감 날인 또는 서명 등이 쓰인다면, 인터넷상에서는 이런 역할을 하는 것이 전자서명이다. 인감에 대해 인감증명서가 있듯이, 공인 인증서는 전자서명에 대한 증명서라 보면 된다.

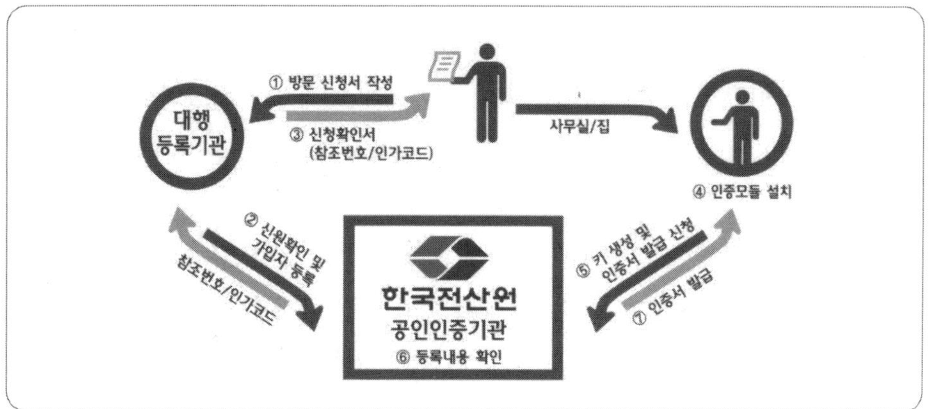

인증서 발급절차 (자료 : 한국전산원)

8.4 VDT 증후군

아침에 눈 뜨면 손에 쥐고 사는 스마트폰! 하루 일과 시작해서 잠자리에 들기까지 항상 휴대하는 스마트폰! 또 하루에 몇 시간이나 컴퓨터 앞에 앉아 계시나요? 온라인과 스마트폰이 하나의 트랜드이며, 거기에 또 다른 세상이 있기에, 그곳에서 다양한 활동을 즐길 수 있는 그것이 지나치다 보면 주 업무에 방해가 되어 역효과가 날 수도 있으니 적당히 거리를 두는 '센스'가 필요하지요.

- 하루의 시작과 끝을 스마트폰이나 컴퓨터와 함께 하신다면?
- 굳이 특별한 일이 없어도 끊임없이 인터넷을 하고 계신다면?
- 외출 시 깜박하고 스마트폰을 집에 두고 나왔을 때 온 신경이 집에 있는 스마트폰으로 향해 있다면?
- 잠시라도 스마트폰이 내 곁에 없으면, 불안해서 일이 손에 잡히지 않는다면?

혹시 여러분이 여기에 해당하는 사항이 있다면 'VDT증후군'에 노출될 수 있다는 것 알고 있지요?

'VDT(Visual Display Terminal) 증후군'이란?

컴퓨터 단말기를 오랜 시간 사용함으로써 발생하는 질병을 의미한다. VDT(Visual Display Termial)란 컴퓨터 모니터를 말하며, 증후군(Syndrome)이라는 말은 증상과 징후들의 군집이라는 말인데 특별한 인과관계는 없지만 몇 가지 증상들을 묶어서 질병을 이야기 할 때 증후군이라는 단어를 사용한다.

VDT증후군이란 모니터를 사용하면서 나타나는 여러 가지 증상과 징후들을 통칭하는 것이고 다른 말로 정의하면 컴퓨터 모니터 증후군이라고 할 수 있다. 컴퓨터에서 나오는 유해 전자파로 인한 각종 질환이 이에 해당된다.

VDT 증후군의 증상으로 가장 많은 것은 눈의 피로와 시력 저하이다. 컴퓨터 모니터를 바라보는 것은 TV 앞에 바싹 다가가 화면을 바라보는 것과 마찬가지이기 때문에 시신경의 피로와 긴장을 일으킨다. 초기 증상으로는 눈의 피로와 가벼운 통증이 있고, 심한 경우 눈이 충혈되고 시력이 급격히 떨어진다. 컴퓨터에 익숙하지 않은 사람은 숙련자에 비해 눈의 움직임이 많기 때문에 증상이 심하게 나타난다.

VDT 증후군의 하나로 눈의 피로에 못지 않게 많은 것이 근골격계의 통증이다. 이는 고정된 자세로 장시간 반복적인 작업을 하는 경우에 많이 발생한다. 통증이 발생하는 부위는 손목, 팔꿈치, 어깨와 같은 관절 부위는 물론 목, 허리에 이르기까지 매우 다양하다. 장시간 동안 키보드를 치는 경우 컴퓨터 사용자들은 손목, 팔, 목 부위에 통증을 경험한다.

이를 예방하기 위해서는 연속 작업을 피하고 한 시간에 십여 분 정도 쉬어 휴식을 취하는 일이다. 규칙적인 휴식과 맨손체조와 같은 이완 운동이 필요하며, 신체 각 부위가 피로를 적게 느끼도록 올바른 자세를 유지하는 것이 중요하다.

VDT증후군 유발요인

1) 전자파 2) 컴퓨터 화면의 크기 3) 밝기 4) 높낮이 및 색상 5) 작업시간 6) 작업의 종류 7) 작업자와 스크린과의 거리 8) 실내습도 및 온도 9) 사무실 내의 공기오염 등이 있다.

VDT증후군이 인체에 미치는 영향

- 미국 존스홉킨스 대학의 마타노스키박사는 전자파가 인체세포내의 DNA와 RNA기능을 방해하고 면역력을 감소시켜 암, 유산, 신경통 등 질병을 유발할 수 있다고 주장한다(마타노스키 보고서).
- 오-링 테스트 창시자인 일본의 오무라 요시아키 교수는 전자파가 혈전유발물질인 트롬복산 B2의 생성을 촉진하여 미소순환장애를 초래할 수 있다는 연구결과를 발표(오무라 요시아키 보고서).
- 암의 발생을 억제하는 멜라토닌의 분비를 억제하여 발암율을 증가시킨다(미국 텍사스 대학교).
- 사이클로트론의 원리와 같이 외부 자기장이 생체에 인가되면 세포막을 통과하는 칼슘등의 이온이 통과량에 변화를 유기한다(미국 오클랜드 대학).
- 전력선 주위에 사는 어린이의 백혈병 발병율이 타 지역에 비해 2~3배 높으며, 암의 집단발병의 경우가 여러 번 보고되었다(뉴질랜드 미국 등 세계 각국).
- 생체에 자성을 갖는 마그네타이트가 있어 외부 자기장은 이를 교란한다(미국 CALTEC).
- 텔레비전과 라디오 수리공은 백혈병에 걸릴 확률이 타 직업에 비해 4.02배 높다(워싱턴 보건국).
- 전자파에 노출된 부모의 자녀 뇌암 발병율이 2배 이상 높다(덴버).
- 임산부의 유산 기형아 출산 등의 보고가 있다(세계 각국).

(출처 : 눈사랑 한의원, 2012. 6.26)

1) 근골격 계통의 VDT증후군

키보드 타건 및 작업 자세 구속으로 작업자에게 나타난 자각증상으로, 특히 목, 어깨, 팔, 등뼈, 허리 등의 근골격에 통증이 심하게 나타나고 있다.

2) 시각 계통의 VDT증후군

작업실의 조명과 작업 중 주시하는 CRT(Cathodes Ray Tube) 모니터의 발광(發光)화면에서 발생되는 누설방사선 및 전자파로 인한 눈의 피로, 시력의 저하와 각막염, 결막염 등 시각장애의 위험이 있다.

3) 호흡기 계통의 VDT증후군

컴퓨터 내부에서 발생되는 기기열이 환풍구를 통하여 배출되고 있는데 여기에서 배출되는 미세한 금속성 분진과 탁한 열풍이 실내의 공기를 탁하게 하여 근무자 건강에 해를 끼치고 있다. 특히, 사무자동화로 다수의 PC를 한정된 공간에서 밀접 운용하거나 냉 온방철에 협소하고 밀폐된 작업공간에서 배출되는 배기가 직접 접촉되고 흡입되었을 경우, 작업자의 만성적인 피로감, 나태감, 스트레스, 두통, 구토 및 호흡기 질환 등이 유발될 가능성이 크다(예방의학교실 손석준, 한국통신, 1995.5.).

4) V D T증후군의 주요 증상인 안구건조증

컴퓨터 사용 시 주로 나타나는 증상은 두통(눈피곤증)과 안구건조증이다. 안구건조증은 우리 눈의 표면을 보호하고 있는 눈물층이 부실하여 눈이 시고 뻑뻑하고 따갑고 충혈되고 심하면 시력도 일시적으로 저하되는 증상을 말한다. 통계에 의하면 하루에 5시간 이상 컴퓨터 작업을 하는 사람의 30%에서 안구 건조증 증상을 보인다. 안구 건조증은 눈의 정상적인 눈물 흐름이 변하여 생기는 증상이다. 보통 사람은 1분에 15~22회 눈을 깜빡인다. 각막을 덮고 있는 눈물 층은 눈을 깜빡이지 않고 눈을 뜨고 있는 상태에서는 10초 정도가 지나면 파괴된다. 이로 인해 눈물층이 파괴되기 전에 눈 깜빡임이 있기 때문에 눈물은 눈꺼풀의 깜빡임에 의해 눈 표면에 고루 퍼져 언제나 안정된 눈물층을 유지한다. 하지만 컴퓨터 작업은 정상적인 눈 깜빡임 반사를 감소시켜(분당 7회 미만) 정상 상태보다 횟수가 감소한다.

- VDT증후군의 예방

VDT작업자에게 올바른 자세는 VDT화면 상단과 눈의 위치는 같은 높이를 유지하고, 원고 키보드, 화면은 눈에서 같은 거리(40cm이상)에 배치하며 팔의 각도, 무릎의 각도 등은 90도 이상 유지하고 손목은 자연스럽게 수평을 유지하며, 의자와 대퇴부 무릎 측 하단과의 사이에 손가락이 들어갈 정도의 공간을 확보한다. 그리고 작업자 발바닥 전면이 닿는 자세가 안 될 경우 발받침대를 설치하는 것이 좋다. 또한 조명과 채광조건이 중요하다. 수평면 조도는 300~700룩스, 수직면조도는 500~1000룩스, 휘도비(콘트라스트)가 1:10을 넘지 않도록 하고 화면표시는 Positive type(밝은 화면에 어두운 글씨)가 좋다. 반사 방지형의 화면을 사용하도록 한다(http://www.annae114.com.ne.kr/vdt.html).

- 컴퓨터 작업 시 자세
  - VDT 작업 시 원고 키보드 디스플레이의 한시거리를 가능한 길게 할 것
  - 눈에서 화면까지의 거리는 40-50cm를 유지할 것
  - 표시 화면의 밝기는 500Lux 이하로 할 것
  - 모니터 화면의 높이는 눈높이 보다 약간 낮게 조정할 것
  - 사용자의 눈을 보호하기 위해 양면의 빛을 차단할 것
  - 무릎의 각도는 90도 이상을 유지할 것
  - 팔을 겨드랑이에 수직으로 하고, 팔꿈치의 각도 90도를 유지할 것
  - 손등은 팔과 수평을 유지할 것
  - 등의 자세는 곧게 펴서 수직으로 하고, 등을 의자에 붙여 앉을 것
  - 실내조명은 가급적 모니터 밝기와 비슷한 정도를 유지한다.
  - 턱은 내 몸 쪽으로 살짝 당긴 자세에서 컴퓨터를 하도록 한다.
  - 컴퓨터 작업 40~50분에 10분 정도 눈을 쉬거나 스트레칭을 한다.

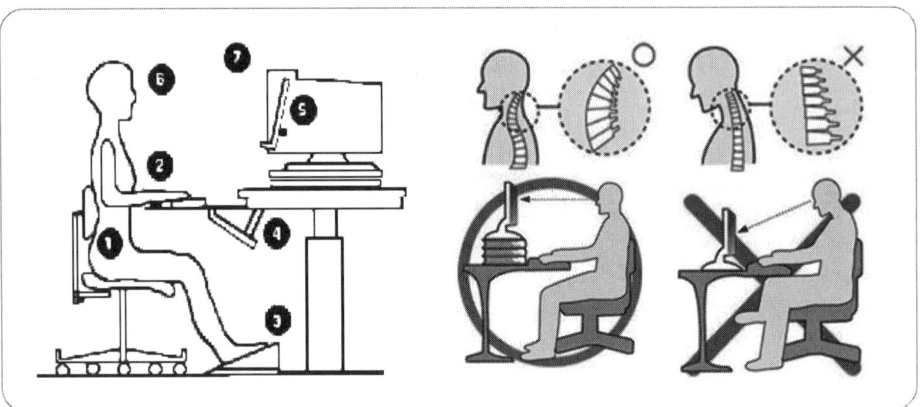

컴퓨터 작업 시 자세

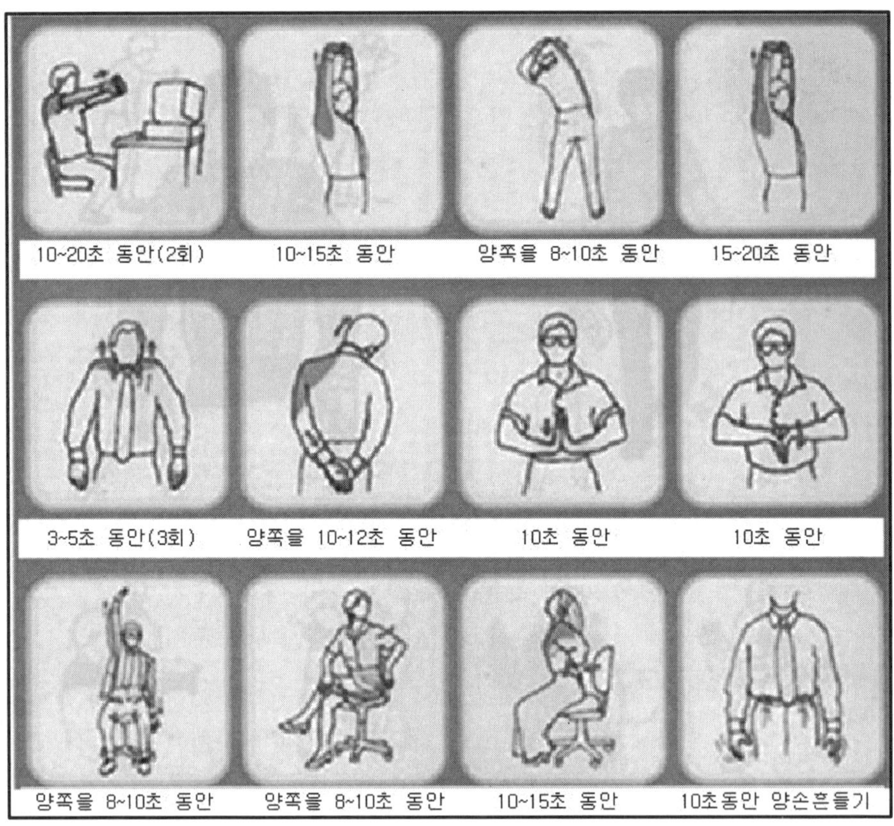

VDT 증후군 예방법 (출처 : http://blog.daum.net/yyg9492/144)

8.5 인체에 미치는 전자계의 세기

전자계는 전자파의 극저주파 대역(0~300Hz)으로 송전선로나 변압기와 같은 전력기기뿐만 아니라 우리가 사용하는 가전제품 등 모든 기기에서 발생한다. 또한 극저주파(60Hz) 특성상 일반적인 전자파와 그 성질이 크게 다르다.

전계와 자계의 성질이 따로따로 나타나며 그 파장이 워낙 길어 에너지를 거의 갖고 있지 않다(파동에너지는 진동수의 제곱, 즉 주파수의 제곱에 비례한다. 파장이 길수록 주기가 길고 주파수는 작아진다.).

즉, 전자계는 일반적인 전자파와 달리 파장이 길어 멀리 전파되지 못하고, 거리가 멀어짐에 따라 에너지가 급격히 감소하는 성질이 있어 인체에 미치는 영향이 극히 적다.

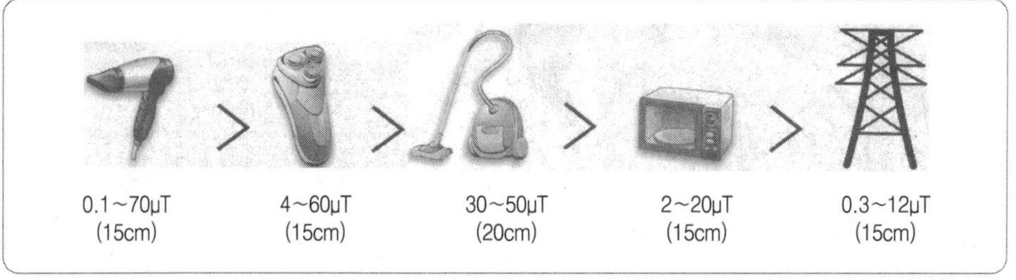

전자계의 세기 비교

- 전계 1KV/m는 10cm 떨어진 두 형행 금속판에 100v가 인가되었을 때의 전계를 말한다.
- 자계 1G는 500A가 흐르는 전선으로부터 1m 떨어진 지점의 자계를 말한다.

세계보건기구(WHO) 및 국내(전기설비기술기준) 전자계기준치는 83.3마이크로테슬러(μT)이다. 송전선설비(송전철탑, 변전소)의 송전선 아래 1m 높이는 0.3~12μT으로 우리가 주변에서 흔히 사용하는 가전기기에 비해 적은 양이다(KEPCO, 동아경제).

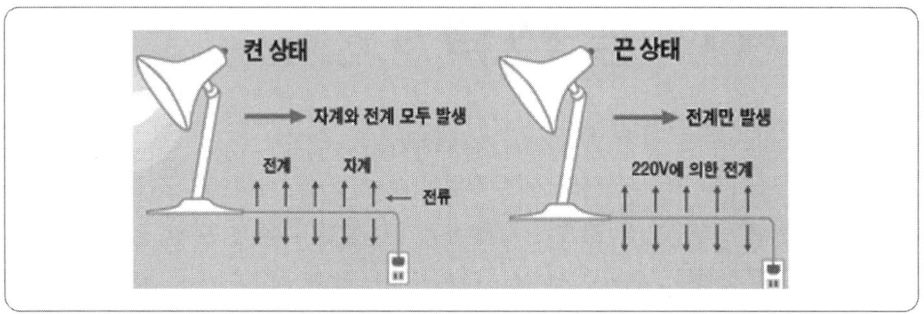

국제 전문기관 및 주요국가에서 전자계에 대한 기준치를 정하고 있으며, 국제 비전리방사선 보호위원회(ICNIRP)는 세계보건기구(WHO)의 견해를 근간으로 한 '전자계를 제한하기 위한 가이드라인(1998.)'에서 전계는 4.16KV/m, 자계는 833mG라는 가이드라인을 제시했다.

세계 각국의 여론은 고압송전선망이 인체에 유해하다는 의견에 대체적으로 공감하고 있으며 전자기장 누출과 암 발생에 대한 상간관계가 명확히 규명되지 않았지만, 최근에는 0.2~0.4μT(2~4mG) 이상의 자기장에 주기적이고 지속적으로 노출될 경우 소아 백혈병 등과 같은 암질병이 발생할 수 있다는 연구논문들이 발표되고 있어(고압선로 전자파의 효율적 관리방안 연구, 2002.11., KEI), 인체의 영향에 대한 자계의 기준을 4mG로 간주하고 있다(고압송전선 전자파에 대한 노출범위 설정방안, 2006.12., KEI).

가전기기 제품 사용 대기 시 전력 소모

대기전력이란 전원을 끈 상태에서 전기제품이 소비하는 전력으로 대기전력 수치가 가장 높은 전자기기는 셋톱박스로 나타났다. 셋톱박스는 인터넷 TV(IPTV)나 케이블TV를 연결하기 위해 쓰는 단말기로 대기전력 수치가 12.3W로 TV의 대기전력 수치인 1.27W의 약 10배에 해당된다.

13인치 노트북이 작동할 때 34.8W의 전력이 쓰이므로 셋톱박스 3대의 플러그만 꽂아둬도 노트북 한 대를 사용하는데 필요한 전력이 낭비되는 셈이다.

셋톱박스 다음으로 대기전력을 많이 소모하는 기기는 인터넷·모뎀(5.95W)과 스탠드형 에어콘(5.81W), 보일러(5.81W)였다. 가정에서 많이 쓰이는 전기밥솥과 전자 레인지는 대기전력으로 각각 3.47W, 2.19W를 소비했으며, 컴퓨터는 2.62W, 비데는 2.20W를 소비하는 것으로 나타났다(중앙경제, 2012.6.15., E6).

가전기기 품목	대기전력(W)
셋톱박스	12.3
인터넷 모뎀	6
에어컨(스텐드형)	5.8
보일러	5.8
오디오 스피커	5.6
홈시어터	5.1
비디오	4.9
오디오(컴포넌트)	4.4
유무선공유기	4
DVD	3.7

대기전력 많이 쓰는 10대 가전기기

(출처 : 한국전기연구원)

• 숫자로 본 대기전력

• 4200억원 – 전기요금으로 환산한 연간 소모량
• 6.1 % - 가구당 연간 소비전력 비중
• 62만 KW – 가구당 대기전력 총량
화력발전소 1기가 생산전력 : 50만 KW

가구당 대기전력 소모량 자료 : 에너지관리공단

제품	대기전력(W)	연간 대기전력 소모량(kWh)
TV	4.33	26.7
비디오카세트리코더	5.45	33.9
오디오	8.61	44.0
홈시어터	18.9	126.7
DVD 플레이어	12.2	81.8
휴대전화 충전기	0.86	4.3
개인용 컴퓨터(PC)	3.25	12.9
모니터	2.53	10.1
프린터	3.07	17.1
인터넷모뎀	6.43	32.9
합계	66	390.3

연습문제 I

♣ 다음 문제의 정답을 표시하시오.

1. 정보화 사회로 발전할 수 있도록 뒷받침된 환경은?

① 정보와 토지 ② 정보와 노동력
③ 컴퓨터와 통신망 ④ 노동력과 생산

2. 컴퓨터 해킹 용어 중 통신선상에 전송되고 있는 정보를 상대방 모르게 가로 채는 방법을 무엇이라 하는가?

① 스니퍼(sniffer) ② 스푸핑(spoofing)
③ 트랩도어(trap door) ④ DOS(denial of Service)

3. 금융기관 등의 웹사이트나 거기서 보내온 메일로 위장하여 개인의 인증번호나 신용카드번호, 계좌정보 등을 빼내 이를 불법적으로 이용하는 사기수법은?

① 해킹(Hacking) ② 피싱(phishing)
③ 스니퍼(sniffer) ④ 스푸핑(spoofing)

4. 보안을 위한 기술을 의미하는 것이 <u>아닌</u> 것은?

① 방화벽(Firewall) ② 해킹(Hacking)
③ 인증(Authentication) ④ 암호화(Encryption)

5. 인터넷상에서 시스템 보안 문제는 중요한 부분으로, 보안이 필요한 네트워크의 통로를 단일화하여 이 출입구를 보안 관리함으로써 외부로부터의 불법적인 접근을 막는 시스템을 무엇이라 하는가?

① 해킹(Hacking) ② 방화벽(Firewall)
③ 펌웨어(Firmware) ④ 침입탐지시스템

6. VDT 증후군 유발 유인이 <u>아닌</u> 것은?

① 전자파 ② 작업자와 스크린과의 거리
③ 작업시간 ④ 작업 내용

7. 다음 중 보안을 위해 전자서명에 사용되는 기술이 <u>아닌</u> 것은?

① 무결성(Integrity) ② 폐쇄성(Closeness)
③ 인증(Authentication) ④ 부인방지(Non-Repudiation)

연습문제 II

♣ 다음 문제를 설명하시오.

1. MIT 선정 10대 유망기술 중 제스처 인터페이스, 인공세포를 설명하시오.

2. '양성평등을 고려한 직업 전망의 필요성'에서 '양성평등'이란?

3. 정보보호 10대 실천 수칙

4. 컴퓨터 바이러스의 예방법

5. 분산 서비스 거부(DDoS)

6. 피싱 대응요령(5가지 이상)

7. VDT증후군 유발요인(5가지 이상)

8. 고의로 다른 컴퓨터 시스템에 침투하여 자료를 파괴 또는 변조하거나 불법적으로 자료를 가져가는 행위를 무엇이라 하는가?

9. PC 사용자도 모르게 PC가 해커의 뜻에 따라 특정 시스템으로 대량의 트래픽을 전송하는 역할을 하는 PC를 무엇이라 하는가?

10. 시스템 보안에서 사용될 수 있는 인증시스템의 종류는?

11. 전계 1KV/m는 (　　)cm 떨어진 두 형행 금속판에 (　　)v가 인가되었을 때의 전계를 말한다. 자계 1G는 (　　)A가 흐르는 전선으로부터 (　　)m 떨어진 지점의 자계를 말한다.

12. 해커가 실시간으로 하달하는 명령에 따라 공격을 수행하는 악성 코드의 한 종류?

13. 보안이 필요한 네트워크의 통로를 단일화하여 관리함으로써 외부의 불법 침입으로부터 내부의 정보자산을 보호하기 위한 보안기법을 무엇이라 하는가?

14. 가전제품의 전원을 끈 상태에서 소비하는 전력인 대기전력이 큰 순서로 5가지를 설명하시오.

C.H.A.P.T.E.R

09

Back

정보초고속도로의 여행

- 정보초고속도로를 이용한 미래 활용 분야를 한다.
- 정보기술의 사용에 관한 윤리적인 면들을 알아본다.
- 개인정보 보호를 위한 대책을 알아본다.
- 웹 해킹과 악성코드 예방책에 대하여 알아본다.
- 영상 산업에서 사용되는 VFX(Visual Effect)기술을 이해한다.
- 디지털 액터(Digital Actor)의 활용 분야를 이해한다.
- QR(Quick Response)코드의 활용 사례를 알아본다.
- 증강현실 애플리케이션들과 사례들을 알아본다.

증강현실 어플 - '오브제(OVJET)'

9.1 정보고속도로(Information Super Highway)란

정보고속도로란 다양한 정보들을 단일한 표준으로 통합하여 광케이블을 통해 신속하게 교환하는 종합적인 정보통신기반을 의미하며, 정보인프라 혹은 초고속정보통신망으로 불리기도 한다.

1993년 당시 미국의 고어 부통령이 '국가 정보 인프라(NII)'에 관한 행동 의제를 발표한다. 이후 고속도로가 산업화를 이끌 듯 국가정보화를 촉진시킬 정보인프라가 필요하다는 지적에 따라 미국을 비롯하여 유럽, 일본 등 세계 각국에서 초고속정보통신망 사업을 추진하고 있다.

현재 미국(Information Superhighway), 일본(신사회자본건설), 유럽(고속행정통신망), 캐나다(캐나디안 슈퍼 하이웨이), 싱가포르(IT2000) 등 선진국들이 최우선 과제로 삼고 있으며, 한국정부도 94년 4월 14일 초고속정보통신망(information super highway) 구축계획을 확정 발표했다.

이에 따르면 2015년까지 약 45조원이 투입되며, 총리를 위원장으로 15개 부처와 민간기업이 참여하여 추진하게 된다. 우리나라는 지난 93년부터 정부에서 추진, 1단계(95~97년)와 2단계(98~ 2000) 사업을 마쳤다.

초고속정보통신망 구축계획은 정보화촉진사업의 우선적인 지원을 위해 행정, 의료, 교육 등 공공기관이 저렴한 요금으로 이용할 수 있도록 하는 '초고속 국가망' 구축계획과 통신사업자 등 민간의 재원으로 일반국민이 이용할 수 있는 '초고속 공중망'구축계획으로 나누어진다(NAVER 지식백과).

- 고속도로의 건설로 사람과 물자의 수송을 원활하게 할 수 있어 물류의 이동과 함께 관련 산업의 발전과 경제발전을 이루는데 기여한다면, 초고속 정보통신망의 구축은 정보화 사회의 핵심인 정보유통고속도로로 사회 전체의 생산성을 향상시키는 한편 국민복지의 증진에 기여하게 된다.
- 정보고속도로의 건설에는 하드웨어뿐만 아니라 정보고속도로를 달릴 내용물인 소프트웨어의 개발이 필수적으로 우리나라가 정보선진국으로 발돋움하기 위해 집중해야 할 분야이다.
- 가상영역(Virtual Frontier)은 인터넷, 수많은 BBS(Bulletin Board System), 정보서비스 서비스, 수많은 사설 네트워크들로 이루어진 정보 고속도로들을

포함하고 있다. 정보초고속도로(Information Superhighway)는 종종 우리 세계를 연결하고 있는 이러한 네트워크들을 총칭하는 말로 비유된다.

- 언론 매체들이 가상 영역을 I-Way(Information-highway), 가상도시(Infobahn), 사이버공간(Cyberspace)과 같은 더 많은 표현을 쓰는 반면에 정부는 국가 정보 기간 구조(National Information Infrastructure; NII)에 대하여 언급하기 시작했다. 그것이 무엇이든, 무엇이라 불리든 간에 결국 그것은 우리사회의 모든 측면을 가상적으로 연결하게 될 것이다.

한국, OECD 첫 초고속 무선 인터넷 보급률 100%

우리나라가 경제협력개발기구(OECD) 회원국 가운데 처음으로 초고속 무선인터넷 보급률이 100%를 넘은 것으로 나타났다.

통계상으론 우리 국민 모두가 초고속 무선인터넷을 사용하고 있다는 의미다.

2012년 7월22일 'OECD 브로드밴드 통계' 보고서에 따르면 2011년 12월을 기준으로 우리나라의 초고속 무선인터넷 보급률은 100.6%를 기록했다. OECD 34개국 가운데 1위를 차지했다. 이는 OECD 평균 보급률(54.3%) 보다 2배 가까이 높은 수치다.

2010년 말에는 89.8%의 보급률이었다.

초고속 무선인터넷은 256 kbit/s 이상 속도를 내는 모바일 무선 인터넷을 의미하며 일반적으로 사용하는 유선 초고속인터넷(100Mbps)의 400분의 1 정도에 불과하다. 한국에서는 휴대전화에서 사용하는 3G, 4G, 롱텀에볼루션(LTE), 와이브로(WIBRO), 와이파이(WIFI) 등이 여기에 해당한다.

OECD 통계는 일반 휴대전화를 이용한 초고속 무선인터넷 가입(우리나라의 경우 47.6%)과 데이터 전용 무선인터넷 가입(53.1%) 등으로 구분했다.

OECD 국가별로는 우리나라의 뒤를 이어 스웨덴 98%, 핀란드 87.8%, 일본 82.4%, 덴마크 81.5%, 노르웨이 77.9%, 미국 76.1% 등이 높은 보급률을 기록했다. 반면 멕시코(7.7%), 터키(8.9%), 헝가리(12.9%) 등은 보급률이 저조한 편이었다.

통신업계는 우리나라에서 100% 초과 보급률이 이뤄진 이유를 스마트폰 확산에서 찾고 있다. 무선인터넷 사용이 필수인 스마트폰의 보급이 확대되면서 초고속 무선인터넷 가입률도 늘었다는 것이다(컴퓨터월드 IT DAILY, 2012.7.22.).

9.2 정보기술 윤리

우리 사회에서의 이러한 도덕적인 문제의 중요성은 많은 유명한 교육가들이 모든 대학 교과과정에 정보 기술윤리를 포함하도록 주장하게 되었다. 그들은 만약 사람들이 자신이 한 행위가 가져올 결과를 인식한다면 위험한 컴퓨터 바이러스를 퍼뜨리거나, 거짓 정보로 정보제공 시스템을 오염시키거나, 인터넷에 자료를 올리는 사람들이 줄어들 것이라고 믿는다. 도덕적이거나 양심적인 사람들은 개인의 비밀을 보호하고 저작권법을 지키고 비도덕적인 행동을 제보할 확률이 높다.

개인정보의 오용, 변경을 막기 위한 대책?

① 사용자의 정보는 비밀번호에 의해 보호되고 있으므로 오직 사용자 본인만이 이러한 개인정보에 접속할 수 있다.

② 비밀번호는 그 누구에게도 알려 주어서는 안 된다.

③ 불필요한 전화나 E-mail로 본인의 비밀번호를 알려주지 않는다.

④ 작업을 마친 경우에는 반드시 사용자의 계정을 종료하고, 웹 브라우저의 창을 닫는다. 이는 사용자가 다른 사람과 컴퓨터를 공유하거나, 인터넷 카페나 같은 공공장소에서 컴퓨터를 사용하는 경우 다른 사람이 사용자의 개인정보 및 통신내용을 함부로 볼 수 없도록 하기 위한 것이다.

사용자 정보의 상실, 누출, 변경, 훼손 등을 막기 위해 다음과 같은 기술적 대책이 필수적이다.

- 비밀번호 등을 이용한 보안장치
- 백신 프로그램을 이용한 컴퓨터 바이러스 장치
- 보안이 필요한 정보의 경우 암호 알고리즘 등을 이용하여 네트워크상에 개인정보를 안전하게 전송할 수 있는 보안장치

- 침입차단시스템 등을 이용한 접근 통제 장치
- 기타 안전성 확보를 위하여 필요한 기술적 장치

컴퓨터 감시와 범죄

컴퓨터 범죄(Computer Crime)는 컴퓨터 시스템에 침투하여 자료를 파괴 또는 변조하거나 불법적으로 자료를 가져가는 범죄행위를 말한다.

1) 컴퓨터 범죄의 유형

- 컴퓨터를 이용한 금품 횡령
- 지적 재산권 침해
- 불건전한 정보의 유통
- 불법 침입
- 비도덕적인 것, 법에 반하는 것
- 컴퓨터 횡령 및 정보 고속도로의 강도
- 직무 태만과 무능력
- 시스템 파괴자 문제
- 소프트웨어 저작권 침해

2) 컴퓨터 범죄의 대처방안

- 최신보안 기법 도입, 보안 의식 교육, 인터넷 보안 강화 등 보안책 마련한다.
- 시스템의 패스워드 관리 철저와 시스템 관리자의 보안의식 높인다.
- 방화벽 체제 구축 및 정비와 끊임없는 모니터링을 실시한다.

3) 사이버 범죄신고

(1) 사이버 범죄를 신고하는 방법

- 경찰청 홈페이지(www.police.go.kr)에 접속하여 상단메뉴 중 사이버 신고센터를 클릭한다.
- 경찰사이버 테러대응센터(http://cybercrime.go.kr)에 접속하여 상단메뉴 중 민원센터/범죄신고 하기를 클릭한다.

- 사이버 도우미 ARS 검색 및 FAQ 조회
- 바로 범죄신고 하기 범죄신고 양식작성하기
- 처리결과 보기

(2) 사이버폭력 집중 단속하기

- 후보자 비방, 허위사실 공표 등 사이버 불법 선거운동 행위
- 특정인에 대한 명예훼손 모욕 비방 행위
- 타인의 정보, 비밀 침해 행위
- 성적 수치심, 혐오감을 주는 행위
- 타인을 협박, 공갈하여 재산상의 이득을 취하는 행위
- 음란한 문헌, 영상 등을 배포, 판매, 임대하거나 전시하는 행위
- 불법 스팸 발송 등 기타 사이버 폭력 행위

소프트웨어 불법복제 실태

IT강국의 그늘 'SW 불법복제'

극히 작지만 나중에 예기치 못한 커다란 효과를 가져오는 현상을 일컬어 '나비효과'라 한다. 지금의 소프트웨어 불법복제 행태가 나비효과와 닮은 꼴이다. 처음에는 불법에 대한 인지가 낮은 사소한 일로 시작하다가 결국에는 온라인을 통한 무차별 대량복제까지 이른다. 이런 사회 분위기 속에서는 정품을 사용하면 '바보'가 되고, 단속에 걸리면 '재수 없고 억울한 일'이 된다. 그 결과 현재 우리나라의 소프트웨어 불법복제율은 여전히 높다.

또한 의도하지 않은 방향으로 불어버린 나비효과를 보자. "국내 소프트웨어 불법복제율을 10% 내릴 수 있다면 약 1조 7000억 원의 경제 성장 효과와 약 7800억 원의 추가 조세 수입 증가, 그리고 1만개의 신규 일자리가 창출될 수 있다."(IDC, 소프트웨어 경제 영향 연구 보고서).

이 보고서는 소프트웨어는 정보기술(IT) 산업의 원동력이라고 할 수 있으므로, 소프트웨어 저작권 보호가 국가적 과제라고 해도 과언이 아니라고 전했다. 뒤집어 생각해 보면 소프트웨어 불법복제율을 낮추지 않으면 국내 소프트웨어 산업,

더 나아가서는 IT 산업과 국가 경제에 기여할 것을 기대할 수 없다는 의미일 것이다.

현재 우리나라의 소프트웨어 불법복제율은 여전히 40%대에 머물고 있다. 반면 경제협력개발기구(OECD) 34개 국가의 평균 소프트웨어 불법복제율은 27% 수준이다. 결국 우리는 정품 소프트웨어 사용률이 세계 수준에도 접근하지 못하는 환경에서 세계적 IT 강국을 외치는 모양새다.

미국과 일본의 경우 불법복제율이 20% 선 아래로 내려가고 있으며, 소프트웨어 불법복제율이 80%대에 이르던 중국도 정부 차원에서 저작권 보호 환경을 유지하기 위해 발벗고 나서는 상황이다. 이는 저작권 보호 환경이 국익과 직결된 국가 간 외교문제로 대두될 수 있기 때문이다.

특히 자유무역협정(FTA) 아래에서는 저작권 보호가 매우 중요한 문제로 부각된다. 그래서 국제적인 보호를 전제로 저작권에 대한 자국의 보호환경을 마련하고 있다. 우리 정부가 한·미 FTA를 체결한 것은 저작권 보호 환경을 더 이상 세계 수준에서 뒤처지게 할 수 없다는 것을 암묵적으로 동의하고 있음을 의미한다.

어쨌든 K팝, 드라마, 전통음식 등으로 구성된 한류 콘텐츠가 세계적 붐을 타고 있다. 그 시작은 나비효과처럼 아주 보잘 것 없어 보였다. 우리의 정서로, 우리의 입가에만 머물던 가요가 지구 반대편에서 K팝 열풍을 몰고 온 현상을 보면, 나비의 날갯짓 바람이 얼마나 큰 폭풍을 가져다 주고 있는지 새삼 되뇌어볼 만하다.

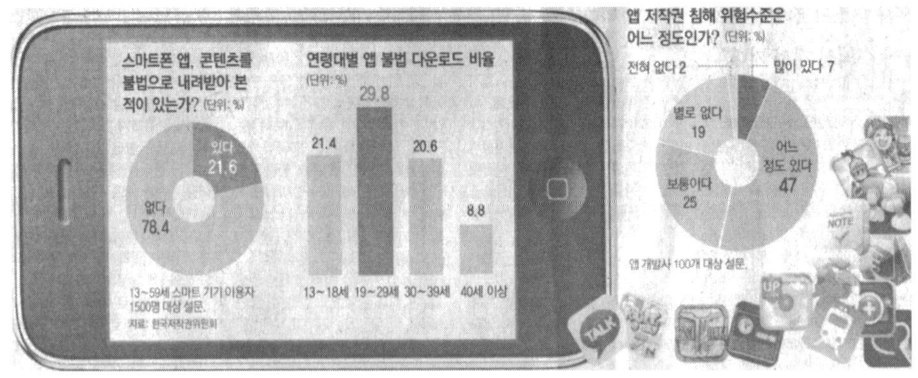

불법 다운로드와 앱 저작권 침해 위험수준

그러나 한류 콘텐츠가 대거 불법 복제돼 유통된다면 우리로서는 큰 타격이 아닐 수 없다. 이미 지식재산이 국가경제 성장의 주요 원천이라는 인식이 정착된 상태다. 그래서 정부도 저작권 보호 정책을 강화하고 있다. 불법 복제 방지는 남의 일이 아니다(한국경제뉴스, 박선정, 2012.4.26.).

"영화 '마이웨이' 31편이 불법 복제로 사라졌다."

2010년 영화계가 불법 복제로 입은 피해액은 8684억 원에 이른다(한국문화관광연구원, '콘텐츠 불법 복제 감소가 국가 경제에 미치는 경제적 파급효과에 관한 연구'). 역대 한국영화 가운데 최대 제작비(280억 원)를 들인 '마이웨이'를 31편 제작하고도 남는 규모이며 지난해 영화관 입장 수익 1조 2362억 원의 70%에 육박하는 수치이다.

음악 분야는 7188억 원, 출판은 3716억 원, 방송은 3371억 원, 게임은 2447억 원의 피해를 봤다. 콘텐츠산업 전체로는 2조 5406억 원의 손해를 봤고, 소프트웨어와 캐릭터 등 유관 산업의 피해(1조 4352억 원)까지 합치면 불법 복제에 따른 피해액은 3조 9758억 원에 이른다.

불법 다운로드는 일자리도 빼앗아갔다. 영화계에서는 1만 349개의 일자리가 사라졌고, 음악 산업은 8554개, 출판은 3824개, 게임은 1899개, 방송 산업은 1196개의 일자리를 잃었다. 세수는 1479억 원이 감소하는 등 불법 다운로드는 콘텐츠 산업 전반에 걸쳐 암적 존재가 됐다.

영화 불법 복제 현황 (출처 : 동아일보, 2012.3.15,A23)

2013년 콘텐츠 분야의 시장 규모는 역대 최대인 80조 원에 이를 것으로 보인다. 케이팝(K-pop·한국대중가요)등의 성공으로 콘텐츠 수출은 45억 달러(약 5조 2000억 원)에 달 할 것으로 기대된다(문화체육관광부).

하지만 불법 복제와 불법 다운로드는 좀처럼 근절되지 않고 있다. 저작권 보호 문제를 총괄하는 문화부 산하 저작권위원회는 불법 다운로드 등 저작권 침해를 근본적으로 막기 위해서는 국민의 인식 전환이 가장 시급하다고 본다.

불법복제는 범죄라는 인식이 아직 사회적으로 부족하다. 이에 따라 저작권위는 청소년의 저작권 교육 강화를 올해의 역점 사업으로 선정했다.

아이폰의 가치 분배 현황 - 아이폰 이윤(애플 58.5, 한국기업 4.7%)

중국이 애플의 아이폰과 아이패드의 생산기지 역할을 하고 있으나 아이폰 제품 판매에서 발생하는 이윤은 애플이 58.5%, 각종 부품업체 21.9%, 한국 기업의 이익 4.7%, 중국의 노동력 이익 1.8%이다.

아이패드 생산 비용에서 가장 많은 비중은 각종 부품으로 31%, 애플 기업의 이익 30%, 제조 유통 판매 업체 15%, 한국 기업의 이익 7%, 중국의 노동력은 2% 이다.

아이폰의 가치 분배 현황(단위: %) (출처 : 동아일보, 2011.12.27., B2)

사이버 보안 5계명

전 세계에서 가장 많은 악성코드가 발생하는 중국과 지리적으로 가깝다는 점도 위험을 키운다. 글로벌 보안업체 시만텍에 의하면 아시아 태평양 지역 악성코드의 절반 이상(52%)이 중국과 한국에서 발생하고 있다. 또 인터넷 사기 사이트인 '피싱' 발생은 한국이 세계에서 가장 많다.

외국과 달리 국내에서만 대중화된 액티브 X 기술은 이용자의 PC에 자동으로 프로그램을 설치하는 과정에서 악성코드를 감염될 가능성이 크다. P2P 사이트에서 음악, 영화를 공짜로 내려 받는 과정에서 악성코드가 설치되는 경우도 잦다.

【웹 해킹과 악성코드 예방 5계명】 (출처 : 안철수 연구소)

Ⅰ. 윈도 운영체계나 인터넷 익스플로러의 보안 패치를 항상 최신으로 유지한다.
Ⅱ. 키보드 입력 값이 유출되지 않게 하려면 아이디와 비밀번호를 바로 입력하지 말고 다른 문서에 입력한 후 복사해서 붙여넣기를 한다.
Ⅲ. 웹사이트 접속 시 '액티브 X 창이 뜨면 신뢰할 수 있는 것만 설치한다.
Ⅳ. 사용자 몰래 설치되는 프로그램을 막기 위한 통합 백신 제품을 설치한다.
Ⅴ. 인터넷 계정의 패스워드를 자주 변경하고 영문/숫자/특수문자 조합으로 6자리 이상으로 설정한다.

9.3 정보초고속도로 따라가기

정보초고속도로 활용

- 전자적인 가족재회 - 화상전화
- 어디서나 오락을 - VOD
- 게임의 종류 - Adventure, Role Playing, Simulation, Action
- 가정 도서관, 광속의 편지

- 화폐 없는 사회, 홈 쇼핑
- 최첨단 선거 및 투표
- 국가 데이터베이스
- 원격진료 - 네트워크를 이용한 건강관리
- 교육혁명
- 당신업무의 소프트웨어 대행인
- 인터넷 라디오 방송

정보초고속도로 기반 서비스

- 수천가지의 정보 기반 서비스 제공
- PC로 증권거래, 온라인 학위과정
- 원격지에서의 홈오토메이션
- 아파트의 네트워크 구축
- 뉴스, 오락, 연예 등 콘텐츠 판매
- 이웃 간 영상 통화 서비스 제공
- 사이버 패밀리 커뮤니티
- 서버임대(ASP), 소프라노 셋톱박스, 엔터테인먼트
- 인터넷TV, 정보 가전, 방범, 뉴스
- 경제, 영화, 건강, 쇼핑, 컴퓨터 바이러스 연구소

사이버 아파트 서비스

- 초고속 정보통신망을 기반으로 하여 내부의 각종 가구와 기기들을 인터넷에 연결한 신종 아파트로, 인터넷 아파트라고도 불린다. 2000년 삼성물산(주)과 (주)CVnet에 의해 첫선을 보였다.

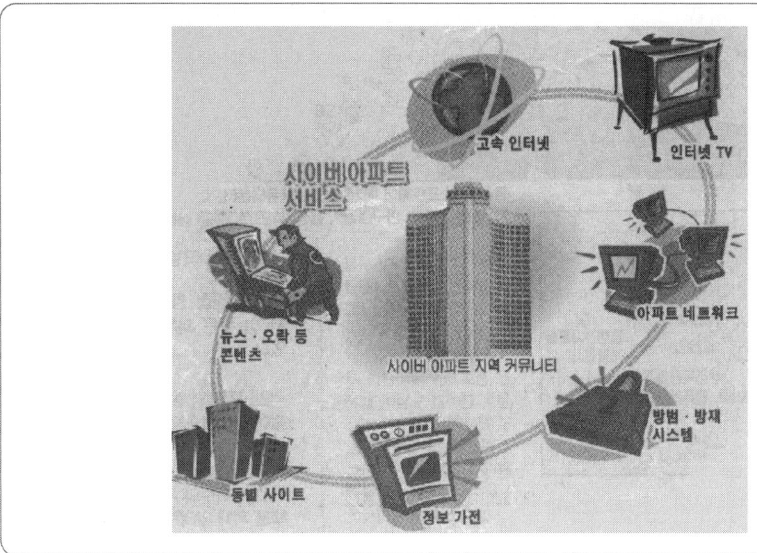

- 텔레비전과 냉장고·세탁기와 같은 각종 전자기기와 조명·커튼 등 아파트 내 모든 시설을 자동화시켰고, 원터치는 물론 PDA나 휴대폰·개인용 컴퓨터 등으로 인터넷에 연결하여 원격제어도 할 수 있다. 또한 전용 네트워크를 통하여 이웃과 커뮤니케이션을 할 수 있고, 주변 상가와 전자상거래도 할 수 있다.
- 2001년 8월에는 전력선을 통신선로로 이용하는 전력선 인터넷아파트도 개발되었는데, 저렴한 비용으로 홈오토메이션과 홈 네트워크를 이룰 수 있게 하여 향후 아파트 건설시장을 주도할 것으로 전망된다.
- 전력선 홈 네크워크는 일반가정에 들어오는 전력선이 '악성코드(Gateway)'라는 셋톱박스를 통해 인터넷 네트워크로 연결, '통신선'으로서의 역할을 하도록 만드는 것으로 무선 웹 패드를 이용해 어느 곳에서나 가정 내 가전제품을 손쉽게 조작할 수 있는 시스템이다.
- 외부에서는 PC와 휴대폰을 이용해 인터넷망에 접속, 가전제품 조작이 가능하고 제품의 운전상태 점검과 일정관리, 고장진단까지 원격 조종할 수 있다. 전력선 홈 네크워크에 이용되는 가전제품에는 별도로 전력선 통신모뎀이 필요하다.
- 최근 아파트 엘리베이터나 지하주차장에서 범죄를 방지할 수 있는 첨단 안전시스템을 도입한 아파트가 등장하고 있다. 주차위치정보시스템(UPIS)과

'유비쿼터스 키리스 시스템(UKS)'을 도입하고 있다. UPIS 등은 승용차를 타거나 걸어서 아파트 단지 내에 들어서면 'U키'를 소지한 입주민의 위치를 감지해 자동으로 엘리베이터를 호출해 준다. 엘리베이터를 기다리지 않고 바로 탈 수 있어 표적이 될 확률을 줄였고, 주차장 등에서는 입주민 인근의 폐쇄회로(CC) TV가 자동으로 각도를 바꿔 입주민을 촬영한다. 또 자동으로 공동 현관이 열리고 디지털 도어록도 버튼을 누르거나 카드를 대지 않아도 자동으로 열리고 잠긴다(동아일보, 2010.1.13.).

- Leading House
  - 노인세대와 자녀세대의 독립성을 적극 수용하여 각 세대의 생활양식을 이상적으로 조화시킨 첨단 주거공간 주택
  - 한국의 전통적인 삶을 세계적 모델로 이끌어 내 세울 수 있는 주거공간
  - 재택 진단 시스템 : 정보통신의 발달에 따라 재택 진단 시스템으로 간단한 진단은 자가 진단으로 가벼운 질병은 원격 진단으로 건강생활을 유지하게 한다.
- Versatile House
  - 미래의 첨단기술과 여가를 수용한 주택
  - 여가활동을 수용하기 위한 다기능 멀티미디어 공간과 음성제어 시스템 등의 첨단시설이 특징인 주거공간
  - 에어워시 : 센서에 의한 작동으로 외부 오염원을 제거
- Capsule House
  - 공장에서 Plug-In Unit System으로 조립 생산하는 캡슐하우스
  - 최소 공간에서의 최대의 기능 수용, 주택 생산양식의 변화, 극한 상황 속에서 보편적인 주거양식

'오토 홈'의 상용화

손짓으로 커튼 열고 목소리로 TV켜고 …, MS-미쓰이홈 공동개발

외출 후 집에 돌아오면 왠지 바빠진다. 냉·난방을 켜야 하고 커튼도 젖혀야 한다. 옷도 갈아입고, TV도 켜야 하고, 전기밥솥 스위치를 올리는 등 식사준

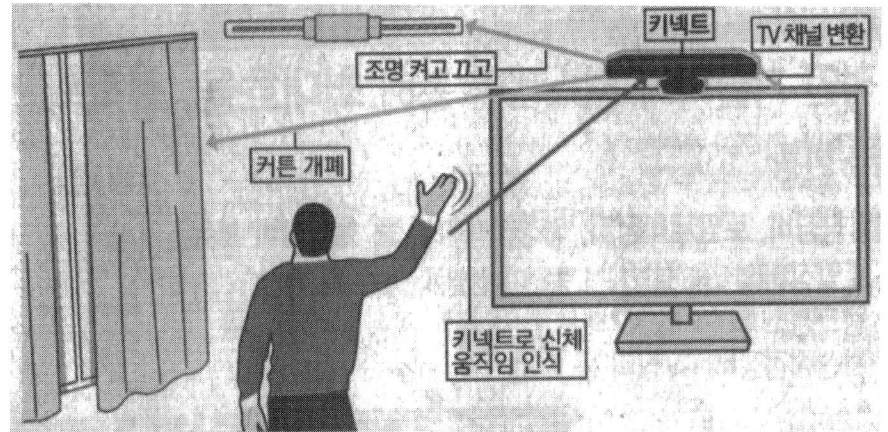

키넥트 사용 가전제품 조작계획 (출처 : 매일경제, 2012.6.28,A6)

비도 서두르게 된다. 앞으로 3년 안에 이런 일들을 간단한 손동작과 목소리만으로 해결하는 시대가 올 전망이다.

미국 마이크로소프트(MS)와 일본 미쓰이홈이 공동으로 영상인식 기술을 활용한 홈오토메이션 시스템 개발에 착수한다고 한다.

이 시스템은 MS가 게임기 엑스박스 신형에 이미 적용한 '키넥트' 기술을 이용해 3년 내 상용화를 목표로 하고 있다.

'키넥트'란 우선 적외선 카메라와 마이크를 이용해 사람의 신체 움직임과 목소리를 감지하여 리모컨 없이도 목소리로 명령을 내리거나 손짓, 몸짓을 통해 게임기를 조작 할 수 있도록 하는 기술이다.

집 안에 적용하면 거실에 적외선으로 작동되는 장치와 키넥트를 설치해 키넥트 카메라 앞에서 손을 흔들거나 소리를 내면서 가전기기나 가재도구를 움직일 수 있게 된다. 일례로 '커튼'이라고 말한 후 손을 좌우로 흔들면 커튼이 젖혀지고 닫힌다. '조명'이 라고 말하면서 스위치를 켜듯 손을 위로 올리면 거실 등이 켜지는 형태이다.

40~400cm의 범위에서 물체의 평면 운동뿐 아니라 거리·높낮이도 인식할 수 있다.

9.4 당신의 도전

급속도로 진보하는 컴퓨터 기술의 변화는 끊임없는 기술과 전문지식의 수정·보완을 요구한다.

매년 두 배 씩의 전 세계 컴퓨팅 능력 증가와 더불어 우리는 미래에 더욱 더 극적인 변화를 기대할 수 있다. 이러한 변화의 누적된 효과는 우리들이 일하고, 즐기고, 살아가는 방식과 기본적인 사회 구조를 변화시키고 있다.

컴퓨터 능력을 이용하고 그 능력을 사회의 이익이 되도록 하는 것이 우리가 도전해야 할 일이다. 이 시대, 당신의 세대는 꿈을 현실로 바꾸는 능력과 기술적 기반을 가지고 있다.

세계가 손 안에

우리는 배우고, 일하고 교제하고 쇼핑하는 방법을 영원히 바꾸어 놓을 기술의 출발점에 다가서고 있다. 이 변화는 대다수 사람들이 알고 있는 것보다 훨씬 더 다양한 방식으로 우리 모두에게 영향을 미칠 것이다.

세계 휴대폰 가입자 수는 60억 명 세계 인구의 4명 중 3명이 휴대 전화를 사용한다. 국내 5000만영 중 3000만 명이 스마트 사용 인구는 60%이다.

이처럼 세계의 휴대폰 보급이 75%로 증가한 가운데 국내의 휴대폰 보급률은 120%로 약 6000만대 보급된 상태이다(이동현, 구글완전정복, 2012.).

인터넷은 모든 것을 함께 실시간으로 속도를 높이고, 시간과 거리를 무의미하게 만들고, 인류의 의사소통을 전 지구상으로 회복시키며 모든 사람과 사물을 즉시 접속할 수 있게 한다.

인터넷 TV(IPTV) 서비스

대표적인 방송통신융합서비스 IPTV(Internet Protocol TV)는 ITU(국제전기통신연합)에서 '일정수준의 QoS/QoE(Quality of Service/Quality of Experience), 보안, 양방향성 및 신뢰성을 제공하는 IP 기반의 네트워크에서 전송되는 텔레비전, 비디오, 오디오, 텍스트, 그래픽, 데이터와 같은 멀티미디어서비스'라 정의하

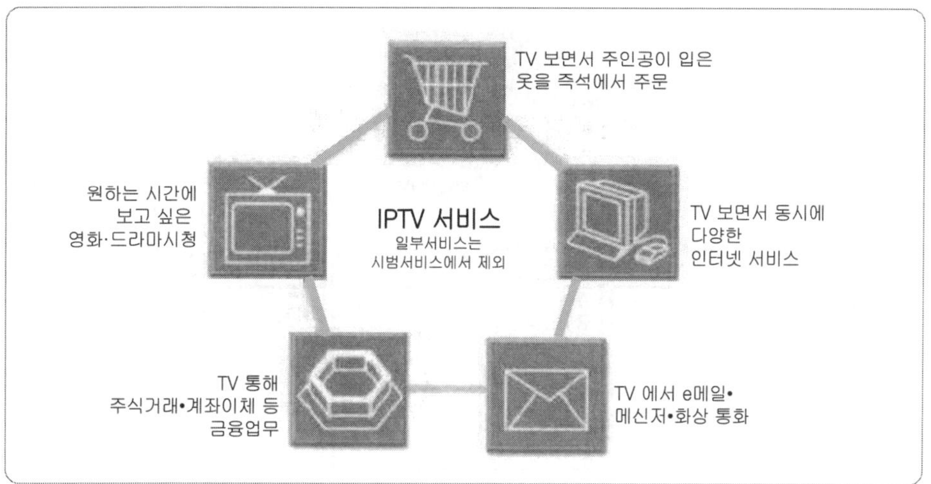

고 있다. 국내는 「인터넷 멀티미디어 방송 사업법」에서 '광대역통합정보통신망을 이용하여 양방향성을 가진 인터넷 프로토콜 방식으로 일정한 서비스 품질이 보장되는 가운데 TV를 통하여 이용자에게 실시간 방송 프로그램을 포함한 데이터·영상·음성·전자상거래 등의 콘텐츠를 복합적으로 제공하는 방송'으로 정의한다. IPTV 서비스는 크게 실시간 다채널 서비스와 VOD, 양방향 부가서비스로 구성된다.

우리나라는 2008년 11월 17일 상용서비스 개시 이후, "IPTV가 불과 3년 4개월 만에 500만 가입자를 넘어서며 방송통신 융합시대를 대표하는 서비스로 안착했다"며 "스마트시대에는 양질의 콘텐츠, 편리한 유저인터페이스 등 생태계 협력이 경쟁력의 핵심 요소"라고 강조했다(http://economy.donga.com/, 2012.5.10.).

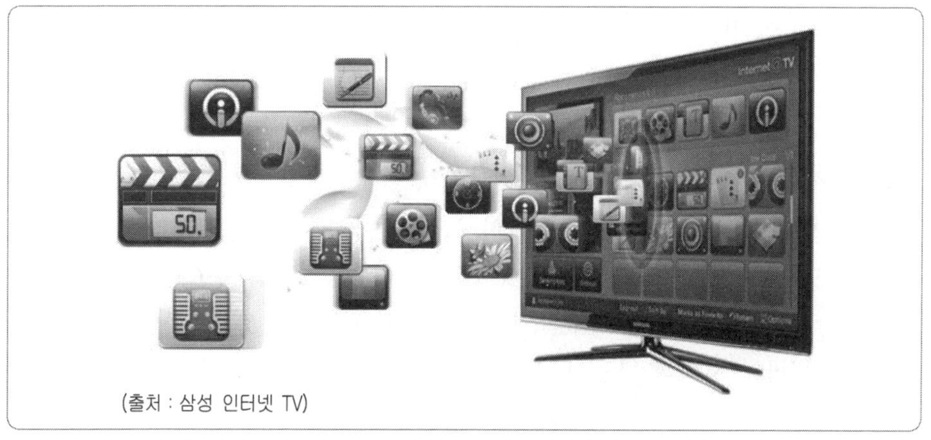

(출처 : 삼성 인터넷 TV)

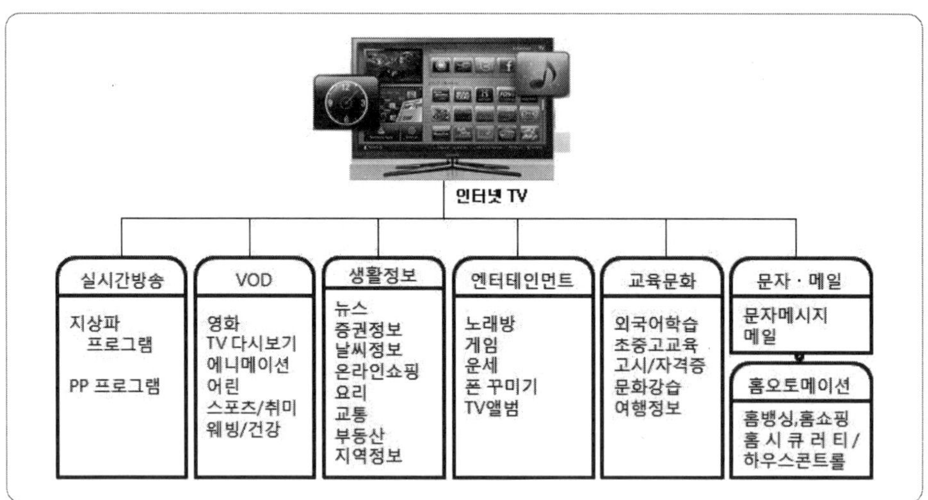

IPTV의 다양한 서비스 (출처 : 한국인터넷진흥원, 2009.1., 방송통신망 중장기 발전계획)

2012년 5월까지 513만 가입자를 확보했다. 지난해 3분기 기준 세계 IPTV시장 연평균 성장률은 34%로 우리나라는 프랑스, 중국, 미국에 이어 4위를 차지했다.

또한 2011년 12월 기준 케이블TV, 위성, IPTV를 포함한 국내 유료방송가입자 수 2179만7000명 중 IPTV가입자 수는 21%를 차지한다.

TV를 시청하면서 간단한 리모컨 조작만으로 인터넷 서비스(뉴스, 날씨, 증권, 지상파 방송 다시보기, 게임 등)를 즐길 수 있는 인터넷 TV이다.

IPTV의 등장으로 지상파나 케이블 방송 시간에 구애받지 않게 된다. 보고 싶은 뉴스와 드라마를 시청자가 편한 시간에 골라 볼 수 있다.

SK브로드밴드는 IPTV 실시간 방송을 스마트폰에서 볼 수 있는 'B tv 모바일'을 출시했다고 31일 밝혔다(http://www.acrofan.com/, 2012.7.31.).

B tv 모바일은 실시간 방송으로 10월24일까지 1차 서비스를 오픈하고, VOD를 포함한 2차 서비스는 10월 25일 그랜드 오픈한다. 1차 서비스 기간 중에는 어플에서 제공하는 쿠폰을 사용해 시청할 수 있다.

런던 올림픽 기간 중 오픈한 B tv 모바일은 KBS1, KBS2의 전 프로그램과 런던 올림픽 프로그램 시청만 가능한 MBC와 SBS 2개 채널, OBS, CJ E&M계열, 종합편성, 보도, 스포츠 채널 등 모두 40개 실시간 HD급 고화질 채널이 서비스된다. B tv 모바일 시청이 가능한 휴대폰은 SKT LTE 휴대폰 중 안드로이드 OS 기반의 단말이며, 갤럭시S3 LTE, 갤럭시 노트, 베가LTE, 옵티머스 LTE 등이다. 안드로이드 기반의 태블릿PC 종류는 10월 말, 아이폰과 아이패드는 11월말 쯤 서비스가 가능하다.

드라마 시청 도중 주인공이 입은 옷을 사고 싶으면 리모컨으로 클릭해 관련 정보를 보고 구매할 수 있다. '쌍방향' 서비스로 TV 시청과 홈쇼핑을 동시에 할 수 있는 셈이다.

IPTV가 TV시청 행태를 변화시키는 것을 넘어 쇼핑, 홈뱅킹, 온라인 교육, 홈네트워킹의 플랫폼 역할을 하면서 일상생활 전반에 영향을 미칠 것이다.

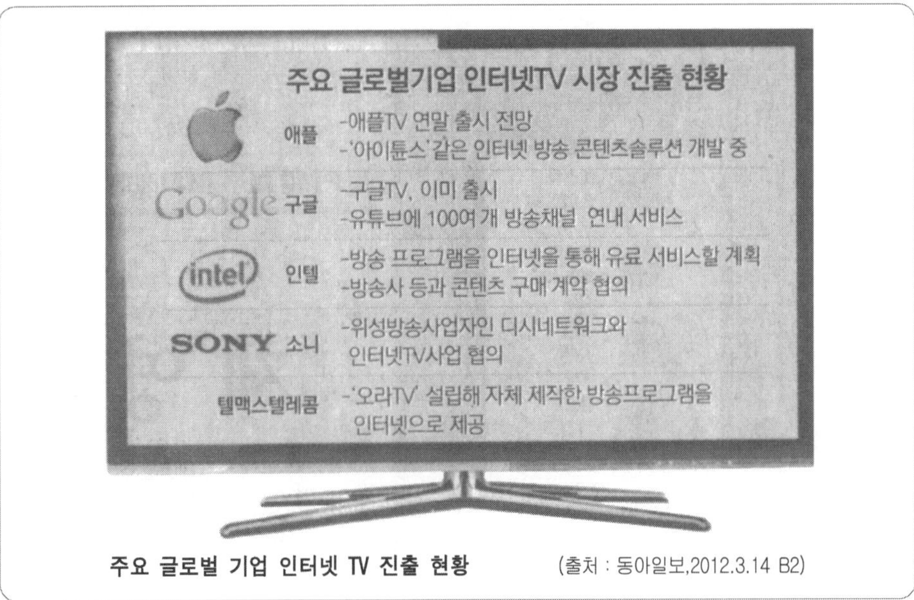

주요 글로벌 기업 인터넷 TV 진출 현황 (출처 : 동아일보,2012.3.14 B2)

Smart TV

TV • • • • TV를 벗어나다

편성표 대신
내 마음대로 보는
IPTV 가입자 500만명을 넘어서

TV 수상기 대신
스마트폰 · PC…
각 통신사들
모바일 전용
IPTV 주력상품으로

TV는 인터넷을 품고
스마트 TV 시대로

세계 최대 전자전시회 'CES'에서 스마트TV 화면

(출처 : 미국 라스베이거스, 2012.4.27.)

만약 누군가 당신에게 "TV 프로그램은 어떻게 보느냐"고 묻는다면?

얼마 전만 해도 "당연히 TV 프로그램이야 TV에서 보지"라고 답하면 됐다. 하지만 이제는 대답이 쉽지 않다. 굳이 TV 앞에 앉아야만 TV프로그램을 볼 수 있는 시대가 끝났기 때문이다. 스마트폰이나 태블릿PC, 컴퓨터로 TV프로그램을 보는 인구가 점차 늘고 있다. 대신 TV는 인터넷을 품고 '스마트TV로 재도약을 준비하고 있다.

TV를 벗어난 TV콘텐츠

TV수상기의 제약에서 벗어난 TV 콘텐츠는 사용자가 원하는 시간과 장소, 기기를 통해 다양한 방법으로 소비되고 있다. 방송사가 짜놓은 편성표 대신 자신이 원하는 프로그램을 선택해서 보는 VOD(주문형 비디오) 서비스는 이제 보편적인 TV신청 문화가 됐다.

모바일 환경의 발달로 스마트폰, 태블릿PC등 스마트기기는 이제 주요한 TV 시청기기로 자리 잡았다. 각 통신사는 4세대 이동통신인 LTE(Long Term Evolution) 망 개통과 함께 HD 화질의 모바일 전용 IPTV 서비스를 주력 상품으로 밀고 있다. LTE는 3G보다 끊김 현상이 덜하기 때문에 고화질 영상을 무리없이 제공할 수 있기 때문이다. LG유플러스는 LTE 휴대전화를 통해 TV 프로그램의 고화질 실시간 시청과 다시보기를 할 수 있는 'U+ HDTV' 이용량이 폭증하자, 최근 1000억원의 추가 통신망 투자를 발표하기도 했다.

동영상 공유사이트인 유튜브도 TV를 보는 하나의 채널이 됐다. 유튜브는 지난

달 국내 공중파 3사와 주요 케이블 방송의 쇼, 오락 등 인기 프로그램을 모아놓은 'TV프로그램' 페이지를 신설했다. 모든 콘텐츠가 매일 업데이트 되고 무료로 제공된다.

4 IT CEO가 본 TV업계의 변화

세계 최대 인터넷 동영상 대여업체인 미국 넷플릭스(netflix)의 리드 헤이스팅(Hastings) 창업자 겸 최고경영(CEO)자는 TV업계의 변화를 네 가지로 요약했다.

1) TV가 단순한 모니터 이상의 역할을 받는 위상의 변화, 2) 초고속망을 기반으로 한 '콘텐츠 판매', 3) 터치와 음성·동작 인식을 통한 새로운 'UX(사용자경험)', 4) 3D·초고선명 화질 등 기술의 발전으로 인한 '콘텐츠의 진화', 헤이스팅스CEO는 "100년 전 전기(電氣)가 세상을 바꾼 것처럼 스마트TV가 세상을 바꿀 것"이라고 전망했다.

세계적인 IT CEO들은 '인터넷과 TV의 만남'이 높은 잠재력을 갖고 있다고 평가하고 있다. 휴대전화와 인터넷이 만나 스마트폰으로 전 세계를 휩쓸었듯, 스마트TV도 TV를 넘어서 또 한 번의 도약을 할 것이란 얘기다. 공용 기기라는 한계와 최적화되지 않은 입력방식, 콘텐츠의 부족으로 아직 이렇다 할 파괴력을 보이지 못하고 있지만, 스마트TV의 잠재력을 섣불리 평가 절하할 수 없는 이유다. 지금 TV는 1878년 브라운관의 발명으로 그 역사가 시작된 이래 가장 거대한 변화의 기로에 놓여있는 셈이다(Digital BIZ TV, 2012.4.27., D1).

9.5 상상을 현실로

세계적인 대박상품 '닌텐도 위', 동네마다 들어서 있는 '스크린 골프' 유물이 하나도 없는 디지털 박물관, 그림책 속 동물이 입체적으로 눈앞에 펼쳐지는 북 엔터테인먼트 등 이미 현실로 되어 버린 신기술들이다.

이제는 문화 기술(CT; Culture Technology) 시대이다. 우리가 일상 속에서 즐기는 문화콘텐츠의 핵심에는 CT가 있다. CT는 영화, 게임, 방송영상, 가상현실 등 문화콘텐츠에 활용하거나 관련된 서비스에 사용하는 기술, 좀 더 문화적 삶을 만들어내는 CT산업은 한국 문화산업을 이끌 차세대 성장 동력이다.

VFX(Visual Effect; 컴퓨터 그래픽을 활용한 영화상의 시각적인 효과를 통칭) 부문은 영상 산업에서의 콘텐츠의 질을 좌우하는 핵심 요소이다. 100% 디지털로 만드는 애니메이션이 아닌 실사영화에서도 VFX가 차지하는 비중은 계속 커지는 추세를 보인다. 총 제작비 112억 원이 들어간 영화 '괴물'은 컴퓨터 그래픽(CG) 비용만 50억 원(44.6%), '디워'도 총 제작비 300억 원의 33%인 100억 원이 CG 비용으로 투입됐다. 할리우드에서도 '스파이더맨 3'와 '킹콩'의 경우 각각 제작비의 33%(1억 달러)와 40%(1억 달러)를 CG에 썼다. 현재 국내 VFX 업체는 총 25개이다(2008.7. 기준). 할리우드 VFX 스튜디오의 평균 인력이 300~1800명 규모인데 비해 국내는 10명 남짓이 대부분이다.

최근 개봉했던 <마이웨이>, <7광구>, <퀵>, <최종병기 활> 등의 영화들에 VFX 기술이 특히 많이 사용되었다. 최근에는 <미스터 고>라는 영화작품에 VFX 기술을 이용하여 제작하고 있다고 한다. 영화 <미스터 고>는 2013년 개봉예정작으로, 허영만 화백의 야구만화 '제7구단'이 원작인 작품이다. 중국 룡파 서커스단에 있는 소녀 웨이웨이와 야구하는 고릴라 링링이 한국 프로야구팀에 입단해 슈퍼스타로 성장하는 과정을 담은 작품이다. 여기서 고릴라 캐릭터를 만들고, 해당 캐릭터의 액션 등을 구현하는 데에 VFX 기술을 이용해 제작한다(http://koreancontent.kr, 2012.5.21.).

영화 MY WAY, 7광구

국내 VFX 업체들이 가장 어렵다고 꼽는 고난도 VFX 기술로는 「디지털 액터」, 「워터 시뮬레이션」, 「헤어 의상 시뮬레이션」, 「다이내믹 시뮬레이션」 등이 있다. 최근에는 이런 고난도 테크닉이 요구되는 디지털 액터를 활용한 드라마와 영화 제작도 추진되고 있다. '웬만한 기술은 상용화된 소프트웨어로 가동할 수 있어 이를 얼마나 현실감 있게 표현하느냐가 VFX 기술의 척도'라고 한다.

국내에서 '디지털 액터'는 걸음마를 뗀 수준이지만 할리우드에서는 진짜 배우보다 더 배우 같은 디지털 배우가 스크린을 누빈다. 국내 VFX 전문가 4명이 뽑은 대표적인 디지털 액터들은 다음과 같다.

참고 **디지털 액터(DigitalActor)**

실제 배우와 동일한 수준의 외모와 동작을 갖는 컴퓨터 그래픽(CG) 영상 캐릭터 제작 기술을 '디지털 액터'라고 불린다. 이 기술은 배우나 방송인 등 실제 사람을 CG 캐릭터로 대체할 수 있는 기술이다.

이 기술로 인물을 제작할 경우 얼굴표정 캡처, 근육을 이용한 사실적인 얼굴 및 신체 표현, 실제 인간 수준의 피부 렌더링, 사실적인 머리카락 및 옷감 시뮬레이션, 모션 데이터 처리 및 자동 동작 생성, 동역학 기반 시뮬레이션, 군중 처리 장면 연출 등이 가능하다.

모션캡처 '골룸' CG의 힘 '벤자민 버튼' 털 한올까지 '킹콩' 복제배우 '베오울프'

'반지의 제왕'의 골룸

역대 디지털 액터 중 모션 캡처기술을 가장 성공적으로 구현한 사례이다. 모션 캡처란 실제 배우의 연기 모습을 적외선 카메라로 찍어 그 동작 그대로 가상 캐릭터에 옮기는 기술, 배우 앤디 서키스는 적외선 카메라가 감지할 수 있는 33개의 구슬센서를 몸에 단채 연기했고 이를 데이터로 만들어 골룸 캐릭터에 정교하게 입혔다.

'벤자민 버튼의 시간은 거꾸로 간다'의 벤자민

이 영화가 80대 노인부터 10대까지 점점 젊어지는 '역(逆)노화'를 표현하는 데는 CG의 힘이 컸다. 특히 80대의 왜소한 벤자민 몸은 디지털 액터가 있었기에 가능했다. 벤자민 역을 맡은 배우 브래드 피트의 표정 연기는 CG로 만들어 낸 늙은 벤자민의 얼굴로 옮겨졌다. 골룸과 같은 모션 캡처 기술을 사용했지만 실제 배우와 골룸의 얼굴이 전혀 달랐던 것과 달리 이 영화에서는 실제 피트의 얼굴과 늙은 피트의 얼굴을 유사하게 만들어야 해 더 어려운 기술이 필요했다.

'킹콩'의 킹콩

서키스가 골룸에 이어 킹콩의 움직임을 연기했고, 동물 특유의 움직임을 위해 고릴라의 움직임도 포착했다. 킹콩에는 모션 캡처와 애니메이션 기법, 축소 기술 등이 총동원됐다. 특히 고난도 기술 중 하나인 동물 동작의 특성과 피부, 질감, 털 한올한올을 세밀하게 잘 살렸다. 킹콩이 사랑하는 여인 앤의 경우 얼굴 클로즈업 장면을 제외하고 킹콩과 함께 있는 대부분의 경우 디지털 액터가 사용됐다.

'베어울프'의 모든 캐릭터

이 영화에는 모든 캐릭터가 '디지털 배우'이다. 레이 윈스톤과 앤젤리나 졸리 등 출연하는 모든 배우가 디지털 복제품으로 등장하는 의미 있는 시도였다. 얼굴의 솜털까지 보일 정도로 정교하게 복제됐지만 눈동자의 움직임 등은 로봇처럼 다소 부자연스러워 기술적으로 2% 부족함을 드러냈다(동아일보, 2009.4.15.).

증강현실

증강현실은 현실 세계 안에 가상 영상을 겹쳐 보여주는 기술을 말한다. 사용자가 모니터를 통해 보는 현실 세계에 실시간으로 가상 세계를 합쳐 하나의 영상으로 보여주는 식이다.

증강현실(Augmented Reality)이란 1992년 항공기 회사 보잉(Boeing)의 Tom Caudell이 항공기 전선 조립 과정의 가상이미지를 실제 화면에 중첩시켜 설명하면서 처음 사용된 용어로써(유재훈, 2010), 단어의 구성에서와 같이 실제 공간과 가상객체가 혼합하여 현재 정보를 증강시킨 상태를 의미하고, 구현적 의미로는 증강현실은 현재 영상을 취득하여 수치적으로 해석하고 그 속에서 특정 정보를 추출하여 정합된 위치에 3차원 정보를 실시간으로 출력시킨 디지털 공간을 말한다(김태민, 김태균, 2010).

Milgram과 Kisino(1994)가 현실(Reality)과 가상(Virtual) 사이의 연속체계(Continuum)인 '가상 연속체(Virtuality Continuum)'를 정의한 것에 따르면 증강현실은 모든 환경을 컴퓨터 3차원 이미지로 제작하는 가상현실(Virtual Reality)과 달리, 실세계의 영상 위에 가상으로 만들어진 영상을 덧입히는 방식의 혼합현실(Mixed Reality)을 말하며, 특히 현실에 가까운 혼합현실이 증강현실이다(통합적 커뮤니케이션 시대의 스마트미디어 광고효과 연구, 2011, 김정현).

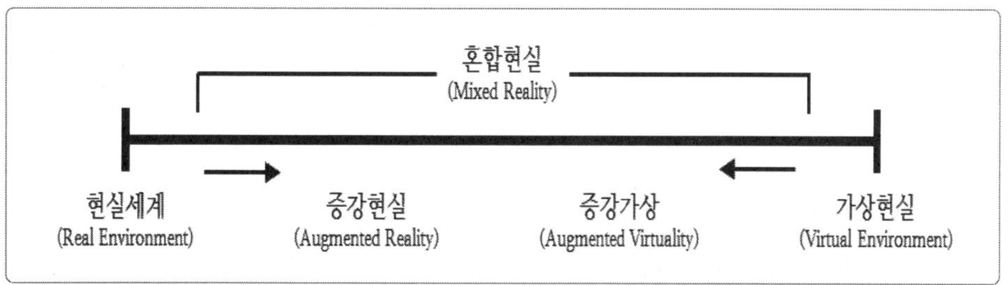

현실-가상 연속체(Reality-Virtuality Continuum) 출처 : Milgram, Takemura, Utsumi, Kishino(1994)

증강현실 기술은 2000년대 중반까지는 연구개발 및 시험적용 단계에 머물러 있었으나 최근 기술적 환경이 갖춰지면서 실용화 단계에 진입하였고, 스마트폰등장 이후 주변 환경을 비추면 사용자가 원하는 가게 등의 위치나 평판 등을 알려주는 'Wikitude', 'Layar', 'Sekai Camera' 등 모바일용 증강현실 프로그램이 잇따라 등장하고 있다(정동영, 2010.).

모바일용 증강현실 프로그램이 등장하면서 증강현실은 광고, 게임, 교육 등 다양한 분야에서 적극적으로 활용되고 있다. 김태민과 김태균(2010)에 따르면 특히 모바일을 기반으로 하는 증강현실 광고는 2D/3D 기술을 기반으로 현실과 가상세계의 혼합현실을 증폭하여 소비자와 실시간 상호작용을 구현하는 것으로, 고객의 'TPO(Time, Place, Occasion)'를 기반으로 하여 실시간으로 개인화 대응 및 다양한 인터랙션 정보를 부가하여 고객에게 색다른 브랜드 경험을 제공해 줄 수 있다는 장점을 가지고 있다.

증강현실 광고는 3차원 입체영상이라는 공감각적 체험을 통해 소비자들의 인지능력을 확장시키고, 자연스럽게 광고대상에 대한 몰입을 유도하며 여기에서 발생된 소비자들의 몰입은 쌍방향적 커뮤니케이션을 유도하여 광고의 효과를 극대화한다. 즉, 소비자들은 증강현실 광고를 통하여 재미와 더불어 제품에 대한 정보를 습득하게 되고, 재미로 인해 발생된 관심과 흥미는 광고대상은 물론 기업의 브랜드에도 긍정적인 이미지를 갖게 만든다(백승국, 이주희, 안효정, 채지선, 2011.).

증강현실을 활용한 광고는 현실의 브랜드 이미지를 기반으로 사용자의 브랜드 경험을 확장시켜 줄 수 있는 최적화된 마케팅 방법이라고 할 수 있지만, 증강현실의 가상 및 현실정보 결합의 정확성이 떨어지는 것은 아직까지 문제로 지적되고 있다. 기술적인 보완이 이루어지고 사용자의 편의성이 제고될 경우 기업들에게 보다 효과적인 마케팅 수단으로 활용될 수 있을 것이다(박정현, 2011.).

아이폰 출시를 계기로 소비자들이 가상현실을 접할 수 있는 기회가 늘어났다. 스마트폰에서 가상현실 앱을 내려 받아 손쉽게 경험해볼 수 있기 때문이다.

캐릭터와 증강현실 결합의 가장 대표적 유형은 게임 앱 형태다. 스마트폰을 통해 증강현실 활성화가 촉발된 만큼 스마트폰 유저들을 직접 공략하겠다는 것이다. 부즈클럽은 증강현실 전문 업체 티그램과 손잡고 게임 앱을 개발 중이다. 주인공은 부즈클럽이 올해 새롭게 내놓은 캐릭터 '캐니멀'을 사용했다(아시아경제, 2010. 8.6.).

"입체 3D 이후 패러다임은 증강현실" = 증강현실은 영상을 기초로 한 것인 만큼 앱 말고도 다양한 영상 플랫폼에 적용될 수 있는 게 장점이다. 증강현실은 이미 세계적 추세다. 최근 세계적 시장조사업체 가트너는 미래를 이끌 10대 혁신 기술 중 하나로 증강현실을 꼽은 바 있다.

가상현실의 종류는 몰입의 정도에 따라 몰입형 가상현실, 비 몰입형 가상현실 및 증강현실의 세 가지로 나눌 수 있다. 휴대전화 카메라로 교보빌딩을 비추면 최근 베스트셀러가 뭔지 화면에 나오는 증강현실(AR; Augmented Reality) 서비스가 국내에 등장했다.

- SK 텔레콤은 T스토어를 통해 안드로이드 기반의 증강현실 서비스 '오브제'를 무료로 제공한다고 밝혔다. 사용자가 휴대전화 카메라로 보는 화면에 실시간으로 다양한 정보를 결합해 보여준다. 예를 들어 세종문화회관 앞에서

관련정보가 궁금하면 휴대전화 카메라로 세종문화회관을 비춘다. 그러면 예약전화 연결, 오브제의 세종문화회관 홈페이지 연결, 공연 관련 웹사이트 검색 등을 할 수 있다. 국내 100만여 개의 건물 및 입점 점포에 대한 정보를 검색할 수 있다. 검색 도중에 다른 사용자가 남긴 댓글을 확인하거나 글을 남길 수도 있다. 오브제 서비스는 T스토어에서 무료로 내려 받을 수 있다. 서비스 이용 시 데이터 통화료는 유료이다(donga.com, 2010.2.18.).

참고 **증강현실(AR·Augmented Reality)**

실재에 가상의 디지털 콘텐츠를 접목하는 기술을 뜻한다. 카메라로 사물을 촬영한 뒤 관련된 디지털 정보를 그래픽 형태로 덧씌워 만든다.

서울 한복판에서 식당을 찾던 A씨. 갑자기 휴대폰 카메라로 주변을 비춘다. 그러자 휴대폰 화면에 가까운 식당 정보가 바로 뜬다. 휴대폰이 주변 사진을 토대로 현재 위치를 인지한 뒤 바로 관련 정보를 덧붙여준 것이다.

증강현실_빌딩 광고탑 관련 정보 검색

A씨가 이처럼 쉽게 주변 정보를 찾을 수 있었던 것은 바로 증강현실 때문이다. 증강현실이란 현실에 가상 객체를 더한 것으로 검색, 여행, 게임, 교육 등에 사용되는 서비스다.

예를 들면 카메라가 내장된 스마트폰으로 특정 사물을 비추면 해당 사물에 대한 정보를 담고 있는 창이나 가상 캐릭터들이 화면 안에 나와서 사용자가 원하는 콘텐츠를 제공해주는 식이다.

증강현실은 모바일 분야에서 특히 활용도가 높다. 최근 스마트폰 시장이 급성장하면서 자연히 증강현실 시장의 성장 잠재력도 높이 평가되고 있다.

시장조사업체 주니퍼리서치는 증강현실이 2014년까지 7억 3천200만달러(약 8천515억원) 규모로 성장할 것이라고 전망했다. 또 가트너는 '미래를 이끌 10대 혁신 기술' 중 하나로 증강현실을 꼽기도 했다.

모바일 솔루션 업체들은 위치기반 기술 등을 활용한 증강현실 솔루션들을 속속 내놓고 있다.

실제 상황에 더해지는 '정보'

증강현실 애플리케이션들은 위치 추적 기술, 나침반, 카메라, 인터넷 네트워크를 결합해 주변의 거리나 건물 등에 대한 정보를 그 자리에서 제공해준다.

증강현실 솔루션 사용자들은 외출이나 여행 시 맛집 정보 책자나 여행책자 등을 들고 다니지 않아도 된다.

또 특정 건물 등을 비추면 관련 정보를 제공해준다. 주변 사물들이 모두 '실물 검색어'인 셈이다. 이 애플리케이션들은 구글맵스와 같은 웹 지도 서비스, 온라인 백과사전 위키피디아 등으로부터 해당 정보를 가져다준다.

예를 들면 아이폰을 위한 증강현실 애플리케이션인 '니어리스트 플레이스(Nearest places)'를 이용하면 현재 위치에서 가장 가까운 레스토랑, 바, 주유소, 영화관 등을 검색해준다. 해당 장소의 이름과 주소, 전화번호 뿐 아니라 걸어가야 할 방향도 알 수 있다.

증강현실 프로그램 '피크스'

또 산봉우리를 비추면 해당 산에 대한 정보창을 화면위에 띄워주는 '피크스(Peaks)', 주변 지역 이름 및 유래 등을 알려주는 '위키튜드(Wikitude)', 하늘을 비추면 그 방향에 있는 별자리 정보를 제공하는 '스카이맵(Sky map)' 등의 애플리케이션들이 있다.

현실에서 이뤄지는 협업과 공유

인터넷이 등장하면서 사이버 공간에서 이뤄지던 정보공유와 협업 개념이 증강현실을 통해 실제 세상에서도 그대로 구현된다.

인터넷에서는 한사람이 공개한 정보를 불특정 다수가 웹을 통해 공유하고, 또 다른 사람이 정보를 자유롭게 추가하는 등 협업 형태의 정보공유가 이뤄졌다. 대표적으로 사용자들이 함께 만들어가는 온라인 백과사전 '위키피디아'가 전형적인 협업적 정보 공유 모델이다.

증강현실 이용자들은 실제 상황에서 이를 누릴 수 있다. 예를 들면 사용자는 스마트폰 화면을 통해 주변의 건물이나 거리 등 특정 장소에 대한 정보를 얻을 뿐 아니라, 자신이 관찰한 내용을 기존 정보에 추가할 수도 있다.

아이폰용 애플리케이션 '세카이카메라'는 이러한 기능을 제공하는 서비스 중 하나다.

교육 분야에도 이러한 협업 모델을 활용할 수 있다. 이를테면 식물원 현장학습 시 특정 식물을 모바일 기기 카메라로 비추면 관련 정보가 뜨고, 여기에 자신이 관찰한 내용을 추가해 학급 친구들과 공유하는 등의 협업 학습 모델을 생각해 볼 수 있다.

그 외 실제 상황과 가상 캐릭터들을 혼합해 화면에서 보여주는 증강현실 게임, 그림을 비추면 가상 객체들이 나와 생생한 정보를 알려주는 증강현실 책 등도 있다.

예를 들면 스포츠댄스 교본에서 특정 부분을 카메라로 비추면 화면 속에서 남녀 무용수가 나와 해당 동작의 시범을 보이는 식이다. 이처럼 증강현실의 적용 분야는 무궁무진하다(아이뉴스24, 2010.1.8.).

우리는 인간의 상상을 실제로 현실화시킬 수 있는 세상에 살고 있다. 액자의 그림이 TV처럼 움직인다거나 컴퓨터의 기능을 가진 스마트폰이 손안에서 놀고 있는 기술이 우리가 이전에 경험하지 못했던 다양한 서비스를 제공하고 있다.

스마트폰만 대면 건물정보 한눈에

서울 강남구가 스마트폰 보급 활성화에 발맞춰 '모바일 강남구 오피스 종합정보 시스템'을 운영한다고 2012년 6월 10일 밝혔다. 이를 위해 현재 강남구가 오피스 빌딩 임대 정보를 제공하는 1476개 동 모든 건물번호판에 QR(Quick Response) 코드를 부착했다.

현장에서 스마트폰으로 QR코드를 스캔하면 해당 오피스빌딩의 건물 규모, 공실 현황, 입주기업, 임대료, 건물 사진 등 정보를 모두 조회할 수 있다. 토지 면적, 지목, 건물 층수 등 부동산 정보도 함께 제공된다.

이는 행정구역, 지번 등을 일일이 입력해야 하는 기존 웹 기반 서비스에서 한발

더 나아간 것이다. 이에 앞서 강남구는 2011년 4월부터 강남구 전 지역 5층 이상 2000㎡ 이상 오피스빌딩 1476개 동에 대한 오피스종합정보와 부동산종합정보를 담은 포털사이트 '강남구 오피스종합정보시스템(land.gangnam.go.kr)'을 구축했다.

하루 평균 3500명, 현재까지 누적 98만명이 접속하는 등 높은 이용률을 보이고 있다(매일경제, 2012.6.11., A28).

♣ 다음 문제의 정답을 표시하시오.

연습문제 I

1. 각종 영상정보를 저장해 두었다가 가입자의 요구에 따라 통신을 통해 가정에서 원하는 영상정보를 볼 수 있도록 해 주는 서비스는?

① 키오스크　② 하이퍼링크
③ 화상회의 시스템　④ 주문형비디오 서비스

2. TV나 비디오카메라로 촬영한 영상을 컴퓨터에서 보거나 편집할 수 있도록 해주는 인터페이스는?

① AVI(Audio Video Interleaved)
② DVI(Digital Video Interface)
③ MPEG(Moving Picture Expert Group)
④ DIVX(DIgital Video eXpress)

3. 다음 중 데이터 통신 시스템의 특징이라고 볼 수 없는 것은?

① 거리와 시간의 극복　② 대용량 파일의 공동 이용
③ 대형 컴퓨터의 공동 이용　④ 아날로그 데이터 통신의 확장

4. 자원의 공유를 목적으로 회사, 학교, 연구소 등의 구내에 설치되어 있는 다수의 컴퓨터를 네트워크로 구성할 때 이용하는 정보통신망은?

① VAN　② ISDN　③ LAN　④ WAN

5. 불건전한 정보통신의 억제와 건전한 정보문화의 확산을 목적으로 설립된 위원회는 어느 것인가?

① 해킹방지위원회　② 저작권보호위원회
③ 음성정보전문위원회　④ 정보통신윤리위원회

6. 실재에 가상의 디지털 콘텐츠를 접목하는 기술을 뜻하며, 카메라로 사물을 촬영한 뒤 관련된 디지털 정보를 그래픽 형태로 덧씌워 만드는 것은?

① 가상현실　② 증강현실　③ 증강가상　④ 포토샵

7. VFX(Visual effects) 기술에 해당되지 않는 것은?

① 디지털 액터　② 워터 시뮬레이션
③ 헤어 의상 시뮬레이션　④ 증강현실 시뮬레이션

연습문제 II

♣ 다음 문제를 설명하시오.

1. 정보초고속도로 기반의 서비스

2. 인터넷 TV(IPTV)의 서비스

3. 개인정보의 보호를 위한 대책

4. 웹 해킹과 악성코드 예방책

5. 전력선 홈 네크워크

6. 모션 캡처(Motion Capture)

7. 음성을 비롯하여 화상 및 데이터 서비스를 통합하여 제공할 수 있게 하는 원거리 통합 정보 서비스 디지털 통신망은?

8. 프로그램 저작권이 있는 소프트웨어를 복사하여 판매하였을 경우 어떤 법에 저촉되는가?

9. 가상현실의 종류는 몰입의 정도에 따라 몰입형 가상현실, 비 몰입형 가상현실 및 (　　　)의 세 가지로 나눌 수 있다. 휴대전화 카메라로 교보빌딩을 비추면 최근 베스트셀러가 뭔지 화면에 나오는 (　　　) 서비스가 국내에 등장했다.

10. 강남구는 건물번호판에 (　　　)코드를 부착했다.
현장에서 스마트폰으로 (　　　)코드를 스캔하면 해당 오피스빌딩의 건물 규모, 공실 현황, 입주 기업, 임대료, 건물 사진 등 정보를 모두 조회할 수 있다.

11. VFX(Visual Effect)

12. 디지털 액터(Digital Actor)

13. 증강현실(Augmented Reality) 활용분야

C.H.A.P.T.E.R 10

현재와 미래의 신기술

- 유비쿼터스, 와이브로, 블루투스, RFID의 신기술에 대하여 알아본다.
- '빛의 혁명'이라고 부르는 LED(발광다이오드)에 대하여 알아본다.
- 텔레매틱스 기술의 활용 분야를 알아본다.
- IPTV, Smart TV에 대하여 알아본다.
- 로봇의 활용 분야에 대하여 이해한다.
- 스마트폰의 유용한 활용과 역기능을 차단하는 방법을 찾는다.
- 10년 후의 차세대 신기술에 대하여 알아본다.
- 저가이동통신(MVNO) 대하여 알아본다.
- 음성통화·VoLTE·mVoIP·보이스톡의 차이에 대하여 알아본다.
- N 스크린의 개념과 활용 사례들을 알아본다.

군사용 로봇

10.1 유비쿼터스(Ubiquitous)

유비쿼터스(Ubiquitous)란 말은 '어디에나 존재한다.'는 뜻의 라틴어에서 유래했다. 다양한 종류의 컴퓨터가 사람과 사물 사이에 유·무선으로 촘촘하게 연결돼 언제 어디서나 접근할 수 있는 환경을 말한다. 1984년 동경대 사카무라 겐 교수가 차세대 컴퓨팅 개념으로 주장한 '모든 곳에 컴퓨터가 있다(computing every-where)'에서 시작된 개념이다. 즉, 유비쿼터스 네트워크 시대란 네트워크가 모든 곳에 존재하는 시대를 일컫는 개념이다.

우리나라에서도 유비쿼터스 관련 기술들이 차세대 성장엔진으로 선정되고, U-Korea(유비쿼터스 코리아) 사업이 국가적 과제로 논의되는 등 급물살을 타고 있다. 유비쿼터스 환경 하에서는 지금처럼 PC, 이동전화, PDA뿐만 아니라, TV, 냉장고 등 가전기기를 비롯하여 자동차 심지어 방문, 욕조 등에 이루기까지 일상생활 속 대부분의 사물들이 모두 네트워크에 연결된다. 즉, 언제, 어디서, 누구나 주변의 사물과 저렴한 비용으로 커뮤니케이션하고 또 사물과 사물 간에도 커뮤니케이션을 할 수 있는 환경이 구축되어지는 것이다.

유비쿼터스는 '홈 네트워크(Home Network : 가정)', '차세대 이동통신(사무실·거리)', '텔레매틱스(Telematics : 차량·도로)' 등 세 가지가 핵심이다.

참고 **텔레매틱스(Telematics)**

텔레커뮤니케이션(telecommunication)과 인포매틱스(informatics)의 합성어로, 자동차 안에서 이메일을 주고받고, 인터넷을 통해 각종 정보도 검색할 수 있는 오토(auto) PC를 이용한다는 점에서 '오토모티브 텔레매틱스'라고도 부른다.
운전자가 무선 네트워크를 통해 차량을 원격 진단하고, 무선모뎀을 장착한 오토 PC로 교통 및 생활 정보, 긴급구난 등 각종 정보를 이용할 수 있으며, 사무실과 친구들에게 전화 메시지를 전할 수 있음은 물론, 음성 이메일을 주고받을 수도 있고, 오디오북을 다운받을 수도 있다.

홈 네트워크는 초고속망을 기반으로 다양한 IT 기술을 활용해 일상생활, 원격교육, 엔터테인먼트(entertainment), 건강관리 등을 가능케 하는 분야다. 국내 홈 네트워크 산업은 서버(sever)·게이트웨이(gateway) 등 하드웨어 부문에서 미국, 일본 등보다 다소 뒤처져 있다. 그러나 잘 발달된 유·무선 네트워크 인프라 및 정보기술 활용 수준을 고려할 때 매우 전망이 밝다.

산업연구원 추산에 따르면 2005년 약 9000억 원 수준이었던 국내 홈 네트워크 시장은 해마다 15% 안팎씩 성장을 거듭, 2020년에는 7조 원대가 될 전망이다.

차세대 이동통신은 인터넷·동영상 등 다양한 멀티미디어 정보를 이동통신·위성 통신망을 통해 활용하는 초고속 모바일 시스템이다. 현재 3세대(G) 서비스라고 불리는 고속하향 패킷접속(HSDPA) 방식 휴대전화 화상통화가 그 중 하나다. 휴대전화 등 이동식 단말기를 통해 TV를 볼 수 있는 디지털멀티미디어방송(DMB)도 차세대이동통신 기술의 결과물이다. 2005년 4조 원대에서 2020년에는 11조 원대의 시장이 국내에서 형성될 전망이다. 그동안 카 내비게이션 정도의 좁은 의미로 쓰였던 텔레매틱스는 최근 무선통신, 컴퓨터, 인터넷, 멀티미디어산업을 포괄하는 '자동차용 차세대 정보제공 서비스'로 개념이 확대되고 있다.

참고 **고속하향패킷 접속(HSDPA; high speed downlink packet access)**

고속하향패킷 접속을 통해 3세대 이동통신 기술인 광대역부호분할다중 접속(W-CDMA; Wideband Code Division Multiple Access)나 CDMA보다 훨씬 빠른 속도로 데이터를 주고받을 수 있는 3.5세대 이동통신 방식이다.

참고 **부호분할다중 접속(CDMA; code division multiple access)**

미국의 퀄컴(Qualcomm)이 개발한 확산대역 기술을 채택한 디지털 이동통신 방식으로 부호분할다중 접속·코드분할다중 접속이라고도 한다. 사용자가 시간과 주파수를 공유하면서 신호를 송수신하기 때문에 기존 아날로그 방식(AMPS; advanced mobile phone service; 아날로그 셀룰러 표준) 보다 수용용량이 10배가 넘고 통화품질도 우수하다. 확산대역(spread-spectrum)기술을 사용한 다중접속방식의 한 종류이다.

참고 **확산대역(Spreadspectrum)**

스프레드 스펙트럼은 신호가 정보를 보내기 위하여 필요한 최소한의 대역폭을 초과하는 대역폭을 점유하는 전송을 의미한다.

허공에 손을 뻗어 홀로그램 영상으로 컴퓨터를 조작하고, 운전대를 잡지 않고 음성만으로 자동차를 모는 영화 속 장면들이 세상 밖으로 뛰어 나올 기세다. 여러 기술이나 성능이 하나로 융합(convergence; 컨버전스)되거나 합쳐지는 기술이 빠르게 진행되면서 상상이 현실로 바뀌는 것이다. 빠르게 세상을 바꾸는 변화의 견인차는 정보기술(IT) 산업이다. 이러한 '뉴 IT'의 핵심에는 '유비쿼터스'로 대표되는 전천후·전방위 네트워크와 이로 인해 만들어지는 가상세계, 이를 가능케 하는 신개념 컴퓨터 기술이 존재한다.

유비쿼터스의 활용 분야

유비쿼터스는 다양한 사이버 공간을 창출하고 있다. 미국 린든랩이 개발한 3차원 가상현실 서비스인 '세컨드 라이프'가 대표적이다. 이미 이곳에서 600만 명의 가상인물이 창조됐다. 삼성전자가 자사 휴대전화를 홍보하는 공간을 개설한 것을 비롯해 일본 도요타자동차가 차세대 컨셉트 카를 선보이고, 닛산자동차가 가상의 차를 판매하는 등 전 세계 글로벌 기업들이 이 가상공간에 입주해 비즈니스에 활용하고 있다.

'입는 컴퓨터'로 진화 중

현재의 문서작성, 인터넷·이메일 등 활용도에서 벗어나 각각의 정보이용 환경과 사용목적에 특화된 기능과 형태로 진화하고 있다. 각종 부품들의 소형화 추세를 타고 컴퓨터와 패션·의료 등과 빠르게 접목되고 있다. 특히 유비쿼터스 시대에 접어들면서 옷·액세서리 등 익숙한 방법을 통해 네트워크에 접속할 수 있는 착용식 컴퓨터가 빠르게 개발될 것으로 보인다. 개별 컴퓨터의 처리능력을 한 곳으로 모아 중요 업무에 집중적으로 사용할 수 있게 해주는 그리드(GRID) 컴퓨팅 기술에도 많은 투자가 이뤄지고 있다(서울신문, 2007.8.31.).

코오롱인더스트리 FnC의 '라이프텍 재킷'은 2분 이내에 온도가 40도까지 올라간다. 옷에 내장된 배터리를 작동시키면 전기가 통하는 신소재 '히텍스'가 달궈지기 때문이다. 등판과 앞주머니에 내장된 히텍스를 작동시키면 지속적으로 발영되어 최고 40도에서 최대 7시간까지 유지가 가능하다.

'스마트의류'는 미국에서 군사용으로 처음 개발되었으며, 고기능성 섬유에 디지털 센서, 초소형 컴퓨터칩 등이 들어 있어 '입는 컴퓨터'로도 불린다. 스마트 의류는 건강을 자동으로 체크해주며 체온을 스스로 감지해 옷을 따뜻하게 하거나 시원하게 해주는 기능을 갖고 있다(동아일보, 2011.6.1., B6).

'스마트글러브'는 전기특성을 가진 탄소나노튜브를 이용한 것으로, 손가락을 굽힐 때마다 다양한 음성을 내 커뮤니케이션에 곤란을 겪는 장애인에게 도움이 될 것이다.

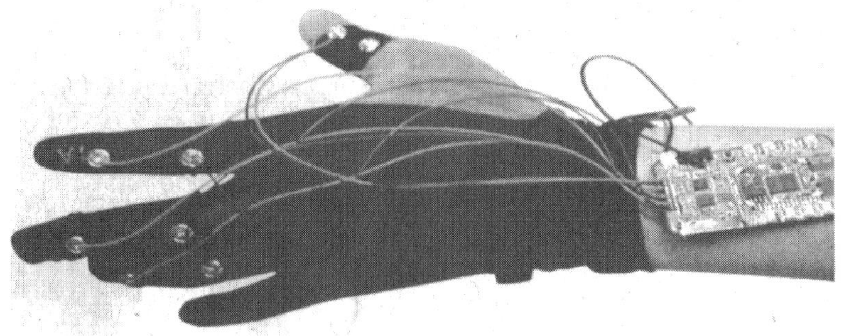

스마트글러브

이용자 마음을 읽는 미래를 보는 안경

한국전자통신연구원(ETRI)은 시선패턴과 뇌파신호를 분석해 사용자가 원하는 미래정보를 제공하는 안경을 개발 중이라고 한다. 미래예측 안경에는 사용자의 눈과 밖을 보는 카메라 2개, 뇌파 수신 장치가 내장되어 있고, 정보는 증강현실을 통해 제공된다. 특히 '개인지식 다이제스트 기술'이 적용되어 사람이 행동하게 하는 요소들을 찾아내게 된다. 이를 통해 요소별로 연관성을 분석한 뒤 미래의 행동을 예측한다.

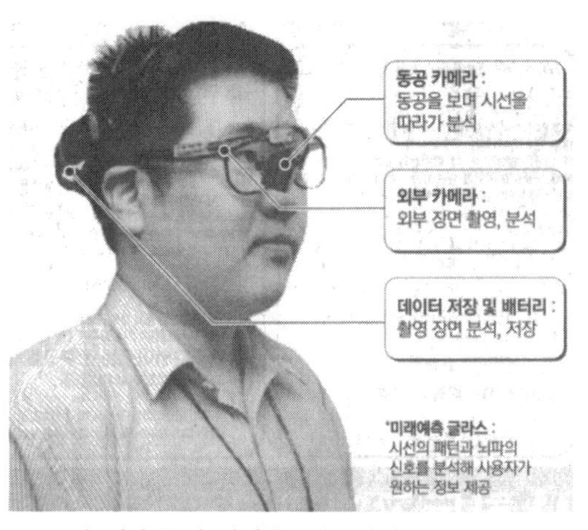

ETRI가 개발 중인 미래를 보는 안경

따라서 이 안경을 쓰면 다음 주 점심으로 무엇을 먹게 될지 미리 알 수 있고 외국 여행이나 출장을 갈 때 최종 목적지만 알려주면 스케줄도 짤 수 있다. 즉 안경이 개인의 과거 행동에 대한 패턴을 분석해서 행동을 예측하는 퍼스널 빅데이터 기기로 변신하는 것이 된다(매일경제, 2012. 7.13., A17).

10.2 초고속 휴대인터넷(WiBro)

와이브로(WiBro; Wireless Broadband) 란 휴대용 단말기를 이용하여 정지 및 이동 중에 언제, 어디서나 고속의 전송속도(약 1Mbps급)로 인터넷에 접속하여 다양한 정보 및 콘텐츠 사용이 가능한 초고속 인터넷 서비스를 말한다. 즉, 실내의 유선 초고속인터넷 서비스를 실외에서 이동 중에도 사용할 수 있도록 확장하는 개념이다.

이것은 2.3GHz 주파수 대역을 이용하여 셀 반경 1Km이내, 이동 시 최소 60Km/H 이상에서도 끊김없는 무선 인터넷 서비스를 보장하고, 보다 저렴하게 무선 인터넷을 이용할 수 있는 새로운 서비스이다.

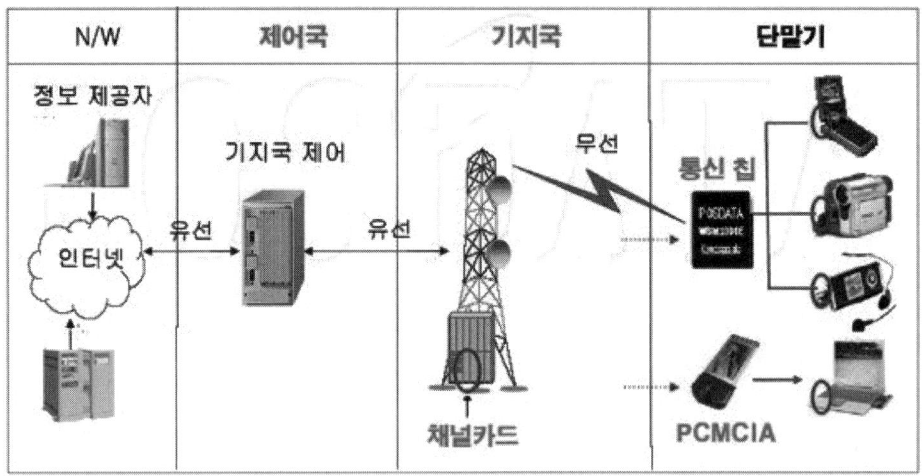

와이브로 개념 (출처 : Naver 지식 iN)

이론적으로 와이브로의 최대 전송속도는 10Mbps이며 최대전송거리는 1Km 시속 120km/h로 이동하면서 사용할 수 있다. 와이브로의 평균속도는 초고속인터넷 서비스에는 미치지 못하지만 스마트폰의 3G통신망보다는 빠르며 노트북이나 넷북으로 인터넷을 사용하기에는 무리가 없다.

- 와이파이는 무선랜이라고 하는 근거리 통신기술로 IEEE 802.11 무선통신 표준에 입각한 제품을 표시하는 일종의 상표명으로 태블릿PC나 노트북에 보편적으로 적용되고 있다.
- 와이맥스는 인텔사가 개발한 IEEE 802.16d 규격의 와이파이의 단점을 보완한 무선통신기술이다. 장애물이 없는 지역에서 전송거리는 약 45km, 전송속도는 5~10Mbps 정도이다. 단점으로는 한 기지국에서 다른 기지국으로 이동될 때 지속적인 네트워크를 보장하지 않는다.

미래 이동통신시장에서 경쟁력 확보에 필수적인 기초·원천기술을 개발하고, 이를 국제표준에 반영하여 미래 핵심 IPR(지적재산권)을 확보한다. 세계 최고의 인프라인 초고속인터넷 기반 위에, 휴대인터넷망을 선도적으로 구축하여 새로운 무선 멀티미디어 수요를 창출한다. 현재 세계적 수준인 이동전화단말기의 멀티미디어 지원기능을 신속히 업그레이드할 수 있도록 기술개발을 지원한다(kin.Naver.com).

한국이 개발한 휴대 인터넷 '와이브로(WiBro)'의 주파수가 세계전파통신회의(WRC)에서 와이브로 주파수 대역인 2.3기가헤르츠(GHz) 대역이 4G 이동통신의 세계 공통 주파수 대역으로 선정됐다.

와이브로는 3G 이동통신의 국제표준 기술로 채택된 데 이어 이번에 주파수까지 세계 공통 대역으로 채택됨에 따라 세계 시장 진출에 탄력을 받을 것으로 보인다.

WRC는 세계 190여개 국제전기통신연합(ITU) 회원국과 30여개 국제기구 대표가 참여하는 회의로 3, 4년마다 모여 세계 공통의 주파수 대역을 선정하고 전파 이용과 관련한 국제규칙을 결정한다.

와이브로 주파수 대역과 함께 무전기용으로 사용되고 있는 450~470메가헤르츠(MHz) 대역과 통신·TV 방송 중계용으로 쓰는 3.4~3.6GHz 대역이 4G 이동통신 주파수 대역으로 선정됐다 (동아일보, 2007.11.19.).

【국가별 와이브로 주파수(2.3GHz) 도입 현황】

도입 상태	국 가
도입(5개국)	한국 : 세계 최초 상용서비스 운영 미국 : 네바다 주 일부에서 상용서비스 운영 후 남부 23개 지역으로 확대 검토 말레이시아 : 주파수 할당 완료 퀴라소 : 상용화 준비 중 홍콩 : 2008년 상반기 주파수 경매
도입추진(3개국)	인도네시아, 뉴질랜드, 싱가포르
도입검토(5개국)	필리핀, 호주, 태국, 베트남, 아랍에미리트

참고 **와이브로(WiBro)**

'무선(Wireless)+광대역 인터넷(Broadband Internet)'의 줄임말로 국제적으로는 '모바일 와이맥스(Mobile WiMAX)', 국내에서는 '휴대인터넷'으로 불린다. 최대 시속 100km로 이동하면서도 초고속 인터넷을 이용할 수 있으며 36쪽짜리 신문을 0.7초에, MP3 음악파일 30곡을 24초에 내려 받을 수 있는 기술이다.

10.3 스마트폰(Smart Phone)

아이폰(iPhone) → 아이폰5

iPON의 전면

아이폰(iPhone)은 2007년 1월 9일에 컴퓨터 하드웨어 및 소프트웨어 개발사인 애플이 미국 샌프란시스코에서 열린 맥월드 2007에서 발표한 터치스크린 기반의 아이팟, 휴대전화(+카메라 기능), 모바일 인터넷의 세 가지 주요 기능을 가진 모바일 전자기기이다.

다기능 MP3 플레이어로 인기를 끌고 있는 iPod Touch에 전화기능을 추가한 제품이다. 실제로는 아이폰에서 전화기능을 뺀 제품이 아이팟 터치로 기본적으로 MP3 플레이 기능과 MP4 동영상 재생 기능을 비롯해, WiFi 무선 인터넷을 통한 인터넷 브라우징 기능을 내장하고 있으며, 다양한 어플리케이션 설치를 통한 PDA 기능과 휴대용 게임기의 기능도 있다. 여기에 우수한 User Interface와 정전식 터치스크린의 장점이 있다.

아이폰 터치의 우수 멀티미디어 성능과 함께 위성 GPS 및 디지털 나침반, 3G 데이터 통신을 비롯해 전화기능을 내장하고 있다.

2007년 6월 29일 오후 6시 정각(미국 현지 시각)부터 미국에서 AT&T 모빌리티와 애플 스토어에서 판매를 시작하였다. 처음에는 4GB 모델과 8GB 두 가지 모델이 출시되었으나, 2007년 9월 5일부터 4GB 모델이 단종되고 8GB 모델을 USD $99로 할인해 판매되었으며, 그 이후 2008년 7월 11일, 3세대 통신망에 대응하는 '아이폰 3G'가 미국에서 발매되었다. 기존 아이폰에 비해 가격이 저렴해지고, 용량이 커진 것이 특징이다.

그리고 2009년 6월 8일, 더 빠른 CPU와 아이폰 OS 3.0을 기본으로 채용한 '아이폰 3GS'가 미국 WWDC에서 발표되었다.

대한민국에서는 KT를 중심으로 도입이 지속적으로 추진되어 오며 연달아 출시가 연기되다가 애플과 KT 간의 협상이 타결되고, 방송통신위원회가 애플의 위치정보사업(LBS) 사업자 신청을 허가함으로써 출시가 확정되었으며, 이에 2009

년 11월 28일에 출시되었다.

2010년 6월 7일 아이폰4는 960*480 해상도를 지원했으며, 얇으면서도 내구성이 강한 강화유리로 몸체를 디자인하고 알루미늄 재질로 가장자리를 마감을 하였다.

2011년 10월 아이폰4S를 출시하였으며 가장 큰 특징은 음성인식 개인비서 '시리'기능이다. 2012년 가을에 공개될 아이폰5는 쿼드 코어를 탑재할 것으로 기대됐다(http://smart.gameshot.net/4294939926).

아이폰의 음성인식 • 대화기능 '시리(Siri)'가 구사할 수 있는 언어

참고 **SIM(subscriber identification module card)**

SIM 카드는 가입자 식별 모듈(Subscriber Identification Module)을 구현한 IC 카드로, GSM 단말기의 필수 요소이다. 보통 단말기 뒤에 들어가는 슬롯이 있고, 이에 끼워 넣는 작은 카드를 부르는 말이다.

SIM 카드는 이 안에 가입자 정보를 가지고 있어서 이 카드만 꽂으면 자기 단말기처럼 쓸 수 있다. 어느 곳으로 여행을 갈 때 단말기가 아닌 이 작은, 지갑 속에도 들어가는, SIM 카드만 있으면 그 나라에서 전화기를 빌려 자기 것처럼 쓸 수 있고, 보안이 뛰어나서 전자 상거래 등에서도 효용성이 높다. SIM 카드가 없으면 통화와 문자메시지 등 대부분의 서비스를 사용할 수 없지만, 응급 전화번호로는 전화할 수 있다.

우리시각으로 2010년 6월 8일 새벽 2시 아이폰 4G로 불리는 'iPhone 4'가 정식으로 발표되었다.

공짜 이동통신 음성통화에 이어 본격적인 공짜 영상통화시대가 열리게 됐다.

3G로도 공짜 영상통화 아이폰 서비스

무료 영상통화를 가능케 한 주인공은 미국 애플이다. 애플은 2012년 6월 11일(현지시간) 미국 샌프란시스코에서 열린 '세계개발자회의(WWDC) 2012'에서 "올가을부터 무료 영상통화 서비스 '페이스타임'이 일반 이동통신망을 통해 이뤄지도록 할 것"이라고 밝혔다.

페이스타임은 아이폰이나 아이패드 사용자끼리 영상통화를 할 수 있는 서비스다. 지금까지 이 서비스는 통화하려는 두 사람이 모두 무선인터넷인 와이파이(wifi)에 연결됐을 때만 사용이 가능했다. 그러나 애플은 2012년 가을부터 3세대(3G)·4세대(4G) 같은 이동통신망에서도 페이스타임을 쓸 수 있도록 할 계획이다. 휴대전화가 터지는 곳에서는 어디서든 무료 영상통화를 할 수 있게 되는 것이다.

국내 이동통신사들은 연거푸 타격을 받게 됐다. 2012년 6월 5일 시작된 카카오톡의 무료 음성통화 '보이스톡'에 이어 이번엔 무료 영상통화 서비스가 등장했기 때문이다. 특히 이동통신 3사 중 국내에서 아이폰과 아이패드를 팔아온 SK텔레콤과 KT는 음성·영상 통화 수입이 줄 것을 우려하고 있다.

익명을 원한 한 이통사 관계자는 "음성도 영상도 공짜로 서비스하면 장기적으로 이통사의 수입 기반이 사라지고 말 것"이라고 말했다. SK텔레콤 관계자는 "데이터 전송량에 제한을 둬 공짜 영상통화를 많이 하지 못하게 하거나, 요금을 올리는 방안 등 대책을 고민하고 있다"고 전했다. 현재 국내 아이폰·아이패드 사용자는 대략 500만 명으로 추정된다.

애플은 새로운 이동통신기기용 운영체제(OS) iOS6을 공개했다. iOS6의 가장 큰 특징은 음성인식·대화 기능인 '시리(Siri)'의 기능 강화다. 아이폰의 날씨 같은 간단한 얘기를 알아듣고 답하던 시리가 더 복잡한 문장을 이해하게 됐다.

예를 들어 "(미국 프로농구 선수) 르브론 (제임스)과 코비 (브라이언트) 중 누가 더 크지?"라고 질문하면 "르브론이 조금 더 큰 것 같다"고 할 정도로 진화했다. 스포츠 경기 결과나 영화 상영 시간표를 물으면 답을 하고, 레스토랑 예약 지시를 받아서는 처리할 수 있게끔 됐다. 지원하는 언어에는 한국어와 중국어·이탈리아어 등이 추가됐다. 아이폰에서만 되던 시리는 iOS6을 깔면 아이패드에서도 사용할 수 있다.

또 구글맵을 버리고 자체 지도를 채택했다. 애플맵은 확대해도 그림이나 문자가 깨지지 않고, 하늘에서 보는 3D 지도 플라이오버도 제공한다. 내비게이션 기능과 실시간 교통 정보도 지원한다. 페이스북 앱을 따로 구동하지 않아도 카메라나 사진앨범에서 바로 페이스북으로 사진을 올릴 수 있다(KoreaDaily news, 2012.6.12.).

갤럭시S → 갤럭시SⅢ

2010년 6월 24일부터 국내에 시판된 '갤럭시S'는 시판 열흘 만에 20만 대나 팔렸다. 우리나라 휴대폰 역사상 시판 열흘 만에 20만 대 이상 판매된 제품은 '갤럭시S'가 처음일 정도로 '갤럭시S'는 현재 선풍적인 인기를 끌고 있다(http://news.mt.co.kr, 2010.7.5.).

갤럭시SⅢ는 2012년 5월 발표한 국내 최초 1.4GHz 쿼드코어 프로세서를 탑재하여 막힘없는 멀티태스킹이 가능해졌다. 동영상을 보면서 문자를 보낼 수 있으며 고용량, 고화질의 3D게임을 실감나게 즐길 수 있다. 또한 웹 브라우징 속도가 20% 향상 되어 빨라졌으며, 듀얼코어 대비 24% 부팅속도와 17% 향상된 어플리케이션 실행속도에 소모전류는 20% 절감되어 최적의 사용 환경에서 사용할 수 있다(http://www.howtolivesmart.com/galaxys3/).

'손안의 비서'처럼 척척 … 인간중심의 스마트 구현

'갤럭시SⅢ'가 출시된 지 50여일 만에 글로벌 판매량 1100만 대를 돌파했다. 1일 평균 20만대, 한 시간에는 8만 3천대, 매초 2.3대씩 팔린 셈이다. 2012년 5월 29일 영국에서 판매를 시작한 뒤 6월초 미국과 중국에서 선 보였고 국내에는 6월 25일 나왔다(동아일보, 2012.7.23., B4).

갤럭시SⅢ의 특징으로는 1)순간을 포착하는 고화질, 고성능 카메라 기능인 인텔리전트 카메라 2)얼굴, 눈, 음성, 모션을 인식하고 편의성을 극대화한 사용 환경인 Amart stay 3)편의 기능으로 S Beam, Pop up play, Live video list, Social tag, Smart alert, Allshare play, Allshare cast, HD 슈퍼 아몰레드 등이 있다.

그 중 특징 몇 가지만 설명하면 다음과 같다.

▸Smart stay

웹 서핑을 하거나 글을 읽을 때 얼굴과 눈을 인식하여 화면을 바라보는 동안에는 화면이 꺼지지 않는다.

갤럭시SⅢ 외관

쿼드코어 탑재

S Voice 기능

Direct call 기능

▸S Beam

NFC가 탑재된 두 개의 갤럭시SⅢ를 맞대면 Wi-Fi 다이렉트 연결을 통해 영상, 음악 등 대용량 미디어 파일을 쉽고 빠르게 전송할 수 있다.

▸Pop up play

이메일 문자를 보내거나 웹서핑을 하는 등 다른 작업을 실행하는 동안에도 팝업창으로 멀티태스킹이 가능해 영상을 계속해서 볼 수 있다. 또한 팝업된 동영상 화면은 사용자가 원하는 위치로 자유롭게 이동할 수 있어 더욱 편리하다.

▸Smart alert

미처 확인하지 못한 부재중 전화, 문자가 있을 때 갤럭시SⅢ를 잡으면 진동으로 알려주어 급한 연락을 놓치지 않아 편리하다.

▸AllShare play

동일한 삼성계정을 등록한 삼성노트북, 태블릿, TV 등 등록된 삼성 스마트기기 간에 무선으로 사진, 음악, 비디오 등의 콘텐츠를 공유하고 관리할 수 있다. 그룹 캐스트 기능을 통해 실시간으로 동일한 화면 공유도 가능하다.

쿼드코어가 좋은 5가지 이유

1) 부팅시간 단축

- 1.4GHz 쿼드코어로 빠른 속도와 그래픽 처리 능력 탁월

- 듀얼코어 대비 부팅시간을 혁신적으로 단축

2) 막힘없는 멀티태스킹
   - 듀얼코어 대비 부팅시간을 혁신적으로 단축
   - 웹 브라우징 속도 향상
   - 멀티탭(여러 페이지 동시에 열기)시 성능 유지
3) 어플리케이션 실행속도 단축
4) 멀티미디어 기능 활용
5) 소모전류 감소

갤럭시 S3 주요사양 (출처 : 삼성전자)

참고 **무선랜[wireless lan]**

보통 와이어리스 랜이라고 한다. 무선접속장치(AP)가 설치된 곳을 중심으로 일정 거리 이내에서 PDA나 노트북 컴퓨터를 통해 초고속 인터넷을 이용할 수 있다. 무선주파수를 이용하므로 전화선이나 전용선이 필요 없으나 PDA나 노트북 컴퓨터에는 무선랜카드가 장착되어 있어야 한다.

스마트폰 이용자 10대 안전 수칙

1. 애플리케이션 다운 시 주의
2. 의심 사이트 방문 자제
3. 발신인 불명확한 메일 삭제하기
4. 비밀번호 설정 및 삭제
5. 블루투스 등은 사용 시에만 켜기
6. 감염 여부 체크
7. 다운 파일은 바이러스 검사
8. PC에도 백심 프로그램 설치
9. 플랫폼 구조 임의 변경 금지
10. 최신 버전으로 업데이트

'함께 있지만 혼자 있는' 스마트폰 세대

메시지 갈증인가 낭비인가 모바일 메신저 카카오톡의 하루 메시지 전송건수가 2012년 7월 23일 기준으로 30억 건을 돌파했다. 1분에 208만여 건 1초에 3만 4000여 건의 메시지 전송이 이뤄지는 셈이다. 카카오톡 평균 사용자가 2400만명인 것을 감안하면 1인당 하루 125개의 메시지를 주고받은 것이다. 지난해 말 하루 메시지 전송건수 10억 건에서 1년도 안 돼 3배로 증가했다.

스마트폰의 등장으로 이용자들은 카카오톡과 같은 애플리케이션을 통해 그물망처럼 연결됐다. 그러나 7개월 사이 카카오톡 메시지 전송이 3배로 늘어난 만큼 우리의 인간관계가 친밀해지고 소통이 증진됐다고 보기는 어렵다. 스마트폰에 중독된 어린이는 부모와 눈을 마주치지 않고 청소년은 이어폰을 끼고 잠든다. 데이트하는 남녀가 각자의 스마트폰 화면만 들여다 보는 장면도 새삼스럽지 않다. 눈앞에 실존하는 인간관계를 무시하면서 모바일상의 누군가와 대화하는 이런 모습을 미국 매사추세츠공대(MIT) 세리 터클 교수는 "함께 있지만 혼자있는 현상"이라고 명명했다. 이런 현상은 무선인터넷 서비스가 최고 수준인 한국에서 더욱 심하다.

미국에서도 페이스북이 인간을 더 고독하게 만들었다는 분석이 나온다. 소셜네트위크 시대를 통한 자극과 재미 용이한 접근성은 실제 삶에서의 대화 및 반응 능력을 쇠퇴시키고 있다. 친구들끼리 등굣길 에 카카오톡으로 '어디가지 왔니'를 끊임없이 묻지만 정작 상대를 학교에서 만나면 인사는 건네지 않는 세상이다. '내 앞의 당신'은 오히려 부담스러운 존재인가!

스마트폰은 인지발달 통제력 사회관계 형성능력이 완성되지 않는 어린이와 청소년에게 특히 해롭다. 최근 초등학생을 대상으로 한 여론조사에서도 71%가 카카오톡 때문에 스마트폰이 좋다고 응답했다. 초등학교의 SNS 중독은 문자폭력 사이버왕따 등의 폐해를 낳고 있다. 주머니 속의 작은 기기에 마음을 빼앗겨 진짜 삶을 배울 기회를 잃어버리는 것이다(동아일보, 2012.7.27., 사설).

스마트폰으로 PC와 채팅한다

건당 20원으로 값이 싸고, 상대가 전화를 받기 힘든 상황이라도 쉽게 뜻을 전할 수 있어 인기였던 휴대전화 문자메시지(SMS)가 크게 달라지고 있다. 스마트폰 시대를 맞아 PC와 통합되면서 생긴 변화다.

기존의 SMS는 글자 입력이 불편한 좁은 휴대전화 자판이나 스마트폰의 터치스크린 키보드로만 글을 입력해야 해 긴 글을 쓰기가 힘들었다. 하지만 스마트폰 앱(응용프로그램) 형태로 등장해 인기를 모으고 있는 최근의 메시지 서비스는 SMS 역할을 하는 것은 물론이고 PC로도 글을 써서 보낼 수 있다. e메일 수준의 긴 글과 사진, 동영상 등 멀티미디어 파일까지 전송할 수 있는 데다 이용료도 무료라 인기가 폭발적이다.

NHN은 2012년 3월6일 모바일 메신저 서비스 '라인'의 PC용 앱을 선보였다. 라인은 2011년 6월 스마트폰 무료 문자메시지 앱으로 공개된 이후 한국과 일본에서 인기를 끌면서 약 9개월 만에 세계적으로 2000만 명이 넘는 가입자를 모았다.

PC에 라인 프로그램을 설치하면 마치 메신저로 채팅을 하는 것처럼 스마트폰 사용자와 SMS를 주고받을 수 있다.

라인 외에도 다음의 마이피플과 애플의 아이(i)메시지 같은 서비스가 이런 기능을 갖고 있다. 마이피플은 2011년 5월부터 이런 서비스를 시작했지만 아직 사용자가 1700만 명으로 경쟁서비스보다 이용률이 저조한 게 아쉬운 점으로 꼽힌다.

네이버 라인 다음 마이피플 애플 아이메시지

애플의 아이메시지는 다른 서비스와는 달리 애플의 아이폰, 아이패드, 맥 컴퓨터 사용자끼리만 메시지를 주고받을 수 있다. 하지만 3억 대가 넘는 아이폰과 아이패드가 세계적으로 팔린 상태라 세계 각국의 사용자와 무료 SMS와 사진·동영상까지 주고받을 수 있어 인기다.

이런 앱들은 태블릿PC 등 여러 대의 기기를 쓰는 사람들에게 유용하다. 메시지가 스마트폰과 태블릿PC, PC 등 여러 기기의 화면에 동시에 나타나기 때문이다.

반면 국내 통신사들은 고민이다. 이런 무료 앱이 연간 약 2조 원에 이르는 SMS 수익을 갉아먹기 때문이다. 이런 까닭에 최근 스페인 바르셀로나에서 열렸던 모바일월드콩그레스(MWC)에서 국내외 통신사들은 통신사 중심의 새로운 SMS 서비스 개발을 고민하고 있다고 밝힌 바 있다(동아경제, 2012.3.8., B4).

모바일 카드 = 신용카드 + 스마트폰

스마트폰 보급률이 이동통신가입자의 절반을 넘어서고 있다. 이제는 신용카드가 스마트폰과 만나 '신마폰' 세상을 만들고 있다. 모바일 카드 시대가 우리 곁에 다가와 있다. 우리나라 신용카드 발급수가 1억장이 넘고 1인당 평균 5장의 카드를 가졌다고 한다. 이러한 지갑속의 모든 카드를 통합시키고 싶을 때 모바일 카드가 대안이다. 모바일 카드는 휴대전화 금융 USIM(가입자 인증식별모듈) 칩에 내려 받아 플라스틱 카드 없이도 결재를 할 수 있는 시스템이다. 근거리 무선통신(Near Field Communication)기술을 이용해 가까운 거리에서 단말기 간 데이터를 전송하여 결재한다.

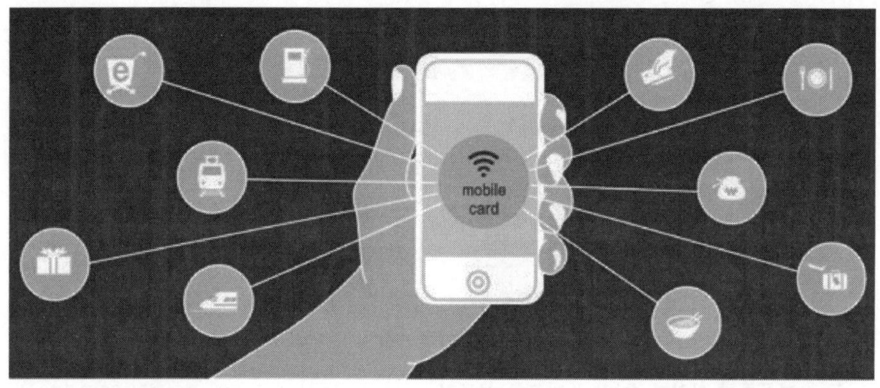

카드·멤버십·쿠폰 '통합'…단말기에 대면 "결제 및 분실 끝" (출처 : 중앙경제, 2012.5.23.)

결재는 물론 다양한 혜택이 있으며, 멤버십카드와 쿠폰까지 담을 수 있는 전자지갑 서비스로 확대되고 있다. 상점·온라인 쇼핑몰·대중교통 요금 등을 지불할 때 일일이 신용카드를 꺼낼 필요가 없다. 휴대폰만 단말기에 가져다 대면 '결재 끝'이다. 모바일 카드는 설치도 간단하다. 이미 발급 받은 신용카드만 있으면 간단한 절차로 쉽게 가입할 수 있다. 발급비용도 적고 카드를 잃어버려 은행에 지급 정지하는 번거로움도 피할 수 있다.

현재 모바일 카드는 모바일 커머스 분야에 특화된 서비스를 강화한 하나SK카드, 모바일 전자지갑인 '신한 스마트월렛'은 신용카드의 모바일 신용·체크카드, 이동통신사·유통업체 등의 각종 멤버십과 카드사나 가맹점에서 제공하는 다양한 쿠폰을 하나의 스마트폰 애플리케이션으로 사용할 수 있다. BC카드는 지식경제부 기술표준원이 주관하는 '모바일 지급결제 표준화 추진협의회'에 참여 해 BC의 '차세대 모바일 카드 지급결재 국가표준(KS)으로 제정됐다. KB국민카드도 갤럭시S, 갤럭시S2, 베가레이서, 옵티머스3D 같은 안드로이드 운영체제 스마트폰 고객을 대상으로 모바일 카드 발급을 하고 있다.

삼성카드도 스마트폰 애플리케이션에 모바일카드·멤버십기능·쿠폰기능을 모두 답재해 일반 플라스틱 카드처럼 사용하도록 하는 것이다.

롯데카드는 NFC 기반의 모바일 카드 결제서비스를 롯데백화점에 도입했으며, 신청 후 모바일카드 지원 가능 휴대폰(갤럭시S2 포함 약 50여종) 여부를 확인한 후 휴대폰에 다운로드 받을 수 있다.

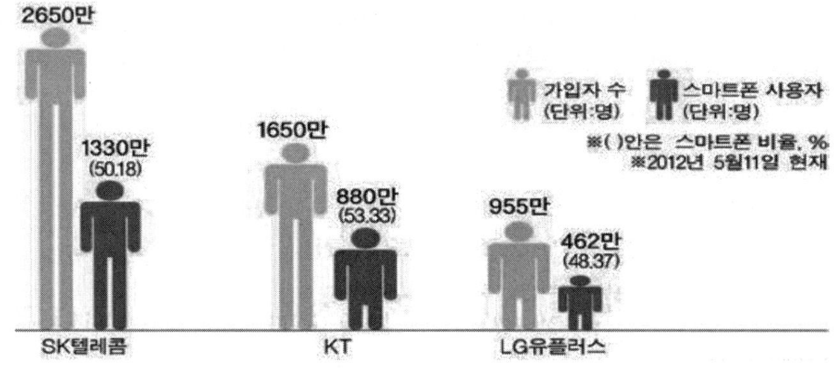

국내 이동통신 가입자 수 및 스마트폰 사용자 (출처 : 업계종합, 중앙경제, 2012.5.23.)

그러나 모바일카드 사용이 급속히 늘어나고 있지만 아직 모바일카드를 사용할 수 있는 단말기나 가맹점이 아직 부족하다. 앞으로 모바일카드 단말기와 가맹점이 늘어나면 모바일결제 서비스 산업이 급속도로 팽창될 것으로 보인다(중앙일보, 2012.5.23., C1).

참고 **근거리무선통신망[NFC]**

무선정보인식장치(RFID)의 하나로 10Cm 이내 가까운 거리에서 전자기기간 데이터를 전송하고 읽어내는 기술, 교통카드나 택배상자 등에 주로 쓰이는 RFID가 데이터를 읽기만 하는 수동적인 기능에 머문다면 NFC는 데이터를 기록해 서로 통신을 할 수 있다는 차이점이 있다.

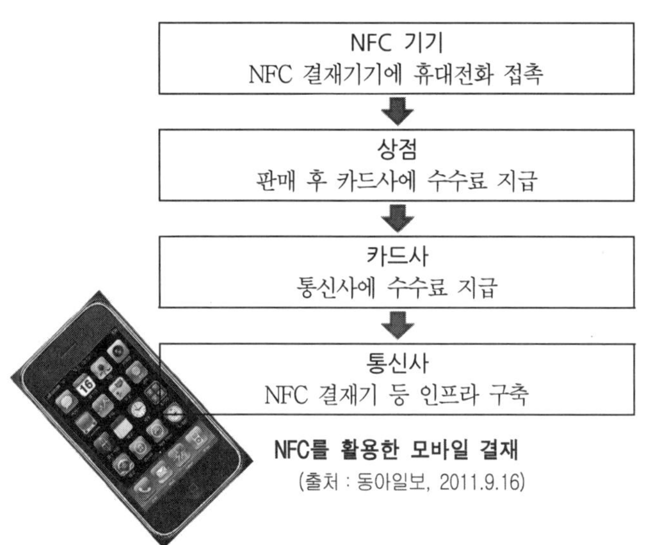

NFC를 활용한 모바일 결재
(출처 : 동아일보, 2011.9.16)

와이파이(Wi-Fi)

와이파이(Wireless Fidelity)는 유선 초고속 인터넷망을 활용한 무선 인터넷이며, 무선 인터넷 발신 장치 주변에서만 사용 가능하다.

와이파이는 홈 네트워킹, 휴대전화, 비디오 게임 등에 쓰이는 유명한 무선 기술의 상표 이름이다. 와이파이는 개인 PC의 운영체제, 고급게임기, 프린터, 다른 주변기기에서 지원된다.

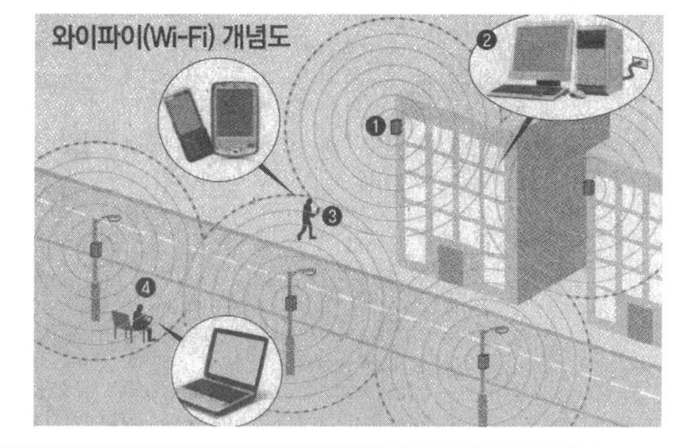

① 무선 공유기 안테나를 설치하면 50~100m 범위에서 와이파이를 설치할 수 있다. 안테나로부터 거리가 멀어지거나, 동일한 발신 장치에 접속한 동시 사용자가 늘어나면 데이터 처리속도가 떨어진다. 지하철역, 공항, 사무실, 도서관, 커피숍 등 실내뿐만 아니라 가로등, 도로표지판 등 실외에 설치할 수도 있다.

이때 무선 안테나는 통상 가정이나 사무실에서 쓰는 ② 유선 초고속 인터넷(broad band)을 활용한다.

와이파이 지역에 들어서면 ③ 스마트폰이나 ④ 노트북을 자유롭게 쓸 수 있다.

무선 네트워크를 하이파이 오디오처럼 편리하게 쓰게 한다는 뜻에서 하이파이 이름을 붙였다. 이용지역을 벗어나면 하이파이 사용이 불가능하다. 스마트폰 혹은 노트북 사용자는 이용지역을 벗어나면 기존 휴대전화망(3G)이나 와이브로(Wi-Bro) 망을 접속해야 한다.

10.4 블루투스(Bluetooth)

- 블루투스는 영어로 푸른 이빨이라는 뜻이다. 그 이름은 10세기 스칸디나비아 국가인 덴마크와 노르웨이를 통일한 바이킹으로 유명한 헤럴드 블루투스(Harald Bluetooth~985)의 이름에서 유래되었다. Herald가 스칸디나비아를 통일한 것처럼 블루투스 기술이 서로 다른 통신장치들 간에 선이 없고 단일화된 연결 장치를 이룰 것이라는 뜻을 지니고 있다. 또 Herald Bluetooth가 여행가로도 유명한 것처럼 호환성을 지닌 블루투스 기술이 전 세계 어디를 여행하든, 단일 장비로 통신이 가능 하도록 모든 통신 환경을 일원화시켜 주기를 바라는 뜻도 포함되어 있다.
- 최근 IT 분야의 화두가 되고 있는 블루투스는 근거리에서의 데이터 통신을 위한 기술로 적은 소비전력과 낮은 가격으로 무선 통신을 할 수 있는 인터페이스의 연구에서 비롯되었으며, 1998년에 공개 표준이 되었다. 가장 큰 특징은 통신의 투과성에 있기 때문에 주머니에 넣고도 다른 기기들과의 통신이 가능하다.

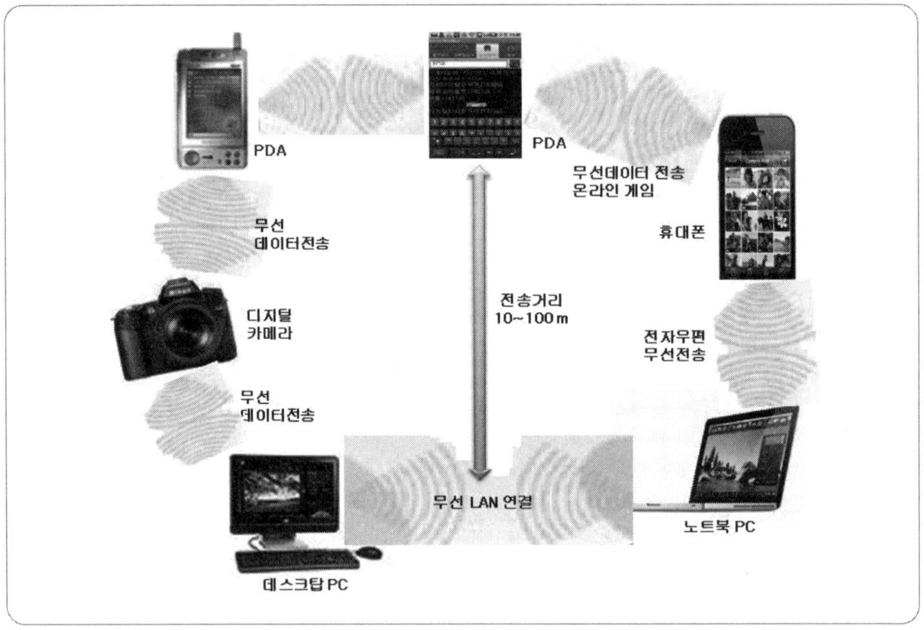

Bluetooth 개념도

- 보통 10m 정도 내에서의 근거리 통신이 가능하며 이동전화, PDA, 노트북, 기타 가정용기기 등에 탑재될 것으로 예상된다. 구체적으로 살펴보면, 블루투스는 작고(0.5평방인치), 저렴한 가격(5달러 내외), 그리고 적은 전력 소모(100mw)로 휴대폰, 휴대용 PC 등과 같은 휴대 장치들, 네트워크 액세스 포인트들, 기타 주변 장치들 사이의 좁은 구역(10m~100m) 내 무선 연결(Radio Link, 2.4GHz ISM Open Band)을 위한 하나의 기술 규격 사양이다.
- 블루투스 기술이 상용화되면 사용자는 많은 편리함을 얻을 수 있을 것으로 보인다. 블루투스가 탑재된 노트북을 이용하여 떨어져 있는 이동전화를 이용해서 인터넷에 접근 할 수 있고 선이 없는 헤드셋을 사용할 수 있으며, 무선 단말기와 PC가 자동으로 동기가 맞추어진다. 또한 가전제품에서 모든 연결선을 없앨 수 있으며, 사용 중인 PC의 모든 연결선도 사라질 수 있다.
- 블루투스는 2.4GHz대의 ISM(Industrial Scientific Medical) 대역의 주파수를 사용하는 것이 특징이다.
- 1Mbps 전송속도(실제 721Kbps)로 최대 10m 내에서 무선 통신이 가능해 노트북 PC, 휴대용 단말기, 게임기, 디지털 카메라, 프린터, MP3 플레이어, 가정 내 네트워크장치 등의 무선 활용을 실현하게 된다.

10.5 무선식별인식 시스템(RFID)

- 전자인식 태그(RFID; Radio Frequency Identification)는 반도체 집적회로(IC) 칩과 무선을 통해 식품, 동물, 사물 등 다양한 개체의 정보를 관리할 수 있는 차세대 인식 기술이다.
- RFID는 생산에서 판매에 이르는 전 과정의 정보를 초소형 칩(IC칩)에 내장시켜 이를 무선주파수로 추적할 수 있도록 한 기술로서, '전자태그' 혹은 '스마트 태그', '전자 라벨', '무선식별' 등으로 불린다(네이버지식 iN).
- RFID는 지금까지 유통분야에서 일반적으로 물품관리를 위해 사용된 바코드를 대체할 차세대 인식기술로 꼽힌다.

RFID는 판독 및 해독 기능을 하는 판독기(Reader)와 정보를 제공하는 태그

(Tag)로 구성되는데, 제품에 붙이는 태그에 생산, 유통, 보관, 소비의 전 과정에 대한 정보를 담고, 판독기로 하여금 안테나를 통해서 이 정보를 읽도록 한다. 또 인공위성이나 이동통신망과 연계하여 정보시스템과 통합하여 사용된다.

- 기존의 바코드는 저장용량이 적고, 실시간 정보 파악이 불가할 뿐만 아니라 근접한 상태(수 cm 이내)에서만 정보를 읽을 수 있다는 단점이 있다. 그렇지만 RFID는 완제품 상태로 공장 문 밖을 나가 슈퍼마켓 진열장에 전시되는 전 과정을 추적할 수 있다. 소비자가 이 태그를 부착한 물건을 고르면 대금이 자동 결제되는 것은 물론, 재고 및 소비자 취향관리까지 포괄적으로 이뤄진다.
- 또한 RF 판독기는 1초에 수백 개까지 RF 태그가 부착된 제품의 데이터를 읽을 수 있다. 대형 할인점에 적용될 경우 계산대를 통과하자마자 물건가격이 집계돼 시간을 대폭 절약할 수 있게 되는 것이다. 정보를 수정하거나 삭제할 수 있는 점도 바코드와 다르다.
- 유비쿼터스 기술은 개인 일상사는 물론 쇼핑습관마저 완전히 바꿀 태세이다. 예를 들어 냉장고는 RFID 리더(reader)를 통해 부족한 식품을 알아내 인터넷을 통해 자동 주문한다. 슈퍼마켓의 계산대 앞에서 굳이 지갑을 열고 현금이나 카드를 꺼낼 필요가 없다.
- RFID는 1m 이내 무선으로 다량의 정보를 동시에 읽을 수 있다. 미국 라스베이거스 맥카런(McCarran) 공항은 RFID 시스템을 도입했는데 예상대로 수하물 분실률이 낮아지고, 화물처리 인건비가 크게 줄어들었다. RFID 리더기는 수하물을 자동으로 행선지 배행기로 분류해주는 일을 정확하게 처리했다. 국내 유통업계에서는 신세계계열이 서울 구로 디지털 산업단지 안에 '미래형 매장'을 설치했다.
- RFID는 식품안전에 대한 소비자들의 공포감을 줄 수 있다. 농수산물·공산품의 원산지나 재료·유통기간 정보를 1~2초 안에 정확하게 알려준다. 슈퍼마켓에서 카트에 달린 리더기에 도매 포장육(肉)을 대면 가공지역에서부터 사육지·족보 등 관련 정보를 한눈에 보여준다.
- RFID를 사용하는데 최대 걸림돌은 개당 칩 가격과 프라이버시 문제이다. 개당 가격이 떨어지면 상품화·대중화는 급물살을 탈 것으로 보인다. 국내의 경

우 RFID는 대중교통 요금징수 시스템으로써 그 자리 매김을 해나고 있으며, 앞으로 그 활용 범위가 유통분야 뿐 아니라, 동물 추적 장치, 자동차 안전장치, 개인 출입 및 접근 허가장치, 전자요금 징수 장치, 생산관리 등 여러 분야로 확산될 것이 예상되고 있다.

공항수하물 행선지별 분류

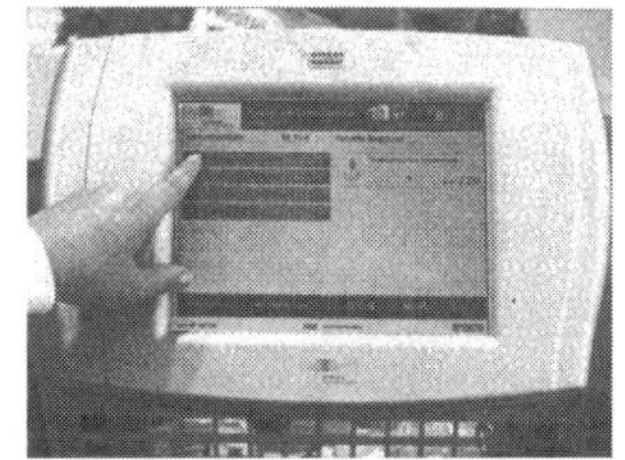

유통점 상품정보 제공

시각장애인 자동길 안내

도서관 서적관리

10.6 실용화되고 있는 주요 IT기술

로봇(ROBOT)의 실용화

'로봇(robot)'은 '강제로 일한다, 노동, 노예' 등을 뜻하는 체코어 robota에서 a가 빠진 형태로, 체코 작가 카렐 차페크의 희곡 <로섬의 인조인간(원제 Rossum's Universal Robot)>(1920)에서 최초로 쓰였다. 차페크는 이 희곡에서 기술의 발달과 인간사회와의 관계에 대하여 아주 비관적인 견해를 상징적으로 표현하였다.

모든 정신노동과 육체노동을 인간과 똑같이 할 수 있으나 인간적 정서나 영혼을 가지지 못하며, 마모되었을 때에는 폐품으로서 신품과 교환할 수 있는 인조인간

에스원에서 개발한 경비로봇

침입자를 최루가스로 제압하는 경비로봇

독일 월드컵 당시 경기장의 경비를 담당한 경비로봇 오프로

을 등장시켰는데, 이 로봇은 노동자로서 인간의 지배를 받는 사회를 그렸다.

로봇은 사람 대신 어렵고 힘든 반복 작업을 대신하는 산업용 로봇이 현실화되었으며, 최근엔 산업용 로봇과 달리 인공지능을 갖고 걸어 다니거나 굴러다니면서 인간에게 다양한 서비스를 대신해주는 지능형(퍼스널) 서비스 로봇이 등장하였다.

디지털 폐쇄회로(CC)TV가 사람의 얼굴을 찍어 관제센터로 보내면 얼굴인식시스템이 얼굴 윤곽과 눈의 크기, 눈 사이의 거리 등으로 본인 여부를 확인한다. 사무실에 출입할 때나 구내식당에서 밥을 먹을 때 '얼굴' 하나로 모든 게 해결되기 때문이다. 국내 보안업체의 실제 상황으로, 이런 영화 같은 이야기는 먼 미래의 일이 아니다. 미국과 영국에서는 이미 공항과 역(驛)에서 테러 용의자를 찾아내는 데 얼굴 인식 시스템을 사용하고 있다.

1) 영상인식과 유비쿼터스 보안으로 발전

현재 보안 산업은 인력경비에서 첨단장비를 사용하는 시스템경비로 빠르게 이동 중이다. 매년 인건비가 오르는 데다 첨단기기를 사용하면 사람보다 더 정확한 서비스를 저렴한 가격에 제공할 수 있기 때문이다.

한국인터넷진흥원(KISA)과 지식정보보안산업협회(KISIA)이 '2011 국내 정보보안산업 실태조사' 결과를 공개했다. 실태조사는 국내 소재 정보보안산업 관련 236개 기업체를 대상으로 진행된다. 2011년 실태와 2015년까지의 전망이 함께 조사 대상에 포함됐다.

조사결과에 따르면 2011년 국내 정보보안 시장 규모가 1조 4200억 원에 이른다. 2010년 정보보안기업의 총 매출인 1조 2400억 원 대비 15% 증가했으며, 2015년

정보보안 산업 시장 규모는 약 2조원에 달할 것으로 조사됐다

최근의 첨단 보안 서비스 중 가장 두드러지는 것은 영상인식과 유비쿼터스 시스템이다. 이전에는 출입 센서가 이상신호를 보낼 때마다 무조건 경비요원이 출동했다. 하지만 요즘에는 쌓아놓은 짐이 무너지거나 쥐 같은 동물이 센서를 건드리는 '예외 상황'을 영상신호 시스템이 가려낸다(http://www.bloter.net/, 2012.1.6.).

'유비쿼터스 도시(U-City)'에서는 IT 기술로 한결 안전한 생활이 가능해진다. KT 텔레캅은 경기 화성시 동탄 신도시에서 'U-방범' 시스템을 시작할 계획이다. 이 시스템에서는 360도 회전하는 CCTV 280대가 도시 곳곳에 설치된다. 피해자가 CCTV와 함께 설치된 비상벨을 누르거나 감시 장비가 범죄 화면, 비명소리 등을 파악하면 자동으로 경찰에 통보된다.

보안 산업의 '위치추적' 기술은 어린이나 노인을 돌봐주는 '토털 케어'로 발전 중이다. 국내 2위 사업자인 ADT캡스는 위성위치확인시스템(GPS)을 이용해 어린이나 치매노인을 보호하는 서비스를 제공하고 있다.

보호자가 '집에서 반경 2km 이내'와 같이 어린이나 노인의 활동 영역을 설정해 놓으면 이들이 영역을 벗어났을 때 보호자에게 문자메시지로 알려준다.

2) 경비로봇 이미 실용화

사람을 대신하는 경비로봇도 커다란 흐름 중 하나이다.

독일 로보워치의 경비로봇 '오프로(Ofro)'는 지난해 독일 월드컵의 '숨은 공신'으로 통한다. 오프로 로봇 16대는 냄새로 위험물질을 감지하고 경기장 구석구석의 영상을 중앙관제실로 전송했다.

일본의 대표적 경비업체인 ALSOK와 세콤은 이미 몇 년 전부터 기업용 경비로봇을 실용화했다. 국내에서도 에스원이 올해 초 경비로봇을 개발했다.

로봇은 환자나 노인을 보호하는 역할도 수행한다.

일본 이화학(理化學)연구소는 지난해 세계에선 처음으로 노인이나 환자를 껴안아 욕조나 침대로 안전하게 운반해 주는 간병로봇을 개발했다. 일본 세콤은 2003년 환자에게 밥을 떠먹여 주는 로봇 '마이스푼(My Spoon)'을 만들어 현재 일본과 유럽에서 판매하고 있다.

하지만 첨단 IT를 이용한 보안 산업은 개인정보 유출이나 사생활 침해 등 부작

용도 불러올 것으로 전망된다.

이러한 장점과 특징에도 불구하고 문제는 수집된 개인정보나 데이터베이스가 유출되거나 다른 용도로 남용되는 일이 없도록 관리체계를 법적으로 제도화하고 감독해야 한다(동아일보, 2007.3.19.).

IPTV(인터넷 TV)의 혁명

인터넷과 TV의 결합은 통신과 방송의 결합을 통해 TV의 기능이 무한대로 확장하는 것을 의미한다. 인터넷 회선과 TV 수상기를 연결하는 IPTV는 세계적 흐름으로 등장하고 있다. IPTV는 주문형비디오(VOD)뿐만 아니라 온라인 뱅킹과 홈쇼핑, 인터넷 서핑 등 통신과 방송을 융합한 거의 모든 서비스를 제공한다.

인터넷과 TV의 결합(IPTV) - IPTV는 더 이상 TV가 아닌 컴퓨터이다

IPTV를 이용하여 쌍방향 쇼핑몰의 예를 들어본다. 인터넷 회선과 TV를 연결한 인터넷(IP) TV로 광고를 보다가 새로 출시한 멋진 디지털 카메라가 눈에 들어왔다. 곧바로 TV화면을 정지시킨 뒤 마우스로 디지털 카메라를 클릭했다. 화면은 바로 홈 쇼핑에 연결되어 화소 수와 배율, 가격 등 카메라 성능을 알기 위해 홈쇼핑 업체에 메신저로 문의하자 자세한 설명을 해주었다. 그는 곧바로 카메라를 사겠다는 의사를 전달했고, 다음 날 카메라가 집으로 배달됐다. 가상의 이야기지만 이렇게 될 날이 멀지 않았다.

롯데백화점, 현대백화점, 신세계백화점, GS 홈쇼핑, CJ 홈쇼핑 등 대형 유통업체들이 IPTV의 상용서비스를 통한 제품을 사고파는 새로운 방식의 유통 채널을 구축한다.

인터넷과의 결합은 TV를 엔터테인먼트 도구에서 보다 종합적인 미디어로 교육과 정보, 쌍방향 인터넷 기능까지 제공하는 '종합생활기기'가 된다는 것이다.

원하는 방송을 아무 때나 골라서 시청할 수 있으며, 콘텐츠제작에도 참여하는 쌍방향 소통이 가능하다. TV 혁명의 핵심 중 하나는 다수의 시청자들이 방송국이 일방적으로 내 보내는 방송을 수동적으로 수용하는 대신, 원하는 콘텐츠를 능동적으로 선택해 원하는 시간에 보게 된다는 점이다. 즉, 대중을 대상으로 한 방송인 브로드캐스팅(Broadcasting)이 개인을 대상으로 하는 방송인 내로캐스팅(Narrowcasting)으로 점차 변하고 있다.

IPTV 서비스는 어떤 방식으로 이뤄질까

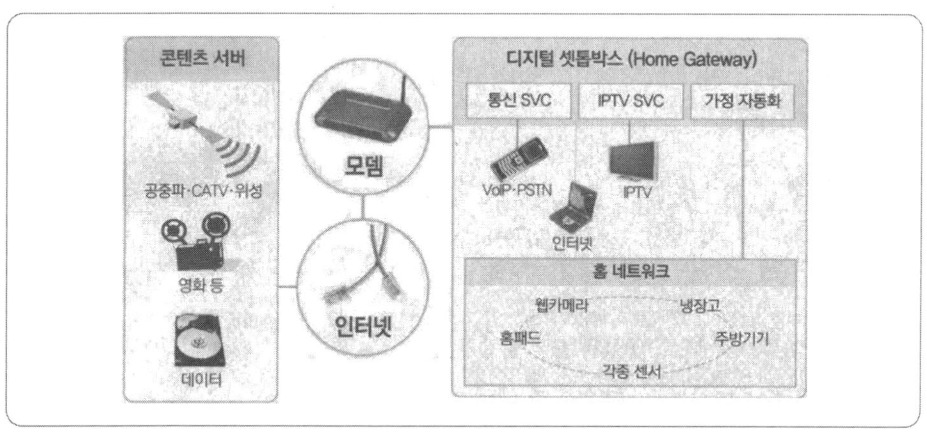

IPTV 서비스 개념도

IPTV를 이용하려면 TV 옆에 전용 셋톱박스는 TV옆에 두는 작은 상자 모양의 기기이다. 셋톱박스는 이용자가 TV화면에서 영화를 요청하면 인터넷을 통해 통신기업의 컴퓨터 서버에 저장해 놓은 영화를 내려 받도록 하는 기능을 말한다. 하나로 텔레콤은 약 7만 건, KT는 2만 건의 영화, 드라마, 음악, 데이터 등을 컴퓨터 서버에 저장해 놓고, 고객이 요청하는 즉시 각 가정의 TV로 보내준다. 원하는 시점에 내려 받아 본다는 의미에서 이를 주문형비디오(VOD)라고 한다.

초고속인터넷의 전송속도가 더 빨라지는 '가정 내 광가입자망(FTTH)' 등에 가입되어 있으면 파일을 내려 받은 뒤 이용하는 다운로드 방식이 아닌 실시간 전송방식으로 발전할 수 있다. 이 경우 지상파 방송을 재충전하는 케이블 TV를 대체할 수 있게 된다.

IPTV 셋톱박스는 TV 신호를 전송하는 역할 외에도 전화 등 통신서비스와 홈네트워크 서비스의 중심(허브) 역할을 하기도 한다.

셋톱박스는 전달된 신호를 무선 인터넷, 전력선 통신(PLC)을 통해 집안의 냉장고, 주방기기 등으로 보내 자동으로 동작하게 하는 홈 네트워크 서비스를 구현할 수 있다. 이 서비스는 아직 시범서비스 단계이지만 KT, SK 텔레콤, 삼상전자, LG전자 등이 상용화를 준비 중이다.

안경 속 환상 스크린 - 웨어러블 디스플레이

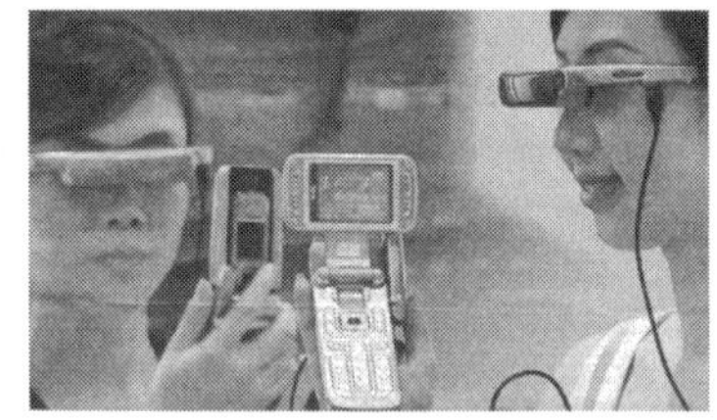

사람 동공 크기의 초소형 TV 스크린을 안경테에 끼인 비디오 안경'이 등장해 눈길을 끌었다. 이 안경을 쓰면 대형 TV를 보는 것 같은 느낌이 든다.

눈짓만 하면 상대의 신상정보가 고글 같은 안경에 감지된 디지털 화면에 펼쳐지고 이메일 확인이나 업무 스케줄 변경 등도 손쉽게 처리할 수 있다.

눈을 두 번 깜빡이면 지금 보이는 모습이 그대로 프린터에서 출력되기도 하며, 안경렌즈를 스크린 삼아 날씨와 교통정보가 펼쳐진다.

마치 영화속 한 장면 같은 다양한 형태의 초경량 웨어러블 디스플레이(Wearable Display) 관련 연구들이 가시화되고 있다.

초소형 카메라 + 첨단 디스플레이 결합, 구글아이

2012년 4월 처음 공개된 구글아이(가칭)는 헤드업 디스플레이 장치(HUD: Head Up Display)로 터미네이터의 눈처럼 주변 정보를 읽어 들이고 위치정보와 시간, 날씨 등 각종 정보를 안경을 통해 보여준다.

눈 앞에서 길 안내를 받고, 날씨를 확인하고, 소셜 네트워크 서비스(SNS)에 접속할 수 있다. 안경 오른쪽 상단에 탑재된 투명 스크린을 통해 사용자가 원하는 각종 정보가 디스플레이 된다.

카메라, 검색, 통신, 디스플레이 등 첨단 IT기술이 집약된 안경형 디스플레이다.

착시현상 이용한 3D 모바일 시어터, 마이버드

구글의 HUD와 유사한 형태의 헤드마운트 디스플레이(HMD: Head Mounted Display)도 최근 웨어러블 디스플레이로 주목 받고 있다.

국내 광학 디스플레이 전문 기업 아큐픽스의 3D HMD 마이버드(mybud)는 안경처럼 머리에 장착해 사용하는 휴대용 디스플레이 기기. 안경 속 안구 근접 거리에 초소형 디스플레이를 탑재함으로써 시야전체를 덮는 3D 아이맥스 극장을 구현한다. 100인치 사이즈의 LCD 고화질 영상과 이어폰을 통한 서라운드 음향을 지원함으로써 완전 몰입형 디스플레이 환경을 제공한다.

스마트폰, 콘솔게임기 등 휴대용 기기와 연결해 별도의 모니터 없이도 주변 환경에 구애받지 않고 게임이나 영화를 감상할 수 있다.

웨어러블 디스플레이 최고봉 '각막 디스플레이' 현실화

콘텍트렌즈를 사용하는 웨어러블 디스플레이도 2년 내에 상용화될 전망이다.

콘텍트렌즈에 증강현실 구현이 가능한 초소형 칩과 LED를 탑재한 제품. 이미 미군은 이 같은 웨어러블 디스플레이 연구를 진행 중에 있다.

무인정찰로봇에서 전송되는 각종 영상과 이미지를 활용하는 등의 목적으로 군사용으로 사용될 전망이다(http://www.nocutnews.co.kr/, 2012.5.10.).

참고 디지털 멀티미디어 브로드캐스팅(DMB; Digital Multimedia Broadcasting)

이동통신과 방송이 결합된 새로운 방송서비스이다. 휴대폰이나 PDA에서 다채널 멀티미디어 방송을 시청할 수 있다. 전송 방식과 네트워크 구성에 따라 지상파 DMB와 위성 DMB로 구분된다. CD 수준의 음질과 데이터 서비스 제공이 가능하고, 휴대폰·PDA나 차량용 리시버를 통해 이동하면서도 다채널 멀티미디어 방송을 볼 수 있기 때문에 차세대 방송 서비스로 부른다.

LED(Lighting Emitting Diode; 발광다이오드)

'빛의 혁명', '꿈의 조명' 등 화려한 수식어를 자랑하는 발광다이오드(LED) 시장이 주목 받고 있다. LED는 전압을 가하면 빛을 내는 반도체이다.

양과 음의 전기적 성질을 가진 두 화합물이 접합해 전기가 흐르면 빛이 발생하는 반도체로, 화합물의 종류를 바꾸면 빛의 빛깔을 조정할 수 있다.

LED는 기존의 광원에 비해 효율이 높아 전력 소모가 적고 소형으로 만들기 쉽다는 것이 장점, LED의 전력 소비량은 백열전구의 20%에 불과하다. 빠른 응답속도, 안정성, 하지만 수명은 10만 시간(11.4년)으로 백열등의 100배나 된다. 물세척만으로 본래의 색을 유지할 수 있어 유지 보수비용도 적게 든다.

또 수은 등의 유해물질이 포함되지 않아 친환경적이며 파손되더라도 화재위험이 없다. 이런 장점들로 전 세계 LED 시장은 초대형 디스플레이와 자동차 외장, 액정 백라이트 분야에서 수요가 급격히 확대되면서 크게 성장 중이다.

2009년 55억 달러(약 6조 1,500억 원)를 기록했던 세계 LED 시장은 2010년 6.3% 성장한 71억 달러로 증가할 전망이며, 2011년에는 18.3% 확대된 84억 달러에 달할 것으로 했다(KOTRA, 2012.6.5.).

세계 의료기기 및 바이오포토닉 기기용 LED 시장의 소비 규모는 연평균 27.6%로 성장해 2011년 5650만 달러에서 2018년 3억 달러 규모로 예상했다(http://www.ddaily.co.kr/, 2012.8.2.).

LED의 시장 전망은 밝지만 아직 다른 조명제품에 비해 2~20배 비싼 가격도 해결해야 할 문제이다.

현재는 휴대전화, 액정표시장치(LCD)와 키패드 조명, 대형 전광판, 교통신호등, 자동차 계기판 등 디스플레이 제품에 많이 쓰인다. 최근에는 고급차를 중심으로 자동차 후미등, 전조등, 실내등, 방향 지시등이 LED 조명으로 바뀌고 있다.

백열전구의 밝기는 W당 20lm(루멘), 백열등은 60lm 정도이며, 유럽 다국적 업체인 루미레즈와 미국 크리 등 업계 선두주자들은 이미 60~70lm 밝기를 내는 LED 시험제품을 만들고 있다.

【형광등 vs LED Dimming(조도) 비교】 (출처 : 한국LED응용기술연구조합)

구 분	형광등	LED
광효율	최대 80% 광효율 감소 봉입 가스의 압력, 용량에 따라 설계된 최적 주파수 변동으로 인한 효율 감소	광효율 상승 디밍으로 구동 전류 감소시 LED 소자의 전류 밀도 감소로 인해 광효율 상승
가격	일반 안정기 비해 약 8배 가격 상승 일반 6,500원 vs 디밍용 55,000원 (* 32W 2등용 소비자가격 기준)	가격 변동 거의 없음
정확도	세밀, Linear 한 제어 불가능	Digital 제어를 통한 세밀, Linear한 제어 가능
깜빡임	최저광속 디밍 시 램프 깜빡임 有	최저광속 디밍 시 램프 깜빡임 無

【LED의 다양한 응용분야】 (출처 : 삼성경제연구소)

분 류	장점 및 사용 분야
건물 디자인	건물 전면을 LED로 디자인
도시 디자인	도심 대형 전광판 등에 활용
의료	세포치료 가능 활용, 초소형 내시경 제작
농업	농작물에 비추어 농약을 사용하지 않고 조기에 재배
환경	햇빛이 없는 해저에서 규조류를 증식시켜 바닷물 정화

【LED의 조명 활용 분야】 (출처 : 삼성전기)

분 류	장점과 필요한 밝기	사용 분야
일반 조명	· 긴 수명, 전력절감 · 다양한 색 표현, 100lm/W	가정용 조명
건축 조명	· 자유로운 디자인 가능 · 다양한 색 표현, 60lm/W	공원, 극장, 상점 할인점 장식용
산업 및 의료기계 조명	· 소형화 가능 · 특수한 색 표현, 100lm/W	산업 의료용 조명
특수 조명	· 긴 수명(유지비 절감) · 소형화 가능, 60lm/W	항공기기, 열차, 무대조명 모바일 기기 조명

- LED의 디자인

  다양한 색상 표현, 디자인의 유연성, 밝기 및 색상 제어가 가능하다.

- 조명의 발전 방향

  고에너지가 극복을 위한 '운영비용 절감형 조명'이 보편화된 시점 이후로는 인간 생활의 질(Quality)을 높이는 조명 기능이 강화될 것이다.

  - 업계의 '조명을 통한 고부가가치 창출' 노력과도 Matching
  - 장수명 광원에 따른 제품 형태 및 유통 구조의 변화(반영구적 광원)
  - Application에 맞추어 조명기기를 설계하고 광원을 선택하는 개발(응용 중심)
  - "See and Be Seen"의 단순 조명 기능에서 탈피, 지능형 조명 구현(시스템, 컨트롤 중심)

- 향후 과제

  제어장치의 저가화 및 Compact화 가능, 제어에 따라 1,600만 가지 색상 구현

- New Application

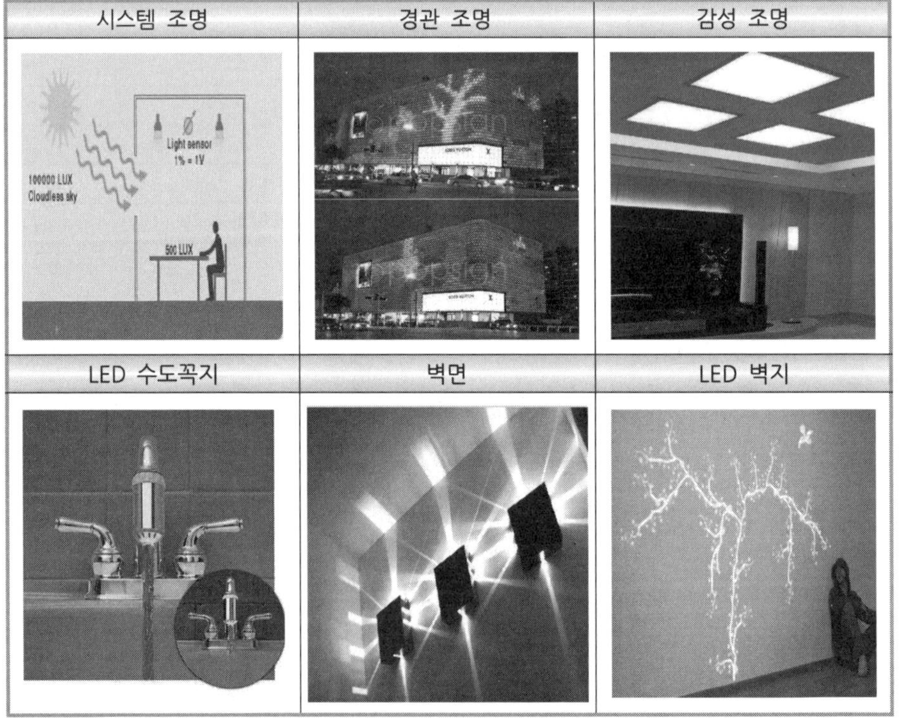

IT시대의 텔레매틱스 서비스

- 2012년 4월 출시된 현대차의 신형 싼타페에는 텔레매틱스 서비스인 '블루링크' 시스템이 처음으로 장착됐다. 스마트폰을 통해 원격시동이 가능하고 에어컨과 히터를 켤 수도 있다. 또 차량을 도난당했을 때 자동으로 경찰에 신고되어 위치추적이 가능해진다.
- 국토해양부는 올해 초 기존 도로교통체계에 첨단 정보기술(IT)과 자동차 기술을 융합한 '스마트 교통체계(ITS)'를 2020년 전국 도로의 30%로 확대하겠다고 발표했다. 이 체계가 확대되면 교통혼잡, 사고, 물류비용의 절감으로 연간 11조 8000억원 이상을 아낄 수 있고, 차량정체 등에 의한 온실가스 배출이 현재 교통부문에서 발생하는 배출량에 비해 12% 정도 감소할 것으로 기대했다.

2020년 스마트 교통체계 갖추면
체증, 물류비용 등 연11조대 절약
연료 효율 최대화 CO_2 최소화
아우디, 스마트 엔진 프로젝트 가동

교통정보를 무선으로 주고받으며 자동으로 차량 주행을 제어할 수 있는 수준으로 자동차와 IT의 융합 범위가 점점 넓어지고 있다. 자동차가 외부와 소통하는 인포테이먼트의 성격이 짙어지고 있는 셈이다. 상용화된 예로 도로에서 앞차와 간격까지 감지해서 차량의 속도를 자동으로 늦추는 '어댑티브 크루즈 컨트롤'을 들 수 있다.

미국 포드는 차량 간 충돌사고 예방 시스템을 연구 중이다. 이 시스템은 위성위치확인시스템(GPS)과 와이파이 신호를 감지하면서 다른 차량의 이동속도를 파악해 사고발생을 미연에 방지한다.

구글 무인자동차의 핵심은 지붕 위 레이더를 포함해 전체를 뒤덮은 센서다. 이들 센서가 차량에 탑재된 고성능 컴퓨터와 연결돼 차량 스스로 도로 상황을 판단 할 수 있다. 여기에 구글이 구축한 '구글맵'이 주변 환경 정보를 실시간 차량으로 전송한다(중앙경제, 2012.6.19., E12).

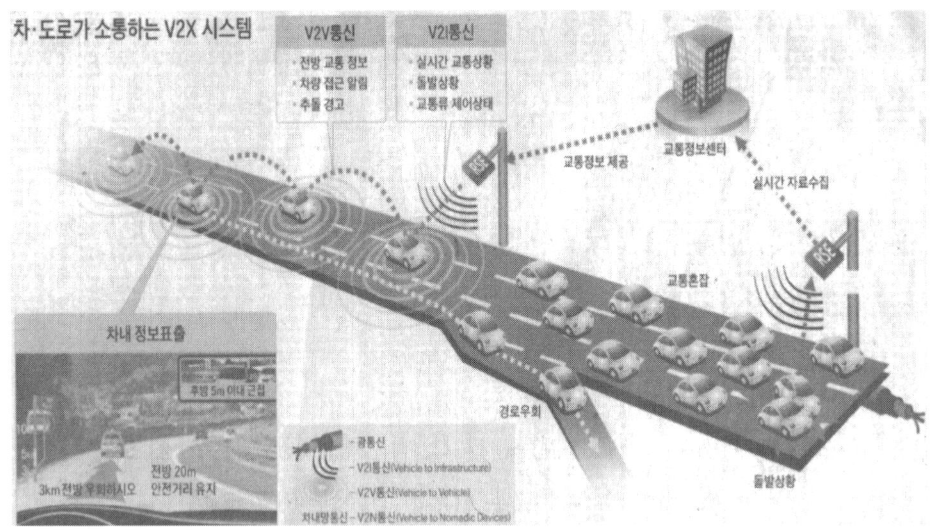

차·도로가 소통하는 V2X 시스템

10.7 10년 후의 차세대 신기술

우리는 사용하기 편리하고, 좀 더 빠르고, 저렴하게 실시간으로 활용할 수 있는 온갖 기기들을 원하고 있다. 지금 이 순간에도 세상 곳곳의 연구실에서는 우리의 생활방식에 혁신적 변화를 가져올 기술들을 개발하고 있을 것이다.

10년 후 산업 경쟁력에서 영향을 주는 차세대 기술

첨단기술의 발전은 오늘날의 글로벌 시장에서 경쟁을 이끄는 원동력이다.

- SRI 컨설팅사에서 제시한 6대 기술군

  바이오전자 기술, 카본 나노튜브 기술, 마이크로 전원 기술, 감정인식 컴퓨터 기술, 광컴퓨터 기술 등

- IDC는 미국 유명 대학 연구소와 국립연구소 등에 자문하여 미래 생활 풍속도를 바꿀 9대 신기술

  스마트 더스트, 랫보트, 나노튜브, 시만틱 웹, 나노 머신, 퀀텀 컴퓨팅, 플라스틱 트랜지스터, 그리드컴퓨팅, 릴리 패드 등

• MIT 미디어랩에서 제시한 10대 기술군

무선지능센서 통신망, 배양생체조직 주사가능 기술, 나노태양 전지, 메카트로닉스, 그리드 컴퓨터, 분자단위 영상화면 기술, 나노패턴사진 기술, 소프트웨어 완전보장 기술, 글리코겐 인체응용 기술, 양자암호화 기술

10년 내에 세상을 바꿀 신기술

2020년 주사 한 대만 맞으면 신종 인플루엔자 등 여러 질병을 한꺼번에 예방하는 게 가능해질까?

한국과학기술기획평가원(KISTEP)은 10년 후 우리생활을 바꿀 '10대 미래 기술'을 선정해 발표했다(2010.2.18.).

① 입는 컴퓨터 : 몸에 착용하거나 옷처럼 입는 형태의 개인용 컴퓨터

② 3차원 디스플레이 : 입체 영상을 가정에서 안경 없이 볼 수 있게 됨. 홀로그램 TV로도 발전

③ 간병 도우미 로봇 : 사람의 행동과 표정을 인식해 환자나 노인 간병

④ 다목적 백신 : 주사 한방으로 여러 질병을 동시에 예방

⑤ 유전자 치료 : 질병 유전자를 제거하거나 치료용 유전자를 몸에 넣어줌

⑥ 홈 헬스케어 시스템 : 가정에서 건강 정보 측정해 병원으로 전달하여 이상이 생기면 신속 대응

⑦ 고효율 휴대용 태양전지 : 휴대 가능한 소규모 에너지 생산 장치, 전자기기 수시 충전

⑧ 스마트 원자로 : 저용량 전력망 국가나 해수 담수화 등에 이용되는 중소형 원자로

⑨ 무선전력 송수신 : 콘센트와 플러그 없이도 전력을 주고받는 기술

⑩ 에코-에너지 제로 건축 : 재생에너지와 첨단 자재 활용해 에너지 소비량을 최저로 줄임

10대 기술 중에는 현재 각광받고 있는 정보기술(IT), 바이오, 에너지, 환경, 로봇 분야의 첨단기술이 망라됐다. 영화 '아바타'를 3차원 영상으로 보려면 10년 뒤엔

가정에서 안경을 안 쓰고도 3차원 영화를 즐길 수 있게 된다. 개인이 휴대용 태양전지를 갖고 다니며 휴대전화, 디지털 카메라 등 전자기기를 충전하는 것도 흔한 장면이 된다.

10년 뒤 과학기술분야 유망직업군(2009.1.16.)

한국과학기술기획평가원(KISTEP)이 최근 과학기술자 625명을 대상으로 심층 설문조사를 벌여 10년 뒤 유망할 과학기술분야 신직업군 10가지를 선정했다. 조사 결과 10년 뒤에는 로봇전문가가 가장 유망할 것이라고 나왔다. 로봇전문가는 전문성, 발전성, 소득, 인력수요, 사회적 인식 등에서 고른 점수를 얻었다.

1) 로봇 전문가

2007년 세계로봇 시장은 113억 달러(약 15조 원)에서 2015년에는 6배로 늘어날 것으로 전망했다. 일본에서는 최근 애완용 로봇엔지니어가 유망직업 1순위로 선정되기도 했다(로봇개발자·설계자, 로봇 프로그래머, 로봇 콘텐츠 개발자, 로봇 엔지니어 등).

2) 인지·뇌공학 전문가

두뇌과학과 기술을 접목해 교육, 자기개발, 과학수사, 감정조절, 두뇌 마케팅 등의 분야에서 활동한다. 또한 인공지능을 개발해 인간과 기계의 결합, 로봇 공학 등에서도 활동한다(인공지능 개발자, 뇌분석·뇌질환 전문가, 두뇌개발 전문가 등).

3) 금융서비스 전문가

금융 산업에 수학, 통계학, 금융공학 등을 접목해 파생상품과 사이버 금융 등에 적용한다. 안정성과 수익성이 높은 금융산업을 만들며 금융거래의 리스크를 줄인다(비용 산정 전문가, 금융상품·자산관리 전문가, 사이버 금융 전문가 등).

4) 환경·에너지 전문가

전통적인 오염 문제뿐 아니라 산업 필수재인 물 공급, 제품의 친환경 가치를 높이는 청정생산기술 및 신·재생에너지를 개발하는 일을 만든다(환경·기상 컨설턴트, 친환경 제품 개발자, 차세대 에너지 연구원 등).

5) 바이오·의공학 전문가

생명공학 기술을 이용해 '고령화 사회와 삶의 질 추구'를 목적으로 하는 전문가로, 새로운 식품, 의약품, 의료장비 등을 개발하거나 활용한다(유전자·줄기세포 연구원, 인공장비 개발자, 의료장비 개발자, 유해성 평가 전문가, 식량전문가 등).

6) R&D 컨설팅 전문가

기술개발 관리, 특허, 기술거래, 아웃소싱 등의 컨설팅 서비스를 제공해 연구개발(R&D)의 효율성을 높인다. 개발도상국에서 새로운 사업기회가 만들어질 것이다(지식재산 전문가, 산학연 협력 코디네이터, 기술지원 컨설턴트, 랩 매니저, 전문 테크니션 등).

7) 유비쿼터스·사이버 전문가

유비쿼터스 사회가 요구하는 다양한 서비스를 만들어 내고, 시간과 장소에 상관없이 사람들의 커뮤니케이션을 원활하게 하는 직업이다(유비쿼터스 시스템·네트워크 전문가, U시티 전문가, 사이버환경(가상현실) 전문가, U학습 개발자 등).

8) 생활안전 전문가

사회의 안전과 개인정보, 컴퓨터 시스템 등을 보호하고 각종 범죄의 예방과 수사를 담당한다. 또한 재난, 방화, 유괴, 국제테러 등의 범죄도 감시한다(정보보안 전문가, 사이버 수사 전문가, 방재 전문가, 제품 안전진단 전문가 등).

9) 문화·홍보 전문가

문화예술 및 인문사회학적 지식과 소양, 경영능력, 과학기술 지식을 겸비한 문화산업 전문가이다. 새로운 과학기술을 이용해 창조적인 문화콘텐츠를 만든다(특수효과 기술자, 디지털 PD, 기술마케팅 전문가, 과학문화 전문가 등).

10) 건강·실버 전문가

사회 구성원에게 참살이(웰빙)와 건강관리 서비스를 제공한다. 일본에서는 노인용 식사 배달업, 효도 미팅, 노인전용식당 등이 등장했다(다이어트 프로그래머, 건강 코디네이터, 병원 코디네이터, U헬스케어 서비스 전문가, 실버시터 등).

10.8 미래에 실용화될 주요 IT 기술

최근 세계는 디지털기술과 인터넷 등 IT 기술의 급속한 발전으로 농업혁명, 산업혁명에 이어 인류 역사상 세 번째 대변혁인 IT 혁명이 진행되고 있다. 이러한 IT 혁명은 전통적인 패러다임을 변화시켜 디지털경제와 지식정보사회의 패러다임을 창출함으로써 정치·경제·사회·문화 등 모든 부문에 혁신적인 변화를 유발하고 있으며, 궁극적으로 인류의 삶의 질을 향상시켜 나가고 있다.

최근의 이러한 'IT 혁명'은 흔히 산업혁명 이후 제5차 기술파동(fifth wave)으로 일컬어지고 있으며, 종전보다 파급속도가 매우 빠르고 주기가 짧아지는 특징을 지니고 있다.

정보통신기술은 고속·대용량화·지능화·초소형화·광화·융합화·인간친화적인 방향으로 발전하고 있으며, 네트워크, 단말, 정보처리 및 부품·소자 관련 기술의 발달로 새로운 차세대 서비스를 구현하는 형태로 진전되고 있다.

다음은 2020년과 2033년 향후 미래의 생활에 대한 변화가 일어날 주요 정보통신·컴퓨팅 기술에 대하여 알아본다.

2020년 정보통신 기술

2020년 2월 어느 날 아침, 상쾌한 기분으로 일어났다. 전날 야근해서 피곤했지만 집안의 신체인식 시스템이 피로 해소를 위해 공기의 산소 농도와 습도를 높여준 덕이다.

TV를 켜니 3차원 영상으로 봄소식이 생동감 있게 흘러나온다. 제주에 피었다는 목련꽃이 손에 닿을 듯하다.

잠시 후 TV 광고에 등장하는 신제품 피자의 향기가 식욕을 자극한다. 그는 문득 '점심엔 피자를 먹어야지'하고 생각한다.

저녁에는 지난주 입원한 어머니에게 들를 예정이다. 어머니는 지난주 심근경색으로 쓰러졌다. 병원으로 향하는 구급차에서 의료진이 주사한 극소형 혈관청소로봇이 어머니의 생명을 구했다. 의사는 "예전 같으면 병원으로 오는 도중에 큰일이 났을 수도 있다"고 말했다.

영화에나 등장할 것 같은 이런 일들이 2020년경 현실이 될 것으로 보인다(정보통신부, 2007.2.27.).

정통부와 정보통신 연구진흥원은 국내의 산학연(産學硏) 전문가 3500명을 대상으로 설문을 벌여 52개의 미래 핵심기술을 도출했다.

조사에 따르면 신체의 피로도와 건강 상태를 자동으로 측정하는 '신체상황 인식'과 시각은 물론 청각과 촉각도 가상으로 느낄 수 있게 해 주는 '가상현실시스템'이 2012년에 실용화된다. 한 번 충전으로 두 달 동안 쓸 수 있는 휴대전화 배터리도 같은 해에 시판된다. 2014년에는 맨눈으로 3차원 입체영상을 감상할 수 있게 된다. 2015년에는 카멜레온처럼 주위 환경에 맞춰 색깔을 바꾸는 '디지털 군복'과 TV·인터넷을 통해 냄새를 전달하는 기술이 실용화된다.

혈관을 청소하거나 암(癌)을 수술하는 극소형 의료로봇은 2018년에 등장할 예정이다.

기가코리아 전략단계별 추진계획

정부는 2020년까지 글로벌 시장을 선도할 소프트웨어 분야 중견기업 50개를 육성하기로 했다(한국경제, 2012.4.24., A16). 또 현재 100메가(M)bps급 무선통신 네트워크 속도를 1기가(G)bps까지 개선하기로 했다.

현재 IT 수출국 순위 5위에서 3위로 높이기 위해 2020년까지 1조 4000억 원의 예산을 투입 추진하기로 하고, 무선단말기를 통해 입체영상(3D) 영화인 아바타를 다운 받는 시간이 현행 3시간에서 3분으로 줄어들게 될 전망이다. 또 2017년까지 3D 안경을 쓰지 않고 입체영상을 즐길 수 있는 3D 단말기를 개발하고, 2020년에는 실감형 영상인 홀로그래픽을 지원하는 단말기를 내놓을 계획이다.

• 현재 • 1-2단계(2013-2017) • 3단계(2018-2020년)

네트워크	수십Mbps급 모바일 정보 서비스	500Mbps	1Gbps
단말기	스마트 모바일 단말기	무안경식 3D 단말기	홀로그래픽 단말기
플렛폼 SW	PC 1000대 성능의 컴퓨팅파워	PC 10만대 성능	PC 1000만대 성능
콘텐츠 서비스	3D 콘텐츠 처리(시제품)	오감체험 콘텐츠 처리	홀로그램 콘텐츠 처리

2033년 'PC 굿바이', 향후 25년 컴퓨팅 기술 예측

"2033년이면 지금의 컴퓨터는 사라지고, 향후 10년 내 지능화된 디지털 기기의 보급이 활성화될 것이다." 미국의 대표적 IT 전문지 PC월드가 향후 25년간 새롭게 출현할 컴퓨팅 신기술에 대한 예측 기사 '5가지 공상과학 시나리오의 실현(Five Sc-Fi Scenarios That Will Come True)'에서 이같이 전망했다.

PC월드가 예측한 첫 번째 시나리오는 현존하는 컴퓨터보다 수천 배 빠르면서 소비 전력은 훨씬 적은 나노 컴퓨터의 출현이다. 소형화된 프로세서가 시계, TV, 냉장고 등 다양한 사물에 장착되고 수백 개의 칩을 가진 디지털기기의 사용이 일반화되면서 인텔리전트(intelligent)한 소비자 그룹도 탄생할 전망이다.

또한 미래 소비자들은 주머니 속에 쏘옥 들어가는 나노 컴퓨터를 휴대하면서 종이 두께의 디스플레이를 통해 다양한 작업을 할 것이다. 여기에 가상 기술이 더해지면 세상은 더욱 획기적으로 변할 수밖에 없다.

두 번째 시나리오는 2008년을 기점으로 지능형 세계로의 진입이 가속화될 것이라는 전망이다.

디지털 기술로 강화된 사물들이 또 다른 사물과 연결되고, 이를 통해 지금은 존재하지 않는 지능화된 가상 네트워크가 출현하는 것이다.

세 번째 시나리오는 앞으로 10년 내 컴퓨터가 소형화되면서 인체 내부는 물론 세포 영역으로까지 응용분야가 확대될 것이라는 전망이다.

실례로 사람 몸에 삽입된 RFID 칩이 환자의 건강 상태를 모니터링 하는 것은 현재 기술로도 얼마든지 가능하다.

10년 내 상용화될 이런 신체 컴퓨터는 환자의 건강 상태를 모니터링 하는 데 그치지 않고 필요한 정보를 환자의 뇌에 전달함으로써 심리상태 개선 등 치료 효과를 극대화하는 영역으로 진화할 것이다.

네 번째 시나리오는 디지털 컨버전스(convergence)로 인한 웨어러블(wearable) PC(옷을 입듯이 몸에 착용할 수 있는 특수 컴퓨터)의 발전이다. 한 예로 카메라와 무선, 그리고 카메라와 마이크로폰을 결합시킨 초소형 장비를 사람 몸속에 부착한다면 어떤 순간이나 대화 내용도 파일로 기억시켜서 무선으로 전송할 수 있게 된다.

마지막 시나리오는 디지털 기술의 발전으로 인해 인간이 오히려 기술에 지배를 당할 수 있다는 우려다. 전문가들은 "인간이 컴퓨팅 기술에 통제당하는 일이 발생하지 않도록 전 세계가 머리를 맞대고 해법 마련에 나서는 때가 올 것"이라고 밝혔다(아시아경제, 2008.2.7.).

수십 년 전부터 기술은 작아지고 있다. 휴대가 가능한 노트북, 주머니에 쏙 들어가는 MP3와 핸드폰… 또한 이들의 기능이 통합되어가고 있다. 이 시대의 콜럼버스는 과연 어디를 향하고 있는 것일까?

미래의 기술!, 상상! 그 너머의 세계!, 경제를 이끄는 정보통신 혁명은 미래로 가는 로드맵을 '나노(NANO) 공학, 생명(BIO) 공학, 정보(INFO) 통신공학, 신경(COGN) 공학'의 4가지 포괄적인 과학기술영역과 의학, 건강, 인공지능, 에너지, 식품과 공업, 생산, 미디어, 환경, 안보, 우주 등과 또 어떤 융합(convergence)을 할 것인가?

이렇듯 세상은 끊임없이 변화하고 있다. 우리는 이러한 변화에 생각의 속도를 더해 정보화·미래사회에 적응하기 위한 끊임없는 준비와 자기 변신이 필요하다.

미래로봇은 어느 쪽일까?

'로봇'이 체코어의 '일한다(robota)'라는 말에 어원을 두고, 그 뜻이 '작업자'로 해석되었던 것처럼 초창기 로봇은 인간의 단순한 노동력을 대신하기 위한 수단에 불과했다. 산업 현장에서의 최초의 로봇은 1962년 미국의 자동차 회사 GM이 사용한 유니메이션 사(Unimation Inc.)의 '유니메이트(Unimtate)'라는 산업용 로봇이었는데, 실제 생산라인에 투입되어 물건의 이송, 물건의 용접 및 조립, 검사 등에 사용되었다. 특별히, 공정 중에 방사되는 열과 연기 때문에 사람의 근접이 어려운 대량생산 다이캐스팅공정1) 환경에서 최초의 로봇은 인간의 위험을 대신 무릅쓰고 거대한 힘을 내면서 단순·반복적인 일을 성실하게 수행했던 것이다.

오늘날에도 단순·반복형 산업로봇은 여전히 전자·자동차·항공기 제조 분야 등에서 없어서는 안 될 최고 노동자의 위치를 고수하고 있다. 독일의 자동차 회사인 폭스바겐(Volkswagen Inc.)과 일본의 로봇 생산업체 화낙(Fanuc Inc.)의 생산 공장에는 단 한 명의 인간 노동자도 없이 로봇 노동자들만이 존재한다고 한다. 그렇다면, 이제는 '노예'의 개념으로 창조된 로봇에게 인간들이 오히려 '일자리 나누기 운동'을 펼쳐 줄 것을 부탁해야 하는 주객전도(主客顚倒)의 상황이 된 것은 아닐까?

이와 같은 산업용 로봇은 제조 공정에서 뿐 아니라 의료 분야에서도 두각을 나타내기 시작했다. 수술로봇이 외과 의사들의 최대 강적인 손 떨림 현상을 보완해 주면서 수술실에서 기계가 가진 장점을 십분 발휘하게 된 것이다. MBC 의학드라마 종합병원 2에서 휘플(Whipple operation: 췌장과 췌장에 붙어 있는 십이지장 등을 모두 제거하는 복잡한 수술) 로봇수술의 표준화 작업을 이루어낸 휘플 수술에서 정확한 절제와 정교한 문합으로, 로봇수술의 정교함이 로봇수술의 우수성을 드러내기도 했다(화이트보스, 2012.7.31.).

로봇수술 기술인 다빈치(외과 의사가 환자 옆에 설치된 조정용 콘솔에 앉아 정교한 로봇 팔을 조정하며 수술하는 방법)을 이용하여 환자들에게 좋은 반응을 얻고 있다고 한다.

전 세계 산업현장에서 일하고 있는 '로봇 노동자'가 100만(2008년~2011년 추정치)을 돌파하고 있으며, 2007년 이미 세계 로봇시장은 180억 달러에 달했다. 각국의 공장 자동화 수준을 가늠할 수 있는 노동자 1만 명당 산업용 로봇은 일본이 310대, 독일(234대), 한국(185대)이 뒤를 이었다.

- 2012년 1월 인도경제신문 더 이코노믹 타임스지는 인도전역의 자동차 공장에서 노동자와 로봇간의 갈등이 예상된다는 내용이었고, 로봇 투입으로 일자리가 줄고 있어 회사측과 노조간에 논쟁거리로 부상했다는 기사였다.
  인도 남부의 첸나이 부근에 위치한 현대자동차 인도법인 공장에는 2011년 기준 연간 60만대 이상을 생산하는 이곳엔 정규직 1500명, 계약직 7천여 명 등의 노동자와 300여대의 로봇이 있다. 사람 대 로봇의 비율은 비교가 안 될 정도지만 로봇의 생산성이 매우 높아 해마다 로봇의 투입이 증가되고 있는 실정이다(김용섭 날카로운상상연구소소장, 2012.5.13).

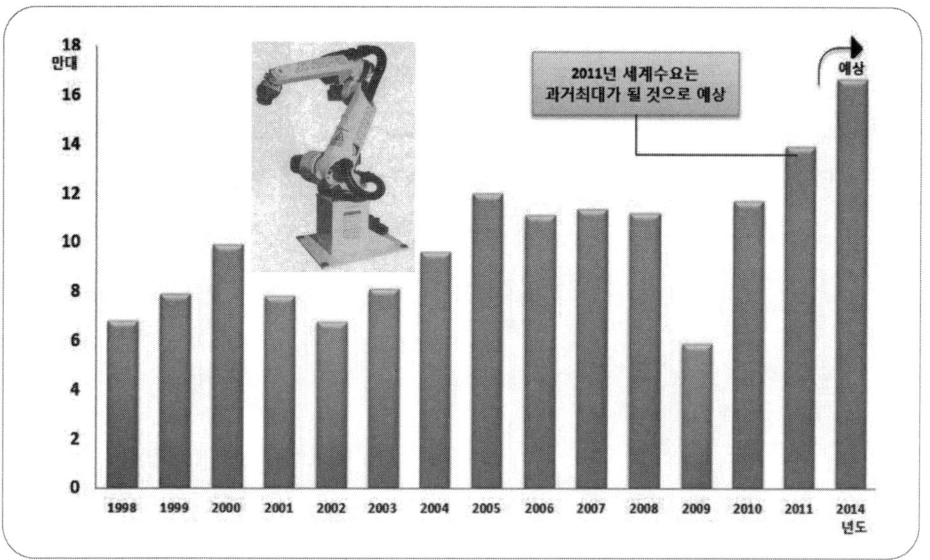

세계 산업용 로봇 연도별 증가 추이 (출처 : http://www.globalwindow.org/,2012.6.12.)

- 철강, 유리, 가공식품, 음료, 제약, 의료기기 공장 등 로봇 노동자가 인간을 대체하는 산업현장은 갈수록 늘고 있다. 로봇이 담당하는 역할도 조립을 비롯해 운반, 포장까지 세분화 되고 있다.
  로봇 노동자는 인간과 달리 휴식이 필요 없기 때문에 공장을 24시간 내내 운영할 수 있고 이는 각 분야에서 생산성 향상으로 이어질 것으로 보인다.
- 집안을 이리 저리 돌아다니며 청소하는 로봇이나 일부 카페에서 운영하는 서빙 로봇 등 지능형 로봇은 이미 사람들과 함께 살아가고 있다. 올(2009년) 여름 문을 여는 인천 송도 'U시티'에는 길안내 로봇과 경비로봇까지 등장 할 예정이다. 전문가들은 "5년 뒤에는 이동형 로봇과 심부름 로봇도 사람들과 어울려 일반 도로 위를 다닐 것"으로 예측한다.
- 로봇과 인간이 함께 사는 미래사회
  기능이 뛰어난 로봇도 중요하지만 안정성도 빼놓을 수 없다. 최근 국내에서는 인간과 로봇이 부딪히는 사고를 방지할 수 있는 '안전장치'가 개발되고 있다.

- 로봇기술이 향후 발전을 거듭하면서 다음과 같이 가상을 해 본다.
  로봇을 통제하는 중앙 컴퓨터 '스카이넷'이 인간을 컴퓨터 바이러스로 인식하면서 로봇이 인간을 공격한다. 로봇은 스스로 전투 로봇을 만들고 인간과 전쟁을 벌인다. 자신을 인간으로 착각해 로봇과 싸우는 로봇도 나타난다. 영화 '터미네이터 : 미래 전쟁의 시작'의 줄거리처럼 실제로 로봇이 인간을 공격하는 상황이 벌어질까. '로봇윤리헌장연구위원회' 위원들은 "로봇과 전쟁이 일어날 가능성이 있다"고 밝히고 2012년까지 인간과 로봇의 공존을 위한 로봇윤리헌장을 완성할 계획이다.

1) 감시정찰 및 지뢰탐지·제거 임무 2) 팩봇 EOD - 폭발물을 분해 (출처 : 국방과학연구소,2008)

- 영화 속 로봇은 요원하다.
  '인간의 삶에 도움이 되는 로봇이 진정한 로봇이다.'

  앞으로의 로봇은 고령화 사회에 대비해 인간이 독립적으로 살아갈 여건을 마련해 주는 로봇과 인간의 소통을 원활하게 해주는 로봇이 주를 이룰 것이라고 한다.

  회사나 출장지에서도 자녀들을 보면서 대화할 수 있도록 아이들을 따라다니는 로봇이 그 예이다. 그러나 영화 속에 나오는 로봇들은 아직 요원하다. "영화 '스타워즈'에 나오는 로봇 'R2D2'나 'C3PO'는 그다지 실용적이지 못하다. 현재의 인공지능은 일반적인 로봇을 만들기에는 적당하지만 인간 수준의 인공지능은 아직 멀었다(美, 아이로봇 콜린 앵글 사장)."

- 인간형 로봇은 손목과 발목에 설치된 레이저 센서를 이용해 외부의 힘에 대응한다. 갑자기 손을 채거나 어깨로 밀더라도 여러 관절의 모터가 움직여 충격을 줄이고 균형을 유지한다. 이는 사람이나 다른 로봇과의 충돌로 발생할 수 있는 사고를 방지할 수 있다.

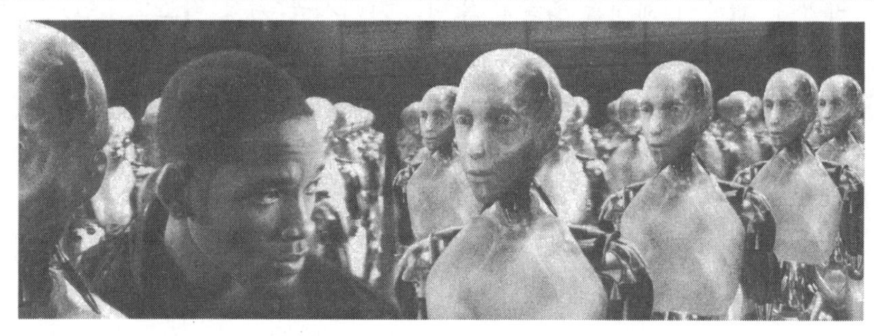

영화 '아이로봇'의 한 장면

【현대 로봇의 개략적인 분류】

분 류	세부 분류	내 용
산업용 로봇	제조업용	용접, 도장 등의 공장 자동화
	비 제조업용	우주항공, 원자력 발전, 건설, 농업
비산업용 로봇	퍼스널 로봇	개인, 가정에서의 홈서비스
	복지 및 의료	공공복지나 의료 현장에서 사용
	엔터테인먼트	인간에게 기쁨을 주기위한 기능을 수행

- 21세기는 로봇이다.
  로봇시장은 산업용 로봇을 넘어서서 비 산업용 부분에서 빠르게 확대되고 있다. 전 세계는 자동차 산업에 이어서 21세기를 이끌어 갈 산업의 하나로 '로봇 산업'을 지목하였다. 로봇 산업은 다음과 같은 다방면에서 21세기 선도 산업이 될 수 있는 모습을 보여주고 있다.
  - ▸ 첨단산업의 집합체 - 전기, 전자, 제어, 기계, 컴퓨터, 금속 등
  - ▸ 기술 독식 가능 - 최고의 기술이 필요하므로 쉽게 진입할 수 없다.
  - ▸ 관련 산업의 동반 성장 - 10만 개 이상의 부품이 필요한 고도의 산업

▸ 막대한 고용효과 – 실제 제품을 생산하고 품질을 관리해야 하는 제조 산업
▸ 각 분야에 응용 가능 – 서비스, 건설, 의료, 군사, 우주탐사 등

'입는 로봇' 영화가 아닌 현실

영화 '아바타' 열풍이 세계를 휩쓸고 있다. 국내 개봉 외화 최초로 1335만(영화진흥위원회 자료, 2010.7.17., 관객수 기준) 관객 돌파를 하였다. 정보기술업계는 아바타 쇼크로 3차원(3D) 시장에 다 걸기(올인)하고 있다. 영화 1편이 유행을 넘어 새로운 시장을 개척하고 있다. 우리는 아바타 속 현실에 열광하지만 실제로 아바타는 이미 우리 곁에 다가와 있다.

- 입는 로봇 시대

입는 로봇(AMP)은 아바타에서 현대과학기술이 가장 근접한 분야이다. 영화 속 악역인 쿼리치 대령은 몸의 근력을 극대화해 주는 로봇을 입고 30mm 기관포를 소총처럼 쏴댄다.

- 21세기 로봇전쟁

아바타에는 용병과 이색소재가 등장한다. 하지만 이라크와 아프가니스탄 전장에는 이미 현재 진행 중이다. 2003년 이라크전이 시작될 때 단 1대도 없던 지상로봇이 12000대 이상 늘었다. 미군은 2012년까지 인간 병사와 로봇이 합동작전을 벌이는 실전부대를 창설한다는 계획이다.

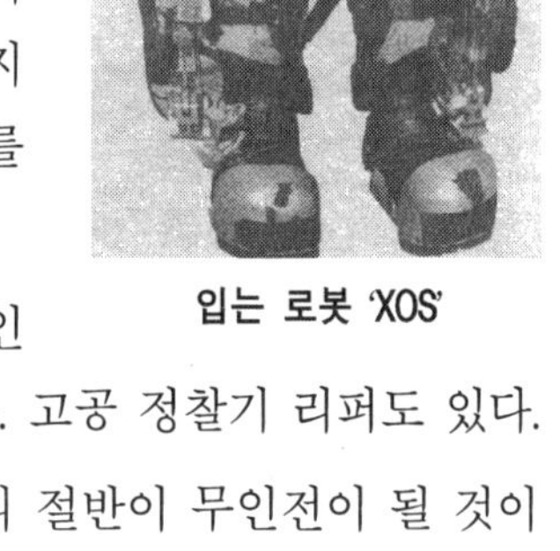
입는 로봇 'XOS'

이라크와 아프간전쟁의 공중에는 7000여대의 무인기가 떠 있다. 무인전투기 프레데터가 대표적이다. 고공 정찰기 리퍼도 있다. 군사전문가들은 2015년에는 인류가 벌이는 전쟁의 절반이 무인전이 될 것이라고 예측한다.

20세기 노동 보조 → 21세기 네트워크형 → 22세기?
인간이 조종하는 '아바타형' 로봇 대세 가능성

- 그러나 100년 후?

일부 군사 전문가가 무인비행기, 무인전차 등 첨단무기가 주도하는 로봇전쟁의 시대가 올 것이라고 주장하지만 비용을 고려하면 당장 쉽지 않다. 일부 과학자들은 혼란한 전투 상황에서 병사를 대신해 무인로봇 혼자 적절한 상황판단을 내리기란 불가능하며 어떤 형태로든 인간의 개입이 필요하다고 주장한다. 아바타에 나오는 앰프 슈트처럼 사람이 조종하는 전통적 모 델의 로봇이 22세기의 주류가 될 가능성이 가장 크다는 뜻이다.

군사용 원격 로봇 타론
(출처 : 아사히 신문)

타론은 미군로봇의 선구적 존재로 도로상의 폭발물 탐지·처리에 다용도로 사용되고 있다. 이라크와 아프가니스탄 등의 전쟁터, 동시다발테러 현장 등에 투입돼 왔다. 이번에 투입된 타론은 방사성물질 정밀측정기와 암시카메라도 탑재했다(한계레, 2011.4.).

'춤추는 로봇'

2035년 인간이 새로 개발한 로봇이 뛰어난 지능과 운동능력으로 반란을 일으키자 인간은 속수무책으로 당한다. 2004년 개봉된 영화 '아이로봇'의 내용이다.

먼 미래의 일이라고 생각할 수도 있지만 운동 능력이 사람 수준에 근접한 '춤추는 로봇'이 국내에서 처음 개발됐다. 세계적으로 일본에 이어 2번째이다. 대전 유성구 KAIST 휴머노이드 로봇 연구센터(휴보센터)에서 선 보인 '휴보'는 노트북으로 작동지시를 내리자 마치 비보이(B-Boy)처럼 빠른 동작으로 격렬한 춤을 추었다. 인간형 로봇이 실생활로 들어오는데 필요한 기술은 사람처럼 어떤 자세에서도 쓰러지지 않는 '전신 제어기술'이다(동아일보, 2012.7.10.).

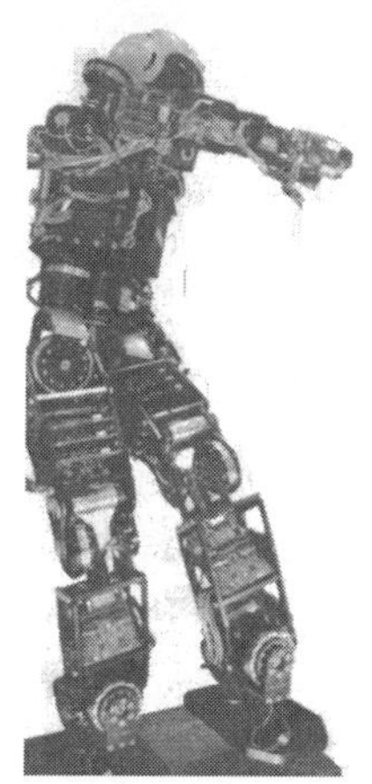

로봇 휴보

10.9 스마트 정보기술

무료통화서비스(카카오톡)

국내 가입자만 3700만 명에 이르는 무료 문자메시지 프로그램 '카카오톡'이 2012년 6월 4일부터 무료 음성통화 서비스를 시작했다. 카카오톡에서 '친구'이름을 선택한 뒤 메시지를 보내는 대신에 '보이스톡' 버튼을 누르면 음성으로 통화할 수 있는 서비스다. 이 서비스의 가입자는 전 세계적으로 4600만 명이 넘는다. 전체 스마트폰 가입자의 약 2700만 명과 태블릿PC와 일부 MP3플레이어 등에서도 카카오톡을 쓰고 있다. 이 때문에 지난해 통신사들은 '카카오톡이 문자메시지를 대체하면서 통신3사를 합쳐 약 2조 원에 이르는 문자메시지 매출이 사라졌다'고 한다(동아경제, 2012.6.5., B1면).

【전 세계 카카오톡 가입자 추이】 (출처 : 카카오)

년도	2011.4	2011.7	2011.11	2012.4	2012.5
가입자 수	1000만명	2000만명	3000만명	4000만명	4600만명

참고 저가이동통신(MVNO)

MVNO(Mobile Virtual Network Operator)란 기존 통신사의 이동통신망을 빌려 별도 요금제로 휴대폰 서비스를 제공하는 사업자를 말한다. MVNO 요금구조는 기존통신사 들 요금제에서 기본료 비중이 높은 것에 비해 기본료가 없으며, 후불요금제도 기존 이동통신사 기본료와 비교할 때 50% 수준이다. 또 일반 통신사들 요금제에 최신형 고가 스마트폰 가격을 포함시키고 있는 것에 비해 MVNO에서 제공하는 휴대폰은 3세대(G) 일반폰, 보급형 스마트폰 등 저가폰 위주여서 휴대폰 가격부담이 작다.

【MVNO 가입자 현황】 (출처 : 방송통신위원회)

가입년도	2012.1	2012.2	2012.3	2012.4
가입자 수	42만7900	45만6900	68만1200	72만2600

음성통화·VoLTE·보이스톡의 차이

'무선 인터넷 전화(mVoIP)가 음성통화에 대한 보완재로 쓰인다면, 4세대(4G) 롱텀에벌루션(LTE)망을 이용한 인터넷전화(VoLTE)는 음성통화를 대체할 것이다. 그만큼 품질이 뛰어나다.'(SK텔레콤 VoLTE 기술 간담회).

SK텔레콤 측은 VoLTE의 강점으로 원음에 가까운 음질을 내세웠다. 3G망에 비해 LTE로 전송할 수 있는 음역대가 더 넓고 3G망에선 손실되던 저주파수와 고주파수 음성이 그대로 전달되면서 더 선명하고 자연스럽게 들린다고 한다. 통화 연결시간도 5초에서 0.25초로 단축되고, 통화하면서 문자나 사진·동영상 파일을 보낼 수 있는 서비스이다. 지상파·종합 편성 채널 등 40개 채널을 모아 고화질로 제공하는 비티브이(Btv)같은 콘텐츠 서비스도 확대한다.

【음성통화·VoLTE·보이스톡의 차이】 (출처 : SK텔레콤)

구 분	사용 망	특 징
음성통화	3G망	• 300~3400Hz 음역대 밖의 저주파·고주파 음성 전송 못함
VoLTE	4G LTE망	• 50~7000Hz 음역대 모두 전송해 원음에 가까운 소리 제공 • 음성신호를 일반 데이터와 구별해 무선 전송
mVoIP (보이스톡 등)	3G망	• 음성을 일반 데이터와 분간하지 못하고 때때로 지연 전송 이 때문에 통화가 부드럽게 이어지지 않는 현상

참고 **VoLTE** (출처 : 중앙경제, 2012.6.21.)

'LTE망을 이용한 음성(Voice over LTE)'의 약자로 지금은 LTE 단말기를 사용해도 음성은 3G나 2G망으로 서비스 된다. 2G나 3G에서는 데이터 전송속도가 충분히 빠르지 않아 음성을 데이터와 분리해 서비스했으나 LTE에서는 그럴 필요가 없다. VoLTE는 카카오톡이 무선 인터넷 전화(mVoIP) 서비스 보이스톡을 내 놓으면서 화제가 됐다. mVoIP는 음성 신호를 데이터가 다니는 무선 인터넷망을 통해 전송된다.

'함께 있지만 혼자 있는' 스마트폰 세대

메시지 갈증인가, 낭비인가. 모바일 메신저 카카오톡의 하루 메시지 전송건수가 2012년 7월23일 기준으로 30억 건을 돌파했다. 1분에 208만여 건, 1초에 3만4000여 건의 메시지 전송이 이뤄지는 셈이다. 카카오톡 평균 사용자가 2400만 명인 것을 감안하면 1인당 하루 125개의 메시지를 주고받은 것이다. 지난해 말 하루 메시지 전송건수 10억 건에서 1년도 안 돼 3배로 증가했다.

스마트폰의 등장으로 이용자들은 카카오톡과 같은 애플리케이션을 통해 그물망처럼 연결됐다. 그러나 7개월 사이 카카오톡 메시지 전송이 3배로 늘어난 만큼 우리의 인간관계가 친밀해지고 소통이 증진됐다고 보기는 어렵다. 스마트폰에 중독된 어린이는 부모와 눈을 마주치지 않고 청소년은 이어폰을 끼고 잠든다. 데이트하는 남녀가 각자의 스마트폰 화면만 들여다보는 장면도 새삼스럽지 않다. 눈앞에 실존하는 인간관계를 무시하면서 모바일상의 누군가와 대화하는 이런 모습을 미국 매사추세츠공대(MIT) 셰리 터클 교수는 '함께 있지만 혼자 있는(alone together)' 현상이라고 명명했다. 이런 현상은 무선인터넷 서비스가 최고 수준인 한국에서 더욱 심하다.

미국에서도 페이스북이 인간을 더 고독하게 만들었다는 분석이 나온다. 소셜네트워크서비스(SNS)를 통한 자극과 재미, 용이한 접근성은 실제 삶에서의 대화 및 반응 능력을 쇠퇴시키고 있다. 친구들끼리 등굣길에 카카오톡으로 '어디까지 왔니'를 끊임없이 묻지만 정작 상대를 학교에서 만나면 인사는 건네지 않는 세상이다. '내 앞의 당신'은 오히려 부담스러운 존재인가.

스마트폰은 인지발달 통제력 사회관계 형성능력이 완성되지 않은 어린이와 청소년에게 특히 해롭다. 최근 초등학생을 대상으로 한 여론조사에서도 71%가 카카오톡 때문에 스마트폰이 좋다고 응답했다. 초등학생의 SNS 중독은 문자폭력 사이버왕따 등의 폐해를 낳고 있다. 주머니 속의 작은 기기에 마음을 빼앗겨 진짜 삶을 배울 기회를 잃어버리는 것이다(동아일보, 2012.7.27., A27).

클라우드 서비스

모바일기기용 클라우드 서비스 분야에서 세계 1위인 미국의 '드롭박스'가 삼성전자와 한국시장에 진출했다. 드롭박스 애플리케이션(앱·응용 프로그램)은 이용자가 자신의 파일을 온라인 공간에 저장할 수 있는 일종의 웹하드 서비스로 여러 개의 모바일기기와 쉽게 연동되는 게 가장 큰 장점이다.

예를 들어 PC에 드롭박스를 설치해 놓고 그 안에 파일을 넣으면 이 파일을 드롭박스 앱이 깔려있는 테블릿PC나 스마트폰에서 꺼내볼 수 있다.

이 앱이 삼성전자의 스마트폰인 갤럭시S3에 기본으로 들어간다는 점이다. 또 드롭박스는 원래 고화질(HD) 영화 한편 정도의 용량인 2GB(기가바이트)를 무료로 제공했는데 갤럭시S3 이용자에겐 2년간 50GB를 제공한다. 드롭박스와 삼성전자의 이 같은 협력이 국내 클라우드 서비스 시장에 무한경쟁을 몰고 올 것이라는 분석이다(동아경제, 2012.5.31., B1).

드롭박스는 영어, 프랑스어, 스페인어, 독일어, 일본어에 이어 한국어를 지원한다. 갤럭시S3에 드롭박스가 기본으로 깔려 애플처럼 강력한 클라우드 컴퓨팅 서비스를 갖게 됐다는 것을 뜻한다. 애플은 드롭박스와 유사한 아이클라우드를 갖고 있다. 이이폰에서 저장한 파일을 아이패드에서도 꺼내볼 수 있다는 편리함 때문에 애플이용자들을 애플 제품에 묶어 놓는 효과가 있다. 드롭박스는 전 세계에 2억 5000만대의 모바일기기를 점령했다.

【주요 클라우드 서비스】 (출처 : 각사)

구 분	회 사	서비스	내 용
국내	NHN	네이버 n드라이브	30GB 저장공간 제공
	다음커뮤니케이션	다음 클라우드	50GB 저장공간 제공
	SK텔레콤	티클라우드	10GB 저장공간 제공
	KT	유클라우드	50GB 저장공간 제공
국외	드롭박스(미국)	드롭박스	2GB(갤럭시S3 구매자 2년간 50GB 제공)
	애플(미국)	아이클라우드	5GB 저장공간 제공
	아마존(미국)	아마존웹서비스 (AWS)	기업용 정보기술(IT) 인프라 제공
	마이크로소프트(미국)	윈도애저(2012.6한국 출시)	기업용 정보기술(IT) 인프라 제공

N 스크린

스마트폰·태블릿PC·TV·컴퓨터…N스크린…콘텐츠의 경계가 사라진다

TV · 컴퓨터로 드라마 시청…스마트폰으로 페북에 댓글
기기별 맞춤형 콘텐츠 제공

‘경계가 사라진 시대’

여기서 한 가지 퀴즈. 드라마를 보고 페이스북 페이지에 ‘좋아요’ 버튼을 누르고 미니게임을 즐긴 사람은 총 몇 종류의 디지털 기기를 이용한 것일까. TV나 컴퓨터로 드라마를 봤을 것이고, 컴퓨터나 스마트폰으로 페이스북에 접속했을 테고, 태블릿PC나 스마트폰으로 앱을 실행했을 테니 어림잡아 3~4종류는 된다. ‘덱스터’라는 한 가지 콘텐츠를 4개의 기기로 즐긴 셈이다. 이른바 ‘4스크린’이다.

롱텀에볼루션(LTE) 네트워크가 빠른 속도로 확장되고 이를 통해 즐길 수 있는 콘텐츠가 늘어나면서 ‘N스크린’에 대한 관심도 높아지고 있다. N스크린은 영상이나 음악 등 하나의 콘텐츠를 여러 기기에서 연속적으로 즐길 수 있는 기술이나 서비스를 뜻한다. 컴퓨터와 TV, 스마트폰에서 콘텐츠를 이용했다면 3스크린이 되는 것이다. N스크린이 가능하려면 콘텐츠를 개별 기기가 아닌 ‘별도의 공간’에 저장할 필요가 있다. 서비스를 제공하는 회사의 클라우드 서버에 저장해 놓고 유·무선 통신망을 통해 다양한 기기로 필요할 때마다 찾아보는 식이기 때문이다.

‘3스크린’에서 N스크린으로

N스크린 서비스의 시초로 꼽을 수 있는 것은 미국의 이동통신사업자 AT&T가 2007년 내놓은 ‘3스크린 서비스’다. TV와 개인용컴퓨터(PC), 휴대폰을 인터넷으로 연결해 콘텐츠를 공유할 수 있는 서비스였다. 애플도 같은 해 비슷한 서비스를 내놨다. ‘애플TV’란 이름이 붙은 애플의 제품은 애플의 콘텐츠 플랫폼 아이튠즈를 TV 화면에서도 쓸 수 있도록 하는 것이었다. 하지만 두 서비스 모두 성공적이란 평가를 받지는 못했다. 영화라도 한 편 보려면 컴퓨터를 켜고 콘텐츠를 찾아 다른 장비로 공유하는 ‘귀찮은’ 과정을 거쳐야 했기 때문이다.

N 스크린 개념도

성공적으로 N스크린 서비스를 안착시켰던 업체는 넷플릭스다. DVD 대여 업체로 시작해 온라인 스트리밍 서비스로 사업을 바꾼 회사다. 넷플릭스는 어떤 단말기에서든 자사의 서비스를 이용해 온라인 동영상을 볼 수 있도록 한다는 전략을 세웠다. 인터넷 웹사이트와 모바일 애플리케이션은 물론 게임기, 셋톱박스 등에 OTT(Over The Top) 방식으로 서비스를 내장했다.

- OSMU에서 ASMD로

  그동안 N스크린 서비스는 주로 '멀티미디어' 관점에서 논의돼왔다. 이른바 'OSMU(One Source Multi Use)' 방식이다. 이용자가 한 번 영상이나 음악 등 멀티미디어 콘텐츠를 구입하면 TV, 스마트폰, PC 등 다양한 기기에서 끊김 없이 감상할 수 있는 것이다. 넷플릭스나 현재 국내에서 제공되는 대부분 서비스들이 이 같은 방식이다.

- 통신·제조·방송·포털회사까지 N스크린 사업 참여

  현재 다양한 업체들이 N스크린 시장에 뛰어들고 있다. 애플은 아이튠즈란 콘텐츠 플랫폼을 여러 기기에서 이용할 수 있도록 하는 N스크린 전략을 구사하고 있다. 삼성전자도 스마트폰부터 스마트TV에 이르는 다양한 라인업을 무기로 N스크린을 확장하고 있다. 국내 이동통신사들과 CJ헬로비전 현대 HCN 등 케이블업체, 지상파 방송사들도 시장에 뛰어든 상황이다. 네이버 다음 등 포털 사이트들도 다양한 기기로 스포츠 중계와 같은 동영상을 볼 수 있도록 하는 N스크린 서비스를 제공하고 있다(한국경제, 2012.8.2.).

♣ 다음 문제의 정답을 표시하시오. *연습문제 I*

1. '어디에나 존재한다.'는 뜻의 라틴어에서 유래한 성장엔진 기술은?
   ① WiBro ② 유비쿼터스 ③ IPTV ④ RFID

2. 유통분야에서 일반적으로 물품관리를 위해 사용된 바코드를 대체할 인식기술은?
   ① RFID ② Wibro ③ 유비쿼터스 ④ Bluetooth

3. 한국이 개발한 2.3[GHz] 대역이 4G 이동통신의 세계 공통 주파수 대역으로 선정된 국제표준기술은?
   ① MP3 ② WiBro ③ Bluetooth ④ 텔레매틱스

4. 기존 통신사의 이동통신망을 빌려 별도 요금제로 휴대폰 서비스를 제공하는 이동통신 운영사업자들을 가리키는 것은?
   ① MVNO ② VoLTE ③ CDMA ④ AMPS

5. 보통 10m 정도 내에서의 근거리 통신이 가능하며 이동전화, PDA, 노트북, 기타 가정용기기 등에 탑재될 것으로 예상되는 기술은?
   ① RFID ② WiBro ③ 유비쿼터스 ④ Bluetooth

6. 이동통신과 방송이 결합된 새로운 방송서비스로서, 휴대폰이나 PDA에서 다채널 멀티미디어 방송을 시청할 수 있는 기술은?
   ① WiBro ② DMB ③ PCS ④ IPTV

7. 발광다이오드(LED; Lighting Emitting Diode)의 장점이 아닌 것은?
   ① 전력 소모가 적다. ② 대형으로 만들기 쉽다.
   ③ 유지보수 비용 적다. ④ 빠른 응답속도

8. 발광다이오드와 형광등을 비교할 때 형광등의 설명으로 맞는 것은?
   ① 긴 수명 ② 직선적인 제어 가능
   ③ 광 효율 상승 ④ 최소광속 시 깜박임

9. 로봇기술의 장점이 아닌 것은?
   ① 첨단산업의 집합체 ② 막대한 고용 효과
   ③ 무인전투기 산업 활발 ④ 자체 판단력 가능

연습문제 II

♣ 다음 문제를 설명하시오.

1. 유비쿼터스의 활용분야

2. 텔레매틱스(Telematics)

3. 와이브로(WiBro)

4. 쿼드코어의 장점(5가지)

5. 블루투스(Bluetooth)

6. 근거리통신망(NFC)

7. IPTV 서비스

8. RFID의 활용 분야

9. 음성통화·VoLTE·보이스톡의 차이

10. LED의 장·단점 및 활용 분야

11. 이용자가 자신의 파일을 온라인 공간에 저장할 수 있는 일종의 웹하드 서비스로 여러 개의 모바일기기와 쉽게 연동되는 게 가장 큰 장점이다.(   )

12. 10Cm 이내 가까운 거리에서 전자기기간 데이터를 전송하고 읽어내는 기술로, 교통카드나 택배상자 등에 주로 쓰이는 (①)가 데이터를 읽기만 하는 수동적인 기능에 머문다면 (②)는 데이터를 기록해 서로 통신을 할 수 있다는 차이점이 있다.

13. 이동통신과 방송이 결합된 새로운 방송서비스이다. 휴대폰이나 PDA에서 다채널 멀티미디어 방송을 시청할 수 있다.(   )

14. 10년 후 변화될 모습을 기술하시오.

- 학교, 회사, 가정, 취미, 유통, 여행

참고문헌

- 김정현, 2011, 통합적 커뮤니케이션 시대의 스마트미디어 광고효과 연구, 광고진흥자금 지원사업연구보고서, pp35~37.
- 한국문화관광연구원, '콘텐츠 불법 복제 감소가 국가 경제에 미치는 경제적 파급 효과에 관한 연구'.
- 금융감독원 서민금융 119 서비스, http://s119.fss.or.kr/fss/seomin/index.jsp
- MBN, 2010, Smart bigbang, 매일경제신문사, pp33~37.
- 스마트폰은 인간의 라이프사이클에 어떠한 영향을 끼칠 것인가?, http://blog.naver.com/hyedd125?
- 한국정보화진흥원, 2010.12, 스마트시대의 패러다임 변화전망과 ICT전략, pp8~24.
- LG경제 연구원, 2011, 2020 새로운 미래가 온다, pp267~268.
- 박현길, 2010, 선 없는 사회, 청년정신, pp97~98.
- 민경식, 2012, 스마트 위험사회가 온다, 살림지식총서, p.11.
- K모바일 현대경제연구원, '빅데이터의 생성과 새로운 사업 기회 창출', 2012.8.9.
- 콘텐츠 불법 복제 감소가 국가 경제에 미치는 경제적 파급 효과에 관한 연구, 한국문화관광연구원, 2011.
- 이동현, 2012, 구글완전정복, 정보문화사.
- 스마트시대의 패러다임 변화전망과 ICT전략, 한국정보화진흥원, 2010.12.
- http://biz.chosun.com/, 2012.2.23.
- K모바일 현대경제연구원, 2012.8.9.
- 2011 SW 산업연간 보고서, 경찰청, 2009.7.9., 금융감독원, 엔터테인먼트 산업론 칼럼, 코리안 클릭, 한국전산원.
- http://www.boho.or.kr
- 방송통신위원회 전파연구소, 2009.11. vol18, 2012.5.
- 스마트빅뱅, 매일경제신문사, 2010.10.25.
- 손석준, 눈사랑 한의원, 예방의학교실, 2012.6.26.
- 한국통신, 1995.5.
- 파이낸셜 뉴스, 2012.1.30.
- http://ko.wikipedia.org
- 대한법률구조공단, 2009.5.
- 한국정보화진흥원, 2010,12, p24.

- 방송통신위원회, 유·무선 가입자 통계 현황, 2012.5.
- http://top500.org/lists/2012/06.
- http://www.terms.co.kr
- 자유아시아방송, 2010.7.1., its TV, 2012.7.9.
- http://www.annae114.com.ne.kr/vdt.html
- http://dynamick.tistory.com
- 황의철, 디지털 논리 시스템, 2010.
- http://h50279.www5.hp.com
- http://it.donga.com/plan/39
- 동아일보, 2012.7.6, B1, 2012. 5. 23, A19, B1, 2011.7.20, B1, 2011. 7.20,B1, 2012.6.14., B8, 2011.7.19, 2009.10.24, A16, 2009.4.17., 2010.3.17., 2010.1.7., 2012.5.3. B4, 2012. 3.15.,A23, 2011.12.27,B2, 2012.7.23.,B4, 2012.7.27, 2011.9.16., 2012.7.10., 2012.7.27.A27
- dongA.com, 2012.8.10., 2009.12.7., 2012.6.20., 2010.5.3., 2012.4.19 B4, 2012.4.3, A20, 2012.2.18., 2011.9.20., 2012.3.30., 2012.5.3., 2012.5.29., 2012.5.3
- 동아경제, 2012.7.11.B1, KEPCO, 동아경제, 2012.3.8., B4.
- IT 전문통계업체 스탯카운터, 한국직업능력개발원, 2007, 한국전기연구원, 안철수 연구소, 카카오, 방송통신위원회, SK텔레콤.
- 정보통신산업진흥원, 2011.11.
- 한국전자통신산업진흥회(KEA), 2012.2.
- IDC, 2011.8., ETRI, 2011.6.
- http://tomac305.tistory.com/5
- 한국경제, 2012.8.2., 조선경제, 2012.5.22., 한계레, 2011.4, 한국경제뉴스, 박선정, 2012. 4.26.
- 중앙경제, 2012.5.29., 2012.6.7., 2012.6.15., 2012.5.23., 2012.5.23., 2012.6.19., 2012.6.21.
- 넷앱 데이터센터, 스트라베이스, 메트릭스, 블룸버그 비즈니스위크, 포천, 문화체육관광부, 삼성전자, 한국LED응용 기술연구조합, 삼성경제연구소, 삼성전기.
- http://ko.wikipedia.org
- 한국인터넷진흥원, 2012.7.4., 2012.7.31
- http://dns.kisa.or.kr
- 매일경제, 2012.7.31., 2012.6.21., 2012.8.3., 2012.7.17., 2012.5.22., 2012.6.28., 2012.6.11., 2012.7.13
- http://www.howtolivesmart.com/galaxys3

- http://blog.daum.net/yyg9492/144
- K모바일 현대경제연구원, 2012.8.9.
- http://willyoppa.tistory.com/tag/L2
- 김정현, 2011, 통합적 커뮤니케이션 시대의 스마트미디어 광고효과 연구.
- http://www.kisa.kr, KOTRA, 2012.6.5.
- http://www.globalwindow.org/, 2012.6.12.
- http://www.slideshare.net/
- http://www.ddaily.co.kr/, 2012.8.2.
- http://blog.naver.com/yzlee1941
- http://www.nocutnews.co.kr/, 2012.5.10.
- http://kimstreasure.tistory.com/193
- http://www.bloter.net/, 2012.1.6.
- http://www.etnews.co.kr/news
- KoreaDaily news, 2012.6.12.
- http://whowired.com/102019, 2012.5.31.
- http://www.midorisweb.com
- http://smart.gameshot.net/4294939926
- 품목별 방송통신현황 2011-스마트4G, 정보통신산업진흥원, 2012.2.28.
- www.career.co.kr.
- http://koreancontent.kr/, 2012.5.21.
- http://economy.donga.com/, 2012.5.10.
- http://news.mt.co.kr, 2010.7.5.
- 한국직업능력개발원, 정윤경, 제8호, 2012.7.30.
- Science Times, 이강봉, 2012.7.30.
- 고압선로 전자파의 효율적 관리방안 연구, 2002.11., KEI.
- 고압송전선 전자파에 대한 노출범위 설정방안, 2006.12., KEI.
- 컴퓨터월드 IT DAILY, 2012.7.22.
- 아이뉴스24, 2010.1.8.
- IDC, 소프트웨어 경제 영향 연구 보고서.

(ㅅ)

(ㅇ)

강의 진도표

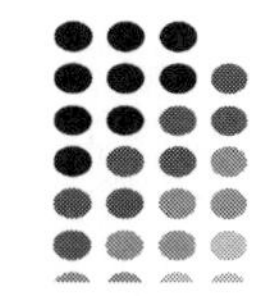

학 과 : 학 번 :

주	강 의 내 용	수강일(년월일)			비 고
1	1장 정보화 사회의 변화 (1)				
2	1장 정보화 사회의 변화 (2)				
3	2장 컴퓨터의 동작 원리 (1)				
4	2장 컴퓨터의 동작 원리 (2)				
5	3장 소프트웨어의 이해				
6	4장 정보저장과 검색				
7	5장 입력과 출력				
8	중간시험 (강의실)				
9	6장 컴퓨터 네트워크				
10	7장 인터넷 정보 활용				
11	8장 컴퓨터와 정보기술사회				
12	9장 정보초고속도로의 여행				
13	10장 현재와 미래의 신기술 (1)				
14	10장 현재와 미래의 신기술 (2)				
15	기말시험 (강의실)				

제출일 : 년 월 일

제출자 : ㉟

휴대폰 :

♣ 기말시험 시 강의진도표 및 과제물 제출바랍니다.

절취선

정보를 알아야 미래가 보인다

지 은 이 | 황의철

펴 낸 이 | 김형근

펴 낸 곳 | 도서출판 기한재

주　　소 | 경기도 파주시 회동길 56
(파주출판도시)

전　　화 | 031)955-0900~2

팩　　스 | 031)955-0100

등　　록 | 1990년 3월 15일 제2-968호

발　　행 | 2017년 3월 10일 1판 6쇄

정　　가 | 19,000원

Published by Kihanjae Co.

ISBN 978-89-7018-676-4

http://www.kihanjae.com

E-mail : kihanjae@hanmail.net